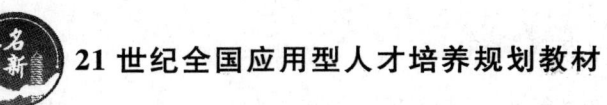21 世纪全国应用型人才培养规划教材

# 国际贸易实务

主　编　黄　辉　田俊芳
副主编　刘　珣　胡　丹

## 内 容 简 介

本书根据国际贸易实务课程的特点,结合外贸行业人才培养目标,围绕着进出口合同的商定和履行,介绍了国际货物贸易的基本做法、基本流程,并通过穿插大量的案例、实例和操作技巧,理论知识与实践相结合,体现其实用性和操作性。同时介绍了国际贸易惯例与规则的最新发展和变化,如2009年签署的《鹿特丹规则》、2010年1月1日生效的国际商会《INCOTERMS 2010》等。

本书可作为独立学院、高职高专及普通本科高校的国际经济、管理类专业的教材使用,对各类国际商务从业人员也有一定的参考作用。

## 图书在版编目(CIP)数据

国际贸易实务/黄辉,田俊芳主编. —北京:北京大学出版社,2013.1
(21世纪全国应用型人才培养规划教材)
ISBN 978-7-301-21675-0

Ⅰ.①国… Ⅱ.①黄…②田… Ⅲ.①国际贸易-贸易实务-高等学校-教材 Ⅳ.①F740.4

中国版本图书馆CIP数据核字(2012)第281842号

书　　　　名：国际贸易实务
著作责任者：黄　辉　田俊芳　主编
策 划 编 辑：邱　懿
责 任 编 辑：邱　懿(qiuxder@gmail.com)
标 准 书 号：ISBN 978-7-301-21675-0/F·3417
出 版 发 行：北京大学出版社
地　　　　址：北京市海淀区成府路205号　100871
网　　　　址：http://www.pup.cn　新浪官方微博:@北京大学出版社
电 子 信 箱：zyjy@pup.cn
电　　　　话：邮购部 62752015　发行部 62750672　编辑部 62754934　出版部 62754962
印　刷　者：三河市博文印刷厂
经　销　者：新华书店
　　　　　　787毫米×1092毫米　16开本　19.25印张　512千字
　　　　　　2013年1月第1版　2013年1月第1次印刷
定　　　　价：38.00元

未经许可,不得以任何方式复制或抄袭本书之部分或全部内容。
版权所有,侵权必究
举报电话：010-62752024　电子信箱：fd@pup.pku.edu.cn

# 前　言

近年来,我国进出口贸易总额一直保持着高速发展的势头,位居世界前列,货物出口额在2009年超过德国跃居世界第一,货物进口额仅次于美国,居世界第二位。2011年,我国货物进出口总额36 421亿美元,其中,出口总额18 986亿美元,进口总额17 435亿美元。我国外汇储备规模自2006年超过日本以来,连年居世界第一位,至2011年年底我国外汇储备已达3.181万亿美元。自2005年7月21日人民币汇率改革以来,到2012年7月底,升值近30%。

我国不断发展的对外贸易形势、日益复杂的国际贸易环境和国际贸易做法,迫切需要大批高素质的国际贸易人才。培养更多的既了解国际贸易的相关法律与惯例,又熟悉国际贸易业务操作流程的实用型专业人才乃是大势所趋。为此,我们根据多年的教学经验,结合国际贸易中出现的一些新问题、新做法,编写了这本教材。

"国际贸易实务"是各类高校国际经济与贸易专业的核心专业课程,旨在培养学生的实际动手能力和操作技能。本书包括以下几个部分的内容:国际贸易合同条款;合同的商订;合同的履行;国际贸易方式。

在编写过程中,我们重点突出"实务"二字,以通俗浅显的语言介绍国际贸易中的基本做法、基本流程,并通过章节中穿插的"操作技巧"对学生进行一些必要的指导,体现其实用性、操作性和指导性;同时,补充了国际贸易中最近出现的一些新问题、新做法,如2009年签署的《联合国全程或部分海上国际货物运输合同公约》(简称《鹿特丹规则》)、2010年1月1日生效的国际商会《国际贸易术语解释通则》(简称INCOTERMS 2010)等,并针对我国的对外贸易实践,提出了一些新的观点,力求与实际接轨、与国际接轨。

其次,在内容编排上,每章均以一个大型案例的分析结尾,章节内容中也穿插了若干的小案例和实例,以期通过案例教学和实际操作来提高学生分析问题、处理问题的能力。每章开头有学习要点、能力要求,结尾有本章小结,并附思考题,以便学生更好地掌握每章内容。另外,本书的章节内容之间还插入了大量的课外阅读、相关链接、补充阅读资料等内容,以扩大学生的知识面,同时也增强了本书的可读性。

本书可作为独立学院、高职高专及普通本科的国际经济、管理类专业的教材使用,对各类国际商务从业人员也有一定的参考作用。

本书由黄辉、田俊芳主编。其中,绪论、第一章、第二章、第六章、第八章、第九章、第十一章、第十二章、第十四章由黄辉编写,第三章、第四章、第五章、第七章、第十章、第十三章由田俊芳编写,附件由田俊芳收集整理,附录由黄辉整理。

在本书的编写过程中,参考了其他专家、老师的一些研究成果,在此表示衷心感谢!

由于水平所限,如有疏漏和错误之处,敬请广大读者批评指正。

编者<br>2012年8月

# 目 录

绪论 ……………………………………………………………………………… (1)
第一章　国际贸易术语 …………………………………………………… (6)
　　第一节　贸易术语的含义与作用 …………………………………… (6)
　　第二节　有关贸易术语的国际贸易惯例 …………………………… (7)
　　第三节　常用贸易术语 ……………………………………………… (10)
　　第四节　其他贸易术语 ……………………………………………… (19)
　　本章小结 ……………………………………………………………… (23)
第二章　商品的名称和质量 ……………………………………………… (27)
　　第一节　商品的名称 ………………………………………………… (27)
　　第二节　商品的质量 ………………………………………………… (28)
　　本章小结 ……………………………………………………………… (39)
第三章　数量条款 ………………………………………………………… (42)
　　第一节　数量的计量 ………………………………………………… (42)
　　第二节　重量的计算 ………………………………………………… (43)
　　第三节　合同中的数量条款 ………………………………………… (45)
　　本章小结 ……………………………………………………………… (47)
第四章　包装条款 ………………………………………………………… (50)
　　本章小结 ……………………………………………………………… (56)
第五章　国际货物运输 …………………………………………………… (59)
　　第一节　海洋运输方式 ……………………………………………… (59)
　　第二节　合同中的装运条款 ………………………………………… (64)
　　第三节　海洋运输单据 ……………………………………………… (67)
　　第四节　其他运输方式 ……………………………………………… (71)
　　本章小结 ……………………………………………………………… (80)
第六章　国际货物运输保险 ……………………………………………… (85)
　　第一节　保险的基本原则 …………………………………………… (86)
　　第二节　海运货物保险保障的范围 ………………………………… (87)
　　第三节　我国海运货物保险条款 …………………………………… (91)
　　第四节　伦敦保险协会海运货物保险条款 ………………………… (94)
　　第五节　其他运输方式下的货运保险 ……………………………… (96)
　　第六节　保险实务 …………………………………………………… (98)
　　本章小结 ……………………………………………………………… (102)

## 第七章　价格条款 (106)
### 第一节　价格的掌握 (106)
### 第二节　计价货币的选择 (109)
### 第三节　佣金与折扣 (110)
### 第四节　作价办法 (112)
### 第五节　合同中的价格条款 (112)
本章小结 (114)

## 第八章　国际货款的收付 (117)
### 第一节　支付工具 (117)
### 第二节　汇付与托收 (121)
### 第三节　信用证 (128)
### 第四节　银行保函与备用信用证 (144)
### 第五节　国际保理业务与出口信用保险 (148)
### 第六节　支付方式的选用 (152)
本章小结 (157)

## 第九章　争议的预防和处理 (162)
### 第一节　商品检验检疫 (162)
### 第二节　索赔条款 (167)
### 第三节　不可抗力条款 (168)
### 第四节　仲裁条款 (170)
本章小结 (173)

## 第十章　国际货物买卖合同的磋商与订立 (176)
### 第一节　国际货物买卖合同概述 (176)
### 第二节　国际货物买卖合同的磋商 (183)
### 第三节　国际货物买卖合同的订立 (191)
本章小结 (194)

## 第十一章　出口合同的履行 (198)
### 第一节　备货 (198)
### 第二节　落实信用证 (200)
### 第三节　交货 (202)
### 第四节　制单结汇 (206)
### 第五节　出口收汇核销与出口货物退税 (208)
本章小结 (212)

## 第十二章　进口合同的履行 (214)
### 第一节　进口许可证的申领 (214)
### 第二节　信用证的开立和修改 (215)
### 第三节　安排运输和保险 (217)
### 第四节　审单和付汇 (218)
### 第五节　进口报检、清关、拨交货物 (219)
### 第六节　进口付汇核销 (221)

本章小结 …………………………………………………………………… (224)
**第十三章　索赔与理赔** …………………………………………………… (226)
　　第一节　索赔 ………………………………………………………………… (226)
　　第二节　理赔 ………………………………………………………………… (228)
　　本章小结 …………………………………………………………………… (228)
**第十四章　国际贸易方式** ………………………………………………… (230)
　　第一节　经销和代理 ………………………………………………………… (230)
　　第二节　寄售、展卖和拍卖 ………………………………………………… (233)
　　第三节　国际招投标 ………………………………………………………… (237)
　　第四节　对销贸易 …………………………………………………………… (239)
　　第五节　加工贸易 …………………………………………………………… (241)
　　第六节　商品期货交易 ……………………………………………………… (244)
　　第七节　电子商务 …………………………………………………………… (249)
　　本章小结 …………………………………………………………………… (250)
**附录一** ……………………………………………………………………………… (253)
**附录二** ……………………………………………………………………………… (283)
**参考文献** …………………………………………………………………………… (297)

# 绪 论

国际贸易实务是一门研究国际间商品交换的具体过程的学科,也是各类院校国际经济贸易专业的一门专业基础课程。本课程的任务是:针对国际贸易的特点和要求,从实践和法律的角度分析国际贸易适用的有关法律和惯例及国际商品交换过程中的各种实际运作,总结国内外的实践经验教训和国际上的一些行之有效的习惯做法,使学生通过本课程的学习,能初步掌握国际货物买卖的基本理论、基本知识和基本技能,学会在进出口贸易活动中,既能遵循法律规范和国际贸易惯例,与国际接轨,又能结合我国实际,切实贯彻国家的方针政策和企业的经营意图,以实现最佳的经济效益。

国际上国与国或地区之间商品、服务和技术的交换,称为国际贸易。1986 年开始的关贸总协定乌拉圭回合谈判,根据当时国际贸易的实际,将国际贸易的定义扩展为货物贸易、技术贸易和服务贸易三大类内容。我国也采用了这个定义,并将其纳入到我国的国内立法之中。1994 年 5 月 12 日第八届全国人民代表大会常务委员会第七次会议通过、2004 年 4 月 6 日第十届全国人民代表大会常务委员会第八次会议修订并于同年 7 月 1 日开始施行的《中华人民共和国对外贸易法》第 2 条规定:"本法所称对外贸易,是指货物进出口、技术进出口和国际服务贸易。" 20 世纪 60 年代以来,随着科学技术的进步,社会生产力得到了巨大发展,国际分工也进一步深化,由此使国际贸易的方式和内容也发生了重大变化,技术贸易和服务贸易在国际贸易中的比重不断上升。但无论在我国还是国际上,货物贸易一直是国际贸易中最基本、最主要的一个部分。而且,很多技术贸易和服务贸易的业务做法,也是源于货物买卖的基本做法。因此,有关国际货物买卖的基本理论、基本知识和业务做法,仍然是每一位从事国际贸易实际业务和研究工作的相关人员所必须掌握的,也是更好地了解和掌握国际技术贸易和服务贸易有关知识的必要途径。

### 一、国际贸易的特点

国际贸易属商品交换范畴,与国内贸易相比,虽无本质差别,但由于它是在不同国家和地区之间进行的,其交易环境、交易条件、贸易做法及所涉及的问题,都远比国内贸易复杂。与国内贸易相比它具有以下特点。

(1) 国际贸易既是一项经济活动,也是涉外活动的一个方面,因此不仅要考虑经济利益,还要注意贯彻我国的对外方针政策。在履约时要重合同、守信用,保持良好的对外形象。

(2) 国际贸易的交易双方分别处于不同的国家和地区,各国的政治制度、法律体系不尽相同,语言文化、社会习俗等各有特点,价值观念也往往有别,还要受制于有关国家和地区的对外贸易政策措施、法律规定、贸易惯例和习惯做法等因素,情况千差万别,错综复杂。

(3) 国际贸易的交易数量和金额一般都比较大,从交易开始到交易结束的间隔时间通常比较长,货物运输距离较远,有时还需采用多种不同的运输方式才能完成,再加上国际市场情况复杂，变化不定，因此，交易双方承担的商业风险、运输风险、商品风险、信用风险等远比国内贸易要大。

（4）国际贸易易受国际政治、经济形势和各国政策及其他客观条件的影响，尤其当前国际局势动荡不定，市场竞争日益激烈，贸易摩擦时有发生，各国货币汇率变动频繁，货物市场价格瞬息万变，经济、金融危机难以准确预测的情况下，国际贸易具有很大的不稳定性。

（5）国际贸易的中间环节多，涉及面广，除了双方当事人以外，还涉及各种中间商、代理商以及为国际货物贸易服务的运输、仓储、保险、银行、车站、港口、海关及检验检疫等部门，如果其中任何一个部门、一个环节出现问题，都会影响整笔交易的正常进行。

上述特点表明，从事国际贸易的要求高，难度大，加之国际市场广阔，从业机构和人员的情况复杂，所以容易产生争议和欺诈现象，稍有不慎，就可能受骗上当，甚至蒙受严重的经济损失。这就要求国际贸易的从业人员不仅必须掌握国际贸易的基本原理、基本知识、基本技能和方法，还要有较高的整体素质，能驾驭国际市场，善于随机应变，才能在国际市场竞争中立于不败之地。

## 二、国际贸易的一般程序

在国际贸易中，由于交易方式和成交条件不同，其业务环节也不尽相同。各环节的工作，有的分先后进行，有的则交叉进行，也有的齐头并进。但是，不论出口还是进口交易，一般都包括交易前的准备、磋商订立合同和履行合同三个阶段。

1. 出口贸易的一般业务程序（如图1所示）

（1）交易前的准备。出口交易前，主要有以下准备工作：

① 做好对国际市场的调查研究工作，选择适当的目标市场；
② 做好资信调查工作，选择合适的客户，与之建立业务关系；
③ 落实货源，制订出口商品生产计划；
④ 制订出口商品经营方案或价格方案；
⑤ 开展广告宣传和促销活动；
⑥ 办理商标注册。

（2）交易洽商和签订合同。上述准备工作完成之后，通过函电联系或当面洽谈等方式，与国外客户洽商交易，当一方的发盘被另一方接受后，交易即告达成，合同宣告成立。如有必要，签订书面合同或确认书。

（3）合同的履行。合同成立后，交易双方应根据重合同、守信用的原则，履行各自所承担的义务。若按 CIF 或 CIP 术语和信用证付款方式达成的交易，卖方在履行合同过程中，主要应完成下列各个环节的工作：

① 备妥货物，按时、按质、按量交付合同规定的货物；
② 落实信用证，做好催证、审证、改证工作；
③ 订立运输合同，安排货物的运输、保险，办理出口报关手续；
④ 缮制有关单据，及时向银行交单结汇，收取货款。

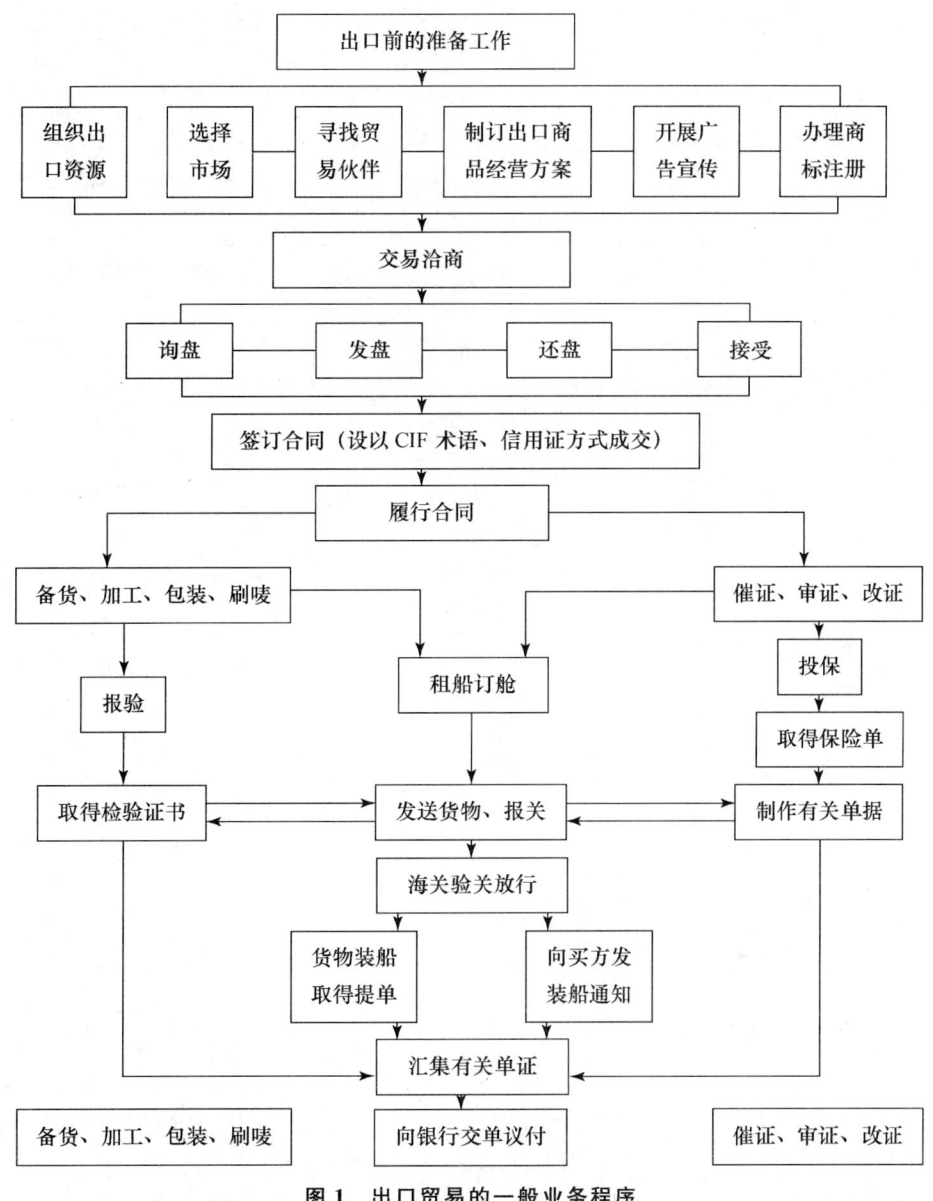

图 1　出口贸易的一般业务程序

2. 进口交易的一般业务程序(如图 2 所示)

(1) 交易前的准备。进口交易前的工作,主要包括以下事项:

① 在对国外市场和外商资信情况调查研究的基础上,通过比较来选择适当的采购市场和供货对象;

② 制订进口商品经营方案或价格方案,以便在对外交易和采购商品时,做到心中有数。

(2) 交易洽商和签订合同。进口贸易的交易洽商和合同订立的做法与出口贸易基本相同,但需特别指出的是,在购买高新技术、成套设备或大宗交易时,应注意选配好洽谈人员,组织一个包括有各种专长的人员的谈判班子,并切实做好比价工作,以便在与外商谈判时争取到最有利的交易条件。

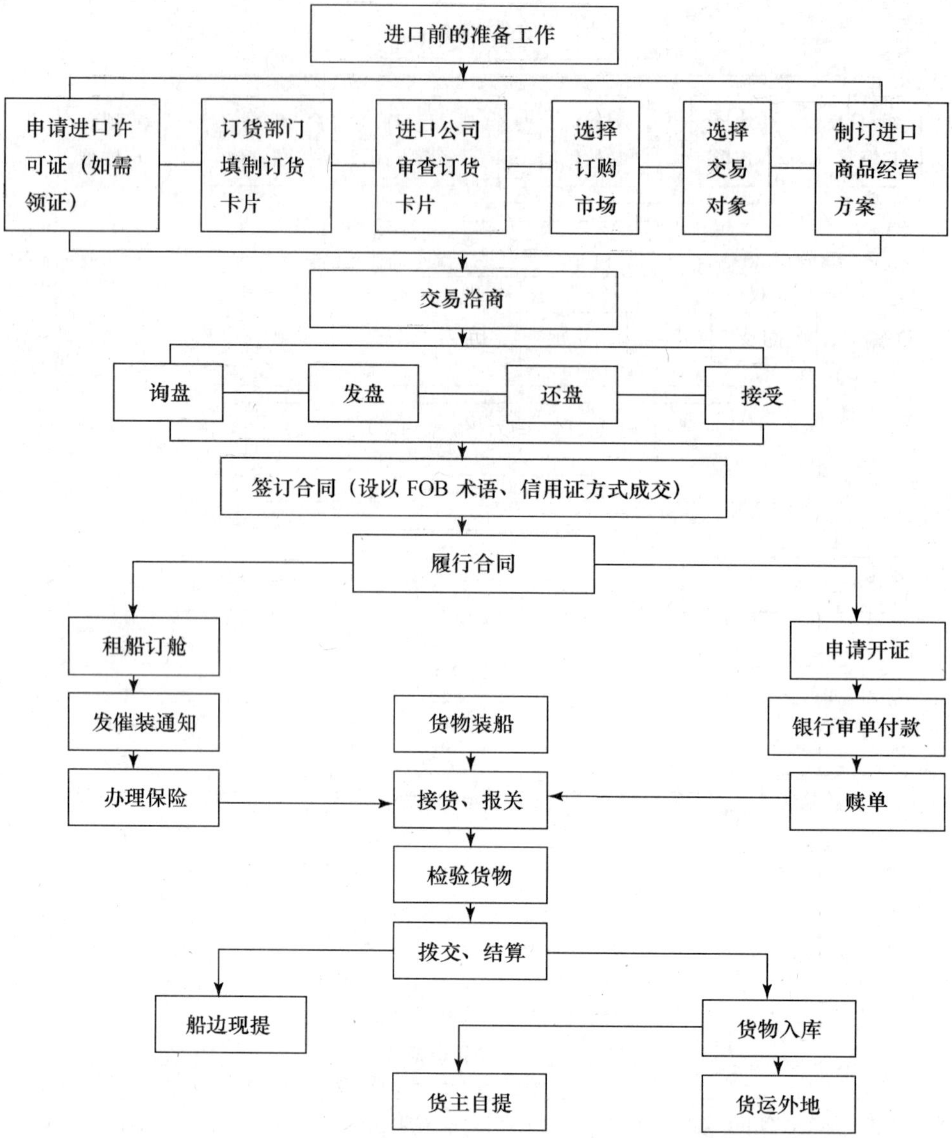

图 2 进口贸易的一般业务程序

(3) 合同的履行。进口合同的履行与出口合同的履行程序相反,工作侧重点也不一样。如按 FOB 或 FCA 术语、信用证方式付款条件成交,买方履行合同时,一般包括下列环节:
① 在合同规定的时间内向银行申请开立信用证;
② 订立运输合同,按时接运货物,并催促卖方备货装运;
③ 办理货运保险;
④ 审核有关单据,单证相符时付款赎单;
⑤ 办理进口报关手续,验收、拨交货物。

### 三、国际贸易实务课程的基本内容

本课程的主要内容,主要包括以下四个方面:

(一) 国际贸易术语

国际贸易术语是用来表示买卖双方所承担的风险、责任和费用划分的专门用语,对交易双方具有指导作用。每种贸易术语都有其特定的含义,不同的贸易术语表明双方承担的风险、责任和费用各不相同,对合同的成交价格也会产生影响。正确、合理地运用贸易术语来明确双方当事人的基本义务及合理规定价格,对国际货物贸易从业人员而言,具有十分重要的意义。

(二) 合同条款

合同条款是交易双方交易条件的具体表现,一般包括货物的名称、质量、数量、包装、价格、运输、保险、货款的支付、检验、索赔、不可抗力和仲裁等内容。由于这些条款的内涵及其在法律上的地位和作用各不相同,各国法律和国际惯例的规定也不尽一致,因此,掌握各项合同条款的内容和规定方法,是每一个国际货物贸易从业人员必备的基础知识和基本技能。

(三) 合同的商订和履行

国际货物买卖是通过磋商、订立、履行国际货物买卖合同进行的,商订和履行国际货物买卖合同对双方当事人的权益利害关系重大。商订合同,就是买卖双方对交易条件逐一协商以至达成协议的过程;履行合同,是实现货物和资金按约定方式转移的过程,也是最终实现买卖双方经济利益的过程。由于各国的法律存在着差异,对同一行为可能有不同的解释和规定,极易引起交易双方的争议,国际贸易从业人员必须要了解合同成立过程中所涉及的法律问题和履行合同过程中的基本程序,以保障自己的合法权益。

(四) 贸易方式

随着国际经济关系的日益密切和国际贸易的进一步发展,国际贸易方式也不断多样化。除了传统的逐笔售定方式以外,还有包销、代理、招标投标、寄售、展卖、拍卖、期货交易、对销贸易和加工贸易等。同时,随着网络技术的飞速发展,电子商务也在国际货物贸易中占据越来越大的比重。如何采用各种不同的贸易方式来扩大成交机会,扩展市场份额,也是国际贸易从业人员需要掌握的一项知识。

# 第一章

# 国际贸易术语

【学习目的】

了解贸易术语的含义、作用及有关贸易术语的国际贸易惯例;理解《2010年国际贸易术语解释通则》对各贸易术语的解释;掌握FOB、CIF、CFR、FCA、CIP、CPT术语关于买卖双方的责任、风险、费用的划分。

【能力要求】

熟练掌握6种常用贸易术语的用法,能在实践中灵活选用适当的贸易术语。

## 第一节 贸易术语的含义与作用

国际贸易的货物一般要经过长途运输,涉及运输、保险、清关等多方面的问题。为了明确买卖双方各自的权利和义务,双方当事人在商订合同时,必然要考虑以下几个方面的问题:

(1) 卖方在什么地点、以何种方式来完成交货?
(2) 货物发生损坏或灭失的风险何时由卖方转移给买方?
(3) 由谁负责办理货物的运输、保险及清关手续?
(4) 由谁负担办理上述手续所需的各种费用?
(5) 买卖双方需要交接哪些相关的单据?

如果买卖双方在每笔交易中都对上述这些问题逐一协商,将耗费大量的时间和费用,并可能影响交易的达成。经过长期实践,国际贸易中逐渐出现了贸易术语。

### 一、贸易术语的含义

贸易术语(Trade Terms),又称贸易条件,是用来表示商品的价格构成,说明货物交接过程中有关的风险、责任和费用划分等问题的专门用语。

贸易术语也被称之为"国际贸易的语言"。在国际贸易中,货物的价格构成不仅包含货物本身的价值,还包含卖方因承担风险、责任而产生的成本及相关的从属费用。如果卖方承担的风险大、责任广、费用多,货价自然会高;反之,货价自然就低。也就是说,贸易术语具有两重性:一方面,它表明了买卖双方在交接货物时各自承担的风险、责任和费用;另一方面,它又表示了商品的价格构成。按不同的贸易术语成交,商品的价格也各不相同。所以,贸易术语也被称为"价格术语"或"价格条件"。

## 二、贸易术语的作用

贸易术语主要有以下两个方面的作用。

1. 简化交易手续

由于贸易术语表示了一定的交货条件和价格构成,买卖双方在交易时只需商定采用何种贸易术语,即可明确各自所应承担的风险、责任和费用,从而大大缩短了交易洽商的时间,节约双方的费用开支。

2. 有利于买卖双方进行成本核算

由于贸易术语表明了商品的价格构成,从而便于卖方在报价前核算好自己所承担的各项费用,以便作准确的报价;买方也可清楚地了解自己所需负担的具体成本,从而促进交易的顺利达成。

# 第二节 有关贸易术语的国际贸易惯例

早在19世纪初,国际贸易中已开始使用贸易术语。第一个贸易术语为FOB,产生于英国的利物浦港,随后在19世纪中期,产生了第二个术语CIF。随着国际贸易的不断发展,贸易术语的数量不断增加,其使用地域也不断扩大。最初,对各种贸易术语并无统一的解释,存在着地区差异,从而经常引起当事人之间的误解和争议。为此,相关国际组织和商业团体,制定了一些解释贸易术语的规则,这些规则逐渐得到法律界和工商界的承认和运用,成为有关贸易术语的国际贸易惯例。

目前。有关贸易术语的国际贸易惯例有三种,即《1932年华沙—牛津规则》、《1941年美国对外贸易定义修正本》及《2010年国际贸易术语解释通则》。

## 一、《1932年华沙—牛津规则》(Warsaw-Oxford Rules 1932)

该规则是国际法协会专门为解释CIF贸易术语而制定的。1928年国际法协会在波兰的华沙举行会议,制定了关于CIF买卖合同的统一规则,称之为《1928年华沙规则》,共22条。1932年在英国的牛津会议上作了最终修订,共21条,并重新命名为《1932年华沙—牛津规则》。该规则对CIF买卖合同的性质、买卖双方所承担的风险、责任和费用及货物所有权转移的方式等问题都作了比较详细的解释。

## 二、《1941年美国对外贸易定义修订本》(Revised American Foreign Trade Definitions 1941)

该惯例是美国的九个商业团体于1919年制定的,原名为《美国出口报价及其缩写条例》,1941 年在美国第 27 届全国对外贸易会议上对它进行了修订,更名为《1941 年美国对外贸易定义修订本》。该修订本共解释了六种贸易术语,即:

(1) Ex(Point of Origin)产地交货;
(2) FOB(Free on Board)运输工具上交货;
(3) FAS(Free Along Side) 运输工具旁边交货;
(4) C&F (Cost and Freight)成本加运费;
(5) CIF(Cost, Insurance and Freight)成本加保险费、运费;
(6) Ex Dock(Named Port of Importation)目的港码头交货。

该修订本在美国及美洲一些国家有较大的影响。由于它对贸易术语的解释与国际商会制定的《国际贸易术语解释通则》有明显的区别,因此,在与这些国家交易时,应明确贸易术语所适用的惯例,以免引起不必要的纠纷。

### 三、《2010 年国际贸易术语解释通则》(INCOTERMS 2010)

1936 年,国际商会制定了一套解释贸易术语的统一规则,称为《国际贸易术语解释通则》(*International Rules for the Interpretation of Trade Terms*),缩写为 Incoterms,后分别于 1953 年、1967 年、1976 年、1980 年、1990 年、2000 年颁布其修订本。2010 年,国际商会再次颁布了最新的修订本,即《2010 年国际贸易术语解释通则》,英文简称《Incoterms 2010》(以下简称为《2010 通则》),共解释了 11 种贸易术语。

《2010 通则》具有如下特点:

(一)将其所解释的贸易术语分为两大类

《2010 通则》摒弃了《2000 通则》中将术语分为 E、F、C、D 四组的做法,而是按适用的运输方式不同,将 11 种贸易术语作了如下分类:

(1) 适用于任何单一运输方式或多种运输方式的术语。包括 EXW、FCA、CPT、CIP、DAT、DAP、DDP 七种术语。如果运输中一个部分使用过船只也可以适用此类术语。

(2) 仅适用于海运及内河运输的术语。包括 FAS、FOB、CFR、CIF 四种术语。

11 种术语的中、英文名称见表 1-1。

表 1-1 《2010 通则》中的贸易术语

| 组别 | 标准代码 | 英文全称 | 中文名称 |
| --- | --- | --- | --- |
| 适用于任何单一运输方式或多种运输方式的术语 | EXW | Ex works | 工厂交货 |
| | FCA | Free Carrier | 货交承运人 |
| | CPT | Carriage Paid to | 运费付至 |
| | CIP | Carriage, Insurance Paid to | 运费、保险费付至 |
| | DAT | Delivered at Terminal | 运输终端交货 |
| | DAP | Delivered at Place | 目的地交货 |
| | DDP | Delivered Duty Paid | 完税后交货 |
| 仅适用于海运及内河运输的术语 | FAS | Free Alongside Ship | 装运港船边交货 |
| | FOB | Free on Board | 装运港船上交货 |
| | CFR | Cost and Freight | 成本加运费 |
| | CIF | Cost, Insurance and Freight | 成本加保险费、运费 |

（二）将买卖双方的义务各分为 10 项

以"A"代表卖方义务，以"B"代表买方义务。具体如下：

表 1-2　买卖双方义务

| A 卖方义务 | B 买方义务 |
| --- | --- |
| A1 卖方一般义务 | B1 买方一般义务 |
| A2 许可证、授权、安检通关和其他手续 | B2 许可证、授权、安检通关和其他手续 |
| A3 运输合同与保险合同 | B3 运输合同与保险合同 |
| A4 交货 | B4 收取货物 |
| A5 风险转移 | B5 风险转移 |
| A6 费用划分 | B6 费用划分 |
| A7 通知买方 | B7 通知卖方 |
| A8 交货凭证 | B8 交货证据 |
| A9 查对—包装—标记 | B9 货物检验 |
| A10 协助提供信息及相关费用 | B10 协助提供信息及相关费用 |

在有关贸易术语的国际贸易惯例中，《2010 通则》是包括的内容最多、使用范围最广、影响力最大的一种。

需要注意的是，《2010 通则》的生效并不意味着《2000 通则》的废止。当事人仍可选择使用《2000 通则》。

国际贸易惯例并不具有强制约束力。买卖双方可自愿选择采用哪一种惯例，并在合同中明确规定，此时，该惯例才对双方具约束力；买卖双方也可在合同中做出与某项惯例不相同的规定，只要合同有效成立，双方都要履行合同规定的义务，一旦发生争议，法院和仲裁机构也要维护合同的有效性。但如双方在合同中既未排除，也未注明该合同适用某项惯例，在履行合同过程中发生争议时，受理该争议案的法院或仲裁机构往往也会引用某一国际贸易惯例作为其判决或裁决的依据。因此，国际贸易惯例虽不具法律强制性，但它对国际贸易实践有一定的指导作用。

【相关链接】

## 三个惯例的约束力

《1932 年华沙—牛津规则》总则：这一规则供交易双方自愿采用，凡明示采用本规则者，合同当事人的权利和义务均应援引本规则的规定办理。经双方当事人明示协议，可以对本规则的任何一条进行变更、修改或增添。如本规则与合同发生矛盾，应以合同为准。凡合同中没有规定的事项，应按本规则的规定办理。

《1941 年美国对外贸易定义（修订本）》：此修订本并无法律效力，除非有专门的立法规定或为法院判决所认可。因此，为使其对各有关当事人产生法律上的约束力，建议买方与卖方接受此定义作为买卖合同的一个组成部分。

《2010 通则》前言：如果要使 Incoterms 2010 在合同中适用，应该在合同中，通过如"所选择的 Incoterms 术语（含指定地点）适用 Incoterms 2010"这类文字来明确表示。有时双方想要改动一项国际术语。Incoterms 2010 不禁止此类改动,但是这样做会有危险。

## 第三节　常用贸易术语

在《2010 通则》所解释的 11 种贸易术语中,有 6 种是大家经常使用的,即 FCA、CPT、CIP、FOB、CFR 和 CIF。掌握这 6 种常用贸易术语的含义、买卖双方的义务以及在使用中应注意的问题,非常重要。

### 一、FOB 术语

FOB 术语是国际贸易中最早出现的贸易术语。FOB 的全文是 Free on Board(... Named Port of Shipment),即船上交货(……指定装运港),习惯上称之为装运港船上交货。根据《2010 通则》的规定,当卖方在指定的装运港将货物装上船,或取得已装船的货物即完成交货。这意味着买方必须从此时起承担货物灭失或损坏的一切风险。卖方交货前,应办理货物出口清关手续。

FOB 术语仅适用于海运或内河运输。FOB 不适用于货物在装船前移交给承运人的情形。比如,货物通过集装箱运输并通常在目的地交付,在这些情形下,适用 FCA 术语。

(一)买卖双方的基本义务

1. 卖方义务

(1) 在合同规定的时间,在指定装运港将货物装上买方指派的船只,或取得已装船的货物,并给予买方充分的通知。

(2) 负担交货之前的一切风险和费用。

(3) 自负风险和费用,取得出口许可证或其他官方批准书,办理货物出口所需的一切海关手续。

(4) 提供商业发票和证明货物已交至船上的通常单据,或具有同等效力的电子信息。

2. 买方义务

(1) 负责订立运输合同,支付运费,并将船名、装货地点和所要求的交货时间等及时通知卖方。

(2) 负担交货后的一切风险和费用。

(3) 收取卖方按合同规定交付的货物,接受与合同相符的单据,支付货款。

(4) 自负风险和费用,取得进口许可证或其他官方许可,并在需要办理海关手续时,办理货物进口和在必要时从他国过境所需的一切海关手续。

(二)使用 FOB 术语应注意的问题

(1)《2010 通则》取消了"船舷为界"划分买卖双方风险的做法,代之以卖方完成交货作为风险划分的界限。"船舷为界"划分风险的做法从 FOB 术语诞生之时起使用了近两百年,但是,因为装船是一个连续过程,卖方不可能只负责至船舷为止,而必须完成这一整个过程。因而在此次修订时,国际商会作了修改。

(2) 船货衔接。按 FOB 术语成交,由买方订立运输合同,安排运输工具,即租船订舱,卖方则在规定的时间和地点完成装运,因而就存在一个船货衔接的问题。如果处理不当,必然会影响到合同的顺利履行。

根据有关法律和惯例,如果买方未能按时派船(包括提前派船和延迟派船),卖方都有权拒绝交货,并且还可要求买方负担由此产生的各项损失,如空舱费、滞期费及卖方增加的仓储费等。如果买方指派的船只按时到达装运港,而卖方却未能备妥货物,则由此产生的各项损失由卖方负担。

## 【相关链接】

### 风险的提前转移

《2010通则》规定,如买方未派船或未及时通知卖方,或所派船只未能及时到港,或未做好装货准备,或在规定期限终了前截止装货,则自约定的交货日期或交货期限届满之日起,由买方负担货物灭失或损坏的一切风险,前提是货物已被清楚地指定为供应本合同之用。

**案例1-1：**

A公司以FOB汉堡条件向B公司进口一批化工原料,合同规定交货期为6月,买方所指定的船只应不迟于6月15日到达装运港。B公司于6月10日将全部货物运抵装运港存仓,但A公司未能按时派船。6月26日,存货仓库失火,部分货物被烧毁。6月30日,A公司所指定的船只才到达装运港。随后,A公司要求B公司赔偿其因货物受损而遭受的损失。B公司予以拒绝,并要求A公司承担因指定船舶延迟而使B公司支出的额外费用。问：B公司的做法有无道理？

1. 卖方的交货义务

关于卖方的交货义务,《2010通则》在《2000通则》要求卖方在指定装运港将货物装上买方指派的船只的基础上,增加了"以取得已装船货物的方式交货"的规定。增加这一规定的原因《2010通则》在其前言中作了说明："在农矿产品销售中,相对于工业品的销售,货物经常在销售链运转过程中被频繁销售多次。这种情况发生时,在链条中间环节的卖方并不'装运'这些货物,因为这些货物已经由最开始的卖方装运了。因而,链条中间环节的卖方履行其对买方的义务,并不是通过装运货物,而是通过'取得'已经被装运的货物。为明确起见,Incoterms 2010的规则包含了'取得已装运的货物'的义务,以将此作为Incoterms的相关术语中装运货物义务的替代。"

2. FOB的变形

按《2010通则》的规定,装船费由卖方负担。在实务中,在大宗货物采用程租船运输时,双方可以对此作不同规定,一般做法是在FOB术语后加列附加条件,从而形成了FOB的变形,主要有以下几种：

(1) FOB Liner Terms(班轮条件)。指装船的有关费用按班轮的做法办理,即由买方负担所有的装船费用。

(2) FOB Under Tackle(吊钩下交货)。指卖方负担将货物交到买方指定船只的吊钩所及之处的费用,其后的装船费用由买方负担。

(3) FOB Stowed(理舱费在内)。指卖方负责将货物装入船舱并支付包括理舱费在内的装船费用。理舱费是指货物入舱后进行安置和整理的费用。

(4) FOB Trimmed(平舱费在内)。指卖方负责将货物装入船舱并支付包括平舱费在内的装船费用。平舱费是指对装入船舱的散装货物进行平整所需的费用。

在许多标准合同中,为表明由卖方负担包括理舱费和平舱费在内的各项装船费用,常用FOBST(FOB Stowed and Trimmed)来表示。

需要注意的是,在使用FOB术语的变形的同时,双方还需要很清楚的表明是否改变风险从卖方转至买方的界限。

3.《1941年美国对外贸易定义修订本》的不同解释

《1941年美国对外贸易定义修订本》将FOB分为6种,只有其中的第五种与通则的解释相近,因而在与美洲国家的商人交易,尤其是进口时,要注意以下问题:

(1) FOB和港口名称之间应加"Vessel"字样,如FOB Vessel New York。

(2) 关于风险划分的界限,《1941年美国对外贸易定义修订本》的解释是卖方应负担货物装上船为止的风险。

(3) 关于出口清关的问题,《1941年美国对外贸易定义修订本》的解释是卖方"在买方请求并由其负担费用的情况下,协助买方取得由原产地及/或装运地国家签发的、为货物出口或在目的地进口所需的各种证件"。

## 二、CFR术语

CFR的全文为Cost and Freight(… Named Port of Destination),中文名称为成本加运费(……指定目的港)。

按《2010通则》,CFR术语是指卖方在指定装运港将货物装上船,或取得已装船的货物即完成交货,卖方必须支付将货物运至指定的目的港所需的运费和费用。但交货后货物灭失或损坏的风险以及由于交货后发生的事件而引起的任何额外费用,即由卖方转移到买方。

CFR术语要求卖方办理出口清关手续。仅适用于海运或内河运输。CFR术语并不适用于货物在装上船以前就转交给承运人的情况,例如通常运到终点站交货的集装箱货物。在这样的情况下,则应使用CPT术语。

(一) 买卖双方的基本义务

1. 卖方义务

(1) 订立运输合同,支付运费;在合同规定的时间和装运港,将符合合同的货物装上船,或取得已装船的货物,并及时通知买方。

(2) 负担交货以前的一切风险和费用。

(3) 自负风险和费用,取得出口许可证或其他官方批准书,办理货物出口所需的一切海关手续。

(4) 提供商业发票和在目的港提货用的通常运输单据,或具有同等效力的电子信息。

2. 买方义务

(1) 负担交货以后的一切风险和费用。

(2) 接受卖方提供的与合同相符的单据,收取卖方按合同规定交付的货物,支付货款。

(3) 自负风险和费用,取得进口许可证或其他官方证件,办理货物进口所需的海关手续。

(二) 使用CFR术语应注意的问题

1. 装运通知的重要性

以CFR术语成交,卖方在货物装船后向买方发出装运通知,是一项非常重要的义务。

因为在 CFR 条件下,卖方只负责办理货物运输,不负责办理货运保险,而货物在装运港越过船舷后,风险即由买方负担,因而,卖方须在装船后及时向买方发出装运通知,以便买方及时向保险公司办理投保手续。按有关法律及惯例的规定,如果卖方未向买方发出装运通知,致使买方未能办理货物保险,则货物在运输途中的风险由卖方负担,卖方不能以风险在船舷转移为由免除责任。在 FOB 和 CIF 条件下,此项义务也同样重要。

2. CFR 术语的变形

按《2010 通则》,以 CFR 术语成交,装货费由卖方负担,卸货费由买方负担。但在实际业务中,在大宗货物采用程租船运输时,双方可以对此作不同规定,一般做法是在 CFR 术语后加列附加条件,从而形成了 CFR 的变形。其变形如下:

(1) CFR Liner Terms(班轮条件)。指卸货费用按班轮运输的做法来处理,由支付运费的卖方负担。

(2) CFR Landed(卸至岸上)。指卖方负担将货物卸到码头上的费用,包括驳船费和码头费。

(3) CFR Ex Tackle(吊钩下交接)。指卖方负担将货物卸至船上吊钩所及之处的费用。

(4) CFR Ex Ship's Hold(舱底交接)。指所有卸货费均由买方负担。

需要注意的是,在使用 CFR 术语的变形的同时,双方还需要很清楚地表明是否改变风险从卖方转至买方的界限。

### 三、CIF 术语

CIF 的全文是 Cost,Insurance and Freight(... Named Port of Destination),中文名称为成本加保险费、运费(……指定目的港)。

按《2010 通则》,CIF 术语是指卖方在指定装运港将货物装上船,或取得已装船的货物即完成交货。卖方必须支付将货物运至指定的目的港所必需的费用和运费,但交货后货物灭失或损坏的风险以及由于发生事件而引起的任何额外费用,自卖方转移到买方。但是,在 CIF 条件下,卖方还必须为货物在运输途中灭失或损坏的买方风险取得海运保险。因此,由卖方订立保险合同并支付保险费。买方应注意到,CIF 术语只要求卖方投保最低限度的保险险别。如买方需要更大责任的保险险别的保障,则需要与卖方明确地达成协议,或者自行做出额外的保险安排。

CIF 术语要求卖方办理货物出口清关手续。

本术语仅适用于海运和内河运输。CIF 术语并不适用于货物在装上船以前就转交给承运人的情况,例如通常运到终点站交货的集装箱货物。在这样的情况下,应当适用 CIP 术语。

(一)买卖双方的基本义务

1. 卖方义务

(1) 订立运输合同,支付运费;在合同规定的时间和装运港,将符合合同的货物装上船,或取得已装船的货物,并及时通知买方。

(2) 负担交货以前的一切风险和费用。

(3) 订立货物运输保险合同,支付保险费。

(4) 自负风险和费用,取得出口许可证或其他官方批准书,办理货物出口所需的一切海关手续。

(5) 提供商业发票、保险单和在目的港提货用的通常运输单据，或具有同等效力的电子信息。

2. 买方义务

(1) 负担交货以后的一切风险和费用。

(2) 接受卖方提供的与合同相符的单据，收取卖方按合同规定交付的货物，支付货款。

(3) 自负风险和费用，取得进口许可证或其他官方证件，办理货物进口所需的海关手续。

(二) 使用 CIF 术语应注意的问题

1. 租船订舱问题

按 CIF 术语成交，租船订舱是卖方的义务。根据《2010 通则》的规定，"卖方须按照通常条件订立运输合同，并支付费用，经由惯常航线，由通常可供运输合同所指货物类型的船只运送货物。"然而，在实际业务中，有些买方会对此提出一些限制性要求，如限制船舶的船籍、船型、船龄、船级以及所属班轮公司等。对于此类要求，卖方有权拒绝接受，也可根据具体情况，在既能办到又不会给自己造成不便、不会增加额外费用的前提下，接受买方的要求。而一旦在合同中做出明确规定，就必须严格照办。

另外，卖方所负担的运费只是正常运费，不负担运输途中发生的额外运费。

## 【相关链接】

### 其他惯例的相关规定

《1941 年美国对外贸易定义修正本》：卖方负责安排货物运至指定目的地的运输事宜，并支付其费用。

《1932 年华沙—牛津规则》：

(1) 在买卖合同规定由特定船只装运，或者一般地应由卖方租赁全部或部分船只，并承担将货物装船的情况下，非经买方同意，卖方不得随意改用其他船只代替。买方也不应不合理地拒绝同意。

(2) 如果买卖合同规定用蒸汽船装运（未指定船名），卖方在其他条件相同的情况下，可用蒸汽船或内燃机船运给买方。

(3) 如果买卖合同未规定运输船只的种类，或者合同内使用"船只"这样的笼统名词，除依照特定行业惯例外，卖方有权使用通常在此路线上装运类似货物的船只来装运。

2. 保险险别问题

CIF 术语由卖方办理货运保险。按《2010 通则》的规定，按照至少符合《协会货物保险条款》(LMA/IUA)C 款或其他类似条款中规定的最低保险险别投保。应买方要求，并由买方负担费用且提供一切卖方需要的信息，如果能投保的话，卖方应提供额外的保险，例如《协会货物保险条款》(LMA/IUA) 中的条款 (A) 或条款 (B) 或任何类似的条款中提供的保险和 (或) 与《协会战争险条款》和 (或)《协会罢工险条款》(LMA/IUA) 或其他类似条款符合的保险。最低保险金额应是合同金额另加 10%，以合同货币投保。在实际业务中，为避免产生不必要的纠纷，双方一般都会在合同中就保险问题做出明确的规定。

另外，卖方只负担正常情况下的保险费，不负担额外保险费。

3. CIF 术语的变形

按《2010 通则》，以 CIF 术语成交，装货费由卖方负担，卸货费由买方负担。但在实际业务中,在大宗货物采用程租船运输时,双方可以对此作不同规定,一般做法是在 CIF 术语后加列附加条件,从而形成了 CIF 的变形。

(1) CIF Liner Terms(班轮条件)。指卸货费用按班轮运输的做法来处理,由支付运费的卖方负担。

(2) CIF Landed(卸至岸上)。指卖方负担将货物卸到码头上的费用,包括驳船费和码头费。

(3) CIF Ex Tackle(吊钩下交接)。指卖方负担将货物卸至船上吊钩所及之处的费用。

(4) CIF Ex Ship's Hold(舱底交接)。指所有卸货费均由买方负担。

需要注意的是,在使用 CIF 术语的变形的同时,双方还需要很清楚地表明是否改变风险从卖方转至买方的界限。

4. 象征性交货(Symbolic Delivery)方式问题

所谓象征性交货是指卖方只要按期在约定地点完成装运,并向买方提交合同规定的包括物权凭证在内的有关单据,就算完成了交货义务,而无须保证到货。与之相对的交货方式是实际交货(Physical Delivery),是指卖方必须在规定的时间和地点,将符合合同的货物交给买方或其指定人,而不能以交单代替交货。

在象征性交货方式下,卖方是凭单交货,买方是凭单付款。只要卖方如期向买方提交了合同规定的全套合格单据(种类、内容和份数相符),即使货物在运输途中损坏或灭失,买方也必须履行付款义务。反之,如果卖方提交的单据不符合合同规定,即使货物完好无损地运达目的地,买方也有权拒绝付款。

CIF 术语是一种典型的象征性交货术语。英国法学家、原联合国国际贸易法委员会主席 C. M. Schmithoff 曾说过:"从商业观点看,有人曾认为,CIF 合同的目的不是货物本身的买卖,而是与货物有关的单据的买卖。"但是,提交合格单据只是卖方得到买方付款的前提,卖方还必须提供与合同规定相符的货物。否则,买方即使已经付款,仍然有权向卖方索赔。

**案例 1-2:卖方应承担延迟交货的责任吗?**

2011 年 5 月,A 公司以 CIF 宁波条件与加拿大 B 公司签订了一份小麦进口合同,交货期为 7 月,不可撤销即期信用证支付。7 月 20 日,B 公司发来传真,称:"装运给贵公司的 10 000 公吨小麦与发运给广西北海港的 5000 公吨小麦同装在 SKL 船上。"A 公司收到后,立即通知 B 公司,要求该船先停靠宁波港再驶往北海。B 公司回复:"我们已按贵公司要求传真通知船公司,请 SKL 船先停靠宁波港。"但该船实际上先停靠北海港,并滞留了近 1 个月才驶往宁波港。此时国际市场上小麦价格已下跌,国内买方以未按期交货为由要求终止合同并索赔。A 公司最后以降价了结,然后以 B 公司延迟交货为由向 B 公司索赔,遭 B 公司拒绝。问:B 公司是否应赔偿 A 公司的损失?

**分析**

FOB、CFR、CIF 这三个术语长期以来,在国际贸易中广为使用,可以说是最为常用的贸易术语。但自 20 世纪 70 年代起,随着集装箱运输和国际多式联运的产生和发展,不但给国际贸易运输带来了重大变革,也给贸易术语的使用带来了重大影响。集装箱运输方式下,卖方在内陆地点将货物交给承运人后,便失去了对货物的实际控制,但由于 FOB、CFR 和 CIF 术语要求卖方在装运港将货物装上船,同时转移风险,从而使卖方负担了不应由他负担的风险。因而,《2010 通则》建议,通常运到终点站交货的集装箱货物,则应使用 FCA、CPT 和 CIP 术语。

## 四、FCA 术语

FCA 的全文是 Free Carrier(... Named Place)，中文名称为货交承运人(……指定地点)。

采用 FCA 术语，卖方只要将货物在指定的地点交给买方指定的承运人，并办理了出口清关手续，即完成交货。它适用于包括多式联运在内的各种运输方式。

（一）买卖双方的基本义务

1. 卖方义务

（1）在合同规定的时间、地点，将符合合同的货物交给买方指定的承运人，并及时通知买方。

（2）负担货物交给承运人之前的一切风险和费用。

（3）自负风险和费用，取得进口许可证或其他官方批准书，并办理货物出口清关手续。

（4）提供交货的通常单据或具有同等效力的电子信息。

2. 买方义务

（1）订立从指定地点承运货物的合同，支付运费，并将承运人名称及有关情况及时通知卖方。

（2）负担货物交给承运人之后的一切风险和费用。

（3）按合同规定收取货物，支付货款。

（4）办理货物进口清关手续。

（二）使用 FCA 术语应注意的问题

1. 承运人的含义

按《2010 通则》的解释，就《2010 通则》而言，承运人是指与托运人签订运输合同的一方。目前，承运人有两种类型：一种是拥有实际运输工具，承担将货物从收货地点运往交货地点的实际承运人；另一种是货运代理人。卖方履行交货义务时，可将货物交给实际承运人，也可将货物交给货运代理人。

2. 卖方的交货义务

FCA 术语适用于任何运输方式，而不同运输方式对交货有不同的做法，如按不同运输方式逐一进行规定则过于烦琐。《2010 通则》采取的是按不同的交货地点来确定卖方的交货义务：如在卖方所在地交货，卖方须将货物装上承运人派来的运输工具；如在其他地点交货，卖方可在自己的运输工具上将货物交买方指定的承运人处置，而无须负责卸货。

3. 风险转移的问题

以 FCA 术语成交，一般情况下，风险在货交承运人时转移。但买方未能指定承运人或未通知卖方，或其指定的承运人未在约定时间接管货物，则自约定的交货日期或交货期限届满之日起，由买方负担货物损坏或灭失的风险，前提是货物已清楚地分开或以其他方式确定为供应本合同之用。

## 五、CPT 术语

CPT 的全文是 Carriage Paid To(... Named Place of Destination)，中文名称为运费付至(……指定目的地)。

按《2010 通则》，CPT 术语是指卖方将货物交给他所指定的承运人，即完成交货义务，但卖方还必须支付将货物运至目的地的运费。交货后发生的一切风险和其他费用由买方负担。

与 FCA 术语相同，CPT 术语适用于包括多式联运在内的任何运输方式。

以 CPT 术语成交，卖方不负责办理货运保险，因此，卖方应及时向买方发出装运通知。

## 六、CIP 术语

CIP 的全文是 Carriage and Insurance Paid to(... Named Place of Destination)，中文名称为运费、保险费付至(……指定目的地)。

按《2010 通则》，CIP 术语下，卖方除承担在 CPT 术语下同样的义务外，还须对货物在运输途中灭失或损坏的买方风险取得货物保险，订立保险合同，并支付保险费。如买卖双方事先未在买卖合同中规定保险险别和保险金额，卖方只需投保最低责任的险别，最低保险金额为合同金额的 110%，并以合同货币投保。

## 七、FCA、CPT、CIP 术语与 FOB、CFR、CIF 的区别

FCA、CPT、CIP 三种术语是分别从 FOB、CFR、CIF 这三种传统术语的基础上发展起来的，其划分买卖双方义务的基本原则相同，但也有如下区别：

1. 适用的运输方式不同

FOB、CFR、CIF 术语仅适用于海洋运输和内河运输，其承运人一般仅限于船公司；而 FCA、CPT、CIP 术语可适用于包括多式联运在内的任何运输方式，其承运人可以是船公司、铁路局、航空公司，也可以是多式联运经营人。

2. 交货地点和风险转移的界限不同

FOB、CFR、CIF 的交货地点是在装运港的船上，风险转移都是以装船为界；而 FCA、CPT、CIP 的交货地点一般都在内陆，风险转移是以货交承运人为界。

3. 运输单据不同

以 FOB、CFR、CIF 术语成交，卖方须提交已装船提单；而以 FCA、CPT、CIP 术语成交，卖方提交的运输单据视采用的运输方式而定，即便在海洋运输方式下，卖方也可只提交备运提单。

4. 收款时间不同

以 FOB、CFR、CIF 术语成交，卖方须等到货物装船之后才能向买方收款；而以 FCA、CPT、CIP 术语成交，卖方将货物交给承运人后，即可向买方收款，因而，卖方的收款时间可提前，有利于卖方的资金周转。

5. 投保险别不同

以 FOB、CFR、CIF 术语成交，买方或卖方为货物投保的是海洋货物运输保险；而以 FCA、CPT、CIP 术语成交，买方或卖方则是根据采用的运输方式而投保相应的运输方式下的保险。

**案例 1-3：贸易术语的选择——CIF 还是 CIP？**

2011 年 5 月，美国某贸易公司与我国江西某进出口公司签订合同购买一批日用瓷具，价格条件为 CIF LOS ANGELES，支付条件为不可撤销跟单信用证。出口方随后与宁波某运输公司签订运输合同。8 月初出口方将货物备妥，装上承运人派来的货车。途中由于驾驶员的过失发生车祸而耽误了时间，错过了信用证规定的装船期。得到发生车祸的通知后，我出口方即刻与进口商洽商，要求将信用证的有效期和装船期延展半个月，并本着诚信原则告知进口商两箱瓷具可能受损。美国进口方回电称同意延期，但要求降价 5%。我出口方回电据理力争，同意受震荡的两箱瓷具降价 1%，但认为其余货物并未损坏，不能降价。但进口方

坚持要求全部降价。最后我出口方还是做出让步,受震荡的两箱瓷具降价2.5%,其余降价1.5%,为此受到货价、利息等损失共计15万美元。

事后,出口方作为托运人又向承运人就有关损失提出索赔。经多次协商,三个月后承运人最终赔偿5.5万美元。出口方实际损失9.5万美元。

**分析**

在本案中,出口方耗费了时间和精力,损失也未能得到全部赔偿,这充分表明了由于CIF术语自身存在的缺陷使其在应用于内陆地区的出口业务时显得力不从心。

1. 风险转移严重滞后于货物实际控制权的转移

在以CIF术语成交时,出口方需以托运人的身份与承运人签订运输合同。在出口方向承运人交付货物,完成运输合同下的交货义务后,并不意味着已完成了贸易合同下的交货义务。出口方仍要对进口方承担货物越过船舷前的一切风险和损失。而在货物交由承运人掌管后,出口方已经丧失了对货物的实际控制权。承运人对货物的保管、配载、装运等都由其自行操作,出口方只是对此进行监督。这样,在出口方已经丧失了对货物的实际控制权的情况下,他还要继续承担责任和风险,这非常不合理。尤其是从内陆地区装车到港口越过船舷,中间要经过一段较长时间,在这段时间内会发生什么事情,谁都无法预料。虽然如果在此期间发生货损,出口方向进口方承担责任后,可依据运输合同再向承运人索赔以转移其经济损失,但是,对于涉及有关诉讼的费用、损失责任承担等问题很难达成协议,再加上时间耗费,出口方很可能得不偿失。本案中,货物在承运人掌管之下发生了车祸,他就应该对由此产生的货物损失、延迟装船、仓储费用负责,但由此导致的货价损失、利息损失应由谁负担,双方却无法达成协议,使得出口方受到重大损失。

2. 由于运输单据的限制,内陆出口方无法在发货后立即在当地交单结汇

按《2010通则》的规定,CIF条件下出口方需提交可转让提单、不可转让海运单或内河运输单据,这与其仅适用于水上运输方式相对应。在沿海地区,这种要求易于得到满足,不会耽误结汇。在内陆地区,如采用内河航运,也没有太大问题。但实际业务中,一般都是陆运至装运港,承运人会签发陆运单或海陆联运提单,而不是CIF术语要求的运输单据。因而,只有当货物运至装运港装船后,出口方才能拿到提单或得到联运提单上"已装船"的批注,然后才能结汇。这种对单据的限制会直接影响到出口方向银行交单结汇的时间,从而影响出口方的资金周转。

3. 内陆地区使用CIF术语的额外运输成本

在CIF价格中的运费应包括从装运港到目的港这一段的运费,但从内陆地区到装运港装船之前还有一部分运输成本。如从甘肃、青海、新疆等地到装运港装船之前的费用会达到货价的20%左右。

从以上分析可以看出,CIF术语在内陆地区出口中并不完全适用。事实上,对于更多采用陆海联运、国际多式联运或陆运出口的内陆地区来说,CIP比CIF更合适。

第一,从适用的运输方式来看,CIP比CIF更灵活,更适合内陆地区出口。CIF只适用于水上运输方式(海运、内河运输),而CIP适用于任何运输方式。对内陆地区,尤其是西部地区而言,出口时运输方式也是多种多样,如出口到美国、东南亚地区,一般是陆海联运,出口到欧洲,一般是陆运。

第二,从出口方责任来看,使用CIP术语时,出口方风险与货物的实际控制权同步转移,责任可及早减轻。出口方只需将货物安全移交给承运人即完成自己的买卖合同和运输合同下的交货义务,此后货物发生的一切损失均与出口方无关。

第三,从使用的运输单据来看,使用 CIP 术语有利于内陆出口业务在当地交单结汇。CIP 术语涉及的通常运输单据范围要大于 CIF 术语,按具体运输方式不同,可以是上面提到的 CIF 术语使用的运输单据,也可是陆运单、空运单及多式联运单据。承运人签发后,出口方即可据以结汇。这样,就缩短了结汇和退税的时间,提高了出口方的资金周转速度。

另外,迅速发展的集装箱运输也为内陆地区出口使用 CIP 术语提供了便利条件。目前我国许多沿海港口如青岛、连云港都已"把口岸办到内地",发展内陆地区对沿海口岸的集装箱直通式运输,这势必会货物装卸、倒运、仓储的时间,降低运输损耗和贸易成本,缩短通关、结汇的时间,有利于 CIP 术语在内陆地区出口中的推广。

选择适当的贸易术语对于出口合同的履行及出口方利益的保护极为重要。出口企业一定要从本地区、本行业和所经营产品的实际出发,适当选择贸易术语,千万不要被"出口 CIF"的定式迷惑。

## 第四节　其他贸易术语

除了 6 个常用术语之外,《2010 通则》还解释了其他 5 个术语。这些术语在实际业务中一般使用较少,但在某些特定场合,也会被买卖双方所采用。

### 一、EXW 术语

EXW 是 E 组唯一的一个术语,全文是 Ex Works(... Named Place),中文名称为工厂交货(……指定地点)。

EXW 是所有术语中卖方责任最小的术语,适用于包括多式联运在内的任何运输方式。按此术语成交,卖方只需在自己的所在地(工厂、仓库、矿场等)将货物置于买方处置之下,就算完成了交货义务。卖方不需要将货物装上买方所派的运输工具,也不负责办理出口清关手续。交货后,一切风险、责任和费用均由买方负担。

如买方办理出口清关手续有困难,则应使用 FCA 术语。

### 二、FAS 术语

FAS 的全文是 Free Alongside Ship (... Named Port of Shipment),中文名称为装运港船边交货(……指定装运港)。

FAS 术语只适用于海运或内河运输,它是指卖方自负一切风险、责任和费用将货物运至装运港,在买方指派的船边置于买方处置之下就算完成交货义务。另外,卖方还需办理货物的出口清关手续。买方则负担交货后的一切风险、责任和费用。

需要注意的是,《1941 年美国对外贸易定义修订本》所解释的 FAS 全文是 Free Along Side,意为"运输工具旁边交货",与《2010 通则》不同。

### 三、DAT 术语

DAT 的全文是 Delivered At Terminal(... Named Terminal at Port or Place of Destination),中文名称为运输终端交货(……指定目的港或目的地的运输终端)。

DAT 是《2010 通则》新增的贸易术语，取代了《2000 通则》中的 DEQ，适用于任何运输方式。按此术语成交，卖方须自负一切风险、责任和费用将货物运至指定目的港或目的地的运输终端卸货后交买方处置。在必要时，由卖方办理出口手续，买方办理进口手续。

"运输终端"包括任何地方，而不能论是否有遮盖，包括码头、仓库、集装箱堆场或公路、铁路或空运货站。双方应尽可能明确地指定运输终端，或在约定的目的港或目的地的运输终端内指定一个特定地点。

若当事人希望卖方承担从运输终端到另一地点的运输及搬运货物所产生的风险和费用，则应使用 DAP 或 DDP 术语。

### 四、DAP 术语

DAP 的全文是 Delivered At Place (… Named Place of Destination)，中文名称为目的地交货(……指定目的地)。

DAP 也是《2010 通则》新增的贸易术语，取代了《2000 通则》中的 DAF、DES 和 DDU 三个术语，适用于任何运输方式。按此术语成交，卖方须自负一切风险、责任和费用将货物运至指定的交货地点，将还在运抵的运输工具上可供卸载的货物交给买方处置即完成交货。在必要时，由卖方办理出口手续，买方办理进口手续。

双方应尽可能明确地规定指定交货目的地内的交货点。如果卖方按照运输合同承受了货物在目的地的卸货费用，那么除非双方另有约定，卖方无权要求买方偿付。

### 五、DDP 术语

DDP 的全文是 Delivered Duty Paid (… Named Place of Destination)，中文名称为完税后交货(……指定目的地)。

DDP 术语是《2000 通则》的 13 个术语中，卖方责任最大的术语，适用于任何运输方式。按此术语成交，卖方须自负一切风险、责任和费用将货物运至进口国指定交货地点交买方处置，包括必要时办理货物出口和进口手续。买方则负担交货后的一切风险、责任和费用。

11 个术语的对比见表 1-3：

表 1-3　11 个术语的对比

| 标准代码 | 交货地点 | 风险转移 | 出口手续 | 进口手续 | 适用运输方式 |
| --- | --- | --- | --- | --- | --- |
| EXW | 卖方所在地 | 货交买方处置时起 | 买方 | 买方 | 任何方式 |
| FCA | 出口国内地 | 货交承运人处置时起 | 卖方 | 买方 | 任何方式 |
| CPT | 出口国内地 | 货交承运人处置时起 | 卖方 | 买方 | 任何方式 |
| CIP | 出口国内地 | 货交承运人处置时起 | 卖方 | 买方 | 任何方式 |
| DAT | 进口国港口或内地 | 货交买方处置时起 | 卖方 | 买方 | 任何方式 |
| DAP | 进口国内地 | 货交买方处置时起 | 卖方 | 买方 | 任何方式 |
| DDP | 进口国内地 | 货交买方处置时起 | 卖方 | 卖方 | 任何方式 |
| FAS | 装运港船边 | 货交买方处置时起 | 卖方 | 买方 | 水上运输 |
| FOB | 装运港船上 | 装运港交货时起 | 卖方 | 买方 | 水上运输 |
| CFR | 装运港船上 | 装运港交货时起 | 卖方 | 买方 | 水上运输 |
| CIF | 装运港船上 | 装运港交货时起 | 卖方 | 买方 | 水上运输 |

**案例 1-4：改变合同性质而受损**

某年 8 月，英国十几家公司联合向我某土产进出口公司订购一批核桃，总数量为 1700 公吨，以 CIF 伦敦条件成交，交货期为 10 月，合同中规定：卖方需保证货物不迟于 12 月 2 日到达伦敦港，货物单价以货物于 11 月 29 日到达为基础，如货物于 11 月 26 日至 28 日之间到达，则每提前一天，价格增加 0.2%，早于 11 月 26 日到达视为于 26 日到达；如货物于 11 月 30 日至 12 月 2 到达，则每晚到一天，扣价 0.2%，如晚于 12 月 2 日到达，买方有权拒绝提货、拒付货款，但需在货到后 48 小时内提出。

合同签订后，卖方即积极落实货源，并向外运公司联系租船事宜。但当时在装运港附近只有一艘"乔娜"号外轮，且该轮在停泊时，曾向外运公司提出要更换船上的大轴，但未获同意。土产公司在不知情的情况下，租用了"乔娜"号轮。10 月上旬，货物装船完毕，船舶驶离装运港。按一般情况，可于 11 月初到达目的港。但当船舶进入印度洋时，得知苏伊士运河宣布关闭，不准通航，因而只能绕道好望角。即便如此，在 11 月 20 日左右到达也是没有什么问题的。

然而，刚过好望角不久，"乔娜"号轮的大轴断裂，船舶失去动力，在海上随波逐流。船长宣称是共同海损，并要求进港修理。土产公司与保险公司联系后，同意其为共同海损，但坚决不同意进港修理。为此，我方以 66 万瑞士法郎租用了一艘据说是当时世界上最大的拖轮赶往出事地点，拖带"乔娜"号继续前行。途中船长几次以避免船舶损失过大为由拒绝前行，要求进港修理，但都被我方拒绝。

由于拖轮航行的速度较慢，加之沿途风大浪急，当船舶抵达目的港伦敦时，已是当地时间 12 月 3 日凌晨 3 点，比合同规定的最后期限晚了几个钟头。而此时，伦敦市场上充斥着大量的核桃，市场价格比合同价格要低很多。因此，除极少数客户仍不计损失提取货物外，绝大多数客户均表示拒绝提货。

为尽快将这批核桃脱手，土产公司委托其中的两位客户代为提货、报关，并就地出售，由我方支付有关费用并给予佣金，终将货物处理完毕。事后统计，损失共计 70 多万美元。

**分析**

本案中，导致土产公司遭受巨额损失的最主要原因，是合同中规定的到货时间这一条款。

在国际市场上，尤其是在欧美地区，核桃是一种季节性商品，主要是在圣诞节前销售。过了这段时间，市场价格就会大受影响。我国出口核桃的主要竞争对手是美国。美国的山地很多，核桃产量也很大，除供应本国市场外，剩余的核桃都销往欧洲。由于美国核桃的价格较高，但因其运输距离近，因此，为提高其竞争力，美国的核桃出口商主动提出可保证到货时间。在谈判中，英国客户就提出，如我方不能保证到货时间，他们就从美国购买核桃。在这种情况下，我土产公司不得不同意在合同中规定到货时间，也正是因为这条规定，才导致损失的出现。

从表面上来看，这是一份 CIF 合同。CIF 合同的性质是一种象征性交货合同，具有凭单交货、凭单付款的特点，卖方只需按时完成装运，而不需保证到货，由买方负担运输途中的风险。然而，如在 CIF 合同中添加某些条件，就可改变 CIF 合同的性质。在本案中，"卖方保证货物不迟于 12 月 2 日到达"这一条款的规定，便从根本上改变了 CIF 合同的性质。卖方不再是凭单交货，买方也不再是凭单付款。所以，当载货船舶出事后，我方才会花费巨额费用租用拖轮去拖带，买方也才可在货物晚到时拒绝提货。

当然，在本案中，我方也存在着以下失误：

首先，在通过外运公司租船时，外运公司没有将"乔娜"号轮存在隐患一事通知土产公司。如土产公司事先知道这一情况，则上述损失可能就不会发生。

其次，在订立租船合同时，我方也应要求在合同中加订限定到货时间的条款，将船方的利益与我方联系在一起，有利于加强船方的责任感。

最后，当"乔娜"号轮出事后宣布为共同海损时，我方也不应同意。因为，构成共同海损必须具备如下条件：① 必须确实遭遇危难；② 必须是为了船、货等各方的共同安全；③ 共同海损必须是有意采取的合理措施造成的，而不是由危险直接造成的，并且采取的人为措施必须合理，符合当时实际情况的需要；④ 共同海损必须是非常性质的损失和费用。而"乔娜"号轮所遇事故，并不符合上述条件。我方在没有认真调查研究的情况下，匆忙表示同意属于共同海损，从而使船方有恃无恐，不愿意尽心尽力与我方合作。

## 【课外阅读】

## 国 际 商 会

国际商会是为世界商业服务的非政府组织，是联合国等政府间组织的咨询机构，于1919年在美国发起，1920年正式成立，总部设在法国巴黎。其宗旨是为开放的世界经济服务，坚信国际商业交流将导致更大的繁荣和国家之间的和平。目前，国际商会的会员已扩展到一百四十多个国家之中，由数万个具有国际影响的商业组织和企业组成，并在83个国家中成立了国家委员会或理事会，组织和协调国家范围内的商业活动。

一、国际商会的职能

国际商会的主要职能主要有以下四个。

① 在国际范围内代表商业界，特别是对联合国和政府专门机构充当商业发言人；

② 促进和建立在自由和公平竞争基础上的世界贸易和投资；

③ 协调统一贸易惯例，并为进出口商制定贸易术语和各种指南；

④ 为商业提供实际服务。服务包括：设立解决国际商事纠纷的仲裁院、协调和管理货物临时免税进口的ATA单证册制度的国际局、商业法律和实务学会、反海事诈骗的国际海事局、反假冒商标和假冒产品的反假冒情报局、为世界航运创造市场条件的海事合作中心和经常组织举办各种专业讨论会和出版发行种类广泛的出版物。

二、国际商会的组织机构

国际商会的组织机构包括：理事会、执行局、财政委员会、会长、副会长及前任会长和秘书长、所属各专业委员会和会员、会员大会，此外还设有国家特派员。国际商会现下属专业委员会及工作机构。这些专业委员会是：

国际商会—联合国、世界贸易组织经济咨询委员会、国际贸易政策委员会、多国企业和国际投资委员会、国际商业惯例委员会、计算机、电报和信息政策委员会、银行技术和惯例委员会、知识和工业产权委员会、环境委员会、能源委员会、海运委员会、空运委员会、税务委员会、有关竞争法律和实务委员会、保险委员会、销售、广告和批售委员会、国际仲裁委员会、国际商会国际局、国际商会仲裁院、国际商业法律和实务学会、东西方委员会、国际商会/中国国际商会合作委员会、国际商会国际海事局、国际商会海事合作中心、国际商会反假冒情报局。

有关委员会的情况如下：

1. 国际商业惯例委员会

该委员会的职能是：就目前现代化的运输技术的使用、自动信息处理的增长以及市场不稳定诸因素造成的商业惯例变化提供建议；对影响国际贸易的各种法律的差异提出解决意见；积极参加其他有关国际团体，特别是联合国国际贸易法委员会的工作。

2. 银行技术和惯例委员会

该委员会的职能是：在国际银行实务中推动使用自动信息处理技术，并起草新的统一规则；在必要时修订有关托收、跟单信用证等的现行统一规则；与商业管理委员会及其他有关国际团体一起工作，发起旨在获得更为广泛的银行法和技术知识的活动。

3. 国际仲裁委员会

该委员会的宗旨是发展并促进利用仲裁的方式解决国际商业争议。

4. 国际商会仲裁院

该机构是通过仲裁方式解决国际商事争议的重要组织。每年都有来自经济、政治和社会制度不同的国家的当事人、仲裁员和律师参与国际商会的仲裁。每一个国家委员会都可以向仲裁院推荐一名委员。

5. 国际商会国际商业法律和实务学会

该会创立于1979年，其目的是培训国际商业法方面的人才，并在职业律师和学者们之间架起桥梁，以期互通信息。主要开展如下活动：

① 组织培训讨论会，以扩大国际贸易法律及在解释和执行国际合同中发生纠纷的知识；

② 加强学术单位与国际贸易商之间就一些特殊方面问题研究的联系；

③ 组织对国际贸易法的研究工作。

6. 国际商会/中国国际商会合作委员会

该委员会创立于1991年6月，旨在加强作为世界范围内的业主代表的国际商会和作为推动中华人民共和国的商业国际化民间组织的中国国际商会之间的合作。1994年11月8日，国际商会在巴黎举行的第168次理事会会议上通过决议，接纳中国加入国际商会并成立国际商会中国国家委员会(ICC CHINA)。1995年1月1日，由中国贸促会牵头组建的ICC CHINA正式宣告成立。

# 本 章 小 结

基本内容小结

本章主要介绍了贸易术语的概念、作用、有关贸易术语的国际贸易惯例以及对各种贸易术语的解释与应用，着重对国际贸易中常用的 FOB、CFR、CIF、FCA、CPT、CIP 六种术语的含义及使用过程中要注意的问题进行了分析。

本章的重点与难点

FOB、CFR、CIF、FCA、CPT、CIP 六种术语的买卖双方风险、责任、费用的划分。

## 【练习题】

### 一、名词解释

贸易术语、象征性交货

### 二、填空题

1. 有关贸易术语的国际贸易惯例有_____、_____、_____。
2. 《2010通则》中,由买方办理出口手续的术语是_____,而由卖方办理进口手续的术语是_____。
3. FOB术语的变形主要是为了明确_____费用的负担,而CIF和CFR术语的变形主要是为了明确_____费用的负担。
4. 《2010通则》中,只适用于水上运输的术语是_____、_____、_____、_____;适用于各种运输方式的术语是_____、_____、_____、_____、_____、_____、_____。

### 三、判断题

1. FOB、CFR、CIF相比,CIF术语下卖方风险最大。 （ ）
2. 以CIF出口一批货物,途中船舶触礁导致货物灭失,买方可以不付款。 （ ）
3. EXW卖方义务最小,DDP买方义务最小。 （ ）
4. FOBS指卖方负担所有卸货费。 （ ）
5. 以FOB Under Tackle条件成交,卖方只需交货至吊钩下就完成了交货义务,风险随之转移。 （ ）
6. 《国际贸易术语解释通则》是国际货物贸易中最大,亦是最重要的一项国际公约。 （ ）
7. 采用FOB贸易术语的各种变形是为了解决买卖双方在卸货费用上的负担问题。 （ ）
8. 我方按FOB旧金山从美国购进一批小麦,卖方理所当然应将货物装到旧金山港口的船上。 （ ）
9. 贸易术语因其表示商品的价格构成,所以可以称为"价格术语"。 （ ）
10. 按照《2010通则》,用CIF条件成交,货物装船时从吊钩脱落掉入海里的损失由卖方负担。 （ ）
11. 以CIF Ex Ship's Hold New York条件成交,卖方应负担从装运港到纽约为止的费用和风险。 （ ）
12. 以FCA条件成交,卖方将货物交给承运人后,即履行完交货义务,出口报关等手续由买方办理。 （ ）
13. CIF Landed意味着卖方要承担货物运到目的港的一切费用,包括卸货费。 （ ）
14. 为避免货物中途转船延误时间,增大费用开支,造成货损货差,我方按FOB条件进口时,最好争取在合同中规定"不准转船"。 （ ）

15. 按 FOB、CFR、CIF 条件成交，货物在装运港装上船后，风险均告转移。因此，货到目的港后买方如发现品质数量包装等与合同规定不符，卖方概不负责。（　　）

16. 在 CIF 条件下，由卖方负责办理货物的运输与保险，在 CFR 条件下是由买方投保，因此，运输途中货物灭失和损失的风险，前者由卖方负责，后者由买方负责。（　　）

### 四、单项选择题

1. FOB、CFR、CIF 三个术语的主要区别在于（　　）。
   A. 交货地点不同　　　　　　　　B. 风险划分界限不同
   C. 交易双方承担的责任与费用不同

2. 在实际业务中，FOB 条件下，买方常常委托卖方代为租船、订舱，其费用由买方负担。如到期订不到舱，租不到船，则（　　）。
   A. 卖方不承担责任，风险由买方承担
   B. 卖方承担责任，风险也由卖方承担
   C. 买卖双方共同承担责任、风险
   D. 双方均不承担责任，合同停止履行

3. 以 CIF 汉堡条件成交，卖方对货物风险应负责（　　）。
   A. 船到汉堡港为止　　　　　　　B. 在汉堡港卸下货为止
   C. 货在装运港越过船舷为止

4. 根据《2010 通则》的规定，进口方负责办理出口清关手续的贸易术语是（　　）。
   A. FAS　　　　B. EXW　　　　C. FCA　　　　D. DDP

5. 根据《2010 通则》的规定，CFR 术语仅适用于水上运输，若卖方先将货物交到货运站或使用集装箱运输时，应采用（　　）为宜。
   A. FCA　　　　B. CPT　　　　C. CIP

6. 以 CFR 成交，应由（　　）。
   A. 买方办理租船订舱并保险
   B. 卖方办理租船订舱并保险
   C. 卖方办理租船订舱，买方办理保险

7. 在下述 FOB 的变形中，出口人费用负担最大的是（　　）。
   A. FOB Liner Terms　　　　　　B. FOB Stowed
   C. FOB Under Tackle

8. CFR 中卖方不愿承担卸货费用的可以选用（　　）。
   A. CFR Liner Terms　　　　　　B. CFR Landed
   C. CFR Ex Tackle　　　　　　　D. CFR Ex Ship's Hold

### 五、多项选择题

1. 根据《2010 通则》的规定，FOB、CIF、CFR 的共同之处表现在（　　）。
   A. 均适合水上运输　　　　　　　B. 交货地点均为装运港船上
   C. 风险转移均为装运港船舷　　　D. 买卖双方责任划分基本相同

2. FOB 与 FCA 相比较,其主要区别有( )。
   A. 风险划分界限不同　　　　　　　B. 交货地点不同
   C. 适用的运输方式不同　　　　　　D. 提交的单据种类不同
3. 根据《2010 通则》的规定,( )是风险和费用划分点相分离的贸易术语。
   A. FOB　　　　　　　　　　　　　B. CIF
   C. CPT　　　　　　　　　　　　　D. DDP
4. 下列术语中,风险划分界限相同的是( )。
   A. FOB　　　　　　　　　　　　　B. FCA
   C. CIF　　　　　　　　　　　　　D. CFR
5. CIF 价的构成包括( )
   A. 实际成本　　　　　　　　　　　B. 国内费用
   C. 出口运费　　　　　　　　　　　D. 出口保险费
   E. 预期利润

## 六、简答题

1. 简述 FOB、CIF 术语的变形及其性质。
2. 简述国际贸易惯例的性质。
3. 有关贸易术语的国际贸易惯例有哪几个? 其制定者分别是谁?
4. 以 FCA 术语成交,卖方如何完成交货义务?
5. 简述 FOB、CFR、CIF 三个术语的相同点和不同点。
6. 以 CFR 术语成交,卖方为什么要及时发出装运通知?

## 七、案例分析题

1. 我国北京 A 公司拟向美国纽约 B 公司出口某商品 500 箱,B 公司提出按 FOB 新港条件成交,而 A 公司则提出采用 FCA 北京的条件,试分析 A 公司和 B 公司各自提出上述条件的原因。

2. 某公司以 CFR 马赛条件出口一批抽纱台布,2 月 8 日装船完毕,业务员因工作繁忙,忘记给买方发装运通知,第二天上午才想起。买方收到装运通知后向保险公司投保时,保险公司获悉该货已因载货船舶遇难而损失,故拒绝承保。买方遂拒付单据。问:买方是否有权拒付?

3. 某公司以 CIF 术语出口一批草编制品,于 3 月 5 日装船并顺利收款。3 月 20 日接买方来电称载货船舶失火,货物全部烧毁,要求我公司出面向保险公司索赔,否则需退回全部货款。问:买方做法有无道理?

# 第二章 商品的名称和质量

【学习目的】

了解品名、品质条款的意义、对进出口商品的质量要求；理解商品品质的表示方法、品质机动幅度的规定；掌握商品条款合同中商品品名和品质条款的基本内容和规定方法。

【能力要求】

能在实践中根据交易商品的不同特性，合理规定买卖合同中的品名和品质条款。

## 第一节 商品的名称

### 一、列明品名的意义

商品的名称也称品名（Name of Commodity），是指某种商品区别于其他商品的一种称呼或概念。

品名条款是国际货物买卖合同中的一项主要交易条件。按照有关法律和惯例，对商品的描述是构成商品说明的一个主要组成部分，是买卖双方交接货物的一项基本依据，关系到双方的权利和义务。列明商品品名具有重要的法律和实践意义。如果卖方交付的货物不符合合同规定的品名或说明，买方有权拒收、撤销合同并提出索赔。

### 二、品名条款的规定

合同中的品名条款一般比较简单，通常是在"商品名称"或"品名"的标题下，列明买卖双方成交商品的名称。

品名条款的规定，还取决于成交商品的品种和特点。有的商品往往有许多不同的品种、型号、等级，因此，为明确起见，亦可把有关品种或品质、产地、型号的概括性描述包括进去。在这种情况下，它就是品名条款和品质条款的合并。如：东北大豆，一级。

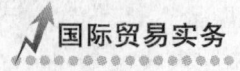

**【操作技巧】**

合同中规定品名条款时,需注意以下问题。

1. 必须明确、具体,避免空泛、笼统或者含糊的规定,以确切地反映商品的用途、性能和特点,对于某些新商品的定名及其译名,应力求准确、易懂,以便于合同的履行。

2. 实事求是,反映商品实际情况。合同中的品名,必须是卖方能够供应而且是买方所需要的商品,不应列入不必要或做不到的描述性词句。

3. 尽可能使用国际上通用的名称。有些商品的名称,各国叫法不一,为了避免误解,应尽可能使用国际通用的名称。

4. 注意选用合适的品名,以降低关税,并节省运费。

# 第二节 商品的质量

## 一、品质的含义及重要性

商品的质量简称品质(Quality of Goods),是指商品的内在素质和外观形态的综合。内在素质指商品的化学成分、物理性能、机械性能、生物特征等;外观形态指商品的大小、长短、造型、款式、颜色、光泽等。

在国际贸易中,商品的质量优劣,不仅关系商品的使用性能,影响着商品售价的高低、销售数量和市场份额的增减,还关系商品的信誉和企业甚至国家的形象。为了使进出口商品的品质适应国内外市场的需要,在出口商品的生产、运输、存储、销售过程中,必须加强对品质的全面管理。在进口商品的订货、运输、接受等环节中,应当切实把好质量关。

**【相关链接】**

### 品质不符的后果

《联合国国际货物销售合同公约》规定:卖方交付的货物必须与合同规定的质量相符,否则,买方有权要求损害赔偿,也可要求修理或交付替代货物,甚至拒收货物并撤销合同。美国《统一商法典》规定:卖方保证所出售的货物必须具有商销品质,这是卖方应承担的一项默示担保。英国《货物买卖法》规定:卖方应有一项默示要件,即该合同项下的货物品质是适合商销的。

**案例 2-1:赔了夫人又折兵**

某土产公司出口一批农产品,合同规定为二级货。交货时,卖方发现二级货没有现货,只有一级的现货,于是一级货装运出口,并在发票上注明:"一级货仍按二级货计价。"结果买方收货后向卖方索赔。

## 二、对进出口商品的质量要求

### （一）对出口商品的质量要求

对于出口商品，应根据"以质取胜"的基本战略，坚持"质量第一，信誉第一"的指导思想，加强新产品的研制，重视科技开发，提高出口商品的技术含量，努力做到按国际标准组织生产。同时，也要加强出口商品的检验工作，强化质量观念，严格把好出口商品的质量关。具体说来，应做好以下几方面的工作：

1. 对国际市场进行细分，针对不同的市场确定出口商品质量

由于世界各国经济发展不平衡，各国生产技术水平、生活习惯、消费结构、购买力和不同民族的爱好互有差异，因此，我们要重视对不同目标市场、不同时期消费者需求的研究，把握不同层次消费需求的特点及其变化方向，针对不同的目标市场和消费群体，发展适销对路的商品，使我国出口商品的质量更具市场适应性、针对性和竞争力。

2. 适应进口国的有关法令规定和要求

许多国家对进口商品的质量都有严格的法令规定和要求，如欧美国家对进口食品、茶叶及蔬菜水果等商品的农药残留量、陶瓷的含铅量、花生及花生制品的黄曲霉素含量等都有规定。凡不符合规定或要求的商品，一律不准进口，有的甚至还要就地销毁，并由货主承担由此产生的各项费用。

3. 适应国外自然条件、季节变化和销售方式

由于各国自然条件和季节变化不同，销售方式各异，商品在运输、装卸、储存和销售过程中，质量可能发生某些变化，同时，各国市场对某些商品的品种或品质规格往往也会有不同的要求。因此，了解进口国这方面的特点，使我国出口商品的质量适应这些方面的不同要求，也有利于增强我国出口商品的竞争力。

4. 建立行之有效的产品质量环境管理体系

在国际市场上，用户不仅要对商品品质进行评价，而且还要对生产企业的质量体系进行评价。ISO9000系列标准是国际标准化组织为适应国际贸易发展的需要而制定的国际品质保证标准，由ISO9000—ISO9004五个标准组成。它为国际市场商品的生产企业质量体系评定提供了统一的标准，具有很强的实践性、科学性和指导性。在此基础上的一体化管理标准——ISO14000环境管理系列标准，是当今广受国际承认和重视的企业管理标准。国外企业在我国寻找合作伙伴时，往往在要求有ISO9000质量证书的同时，还要求有ISO14000环保证书。因此，实施ISO一体化管理体系对出口企业来说具有十分重要的意义。

### （二）对进口商品的质量要求

进口商品质量的优劣，直接关系到国内用户和消费者的切身利益。因此，在进口贸易中，应严格把好质量关，凡品质不符合规定的商品，不应进口。进口商品的质量，应顺应国内经济建设、科学研究、国防建设、人民生活、安全卫生及环境保护等方面的要求。进口时要货比三家，充分了解商品的质量等级，使其品质、规格不低于国内的实际需要。同时，还应考虑我国国情和国内的消费水平，不要超越国内的实际需要，盲目追求高档次、高规格、高质量而造成不必要的浪费。另外，还应遵守我国有关法规，严防进口那些危害国家安全或者社会公共利益、破坏生态环境以及对人民生命和健康产生危害的商品。

### 三、品质的表示方法

国际货物贸易的商品种类繁多,特点各不相同,故品质的表示方法也多种多样。归纳起来,可分为实物表示法和说明表示法两大类。

（一）实物表示法

实物表示法是以实际物品来表示商品质量,包括看货成交和凭样成交两种方法。

1. 看货成交

指交易双方根据现有商品的实际品质进行买卖。通常是先由买方或其代理人在卖方所在地验看货物,达成交易后,卖方即应按验看过的商品交付货物。只要卖方交付的是验看过的商品,买方就不得对品质提出异议。在国际贸易中,这种做法多用于寄售、拍卖和展卖业务中。

2. 凭样成交(Sales by Sample)

样品(Sample)是指从一批商品中抽出来的或由生产、使用部门设计、加工出来的,足以反映和代表整批商品品质的少量实物。凡是以样品表示商品品质并以此作为交货依据的,称为凭样成交。

在国际贸易中,按样品提供者的不同,可分为以下几种。

(1) 凭卖方样成交(Sales by Seller's Sample)

即以卖方提供的样品作为交货的品质依据,在合同中以"质量以卖方样品为准(Quality as per seller's samples)"表示。

## 【操作技巧】

### 选样的技巧

在实际业务中,卖方选择样品时应注意样品要有足够的代表性。样品品质过高会引起交货困难,品质偏低则可能满足不了买方的要求,影响商品的出口价格甚至不能出口。因此,应选择中间品质的货物作为样品。

在将样品送交买方的同时,卖方应保留与送交样品品质完全一致的另一样品,即复样(Duplicate Sample),或称留样(Keep Sample),以备将来组织生产、交货或处理品质纠纷时作核对之用。同时在原样和复样上编制相同的号码,注明样品提交买方的具体日期,以便日后联系、洽谈交易时参考。为了防止履行合同时发生不必要的纠纷,必要时可由商检部门或买卖双方共同将样品封存保留,制成封样(Sealed Sample),该封样即成为买卖双方交接货物的品质依据。

(2) 凭买方样成交(Sales by Buyer's Sample)

即以买方提供的样品作为交货的品质依据,在我国也称"来样成交"或"来样制作",在合同中以"质量以买方样品为准"(Quality as per buyer's samples)表示。

**【操作技巧】**

## 凭买方样成交时应注意的问题

在确认按买方提交样品成交之前,卖方必须考虑自己的生产水平、加工工艺等方面的问题,确信自己生产出来的产品质量符合样品的要求,以防止日后交货困难,并考虑来样是否符合我国有关法规和道德规范。实际业务中,卖方可根据买方来样复制或另外提供品质相近的样品交买方确认后作为交货的品质依据,变凭买方样品成交为凭卖方样品成交,以避免由于实物与样品不符造成的交货困难或纠纷。

在凭买方样成交时,为防止因买方样品侵犯他人权益而被卷入知识产权纠纷当中,一般还应在合同中规定或另外声明,如果买方来样侵犯了任何第三者的工业产权等权利,一切后果都由买方承担,卖方概不负责。

(3) 凭对等样成交(Sales by Counter Sample)

在国际货物买卖当中,卖方对买方样品往往持谨慎态度。为避免日后交货品质与买方样品不符而导致纠纷,卖方可根据买方提供的样品,加工复制出一个类似的样品交买方确认,这种经确认的样品,称为对等样,也称回样(Return Sample)、确认样(Confirming Sample)。以之作为交货品质依据的交易,称为"凭对等样成交",合同中以"质量以对等样为准"(Quality as per counter samples)表示。

**【相关链接】**

## 参考样和成交样

样品按其约束力可分为参考样和成交样。参考样是指买卖双方为了发展彼此的贸易关系而寄送给对方,供对方了解商品质量的样品。它不作为交货的品质依据,一般应标明"仅供参考"字样。成交样也称标准样,即作为交货品质依据的样品。卖方所交货物的品质应与成交样相符。

(二) 说明表示法

在国际货物买卖中,大多数商品采用文字、图表、照片等来规定其质量,其具体做法有以下几种:

1. 凭规格买卖(Sales by Specification)

商品的规格是指用以反映商品品质的若干主要指标,如:成分、含量、纯度、容量、性能、大小、长短、粗细等。商品不同,表示商品质量的指标亦不同;商品用途不同,要求的质量指标也会有所不同。用商品的规格来确定商品质量的方法称为"凭规格买卖"。这种方法简便、准确,在国际贸易中应用最广。

例1:素面缎

门幅　55英寸

长度　38/42码

重量　16.5姆米

成分　100%真丝

Plain Stain Silk
Width    55 inches
Length   38/42 yds
Weight   16.5 m/m
Composition   100% Silk

例2：东北大豆

水分≤15%

含油量≥17%

不完善粒≤7%

杂质≥1%

2. 凭等级买卖(Sales by Grade)

商品的等级是指同一类商品,按其规格上的差异,分为品质优劣各不相同的若干等级。

例1：我国出口钨砂的等级

|   | 三氧化钨 | 锡 | 砷 | 硫 |
| --- | --- | --- | --- | --- |
| 特级 | ≥70% | ≤0.2% | ≤0.2% | ≤0.8% |
| 一级 | ≥65% | ≤0.2% | ≤0.2% | ≤0.8% |
| 二级 | ≥65% | ≤1.5% | ≤0.2% | ≤0.8% |

例2：中国绿茶

特珍眉特级    货号   41022

特珍眉一级    货号   9317

特珍眉二级    货号   9307

Chinese Green Tea

Special Chunmee   Special Grade   Art. No. 41022

Special Chunmee   Grade 1   Art. No. 9317

Special Chunmee   Grade 2   Art. No. 9307

3. 凭标准买卖(Sales by Standard)

商品的标准是指统一化的商品的规格和等级及其检验方法。商品的标准一般由标准化组织、政府机关、行业团体、商品交易所等制定并公布。世界各国一般都有自己的国家标准,例如《美国国家标准协会标准》(ANSI)、《德国工业品标准》(DIN)、《英国标准协会标准》(BS)和《日本工业标准》(JIS)等。我国有国家标准、行业标准、地方标准和企业标准。此外,还有国际标准。例如：国际标准化组织1987年颁布的ISO9000《质量管理和质量保证》以及国际电工委员会IEC等。另外,由于各国制定的标准经常修改和变动,即使同一国家颁布的某类商品的标准也有不同年份的版本,所以在援引标准时应注明其版本或年份。

例1：盐酸四环素糖衣片,250mg,英国药典1973年版[Tetracycline HCI Tablets(Sugar Coated), 250mg, B.P. (British Pharmacopoeia, 1973)]。

在国际货物买卖中,对于某些品质变化较大而难以规定统一标准的农副土特产品,通常采用"良好平均品质"和"上好可销品质"来表示其品质。

良好平均品质(Fair Average Quality,简称F.A.Q.)指由同业公会或检验检疫机构从一定时期或季节、某地装船的各批货物中分别抽取少量实物加以混合,并由该机构封存保管,以此实物所显示的平均品质水平,作为该季节同类商品质量的比较标准。在我国出口的农副产品中,F.A.Q.一般是指大路货,是和"精选货"(Selected)相对而言的,由于F.A.Q.含义太过笼统,不能代表确切的品质规格,因此,通常在F.A.Q.后标明具体规格。

例2:中国大米:2003年,大路货

| | |
|---|---|
| 水分(最高) | 15% |
| 杂质(最高) | 1% |
| 碎粒(最高) | 20% |
| Chinese Rice:Year 2003,F.A.Q. | |
| Moisture (Max.) | 15% |
| Admixture (Max.) | 1% |
| Broken Grains (Max.) | 20% |

例3:花生仁:良好平均品质

| | |
|---|---|
| 水分 | 不超过13% |
| 破碎粒 | 不超过6% |
| 杂质 | 最高2% |
| 含油量 | 最低44% |

上好可销品质(Good Merchantable Quality,简称G.M.Q.)一般是指卖方所交货物应为"品质上好,合乎商销"。但这种标准的含义非常笼统,一般只是用于木材或冷冻鱼虾等。在我国对外贸易中一般不采用。

4. 凭牌号或商标买卖(Sales by Brand or Trade Mark)

商品的牌号(Brand)指工商企业给其所制造或销售的商品所冠的名称。商标(Trade Mark)是由字母、数字或图形组成的生产者或商号用来识别其生产或销售的商品的标志。商标和牌号是区分和识别货物的标志,商标是牌号的图案化。

在国际货物买卖中,品质优良、稳定,已经在国际市场上树立了良好信誉的商品,其牌号、商标即代表一定品质,交易双方仅凭牌号和商标就可以达成交易。如"耐克"牌运动鞋、"中华"牌香烟、"两面针"牌牙膏等。但如果一种牌号的商品同时有多种不同的型号或规格,则应在规定牌号的同时,明确规定型号或规格。

5. 凭产地名称买卖(Sales by Name of Origin)

有些产品,特别是一些农副土特产品,因产区的自然条件、传统加工工艺等因素的影响,不仅品质优良,而且具有一定的特色,一般其产地名称就可用来表示其品质。如以一个国家为名称的"法国香水"、"德国啤酒";以某个国家某个地区为名称的"中国东北大米";以某个地区为名称的"涪陵榨菜"、"龙口粉丝"等。

6. 凭说明书和图样买卖(Sales by Description and Illustration)

在国际货物买卖中,有些机械、仪表、电器、大型设备特别是成套设备等技术密集型产品,由于其结构复杂,制作工艺不同,无法用样品或几项简单的指标来反映其品质。对于这类商品,买卖双方除了要规定其名称、牌号、商标、型号等外,通常还必须用说明书并附以图样、照片、设计图以及各种数据来表示其品质。

### 四、合同中的品质条款

**（一）基本内容**

国际货物买卖合同中的品质条款（Quality Clause）的基本内容一般应列有品名、货号、规格、等级、标准以及牌号或商标等。但因表示商品品质的方法不同，品质条款的具体内容也不尽相同。在凭样品买卖时，还应列明样品的编号或寄送样品的日期。

**例1**：样品号532，玩具狗。

　　　　Sample NO. 532, Toy Dog.

**例2**：柠檬酸钠　规格：符合1980年版英国药典标准，纯度不低于99%。

Sodium Citrate

Specification: In conformity with B. P. 1980

　　　　　　　Purity: Not less than 99%.

**例3**：大白兔奶糖。

　　　　White rabbit candy.

**例4**：1515A型多梭箱织机　详细规格如所附文字说明与图样。

Multi—shuttle Box Loom model 1515A, Detail specifications as per attached description and illustrations.

**（二）品质公差和品质机动幅度**

对于卖方来说，提交符合合同规定的商品是其最主要的义务，但某些商品，由于自身特性，难以保证交货品质与合同规定完全一致。在这种情况下，为了避免因交货品质与合同规定稍有不符而造成违约，以保证合同顺利履行，在订立合同时可在品质条款中作出一些变通规定，只要卖方交货品质在规定的灵活范围内，即可认为交货品质与合同相符，买方无权拒收。常见的变通规定有以下几种：

1. 交货品质与样品大致相符或其他类似条款

在凭样品买卖时，交易双方容易就交货品质与样品是否一致产生争议。为了避免争议，便于履行合同，卖方可要求在品质条款中加订"交货品质与样品大致相符"（Quality to be considered and being about equal to the sample）条款。

2. 品质公差（Tolerance）

品质公差是指国际上同行业所公认的产品品质的误差。在工业制成品生产过程中，产品的品质指标出现一定的误差有时是难以避免的，如手表每天出现若干秒误差。这种公认的品质误差，即使在合同中不做规定，只要卖方交货品质在公差范围内，也不视作违约。但为了明确起见，还应在合同品质条款中订明一定幅度的公差，例如：重量允许有"±3%的合理公差"。凡在品质公差范围内的货物，买方不得拒收或要求调整价格。

此外，对于某些难以用数字或科学方法表示所交货物与样品品质差异的，则采用"合理差异"这种笼统规定。例如："质地、颜色允许合理差异。"

3. 品质机动幅度条款

品质机动幅度是指允许卖方所交货物的品质指标在一定幅度内有灵活性。具体有以下几种规定方法：

(1) 规定一定的范围。对某项货物的品质指标规定允许有一定的差异范围。

**例1**：漂布，幅阔35—36″。

　　　　Dyed cloth, width 35/36″.

(2) 规定上下限。对货物的品质规格,规定上下限。如最大、最高、最多(Maximum;Max.)、最小、最低、最少(Minimum;Min.)等。

**例 2**:鱼粉,蛋白质 55% 以上,脂肪最高 9%,水分最高 11%,盐分最高 4%,砂分最高 4%。

Fish Meal, Protein 55% Min., Fat 9% Max., Moisture 11% Max., Salt 4% Max., Sand 4% Max.

(3) 规定上下差异。对某项货物在规定具体的品质指标时,同时规定一定的上下变化幅度。

**例 3**:灰鸭毛,含绒量 18%,允许上下 1%。

Grey duck feather, down content 18% with 1% more or less

另外,为了体现按质论价,对某些货物在规定品质机动幅度的同时,还可规定根据交货品质调整价格,即品质增减价条款。

**例 4**:水分每增减 1%,则合同价格减增 1%。

**例 5**:交货品质每低于合同规定 1%,扣价 1%。

(三) 订立品质条款时应注意的问题

1. 正确选用商品品质的表示方法

国际贸易中,商品品质的规定方法有多种,究竟采用何种方法表示商品品质,应视商品的特点而定。凡可用一种方法表示商品品质的,一般就不用两种或两种以上的方法来表示。若采用两种或两种以上的方法表示,则所交货物就应符合各项要求,也会相应增加履行合同的难度。

## 【操作技巧】

### 如何选用品质表示方法

一般来说,能用科学指标说明其质量的商品,则适于凭规格、等级或标准买卖;有些难以规格化、标准化的商品,如工艺品等,则适于凭样买卖;某些性能复杂的机械、电器、仪表类产品,则适于凭说明书和图样买卖;某些质量好并具有一定特色的名优产品,适于凭商标或牌号买卖;凡具有地方风味和特色的产品,则可凭产地名称买卖。

2. 从实际出发,合理确定品质条件

在确定品质条件时,除了要考虑进口商对商品品质的要求,也要考虑国内生产部门供货的可能性,合理确定商品的品质。如果把品质订得过高,超过了国内的生产水平,势必给生产和履约带来困难;如果订得过低,又会影响商品的出口价格。

3. 注意品质条款的科学性、灵活性

科学性是指力求做到准确、具体,避免使用"大约"、"左右"、"合理误差"等字眼,但对某些农副产品、轻工业品和矿产品等,要有一定的灵活性,规定合理的品质机动幅度和品质公差。

**案例 2-2:凭样成交品质条款的订立**

A公司与香港B公司签订了一份出口童装的合同。交易磋商时,B公司看过A公司提供的样品,并同意以此作为交货的品质标准。但出口合同中的品质条款只简单规定了规格、质料、颜色。商检条款为"货到港 30 天后买方有复验权"。货到香港后买方提出"颜色不正、

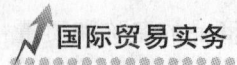

缝制工艺粗糙",并且提交了香港一家检验机构的检验证书作为依据要求退货和赔偿。

A 公司辩称货物是凭样成交,样品经 B 公司确认过。B 公司指出合同中并没有写明"凭样成交"字样,也没有写明样品编号;况且,A 公司没有封存样品作为证物。A 公司解释纺织品按常识会存在色差问题。B 公司回应合同的品质说明中没有注明所交货物会有色差。

A 公司又表示不接受 B 公司的检验证书,认为 B 公司所找的检验机构不具权威性,没有征得 A 公司的同意。B 公司称合同上只规定买方有复验权,并没有指明检验机构的名称或必须经由 A 公司同意。A 公司意识到即使提交仲裁机构,自己也无法提交有力的证据,所以只好在价格上答应 B 公司的降价要求,才使争议得以解决。

**分析**

本案中,由于合同中品质和商检两项条款的措辞不严谨,规定有漏洞,因此,B 公司利用了其中的缺陷。合同中有关品质的部分有凭说明和凭样品两种表示方法,两种方法的陈述都要求既准确又保持必要的灵活性。凭样成交,卖方有义务使所交货物与样品完全一致。如果发生货物的品质与样品不符,买方有权解除合同,拒收货物并要求赔偿损失。因此,卖方应在合同中规定:"交货与样品近似"、"品质与样品大致相符"等等。本案中 A 公司与 B 公司既然是凭样成交,则在合同的品质条款中,除列明商品的名称、商标牌号、规格、型号等必要项目外,还要明确样品的提供者、编号、寄送样品的日期等内容,不能简单地只作一般描述。而且,服装类产品应该标明"允许有色差"。A 公司在合同中列明了上述内容,就不至于在 B 公司提出质量问题时有理说不清了。此外,在凭样成交中,应留存一份或数份同样的样品作为复样,以备日后交货或处理争议时核对之用。

## 【课外阅读】

## ISO 系列标准与认证

ISO 是国际标准化组织的简称,它成立于 1947 年 2 月 23 日,前身是 1928 年成立的"国际标准化协会国际联合会"(简称 ISA)。其宗旨是:在世界上促进标准化及其相关活动的发展,以便于商品和服务的国际交换,在智力、科学、和经济领域开展合作。ISO 的最高权力机构是每年一次的全体大会,其日常办事机构是设在日内瓦的中央秘书处,由秘书长领导。

ISO 通过它有 2856 个机构开展技术活动。其中技术委员会(简称 TC)85 个,分技术委员会(简称 SC)611 个,工作组(简称 WG)2022 个,特别工作组 38 个。这些技术机构的工作成果就是"国际标准",ISO 现已制定出国际标准共 10300 多个,涉及各行各业各种产品(包括服务产品、知识产品等)的技术规范。

一、ISO9000 系列标准

"ISO9000"不是指一个标准,而是一系列标准的统称,是由 ISO/TC176 制定的所有国际标准。TC176 即 ISO 中第 176 个技术委员会,成立于 1980 年,全称是"品质保证技术委员会",1987 年更名为"品质管理和品质保证技术委员会"。它专门负责制定品质管理和品质保证技术的标准。

到目前为止,ISO9000 系列共有 17 个标准。

① ISO9001:1994 年《品质体系——设计、开发、生产、安装和服务的品质保证模式》;

② ISO9002:1994 年《品质体系——生产、安装和服务的品质保证模式》;

③ ISO9003：1994年《品质体系—最终检验和试验的品质保证模式》。

自从ISO9000系列标准问世以来，为了加强管理，适应品质竞争的需要，企业家们纷纷采用ISO9000系列标准在企业内部建立品质管理体系，申请品质体系认证，很快形成了一个世界性的潮流。目前，全世界已有近一百个国家和地区正在积极推行ISO9000国际标准，约有40个品质体系认可机构，认可了约三百家品质体系认证机构，二十多万家企业拿到了ISO品质体系认证证书，第一个国际多边承认协议和区域多边承认协议也于1998年1月22日和1998年1月24日先后在中国广州诞生。

推行ISO9000系列标准有以下作用：
① 强化品质管理，提高企业效益，增强客户信心，扩大市场份额；
② 获得了国际贸易"通行证"，消除了国际贸易壁垒；
③ 节省了第二方审核的精力和费用；
④ 在产品品质竞争中立于不败之地；
⑤ 有效地避免产品责任；
⑥ 有利于国际间的经济合作和技术交流。

## 二、ISO14000系列标准

ISO14000系列标准是由ISO第207技术委员会（ISO/TC207）组织制定的环境管理体系标准，其标准号从14001至14100，共100个标准号，统称为ISO14000系列标准。它是顺应国际环境保护的发展，依据国际经济贸易发展的需要而制定的。目前正式颁布的有ISO14001、ISO14004、ISO14010、ISO14011、ISO14012、ISO14040等5个标准，其中ISO14001乃是核心标准，也是唯一可用于第三方认证的标准。

ISO14000系列标准与ISO9000系列标准都是ISO组织制定的针对管理方面的标准，都是国际贸易中消除贸易壁垒的有效手段。两套标准最大的区别在于面向的对象不同，ISO9000系列标准是对顾客承诺，ISO14000系列标准是对政府、社会和众多相关方（包括股东、贷款方、保险公司等）承诺；ISO9000系列标准缺乏行之有效的外部监督机制，而实施ISO14000系列标准的同时，就要接受政府、执法当局、社会公众和各相关方的监督。两套标准部分内容和体系的思路上有着质的不同，包括环境因素识别、重要环境因素评价与控制、适用环境法律、法规的识别、获取、遵循状况评价和跟踪最新法规、环境目标指标方案的制订和实施完成，以期达到预防污染、节能降耗、提高资源利用率，最终达到环境行为的持续改进的目的。

## 三、SA8000社会责任标准

SA8000是Social Accountability 8000的英文简称，即社会责任标准，是全球产生首个道德规范国际标准。其宗旨是确保供应商所供应的产品，都能符合社会责任标准的要求。SA8000标准适用于世界各地任何行业及不同规模的公司。其依据与ISO9000及ISO14000一样，都是可被第三方认证机构审核的国际标准。

1996年6月，瑞士通用鉴定公司（SGS）的董事Jim Keegan主持了制定社会责任标准意义的首次会议，来自美国和欧洲的一些公司和非政府组织参加了这次会议。会议一致认为社会审核领域在全球范围内正在不断扩展，有必要对社会道德责任进行审核，在工商界也应确立与公众相同的价值观和道德准则，为此，需要制定社会道德责任标准或规范，并开展审核认证活动。1997年，总部设在美国的社会责任国际发起并联合欧美部分跨国公司和其他一些国际组织，制定了SA8000社会责任认证标准。

SA8000 标准是由 9 个要素组成,每个要素又由若干子要素组成,由此构成社会责任管理体系。这 9 个要素包括:

① 童工:公司不应使用或者支持使用童工,应与其他人员或利益团体采取必要的措施确保儿童和应受当地义务教育的青少年的教育,不得将其置于不安全或不健康的工作环境和条件下。

② 强迫性劳动:公司不得使用或支持使用强迫性劳动,也不得要求员工在受雇起始时交纳押金或寄存身份证件。

③ 健康与安全:公司应具备避免各种工业与特定危害的知识,为员工提供安全健康的工作环境,采取足够的措施,降低工作中的危险因素,尽量防止意外或健康伤害的发生;为所有员工提供安全卫生的生活环境,包括干净的浴室、洁净安全的宿舍、卫生的食品存储设备等。

④ 结社自由及集体谈判权利:尊重结社自由及集体谈判权利;法律限制时,应提供类似方法;不歧视工会代表。

⑤ 歧视:公司不得因种族、社会阶层、国籍、宗教、残疾、性别、性取向、工会会员或政治归属等而对员工在聘用、报酬、训练、升职、退休等方面有歧视行为;公司不能允许强迫性、虐待性或剥削性的性侵扰行为,包括姿势、语言和身体的接触。

⑥ 惩戒性措施:不使用或支持使用体罚、辱骂或精神威胁。

⑦ 工作时间:遵守标准和法律规定,至多每周工作 48 小时;至少每周休息一天;每周加班不超过 12 小时,特殊情况除外;额外支付加班工资。

⑧ 报酬:公司支付给员工的工资不应低于法律或行业的最低标准,并且必须足以满足员工的基本需求,并以员工方便的形式如现金或支票支付;对工资的扣除不能是惩罚性的;应保证不采取纯劳务性质的合约安排或虚假的学徒工制度以规避有关法律所规定的对员工应尽的义务。

⑨ 管理体系:公司高管层应根据本标准制定符合社会责任与劳工条件的公司政策,并对此定期审核;委派专职的资深管理代表具体负责,同时让非管理阶层自选一名代表与其沟通;建立适当的程序,证明所选择的供应商与分包商符合本标准的规定。

SA8000 是公司全面管理体系的组成部分,其运行模式与 ISO9000 质量保证体系、SIO14000 环境管理体系等标准的运行模式相似,主要分为四个阶段,即计划阶段、实施阶段、验证阶段和改进阶段。

SA8000 虽然尚未转化为 ISO 国际标准,但它已得到国际认可。经认证机构全面、独立的审核后颁发的社会责任认证证书,将是对企业道德行为和社会责任管理能力最为有效的认可,可以使企业在以下几个方面受益:

① 在全球媒体和消费者越来越关注劳工问题时,有效地实施社会责任守则,有利于保护和提升公司品牌,避免公司品牌因劳工标准问题受到损害。

② 劳工标准及其原则包含在国家法规及国际公约之中,推行社会责任守则可以帮助公司及其商业伙伴更好地遵守法规,避免商业活动引起负面的法律诉讼。

③ 满足消费者的要求,避免消费者抵制。

④ 现在,越来越多的投资者在购买股票前进行深入的研究和筛选,避免投资那些直接或间接违反劳工标准的公司。越来越多的股东动议要求公司实施社会责任政策,采用独立的方法监督供应商的劳工问题,甚至要求公司撤出某些劳工问题严重的地区。有关劳工问

题的负面报道使投资者抛售股票,导致股票下跌。因此,实行 SA8000 能关注股东意见,避免股价下跌。

⑤ 由于美国和欧洲已经或即将建立对某些被认为普遍存在劳工问题的国家,如印尼、中国和巴拿马的贸易制裁制度,跨国公司在这些国家推行社会责任守则,可以避免受到贸易制裁。

⑥ 可以协助供应商改善劳动条件,提高管理水平,从而提高产品质量和生产效率,降低成本。

因此,SA8000 标准的严格实施必将为企业获得竞争的优势、获得可持续发展。

# 本 章 小 结

基本内容小结

品名和品质条款是国际货物买卖合同中的主要条款,订好这两个条款有着重要的法律意义和实际意义。本章主要介绍了品名条款的内容、品质的规定方法、品质机动幅度的规定。掌握这些基本知识,对交易的顺利实现至关重要。

本章的重点与难点

品质的规定方法、品质机动幅度的规定。

## 【练习题】

### 一、名词解释

样品、对等样、F.A.Q.

### 二、填空题

1. 通常表示货物品质的方法,主要有_____和_____两大类。
2. 用文字说明来表示货物品质的方法主要有_____、_____、_____、_____、_____和_____。

### 三、判断题

1. 在出口贸易中,表示商品品质的方法很多,为了明确责任,最好采用既凭样品、又凭规格买卖的方法。( )
2. 为了适应国际市场的需要,我方出口工业品时,应力争按买方样品成交。( )
3. 凡是凭样品成交,无论是什么货物,均应在合同中写上"品质与样品完全一致"。( )
4. 某外商来电要我方提供大豆,按含油量 20%、含水量 14%、不完善粒 7%、杂质 1% 的规格订立合同,对此,在一般情况下,我方可以接受。( )
5. 在卖方对买方寄了"参考样品"的情况下,双方又约定以其他方法表示品质,所寄的样品对双方仍且有约束力。( )

6. 凭样成交时,卖方所交货物的品质必须与样品一致。（  ）
7. 凭说明书买卖时,说明书是合同不可分割的一部分。（  ）
8. 看货成交后,买方一般不得对品质提出异议。（  ）
9. 凡是在交易中使用了样品,都是凭样成交。（  ）
10. 凭对等样成交实际上是将凭买方样成交转为凭卖方样成交。（  ）
11. 在约定的品质机动幅度或品质公差范围内的品质差异,除非另有规定,一般不另行规定增减价格。（  ）
12. 采用凭样品成交时,为了争取国外客户,应选择质量最好的样品给对方,以达成交易。（  ）

### 四、单项选择题

1. 按 F.A.Q. 进行买卖的货物是指（  ）。
   A. 机械产品　　　　B. 农产品　　　　C. 矿产品
2. 在国际贸易中,表示品质的方法有很多,所以（  ）。
   A. 只能单独使用一种　　B. 不能单独使用
   C. 可视具体情况结合使用
3. 珠宝、首饰等货物具有独特特征,在出口确定其品质时（  ）。
   A. 最好用样品磋商　　B. 最好用文字说明
   C. 最好看货洽谈成交
4. 在凭样品进行交易时,样品（  ）。
   A. 只能由卖方提出　　B. 只能由买方提出
   C. 既可由卖方提出,又可由买方提出
5. 凡货、样无法做到完全一致的货物,一般都不宜采用（  ）。
   A. 凭规格买卖　　B. 凭等级买卖　　C. 凭样成交
6. 品质公差条款一般用于（  ）。
   A. 制成品交易目　　B. 初级产品交易
   C. 纺织品交易　　　D. 谷物类产品交易
7. 品质增减价条款一般用于某些（  ）。
   A. 制成品交易　　B. 初级产品交易
   C. 机电产品交易　D. 仪表产品交易

### 五、多项选择题

1. 对外订立品质条款时应注意的问题有（  ）。
   A. 根据商品不同特点确定不同的表示方法
   B. 表明商品品质的文字要准确
   C. 规定品质公差或动机幅度
   D. 尽量最高标准的规定品质
2. 在国际贸易中,按样品提供者的不同凭样品成交可分为（  ）。
   A. 凭卖方样品买卖　　B. 凭买方样品买卖

C. 凭对等样品买卖　　　　D. 凭参考样品买卖
3. 对等样品也被称为(　　)。
A. 复样　　　　　　　　　B. 回样
C. 确认样　　　　　　　　D. 卖方样品

### 六、简答题

1. 什么是商品的品质？表示品质的方法有哪些？试从法律的角度说明品质条款的重要性。
2. 订立品质条款时应注意什么问题？
3. 凭样成交时卖方应注意什么问题？

### 七、案例分析题

1. 某出口合同规定，商品名称为"土纸"（Handmade Paper），买方收到货物后，经过检验发现货物部分制造工序为机械操作，而我方提供的所有单据均表示为手工制造，对方要求我方赔偿，而我方拒绝赔偿，主要理由是：

（1）该商品的生产工序基本上是手工操作，而且关键工序完全采用手工；

（2）该交易是经买方当面先看样品成交的，并且实际货物品质又与样品一致，因此应认为所交货物与商定的品质一致。

问：责任在谁？本案应如何处理？

2. 某公司以 CIF 不来梅每公吨 120 英镑出口一批农产品，合同规定水分最高 15%，杂质不超过 3%。但在成交前我方曾向对方寄送样品，合同签订后又电告对方，确认成交货物与样品相似。货到后，买方提出货物的品质低于样品质量 7%，且出具了检验证书，以此向我方索赔 600 英镑。问：此案中我方有何失误？

# 第三章

# 数量条款

【学习目的】

了解合同中商品数量条款的基本内容；理解计量单位与计算重量的方法；掌握数量机动幅度条款的规定方法。

【能力要求】

能在实践中根据交易商品的特性及交易的实际情况，合理规定买卖合同中的数量条款。

## 第一节 数量的计量

商品的数量是指以一定的度量衡单位表示商品的重量、个数、长度、面积、体积、容积的量。在国际货物贸易中，商品的数量是国际货物买卖合同中不可缺少的交易条件之一。按照合同规定的数量交付货物是卖方的基本义务。有些国家的法律规定，卖方交货数量必须与合同规定相符，否则买方有权提出索赔，甚至拒收货物。因此，正确掌握交易数量，合理订立合同中的数量条款，不仅可以争取到有利的交易价格，有利于进出口任务的完成，还有利于经营意图和对外政策的贯彻。

### 一、计量方法和计量单位

国际货物贸易中，由于商品的种类和性质不同，使用的计量单位也不同，常用的计量单位有以下几种：

（一）重量（Weight）单位

适用于一般初级产品及部分工业制成品。常用的有：克（Gram，g）、千克（Kilogram，kg）、公吨（Metric Ton，M/T）、长吨（Long Ton，L/T）、短吨（Short Ton，S/T）、盎司（Ounce，OZ）、磅（Pound，lb）等。

（二）数量（Number）单位

适用于日用消费品、轻工业品、机械产品及一部分土特产品。常用的有：件（Piece，

pc.）、双（Pair）、台、套（Set）、打（Dozen,doz.）、罗（Gross）、令（Ream）以及包装单位如箱（Case）、捆（Bale）、桶（Barrel;Drum）、包（Bag）等。

（三）长度（Length）单位

适用于纺织品及金属绳索等商品。常用的有：米（Meter,m）、英尺（Foot,ft）、英寸（Inch,in.）、码（Yard,yd.）等。

（四）面积（Area）单位

适用于玻璃、皮革及塑料制品等商品。常用的有：平方米（Square meter,$m^2$）、平方英尺（Square Foot,$ft^2$）、平方英寸（Square Inch,$in^2$）、平方码（Square Yard,$yd^2$）等。

（五）体积（Volume）单位

适用于化学气体、天然气、木材等商品。常用的有：立方米（Cubic Meter,$m^3$）、立方英尺（Cubic Foot,$ft^3$）、立方英寸（Cubic Inch,$in^3$）、立方码（Cubic Yard,$yd^3$）等。

（六）容积（Capacity）单位

适用于谷物类以及部分流体、气体商品。常用的有：升（Liter,l.）、加仑（Gallon,gal.）、蒲式耳（Bushel）等。

## 二、国际货物贸易中的度量衡制度

国际货物贸易中，通常使用的度量衡制度有四种：公制或称米制（Metric System）、英制（British system）、美制（U.S. system）和国际单位制（International System of Unit;SI）。由于世界各国的度量衡制度不同，使得同一计量单位所表示的实际数量有时会有很大不同。例如：重量单位吨，公制称公吨，英制称长吨，美制则称短吨，1公吨等于1000千克，1长吨则有1016千克，而1短吨只有907千克。

《中华人民共和国计量法》第3条规定："国家采用国际单位制。国际单位制计量单位和国家选定的其他计量单位为国家法定计量单位。"我国从1991年1月起，除个别特殊领域外，不允许再使用非法定单位。我国出口商品时，除合同规定使用公制、英制或美制计量单位者外，应使用法定计量单位。一般不进口非法定计量单位的机器和设备。如有特殊需要，须经有关标准计量管理机构批准。

# 第二节　重量的计算

在国际货物贸易中，按重量计量的商品很多。按照一般商业习惯，计算重量的方法有以下几种：

1. 毛重

毛重（Gross Weight）是指商品本身加上包装的重量。一些价值不高的商品，常用毛重来计价。

2. 净重

净重（Net Weight）是指商品本身的重量，即扣除包装后商品的实际重量。如在合同中未明确规定用毛重还是净重计量、计价的，按惯例应以净重计。

另外,有些价值较低的农产品,有时也采用"以毛作净"(Gross for Net)的方法来计量、计价。如:大豆500公吨,单层新麻袋装,以毛作净。

**案例3-1:该不该退款?**

某出口公司与新加坡某商人按每公吨800美元CIF新加坡成交某农产品300公吨。合同规定:每袋25千克,双线新麻袋包装。该公司按规定装运出口并顺利收回货款。事后对方来电称:货物扣除皮重后实际到货不足300公吨,要求按净重计算货款,退回因短量多收的货款。我公司则以合同未规定以净重计价为由拒绝退款。问:我公司该不该退款?

计算净重时,要从毛重中减去包装的重量,即皮重(Tare Weight)。在国际货物贸易中,皮重的计算方法有:

(1) 实际皮重(Actual Tare)

即将整批商品的包装逐一过秤求得的总重量。

(2) 平均皮重(Average Tare)

有些货物的包装材料和规格比较统一,重量相差不大,此时可从整批货物中抽取一定的货物作为样品,称量后求出平均皮重,再以平均皮重乘以货物的总件数,得出整批货物的皮重。

(3) 习惯皮重(Customary Tare)

某些包装,由于使用的材料和规格已经标准化,其重量已为市场所公认,则可将公认的标准单件包装的重量乘以货物的总件数。

(4) 约定皮重(Computed Tare)

以买卖双方事先约定的皮重为准,不须称量。

究竟采用何种方法求得净重,应根据商品的性质、所使用包装的特点、合同数量的多少以及交易习惯由买卖双方事先在合同中订明,以免出现争议。

**3. 公量**

公量(Conditioned Weight)是指用科学方法去除商品中所含的水分,再加上标准含水量所求得的重量。这种计算重量的方法常用于一些吸湿性较强、所含水分受客观环境影响较大、重量不稳定的商品,如羊毛、棉花、生丝等。公量的计算方法为:

公量=商品净重×(1+标准回潮率)÷(1+实际回潮率)

=商品干量×(1+标准回潮率)

**4. 法定重量和实物净重**

法定重量(Legal Weight)是商品重量加上直接接触商品的包装材料的重量。有些国家的海关规定,在征收从量税时,以法定重量作为征税基础。而不包括任何包装的纯商品的重量则称为实物净重(Net Net Weight)。

**5. 理论重量**

某些有固定规格和固定尺寸的商品,只要规格一致、尺寸相符、其重量大致相同,一般可根据商品件数算出其总重量,称理论重量(Theoretical Weight),如马口铁、钢板等。

# 第三节　合同中的数量条款

## 一、基本内容

国际货物买卖合同中的数量条款的基本内容主要包括成交商品的数量和计量单位。按照重量成交的货物还应列明重量的计算方法。

**例**：数量：中国大米 5000 公吨，以毛作净。
　　　　Quantity：China rice 5000 M/T，gross for net。

## 二、数量机动幅度的规定

在国际货物买卖中，某些大宗农副产品和工矿产品，因受本身特性、自然因素、包装和运输条件的影响，有时难以准确地按约定的数量交货。为了便于合同的顺利履行，减少争议，买卖双方在订立合同时一般都会规定数量的机动幅度，只要卖方交货数量在规定的范围内，即可认为交货数量与合同相符，买方无权拒收。数量机动幅度通常有以下几种规定方法：

（一）笼统规定

即在交货数量前后加"约"、"左右"、"近似"等字眼（About，Circa，Approximate），以表示卖方实际交货数量可有一定的灵活性，例如"约 1000 公吨"（About 1000 M/T）。但由于国际上对"约"字的含义解释不一，容易引起纠纷，故一般不宜采用。如果买卖双方要使用这种规定方法，应事先就其含义达成书面协议。

在采用信用证支付方式时，根据《跟单信用证统一惯例》（国际商会第 600 号出版物）第三十条 a 款规定，信用证凡是以"约"字表示数量、金额或单价时，应解释为对有关数量、金额或单价允许有不超过 10% 的增减幅度。

（二）溢短装条款

溢短装条款（More or Less Clause）是在合同中规定卖方交货时可多交或少交合同规定数量的一定百分比。例如：500 000 码，卖方可溢装或短装 5%（500 000 yard with 5% more or less at seller's option）。

溢短装条款的增减幅度一般由卖方决定，但在由买方派船装运时，也可规定由买方决定。在采用租船运输时，还可规定由船方决定溢短装幅度。

对于溢短装部分货物，常见的是按合同价计算。但是，如交货时市场价格发生变化，则会对买卖双方利益产生影响，有选择权的一方会故意要求多交或少交，以从中获利。因此，对于价格波动比较频繁、剧烈的商品，可在合同中规定溢短装部分货物的价格，不按合同价格而按市场价格计算。

**案例 3-2**：交多少？

某公司出口一批化肥，合同规定：数量 1000 公吨，每公吨 140 美元，允许有 5% 的溢短装，由卖方选择，溢短装部分按合同价格计算。交货前，国际市场上化肥的价格上涨了 10%。此时，卖方应交货多少公吨？

## 【相关链接】

### 数量不符的后果

《联合国国际货物销售合同公约》规定,卖方必须按合同数量条款的规定如数交付货物。如果卖方交货数量多于约定数量,买方可以收取,也可以拒收多交货物的全部或一部分;如果卖方实际交货数量少于约定数量,卖方应在规定的交货期届满前补交,但不得使买方遭受不合理的不便或承担不合理的开支,并且,买方有保留要求损害赔偿的权利。英国《货物买卖法》明确规定:如卖方交付的货物的数量多于约定数量时,买方可以只接受约定部分而拒收超过部分,也可以全部拒收;如卖方交货数量少于约定数量时,买方可以拒绝收货。

**案例 3-3:溢短装条款的纠纷**

某年4月5日,某粮油食品进出口公司收到国外开来的信用证,其中规定:"… Amount:USD1 600 000.00… 1000Metric tons(quantity 5% more or less allowed)of ××,Price:@ USD1600 per M/T net,CIF A port. Shipments to A port immediately. Partial shipment are not allowed."(……总金额1 600 000.00美元。……某商品1000公吨,允许有5%的增减。价格:每公吨净价CIF A港1600.00美元,立即装运,不允许分批装运。)

该公司根据信用证条款立即安排装运。据船代称,至该目的港最早的有效船期就只5月7日有一条船,再没有更早的船期。粮油公司于5月8日将货物装运出口,将全套货运单据交议付行办理议付。议付行审单发现单证不符,不同意议付。因信用证规定总金额为USD1 600 000.00,而发票和汇票金额却为USD1 632 000.00,超过信用证金额USD32 000.00。

粮油食品进出口公司认为不符点不成立,申辩称:信用证规定数量1000公吨,允许有5%的增减,即最高可装1050公吨。我们实际只装了1020公吨,只多装了2%,未超过信用证规定的5%的范围。信用证规定每公吨单价USD1600.00美元,按1020公吨计,其总金额即为USD1 632 000.00,是信用证允许的。所以说不符点是不成立的。

议付行认为信用证虽规定货物数量允许有5%的增减,但信用证金额并未允许增减。所以即使数量符合信用证规定,但议付的金额超出信用证规定的总金额是绝对不允许的。按《UCP500》第37条规定:"除非信用证另有规定,银行可拒绝接受其金额超过信用证所允许金额的商业发票。"议付行认为货既已装运又无法更改,所以建议采取部分信用证部分托收方式。即汇票分两套缮制,信用证总金额项下USD1 600 000.00缮制一套,在信用证下正常办理议付;其超额部分USD32 000.00另制汇票办理光票托收。

最后粮油食品公司以部分信用证部分托收方式办理寄单。

**分析**

粮油食品进出口公司的主要失误就是在审证时未发现信用证只在数量上规定允许增减5%,而信用证金额并未规定增减幅度。粮油食品进出口公司未严格审查和注意这个问题,误认为既然信用证允许数量可以增减5%,所以就多装了2%,结果造成信用证金额不够。

一般,以重量为计量单位的货物,如果允许有溢短装的幅度要求,其条款应做类似这样的规定:"Amount of credit and quantity of merchandise 5% more or less acceptable."信用证的金额及货物数量均可允许增减5%,该条款就明确指出了金额及货物数量均可允许增减5%。有的信用证虽然在条款中只规定数量允许增减5%,但信用证的总金额中已增加了5%的数额在内。如以本案的信用证为例,信用证金额不是USD1 600 000.00,而是直接在金额中规定为 USD1 632 000.00,这样也可以。如果像本案的信用证只允许数量可以增减 5%,而未规定金额可以增减,也未在信用证总金额的数额中含有 5%,这样的信用证在实际装运数量上,只能掌握少装 5%,不能多装。如果要多装,只有向买方提出修改信用证,增加信用证的金额。

# 本 章 小 结

基本内容小结

本章介绍了在国际贸易中使用的各种计量方法和计量单位,着重介绍了计算重量的各种方法:毛重、净重、公量、法定重量、理论重量。在实际业务中,为使卖方交货时能有一定的活动余地,合同中可规定数量的机动幅度。

本章的重点与难点

重量的计算、溢短装条款。

## 【练习题】

### 一、名词解释

以毛作净、公量、溢短装条款

### 二、填空题

1. 国际贸易中通常使用的度量衡制度有:_____、_____、_____、_____。
2. 在国际贸易中,计算货物包装重量的方法通常有:_____、_____、_____、_____。

### 三、判断题

1. 合同中未规定以毛重还是以净重计算时,一般以毛重计算。（    ）
2. 以毛作净的计量标准是净重。（    ）
3. 卖方为了在交货时有一定的灵活性,签订合同时最好在数量前加一个"约"字。（    ）
4. 公量就是采用公制计量。（    ）
5. 溢短装的决定权,既可由卖方掌握,也可由买方掌握,应以合同的具体规定为准。（    ）
6. 对棉花、生丝等商品一般采用公量计算其重量。（    ）
7. 按国际惯例,合同中如未对溢短装部分规定作价办法,溢短装部分应按合同价格计算。（    ）
8. 公吨大于短吨而小于长吨。（    ）
9. 根据《联合国国际货物销售合同公约》的规定,如果卖方所交货物多于合同规定数量,买方可拒收全部货物。（    ）

10. 根据《UCP600》的规定，若合同数量前使用了"约"字，应解释为允许有5%的增减幅度。（　　）
11. 合同中必须规定溢短装条款。（　　）

### 四、单项选择题

1. 买卖合同中规定溢短装条款，是允许卖方（　　）。
   A. 在交货质量上有一定幅度的差异
   B. 在交货数量上有一定幅度的差异
   C. 在包装规格上有一定幅度的差异

2. 对于货物溢短装部分的作价办法，合同中如果没有明确的规定，按惯例做法是（　　）。
   A. 按合同价格作价
   B. 按国际市场价格作价
   C. 按买方国家的市场价格作价

3. 出口羊毛、生丝、棉纱等经济价值较大而水分含量极不稳定的货物时，计算重量的方法，通常采用（　　）。
   A. 毛重　　　B. 净重　　　C. 公量　　　D. 以毛作净

4. 如果合同中未明确规定用何种方法计算重量和价格的，按惯例应以（　　）计算。
   A. 毛重　　　B. 净重　　　C. 公量　　　D. 理论重量

5. 按《UCP600》规定，在交货数量前加"约"字，应解释为伸缩幅度是（　　）。
   A. 2.5%　　　B. 5%　　　C. 10%　　　D. 15%

6. 在国际贸易中，对于大宗低值的农产品，通常采用的计量办法是（　　）。
   A. 毛重　　　B. 净重　　　C. 公量　　　D. 以毛作净

### 五、多项选择题

1. 合同中的数量条款为"1000M/T With 5％ more or less at Seller's option"则卖方交货数量可以是（　　）。
   A. 950M/T　　　　　　　　B. 1000M/T
   C. 1050M/T　　　　　　　D. 1500M/T
   E. 950M/T 到 1050M/T 间的任何数量

2. 计算皮重的几种方法包括（　　）。
   A. 习惯皮重　　　　　　　B. 约定皮重
   C. 实际皮重　　　　　　　D. 合同皮重
   E. 平均皮重

3. 数量条款主要涉及（　　）。
   A. 成交数量确定　　　　　B. 计量单位确定
   C. 计量方法确定　　　　　D. 数量机动幅度的掌握

**六、简答题**

1. 大宗货物交易时,合同中应怎样规定溢短装条款?

2. 如卖方按每箱 150 美元的价格出售某商品 1000 箱,合同规定数量允许有 5% 增减,由卖方决定。问:(1) 这是一个什么条款?(2) 最多可装多少箱?最少可装多少箱?(3) 如实际装运 1040 箱,买方应付货款多少?

**七、计算题**

1. 从 10 公吨棉花中抽出 1 千克作为样品,测出其含水量为 0.2 千克,已知棉花的标准回潮率为 11%,求该批棉花的公量。

2. 出口 100 公吨货物,木箱装,每箱净重 25 千克,毛重 30 千克,该批货物的总毛重是多少?

3. 出口 10 公吨货物,纸箱装,每箱净重 30 磅。共装多少箱?

# 第四章

# 包装条款

【学习目的】

了解国际贸易合同中包装条款的基本内容、包装的重要性;理解销售包装在国际商品销售中的作用、中性包装和定牌的做法;掌握运输标志的组成、包装条款的规定方法。

【能力要求】

能在实践中根据交易商品的特性及交易的实际情况,选用适当的包装,合理规定买卖合同中的包装条款。

国际货物贸易中的货物,除无须包装,可直接装入运输工具中的散装货(Bulk Cargo,Cargo in Bulk)及形态上自成件数,不必包装或只需略加捆扎即可成件的裸装货(Nude Cargo)以外,绝大多数货物都需要包装。

商品包装是实现商品的使用价值和附加价值的重要手段。良好的商品包装不仅可以保护商品,便于商品的运输、装卸、保管、储存和计数,还可以美化和宣传商品,有利于吸引顾客,扩大商品销路,提高商品售价。目前,发达国家对包装的研究极为重视,都设有专门的研究机构。例如,美国的一些大学专门设有包装系,法国有全国性的包装研究所,拥有2000—3000名专家,英国的PIRA包装研究中心,每年出版有关研究改进包装的刊物。许多国家都有包装协会,不少国家的包装业已发展成为一个独立的部门,美国包装业的发展最为迅速,其在工业中的地位已超越许多传统行业而位居第五,排在钢铁、汽车、石油和建筑之后。

此外,在国际货物买卖中,包装也是货物说明的重要组成部分,包装条件是买卖合同中的一项主要交易条件。有些国家的法律规定,如卖方交付的货物未按约定的条件包装,或者货物的包装与行业习惯不符,买方有权拒收货物。如果货物虽按约定的方式包装,但却与其他的货物混杂在一起,买方可以拒收违反规定包装的那部分货物,甚至可以拒收整批货物。《联合国国际货物销售公约》第35条也规定,"卖方须按照合同规定的方式装箱或包装"。如卖方未按合同规定的方式装箱或包装,就构成违约。

根据在流通过程中所起作用的不同,商品包装可分为运输包装和销售包装两大类。

## 一、运输包装

运输包装(Transport Packing)又称大包装、外包装(Outer Packing)。它是将货物装入特定的容器,或以特定方式成件或成箱的包装。其主要作用是防止商品在流转过程中损坏或损失;方便货物的储存、运输、装卸和计数。

### (一)运输包装的种类

根据包装方式不同,运输包装可分为单件运输包装和集合运输包装。前者是指货物在运输过程中作为一个计件单位的包装;后者是指将若干单件运输包装组合成一件大包装,以更有效地保护商品,提高装卸效率和节省运输费用。在国际货物贸易中,常见的运输包装有集装包和集装袋(Flexible Container)。集装包是用合成纤维或复合材料编织成的抽口式的包,适用于装载已经包装好的桶装和袋装的多件商品。一般每包可装载1~1.5吨货物。集装袋是用合成纤维或复合材料编织成的圆形大口袋,适用于集合包装商品,每袋一般可容纳1~4吨货物,最高可达13吨左右。此外,集装箱和托盘也可看做是运输包装。

单件运输包装的分类见表4-1。

表4-1 单件运输包装的分类

|  | 包装方法 | 包装材料 | 适合货物 |
| --- | --- | --- | --- |
| 箱(case) | 纸箱、瓦楞纸箱、木箱、板条箱、漏孔箱 | 木、纸、铁、塑料 | 价值较高,不能挤压的商品。 |
| 袋(bag) | 塑料袋、麻袋、纸袋、布袋 | 麻、布、塑料、纸、纸塑复合、多层塑料复合 | 粉状、颗粒状和块状农产品和化学原料 |
| 桶(drum,cask) | 木桶、铁桶、塑料桶 | 木、铁、塑料 | 流质、半流质及粉状商品 |
| 包(bale) | 棉布包、麻布包 | 棉布、麻布 | 可以挤压而品质不易变化的商品 |

此外,还有捆(Bundle)、篓(Basket)、坛(Carboy)、罐(Can)等。

### (二)对运输包装的要求

1. 适应商品的特性

每种商品都有自己的特性,因此对包装方式的要求不尽相同。有些容易破碎的商品如玻璃器皿等,应采用防震、防碰撞的包装;有些怕水的商品如电器等,应采用防潮、防水的包装。

2. 适应运输方式的要求

不同的运输方式对运输包装有不同的要求,如海洋运输的商品要求包装坚固耐用,并能抗挤压、碰撞;航空运输的商品要求包装轻巧牢固;而铁路运输的商品则要求包装具有防震功能。

3. 便于有关人员操作

货物在流通过程中需要经过装卸、搬运、储存、清点和查验,为了便于这些环节的有关人员进行操作,要求包装的设计合理,包装规格和每件包装的重量与体积适当,包装方法科学,包装上的各种标示符合要求。

4. 注意进口国对运输包装的规定

世界上许多国家对进口商品的运输包装有特殊规定。如有些国家禁止或限制使用麻

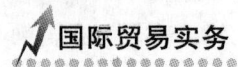

袋、木材、稻草等作包装材料、包装衬垫,认为这些材料不易处理或容易传染动植物疾病;有的国家禁用虫蛀的或带有树皮的木材作包装箱;有的国家禁止用麻袋或玻璃陶瓷作包装容器;有的国家规定必须用托盘或集装箱包装等。

5. 合理设计包装,节省各项费用

设计运输包装时,首先要考虑节约包装的制作成本;其次,要考虑节约运费。由于包装的体积、重量在计收运费时都要计算在内,因此,包装本身的体积、重量不宜过大。在集装箱运输时,还要注意包装的尺寸要能契合集装箱的内部尺寸,以最大限度地利用集装箱的箱容,节约运费开支。

(三)包装标志

为了方便货物的运输、装卸、储存和交接工作,防止错发错运、损坏货物、伤害有关人员的人身安全,需要在运输包装上书写、压印、刷制一定的包装标志。按其用途可分为运输标志(Shipping Mark)、指示性标志(Indicative Mark)和警告性标志(Warning Mark)。

1. 运输标志

运输标志又称唛头,是指在运输包装上刷制的简单的几何图形、字母、数字及简单的文字。其作用是便于有关人员在装卸、运输、保管过程中识别货物,防止出现错发错运的情况,并方便点数。运输标志主要由三个部分组成:① 收、发货人的代号;② 目的港或目的地的名称或代号;③ 件号或批号。此外,有的运输标志还包括原产地、合同号、许可证号和体积、重量等内容,繁简不一,由买卖双方根据实际情况商定。

鉴于运输标志的内容差异较大,有的过于繁杂,不适应货运量增加、运输方式变革和电子计算机在运输与单据流转方面应用的需要,联合国欧洲经济委员会简化国际贸易程序工作组,在国际标准化组织和国际货物装卸协调协会的支持下,制定了一套标准运输标志,向各国推荐使用。它包括以下几项内容:① 收货人缩写或简称;② 参考号,如运单号、订单号或发票号;③ 目的地;④ 件号。每项内容单独为一行,每行字母、数字和符号不得超过17个字母,不采用几何图形。

例如:ARTCOT……………收货人代号
　　　04/S/C-246…………参考号
　　　LONDON……………目的地
　　　NO. 1-100……………件号

运输标志一般刷印在包装箱的前、后两面,俗称"正唛"或"主唛"(Main Mark),箱体的左右两侧一般印有包装的体积、毛重、净重等内容,有时还加上原产地,俗称"侧唛"(Side Mark)。

例1:侧唛
　　　G. W.:25KGS
　　　N. W.:20KGS
　　　DIMS:45×35×24CM

例2:侧唛
　　　G. W.:25KGS
　　　N. W.:20KGS
　　　DIMS:45×35×24CM
　　　MADE IN CHINA

需要指出的是,区别主唛和侧唛并没有统一的标准。一般而言,主唛可由卖方自行设计,也可由买方决定后通知卖方;而侧唛则由卖方自行设计。并且,在所有单据上一般都只显示出主唛,侧唛不需显示。

2. 指示性标志

指示标志是为提示有关人员在运输、装卸和储存过程中需要注意的事项,一般是用简单醒目的文字和图形在包装上标出。例如:向上、小心轻放、防湿、禁用手钩等。

图 4-1 指示性标志

3. 警告性标志

警告性标志又称危险品标志(Dangerous Cargo Mark),是指在易燃品、爆炸品、有毒品、腐蚀性物品、放射性物品等危险货物包装上标明危险性质的文字说明和特定的图案,以示警告。

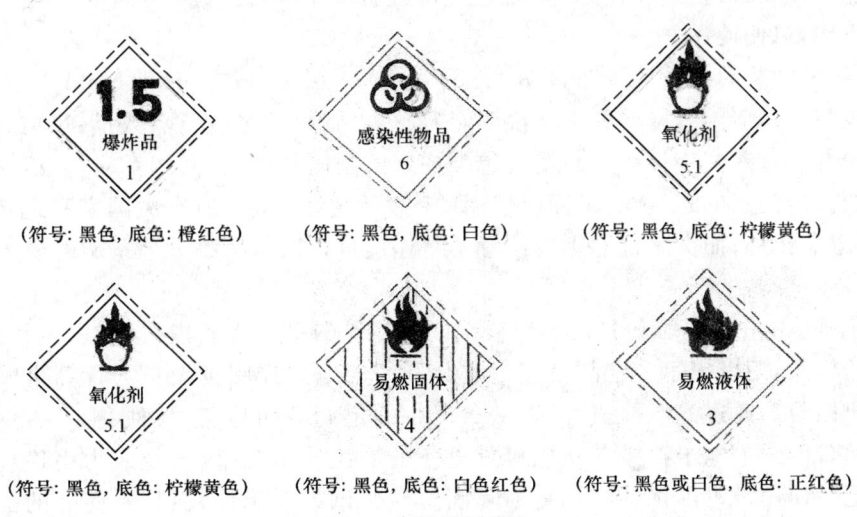

图 4-2 警告性标志

**【操作技巧】**

制作运输标志应注意的问题

简明清晰、易于辨认。在商品外包装的显著位置,用防水、防褪色、防脱落的颜料刷写。

文字大小适当。文字的大小要符合运输部门的规定。

刷制的部位要适当。尽可能在每件相对应的两个部位刷制相同的标志;散货应标在上面。

不能刷制带有广告性质的图形或文字,也不得在运输包装上用银十字、绿色条子等有特殊含义的图案为标志。

## 二、销售包装

销售包装(Selling Packing),又称小包装(Small Packing)、内包装(Inner Packing),是指直接接触商品,随着商品进入零售环节和消费者直接见面的包装。在当前国际市场竞争十分激烈的情况下,许多国家都把改进销售包装作为加强对外竞销的重要手段之一。良好的销售包装,不仅可以保护商品,而且还能宣传、美化商品,提高商品身价,促进商品销售,增加商品售价,并在一定程度上显示出口国的科技、文化艺术水平。

(一)对销售包装的要求

1. 便于陈列展销

商品零售时,都要陈列在货架之上,以供顾客选购。因此,销售包装的造型结构,必须适于陈列展销。

2. 便于识别商品

顾客在采购商品时,一般都希望对包装商品有所了解,因此,销售包装上应以醒目的图案或文字标示,或全部或部分采用透明材料,使人一目了然,以便顾客购买。

3. 便于携带和使用

销售包装应大小适当、轻便,必要时还应附设提手装置,以使顾客携带方便。密封包装则应容易开启,以便使用。

(二)销售包装的装潢和文字说明

销售包装上一般附有必要的文字说明,如商标、品牌、品名、产地、数量、规格、成分、用途和使用方法等。这些文字说明应与销售包装的装潢画面紧密结合、相互衬托,以达到宣传和促销的目的。需注意的是,装潢画面所使用的图案和色彩,应适应有关国家和地区的风俗习惯和爱好,避免犯忌;而文字说明则应注意不得违反进口国的标签管理条例的规定。

(三)物品条码

物品条码(Product Code)是由一组粗细间隔不等的平行竖条黑线(或彩色线)及相应的数字组成的标志,用以表示一定的信息。它是利用光电扫描阅读设备为计算机输入数据的特殊的代码语言。通过光电扫描,可以从条码中确定商品的品名、品种、生产日期、制造商、产地等。随着国际上电子扫描自动化售货设备的广泛使用,条码已经成为销售包装上必不可少的标记。使用条码不仅可以提高国际间贸易传讯的准确性,而且是商品的国际统一编号和进入销售领域的先决条件。

国际上通用的条码有两种：一种是由美国、加拿大组织的统一编码委员会编制的 UPC 码(Universal Product Code)，另一种是由原欧共体 12 国成立的欧洲物品编码协会、后改名为国际物品编码协会编制的 EAN 码(European Article Number)。我国于 1991 年 4 月正式加入了国际物品编码协会。商品上的条码一般由 13 位数字组成，前三位为国别代号。国际物品编码协会分配给我国的国别号为 690-699。

### 三、中性包装和定牌

中性包装和定牌生产是国际货物贸易中的两种特定的做法，我国的出口企业有时也应客户的要求，采用这两种做法。

（一）中性包装(Neutral Packing)

中性包装是指在出口商品和内外包装上不注明生产国别、地名和厂商名称的包装。它包括无牌中性包装和定牌中性包装两种，前者是指包装上既无生产地名和厂商名称，又无商标、牌号；后者是指包装上仅有买方指定的商标或牌号，但无生产地名和出口厂商的名称。

采用中性包装，是为了打破某些国家和地区实行的关税和非关税壁垒以及适应交易的特殊需要(如转口销售)，是出口厂商加强对外竞销和扩大出口的一种手段。

（二）定牌

定牌是指卖方按照买方要求，在其出售的商品或包装上标明买方指定的商标或牌号。卖方采用定牌是为了利用买方的企业商誉和名牌产品的良好声誉，以提高商品价格和扩大销路。

在我国的出口贸易中，对于订货量较大，需求比较稳定的外商，为了适应买方销售的需要和扩大出口，也可以接受定牌生产，具体做法有以下三种。

① 在定牌生产的商品和/或包装上使用买方指定的商标或牌号，而不注明生产国别和出口厂商名称。

② 在定牌生产的商品和/或包装上使用买方指定的商标或牌号，同时在商标或牌号下注明出口国制造。

③ 在定牌生产的商品和/或包装上使用买方指定的商标或牌号，同时在商标或牌号下注明买方所在国家工厂制造，即定牌定产地。

在采用定牌生产时，应特别注意买方指定商标的合法性，不得违反有关商标使用权和专利使用权的法律和国际惯例。另外，为了避免由于买方指定的商标侵占了他人产权而使我方卷入纠纷，应在合同中明确规定："买方指定的商标当发生被第三者控告侵权时，应由买方与控告者交涉，与卖方无关，由此给卖方造成的损失应由买方负责赔偿。"

### 四、合同中的包装条款

包装条款一般包括包装材料、包装方式、包装费用和运输标志。其具体内容，应根据商品的性能、特点以及所采用的运输方式而定，不同的商品和不同的运输方式，包装条款的规定也不相同。以下是包装条款的一些实例：

**例 1**：木箱装，每箱净重 50 千克。

    In wooden case of 50 kg net each.

**例 2**：单层新麻袋装，每袋 25 千克。

    In new single gunny bags of 25 kg each, gross for net.

**例 3**：纸箱装，每箱 24 听，每听 150 毫升。
   In cartons containing 24 tins of 150ml each.

**例 4**：木箱装，每箱装 4 涤纶袋，每袋 20 磅，木箱以金属作衬里，包装费用由卖方负担。
   In poly bags, 20 pounds in a bag, 4 bags in a sealed wooden case which is lined with metal. The cost of packing is for the seller's account.

### 案例 4-1：出口方忽略"C．K．D．"造成退货纠纷

上海出口公司 A 与香港公司 B 按 CIF 条件成交自行车 1000 台，由 A 缮制合同一式两份，其中包装条款规定为"Packed in wooden case"（木箱装）。将此合同寄至 B 方，然后由 B 签回。B 签回的合同上于原包装条款"Packed in wooden case"后加"C．K．D．"字样，但未引起 A 公司注意。此后，B 公司按合同规定开证，A 公司凭信用证规定制单结汇完毕。在此过程中，得知 B 已将提单转让给另一个商人 C，货到目的港，C 发现系整台自行车木箱装，与单据所载不符。由于自行车整台进口需交纳 20% 进口税，因此，C 拒收货物并要求 B 退还货款。B 公司转而向我 A 公司提出同样要求。但是，A 公司认为 B 公司已将提单转让给第三者，该行为表明买方对卖方的所有权已作出了相抵触的行为，即已构成对货物的接受。由此，双方产生了争议。

**分析**

本案主要涉及以下三方面的问题：

(1) 卖方忽略 C．K．D．，造成实际装载与合同和单据不符，负有不可推卸的责任

C．K．D．是 Complete Knock Down 的缩写，意思是将一件成品完全拆散。本例买方回签的包装条款意思是将整台自行车完全拆散成零件装入木箱，而卖方却整车包装，但单据与合同完全相符。

(2) 卖方虽然已经结汇，但买方仍有拒收货物的权利

根据 CIF 合同的性质，卖方具有提供符合合同规定的货物和单据这两项义务，相应也构成了买方的两次拒收的权利，即拒收货物的权利和拒收单据的权利。

(3) 买方对提单的转让不构成与卖方所有权相抵触的行为

本案中，B 公司将代表货物所有权的提单转让给了 C 公司，这种转让只是处置了货物的有条件的所有权，即以货物应与合同相符为条件的所有权。也就是说，当单据的权利移交给买方的时候，买方所取得的货物所有权是有条件的，如果经检验发现货物与合同不符，买方仍有条件拒收，这种条件属于事后条件，因此，B 公司对提单的处置并不构成与卖方的所有权相抵触的行为。但是，如果 B 公司不是转让提单，而是将实际货物卖给或抵押给第三者，则结果完全不同。

综上所述，本案中 A 公司首先负有单据不符的责任，B 公司在不知情的情况下付了款，并获得单据，而且处置了单据，放弃了处置单据的权利，但并不意味着失去要求退货、退款的权利。为了补救这一失误，A 公司应采取的措施是与 B 公司协商，或承担 20% 的进口税，或以其他办法妥善解决，以求得 B 公司的谅解，及时提货，以免造成更大的损失。

# 本章小结

### 基本内容小结

包装是货物说明的重要组成部分，包装条款是国际买卖合同中的主要条款。按其所起

的作用不同,包装可分为运输包装和销售包装两大类。货物在出运之前,都必须在包装上刷印各种包装标志。为扩大出口,有时还采用中性包装和定牌的做法。

**本章的重点与难点**

包装的种类、运输标志的组成。

## 【练习题】

### 一、名词解释

运输标志、中性包装

### 二、填空题

1. 出口货物的包装可分为_____和_____两大类。
2. 货物运输包装上的标志主要包括_____、_____和_____。
3. 货物的包装上既不标明生产国别,也不标明原有商标和牌号,这样的包装称为_____。

### 三、判断题

1. 由于商品的包装能起到保护和美化商品的作用,出口企业对出口的所有商品都必须进行包装。( )
2. 销售包装是为了便于商品的运输、装卸和储存。( )
3. 买卖合同中一般均应规定运输标志、指示性标志和警告性标志。( )
4. 运输包装上的标志就是运输标志,也就通常所说的唛头。( )
5. 运输包装上的标志除需刷在外包装上,都应在货运单据上表示出来。( )
6. 包装费用一般都包括在售价之内,不需要在合同中另外列明。( )
7. 无牌中性包装是在商品和包装上不注明任何商品牌号,也不注明产地的包装。( )

### 四、单项选择题

1. 在买卖合同的条款及有关运输的单据中,涉及的运输包装上的标志是( )。
   A. 警告性标志　　　　B. 指示性标志　　　　C. 运输标志
2. ISO 推荐的标准运输标志,不包括的内容是( )。
   A. 收货人名称的缩写或简称
   B. 目的地
   C. 参考号(合同号、信用证号)
   D. 件号或箱号
   E. 产地标志
3. 运输标志通常是由( )确定的。
   A. 买方　　　　　　　B. 卖方　　　　　　　C. 双方协商
4. 商品的包装按其作用可分为( )。
   A. 便携式包装与礼品包装

B. 单件运输包装与集合运输包装
C. 运输包装与销售包装

5. 国际标准化组织的英文缩写是（　　）。
A. ISO　　　　　　　B. UL
C. IWS　　　　　　　D. SGS

## 五、简答题

1. 国际标准化组织推荐使用的标准运输标志由哪几部分组成？
2. 我国的出口贸易中，定牌的做法有哪几种？

## 六、案例分析题

某进出口公司对外销售杏脯1.5公吨，合同规定纸箱装，每箱为15千克（内装15小盒，每小盒装1千克）。交货时，此种包装短缺，于是便将小包装改变后将货物发出。（发出的货物包装为：每箱仍为15千克，但内装30小盒，每小盒0.5千克）。货到后，对方以包装不符为由拒收。卖方则认为数量完全相符，要求买方付款。

问：责任在谁？本案应如何处理？

第五章

# 国际货物运输

【学习目的】

　　了解各种运输方式,特别是海洋运输方式的特点、租船运输的种类、提单的含义和内容;理解班轮运输的特点、程租船运输合同的主要条款、装运条款的基本内容、提单的种类;掌握班轮运费的计算、提单的性质与作用。

【能力要求】

　　熟练掌握班轮运费的计算、买卖合同中装运条款的规定方法。

　　国际货物运输是指国家或地区之间进出口货物的运输。它既是一项经济活动,也是一项重要的外事活动。在办理国际货物运输业务时,必然要同国外发生直接或间接的联系,要同许多国家的许多部门发生业务关系,路线长、环节多、涉及面广、情况复杂,可变因素很多,运输风险大,一旦某一方面出现问题,就可能影响整个国际贸易运输。为了按时、按质、按量完成国际货物运输任务,买卖双方在订立国际货物买卖合同时,都需要合理选定运输方式,订好各项装运条款,并运用好有关运输单据。

## 第一节　海洋运输方式

　　海洋运输是利用海洋通道,使用船舶在不同的国家和地区之间,通过一定的航区或航线运送货物的一种运输方式。在国际货物贸易中被广泛地采用,其货运量占国际货物运输总量的80%以上。海洋运输方式具有运量大、运费低、通过能力大、不受道路或轨道限制等优点,但也有航行速度慢、易受气候和自然条件的影响、航期不易准确、风险较大等不足之处。因此,对一些易受气候等自然条件影响的货物,以及时间性强的货物,一般不宜采用海洋运输方式。

　　根据船舶营运方式的不同,海洋运输分为班轮运输和租船运输两种。

## 一、班轮运输

班轮运输(Liner Transport),又称定期船运输,是指船舶在一定的航线上和固定的港口之间,按事先公布的船期表来往航行运送货物,并按事先公布的费率收取运费的海洋运输方式。

### (一)班轮运输的特点

① "四固定"。即固定的航线、固定的停靠港口、固定船期和相对固定的运费率。

② 船方负责货物的配载装卸,装卸费包含在运费之内,货方不再另付装卸费,船货双方也不计算滞期费和速遣费。

③ 班轮运输对货物的品种、数量要求灵活,一般不受限制。

④ 船货双方的权利、义务与责任豁免以船方签发的提单条款为依据。

### (二)班轮运费

班轮运费是指班轮公司为货主运输货物而向货主收取的费用。班轮运输中,散货运输和集装箱运输的运费有所区别,本节所述的是散货运输的运费。班轮运费是按照班轮运价表(Liner's Freight Tariff)的规定计收的,不同的班轮公司或班轮公会有不同的班轮运价表,如班轮公会运价表、班轮公司运价表、双边运价表和货方运价表等。班轮运价表一般由以下几部分构成:说明及有关规定、货物分级表、航线费率表、附加费表、冷藏货及活牲畜费率表。对于基本费率的规定,有的运价表是按每项货物列出其基本费率,这种运价表称为"单项费率运价表";有的是将承运的货物分为若干等级,每一等级的货物有一个基本费率,称为"等级费率表"。目前,中国远洋运输(集团)公司使用的是等级费率表,将货物分为20级,1级费率最低,20级费率最高。

班轮运费由基本运费和附加费两部分组成。

#### 1. 基本运费

基本运费是指货物从装运港运到卸货港所应收取的运费,它是班轮运费的主要组成部分,按班轮运价表规定的计费标准计收。

班轮运费的计费标准有如下几种。

① 按货物毛重计收。又称重量吨(Weight Ton),运价表中用"W"表示。计费单位一般为公吨,也有按长吨或短吨计算。

② 按货物的体积计收。又称尺码吨(Measurement Ton),运价表中用"M"表示。计费单位为立方米或立方英尺。

重量吨和尺码吨统称为运费吨(Freight Ton)。

③ 按毛重或体积计收。运价表中用"W/M"表示,以毛重和体积中较高者计收运费。

④ 按货物的价格计收。又称从价运费,运价表中用"A.V."或"Ad. Val"表示。一般按货物FOB价格的百分比计收。

⑤ 按货物的重量、体积或价值三者中最高的一种计收。运价表中用"W/M or A.V."表示。也有先按货物的重量或体积计收,再加由一定的从价运费,运价表中以"W/M plus A.V."表示。

⑥ 按货物的件数计收。运价表中以"Per Unit,Head,Piece etc"表示,如活牲畜按"头",车辆按"辆"计收。

⑦ 按议价运费计收。运价表中以"Open Rate"表示。即大宗低值货物如粮食、豆类、煤

炭、矿石等一般在班轮运价表中不规定具体费率,在订舱时,由货主和船公司根据商品的具体情况临时协商议定。议价运费一般较低。

⑧ 起码运费(Minimum Rate)。起码运费是指按每一提单上所列的货物重量或体积计算出的运费尚不足运价表中规定的最低费率时,则按最起码运费计收,即对每一提单应计收的最低运费不低于起码运费。

2. 附加费

附加费是指除基本运费外,对一些需要特殊处理的货物,或者由于突然事件的发生或客观情况的变化等原因而需另外加收的各种费用。附加费名目繁多,而且会随着航运情况的不断变化而变动。其计算方法,有的是在基本运费的基础上加收一定百分比;有的是按每运费吨加收一个绝对数计算。班轮运输中常见的附加费有:

① 超重附加费(Heavy Lift Additional)。它是指由于单件货物的毛重超过一定限量时而加收的一种附加费。

② 超长附加费(Long Length Additional)。它是指由于单件货物的长度超过一定限度时而加收的一种附加费。

③ 选卸附加费(Optional Surcharge)。也称选港附加费,它是指货物在托运时,托运人还不能确定具体的卸货港,要求在预先指定的两个或两个以上的卸货港中进行选择,待船舶开航后再作选定。这样就会使整船货物的积载变得困难,甚至会造成舱容浪费,船方由此而增收的费用就叫选卸附加费。

④ 直航附加费(Direct Additional)。它是指一批货物达到规定的数量,托运人要求将该批货物直接运达非基本港口卸货,船公司因而加收的费用。

⑤ 转船附加费(Transhipment Additional)。它是指货物需要转船运输,船公司必须在转船港口办理换装和转船手续,船公司因而加收的费用叫转船附加费。

⑥ 港口附加费(Port Additional)。它是指由于某些港口的情况比较复杂,装卸效率低、港口收费高等原因,船公司特此加收一定的费用,此费用叫港口附加费。

除以上六种附加费外,船公司有时还根据各种不同情况临时决定增收某种必需的费用,比如燃油附加费、绕航附加费、港口拥挤附加费和货币附加费等。

3. 班轮运费的计算

计算班轮运费时,一般按下列步骤进行:

① 根据装运船舶所属班轮公司,选择相应的运价表;
② 了解货物的品名、译名、特性、包装、重量、尺码(是否超重、超长)、装卸港(是否需转船、选卸)等;
③ 根据货物的品名,从货物分级表中找出该货物的等级和计费标准;
④ 查找货物所属航线等级费率表,找出该等级货物的基本费率;
⑤ 查找有无附加费,及各种附加费的计算办法和费率;
⑥ 最后,列式进行计算。

**例**:某企业出口门锁 1000 箱,从上海装中国远洋运输公司班轮运往莫桑比克达累斯萨拉姆,每箱毛重 30 千克,体积为 0.025 立方米。计算该批货物的运费。

**解**:查中远集团 1 号运价表,门锁为 10 级货,计费标准 W/M,去东非航线每运费吨 66 美元,另加收港口附加费 10%,燃油附加费 20%。

因其计费标准为 W/M,故先比较重量吨和尺码吨的大小:

W：30千克＝0.03公吨

M：0.025立方米

所以按W计算运费。

该批货物的总重量为：1000×0.03＝30(公吨)

其运费为：30×66×(1＋10％＋20％)＝2574(美元)

## 二、租船运输

租船运输(Charter Transport)，又称不定期船运输(Tramp Shipping)，是指船舶所有人出租整船或部分舱位给租船人使用，以完成特定的货物运输任务，租船人按约定的运价或租金支付运费的海运方式。与班轮运输相比，租船运输没有预定的船期表，也没有固定的航线和停靠的港口，而是按照货源及货主对货物运输的要求，安排船舶航行计划，组织货物运输，船、租双方的权利、义务在双方签订的租船合同中加以规定。在国际货物运输中，租船运输最适宜运输大宗低值货物，如粮食、油料、煤炭、矿砂、化肥、木材和水泥等，在国际海洋货物运输中，其运量约占80％。

### (一) 租船运输方式

1. 定程租船(Voyage Charter)

简称程租船或程租，又称航次租船，根据我国《海商法》第92条规定，定程租船是指由船舶所有人向租船人提供船舶或船舶的部分舱位，在指定港口之间进行单向或往返的一个航次或数个航次用以运输指定货物的租船运输方式。在租船市场上，程租被广泛采用，是最基本的租船方式。按其租赁方式的不同，程租船可分为单航次租船、来回航次租船和连续航次租船。

定程租船的船方直接负责船舶的经营管理，他除负责船舶航行、驾驶和管理外，还应对货物运输负责。定程租船的租金或运费，一般按装运货物的数量计算，也有按航次包租总金额计算的。采用定程租船时要规定装运期限或装卸率，凭以计算滞期费和速遣费。船货双方的责任和义务以定程租船合同为准。

2. 定期租船(Time Charter)

简称期租船或期租，是指由船舶所有人将特定的船舶，按照租船合同的规定，出租给承租人，供其使用一定时期的租船运输。船、租双方的责任和义务以定期租船合同为准。在期租船市场上，除一部分缺乏运力的公司需以期租船方式租进船舶外，租船人往往是一些大的综合性企业或实力较强的贸易公司。期租船的期限可长可短，使用方式可充作班轮也可作程租船使用，还可向第三者转租。

在期租船运输中，船方对船舶的维护、修理、机器正常运转和员工工资与给养负责，而船舶的调度、货物运输、船舶在租期内的营运管理和日常开支，如船用燃料、港口费、税捐以及货物装卸、搬运、理舱、平舱等费用，均由租船方负责。定期租船的租金一般是按租期每月每吨若干金额计算。船、租双方不规定装卸率，也不计算滞期费和速遣费。

3. 光船租船(Bareboat Charter)

光船租船是指船舶所有人仅将一艘光船出租给承租人使用，租船人自己配备船员，负责船舶的经营管理及航行的各项事宜。光船租船实际上是一种财产租赁，在国际货运中较少使用。

4. 包运租船(Contract of Affreightment, COA)

包运租船是20世纪70年代国际上新发展起来的一种租船方式，是指船舶所有人向租船人提供一定运力,在确定的港口之间,以事先约定的期限、航次周期和每航次较为均等的货运量,完成合同规定的总运量的一种租船方式。它是在连续单航次租船方式的基础上发展起来的,因此,也有人将它看做是程租船运输方式的一种。

在包运租船方式下,船舶出租期限的长短,取决于货物的总量和船舶航次周期所需的时间。包运租船合同中不需要确定船名和船籍,一般仅规定船级、船龄和技术规范。因此,船舶所有人只需提供能够完成合同规定的每航次货运量的运力即可,船舶所有人调度和安排船舶极为便利。

5. 航次期租(Time Charter on Trip Basis, TCT)

这是介于航次租船和定期租船之间,以完成一个航次运输为目的,按完成航次所花时间和约定的租金率计算租金,费用和风险按期租方式处理的一种租船方式,又称为"日租租船"(Daily Charter)。

(二)租船合同

租船合同又称租船租约(Charter Party, C/P),是租船人和船东,自愿达成的协议,规定船东提供船舶给租船人使用并由租船人支付一定的运费或租金给船东,以及有关当事人双方的权利和义务、责任与豁免等条款,以确定双方的经济和法律关系。

租船合同的签订是一项非常细致和严密的工作。为了简化和加速签订租船合同的进程,节省相关费用,同时为了能在合同中列入一些对自己有利的条款,国际上一些航运集团或贸易集团,制定了一些租船合同范本。目前国际租船市场上常用的有以下几种:标准杂货租船合同(Gencon,中文简称金康)、古巴食糖租船合同(Cuba Sugar C/P)、北美谷物租船合同(NORGRAIN)、标准定期租船合同(Baltime)、纽约土产交易所定期租船合同(NYPE)等,我国也制定有租船合同范本:中国租船公司定期租船合同(SINOTIME1980)。

(三)租船运输费用

租船运输费用分程租船运输费用和期租船运输费用两大类。期租船运输费用或称租金,一般按租期每月每载重吨若干金额计算,或按整船每天若干费用计算。

程租船运输费用相对复杂,它包括程租船运费、装卸费、滞期和速遣费等三部分。

1. 运费

程租船运费是租船人对船舶运输货物所支付的报酬,它是指货物从装运港至目的港的海上运费。其计算方式与支付时间由租船人与船东在签订程租船合同时明确规定。计算方式一般有两种:一种是按运费率(Rate of Freight)计算,即规定每运费吨的运费额;另一种是包干运费(Lump-sum Freight),即规定一笔整船运费,不管租方实际装货多少,一律照付。但船东必须保证船舶的载货重量和装货容积。在实际业务当中,如按运费率计算,则还应规定是按装船时的货物重量(Intaken or Loading Quantity)还是按卸船时的货物重量(Delivered, Landed or Out-turn Quantity)来计算。

2. 装卸费

程租船运输时,运费中不包含装卸费,因此,有关货物的装卸费用,需由承租人与船东协商确定后,在程租船合同中做出具体规定。其具体做法有以下四种。

(1)船方负担装卸费

这种做法又称作"班轮条件"(Gross Terms; Liner Terms 或 Berth Terms),在此条件下,船货双方一般以船边划分费用。多用于木材和包装货物的运输。

(2)船方负担装货费(Free Out, F.O.)

即船方只负担装货费,但不负担卸货费。

(3) 船方负担卸货费(Free In, F. I.)

即船方只负担卸货费,但不负担装货费。

(4) 船方不负担装卸费(Free In and Out, F. I. O)

这种条件主要是针对散装货物的,必要时还需规定理舱费和平舱费由谁负担。如规定由租船人负担,则称为"船方不负担装卸费、理舱费和平舱费"(Free In and Out, Stowed and Trimmed, F. I. O. S. T)。

3. 滞期和速遣费

程租船运输时,装卸时间的长短直接关系船方的经济利益,因此船方要与租船人在租船合同中规定许可装卸时间或装卸率,并规定延误装卸时间和提前完成装卸任务的罚款与奖励办法,以约束租船人。如租船人未能在规定的装卸时间内完成装卸作业,致使船舶在港内停泊时间过长,给船方造成经济损失,租船人应向船方支付罚款,称为滞期费(Demurrage);反之,如租船人在规定的装卸时间内提前完成装卸作业,使船方节省了船舶在港的费用开支,船方应向租船人支付奖金,称为速遣费(Despatch Money)。按惯例,速遣费一般为滞期费的一半。滞期费和速遣费通常规定为每天若干金额,不足一天则按比例计算。

许可装卸时间(Lay Time)或称装卸期限,是指允许租船人完成装卸作业的时间,一般以若干天(或小时)表示,如"许可装卸时间共计 20 天";也可用装卸率表示,如"每天装或卸 1000 吨"。在程租船合同中,装卸时间的规定方法,通常有以下几种。

① 按日(Days)或连续日(Running Days)计算。指按时钟连续走过 24 小时为一天,其间没有任何扣除。

② 按工作日(Working Days)计算。指按港口习惯规定,属于正常工作的日子算为装卸时间。

③ 按晴天工作日(Weather Working Days)计算。指既是工作日,又是适宜装卸的时间才算为装卸时间。

④ 按连续 24 小时晴天工作日(Weather Working Days of 24 Consecutive Hours)计算。是指在好天气情况下,连续作业 24 小时算一个工作日,中间因天气影响而不能作业的时间应予扣除。这是目前最常用的方法。

# 第二节 合同中的装运条款

在国际货物贸易中,为了便于买卖双方交接货物,保证买卖合同顺利的履行,买卖合同中必须就交货时间、装运港、目的港、分批装运、转运等装运条款作出明确的规定。

### 装运时间

装运时间(Time of Shipment),又称装运期,是指双方在合同中规定卖方将货物装上运输工具或交给承运人的期限。

在国际货物贸易中,装运时间和交货时间(Time of Delivery)是两个不同的概念。在使用 FOB、CFR、CIF 及 FCA、CPT、CIP 这六个贸易术语签订的买卖合同中,当卖方将货物装上船或交给承运人时,就完成交货义务。此时,"交货"与"装运"并无区别,装运时间也就是交货时间。但若以其他贸易术语成交时,情况就发生变化,有时是先装运、后交货(如 DES

术语),有时是先交货、后装运(如 EXW 术语),二者不能相互替代使用,以免引起不必要的纠纷。

(一)装运时间的规定方法

1. 笼统规定

即使用一些表示模糊时间概念的词语,如"尽快装运"(Shipment as soon as possible)、"立即装运"(Immediate Shipment)、"即期装运"(Prompt Shipment)等。由于此类术语在国际上尚无统一的解释,为了避免不必要的纠纷,最好不采用。

2. 明确规定一段时间

如"2012 年 3 月装运"(Shipment during March,2012)、"2012 年 2/3 月装运"(Shipment during Feb./Mar. 2012)、"2012 年 3 月 10 日至 3 月 20 日装运"(Shipment from March $10^{th}$ to March $20^{th}$ 2012)等。

3. 规定最迟期限

如"2012 年 5 月底或以前装运"。(Shipment at or before the end of May 2012)、"不迟于 2012 年 7 月 15 日装运"(Shipment not later than July $15^{th}$ 2012)等。

4. 规定在收到信用证后若干天内装运

如"收到信用证后 45 天内装运"(Shipment within 45days after receipt of L/C)。

此种规定,主要是针对某些进口管制较严的国家和地区,或专为买方制造的特定商品,或对买方资信不够了解等情况,为防止买方不履行合同而造成经济损失专门设立的。要注意的是,合同中必须规定信用证开到的期限,如"买方必须不迟于某月某日将信用证开到卖方"(The relevant L/C must reach the seller not later than...),否则,卖方很可能因买方拖延开证,无法及时安排生产、包装、装运,而陷于被动。

**【相关链接】**

《联合国国际货物销售合同公约》第 33 条规定:卖方必须在合同规定的日期或一段时间内交付货物;如合同未规定日期或一段交货时间,则应在订立合同后一段合理时间内交货。第 37、49、52 条也规定:若卖方在合同规定的时间以前交货,或者迟延交货,买方有权要求损害赔偿和/或拒收货物,也可宣告合同无效。

(二)装运港与目的港

装运港(Port of Shipment),是指货物起始装运的港口。目的港(Port of Destination),是指货物最终卸货的港口。在国际货物贸易中,装运港一般先由卖方提出,目的港一般先由买方提出,然后经对方同意后确认。

1. 装运港与目的港的规定方法

(1)装运港与目的港各规定一个

这是最常见的规定方法。例如:装运港:上海,目的港:新加坡

(2)规定两个或两个以上的装运港与目的港

即采用选择港的规定方法。例如:装运港:上海/厦门,或上海/厦门/广州,目的港:伦敦/利物浦。

(3)规定某一航区。例如"装运港:中国港口",或"目的港:地中海主要港口"。

2. 规定国外港口时应注意的问题
① 规定装运港与目的港必须明确具体。
② 内陆城市不能直接作为装运港与目的港。
③ 必须注意装卸港的具体条件。
④ 注意港口的重名问题。
⑤ 慎用选择港。

**【操作技巧】**

如国外买方要求以选择港方式规定目的港,卖方应注意以下几个方面:
1. 选择港的数量一般不超过 3 个;
2. 应是同一航线上的基本港;
3. 因选择港口而增加的运费、附加费等应由买方负担;
4. 合同中应规定买方确定最后目的港的时间。

规定国内港口时应注意的问题:

在规定国内装运港时,一般以靠近货源地、交通便利、费用较低廉以及仓库与其他设施较完善的港口为宜。进口规定国内目的港时,则应选择靠近用货地或销售地区的港口。为不致因港口堵塞而延误装卸,在不给对方造成不便、不增加费用的前提下,在进出口合同中,可规定为"中国港口"。

(三) 分批装运与转船

分批装运(Partial Shipment)和转船(Transhipment)都直接关系到买卖双方的经济利益,因此,在买卖合同中,买卖双方应根据实际情况作出具体规定。

1. 分批装运

分批装运是指一个合同项下的货物分若干批装运。在大宗货物或成交数量较大的交易中,买卖双方根据交货数量、货源准备情况、运输条件、市场销售和资金等因素,可在合同中订立分批装运条款。一般有以下两种规定方法:

(1) 只规定"允许分批装运"(Partial shipment to be allowed)。这种规定对卖方较为主动,卖方可根据货源和运输条件,灵活安排货物出运。

(2) 具体规定每批的时间和数量。如"4—8月每月等量装运"(Shipment during April/August in equal monthly lots)。这种规定往往是买方根据对货物使用或转售的需要而定,对卖方限制较严,只要其中任何一批未按规定装运,即为违反合同。

**【相关链接】**

《跟单信用证统一惯例》有关分批装运的规定:
(1) 允许分批装运。
(2) 运输单据显示以同一运输方式并经由同一次航程运输,即使运输单据上载有不同的装运日期或不同的装运港、接管地或发送地点,只要是同一目的地,将不视为分批装运。
(3) 信用证规定在指定时间内分期装运,其中任何一期未按期装运,则信用证对该期及以后各期均告失效。

2. 转船

转船是指货物由两艘或两艘以上的船舶从装运港运至目的港。在装运港至目的港没有直达班轮或班轮航线较少时,合同中一般会规定"允许转船"(Transhipment to be allowed)。

按有些国家的合同法规定,如合同中对分批装运、转船未作规定,则卖方不得分批装运、转船。因此,在出口时,为了避免不必要的争议,便利交货,除非买方坚持反对,买卖合同中最好规定"允许分批装运、允许转船"。

【相关链接】

《跟单信用证统一惯例》有关转运的规定:
1. 运输单据可以注明货物将被转运或可被转运,只要同一运输单据包括运输全程
2. 即使信用证禁止转运,银行也将接受下列单据:
(1) 注明转运将发生,只要在提单(或不可转让海运单)上证明有关货物是装在集装箱、拖车或子母船装运。
(2) 注明将要转运或可能转运的空运单据。
(3) 注明将要或可能发生转运的公路、铁路或内河水运单据

## 第三节 海洋运输单据

运输单据,是承运人收到承运货物后签发给托运人的证明文件。它是买卖双方凭以交接货物、向银行结算货款、进行议付或处理索赔与理赔的重要单据。在海洋运输中使用的运输单据主要为海运提单和海运单。

### 一、海运提单

海运提单(Ocean Bill of Lading,B/L),简称提单,是指用以证明海上货物运输合同和货物已经由承运人接管或装船,以及承运人保证据以交付货物的凭证。

(一) 提单的性质与作用

提单的性质与作用,可以概括为三个方面:

1. 货物收据

提单是承运人(或其代理人)签发的货物收据,证明承运人已收到或接管提单上所列货物。

2. 物权凭证

提单是货物所有权的凭证,在法律上具有物权证书的作用,谁持有提单,谁就可以提货。承运人在货到目的港后须向提单的合法持有人交付货物。提单作为一种商业单据,经背书后可以转让,从而转让货物所有权。

3. 运输合同的证明

提单内规定着承运人与托运人双方之间的权利义务和责任豁免,是处理承运人与托运人之间争议的法律依据。但提单本身不是运输合同,只是作为证明运输合同已经存在的

证据。

**（二）提单的内容**

提单由各船公司自主制定，每个船公司都有自己的提单格式，虽然提单格式不同，但其内容却大致相同。在国际贸易中通常使用的班轮提单，一般包括提单正面的记载事项和提单背面印就的运输条款两部分。

1. 提单正面的内容

提单正面的记载事项，分别由托运人及承运人或其代理人填写，通常包括以下内容：承运人名称和主营业地址、托运人名称、收货人名称、被通知人名称、船名和航次、收货地或装运港、目的地或卸货港、货物名称、唛头、件数、重量和体积、运费预付或到付、提单签发日期和地点、正本提单的份数、承运人及其代理人的签章。

2. 提单背面的条款

在正本提单背面印有许多条款，是处理承运人与托运人（或收货人、提单持有人）之间的有关运输过程中发生的争议的依据。各船方公司提单背面的条款不尽相同。为了统一提单背面条款的内容，缓解船、货双方的矛盾并照顾到船、货双方的利益，国际上先后签署了四个国际公约。它们是：

（1）1924年签署的《关于统一提单的若干法律规则的国际公约》，简称《海牙规则》(The Hague Rules)。

（2）1968年签署的《布鲁塞尔议定书》，简称《维斯比规则》(The Visby Rules)。

（3）1978年签署的《联合国海上货物运输公约》，简称《汉堡规则》(The Hamburg Rules)。

（4）2009年签署的《联合国全程或部分海上国际货物运输合同公约》，简称《鹿特丹规则》(The Rotterdam Rules)。

由于以上四个公约产生的时代背景不同，内容不一致，加上各国参加公约的态度不一样，因此，各船公司签发的提单背面条款也就互有差异。

**（三）提单的种类**

提单从不同的角度可以分为以下八类。

1. 根据货物是否已装船分

（1）已装船提单(On Board B/L；Shipped B/L)

是指承运人在货物已经装上指定船舶后所签发的提单。该提单上必须以文字表明货物已装上或已装运于某具名船只，并有船长或其代理人签字。提单的签发日期为装船日期。

（2）备运提单(Received for Shipment B/L)

又称收妥待运提单，是指承运人已收到托运货物等待装运期间所签发的提单。由于备运提单上没有明确的船名和装船日期，因此以 FOB、CFR 和 CIF 术语成交时，买方有权拒收。不过发货人可在货物装船后凭以调换已装船提单，也可经承运人或其代理人在备运提单上批注货物已装上某具名船舶及装船日期，并签署后使之转化为已装船提单。

2. 根据提单收货人（俗称抬头）一栏的记载不同分

（1）记名提单(Straight B/L)

是指在提单上收货人一栏内具体填上特定的收货人名称的提单。这种提单只能由该特定的收货人提货，其他人即使持有提单，也不能提货。因此，记名提单不能流通转让，故而在国际货物贸易中很少使用。

(2) 不记名提单(Bearer B/L)

是指在提单上收货人一栏内没有指明任何具体的收货人,只写明向提单持有人交货,或不填写任何内容的提单。谁持有提单,谁就可以提货。承运人交货,只凭单,不凭人。不记名提单无须背书即可转让,流通性极强,但风险极大,因此在国际货物贸易中使用极少。

(3) 指示提单(Order B/L)

是指在提单上收货人一栏内只填写"凭指示"(To Order)或"凭某某人指示"(To Order of ×××)字样的提单。这种提单可以通过背书的方式进行转让,因而在国际货物贸易中使用广泛。

"To Order"称为空白抬头;"To Order of ×××"称为记名抬头,指示人可以是发货人(Shipper)、收货人(Consignee)或银行。

指示提单转让时有两种背书方式:空白背书和记名背书。前者是指背书人(出让人)在提单背面签名,而不注明被背书人(受让人)名称;后者是指背书人除在提单背面签名外,还列明被背书人名称。目前在实际业务中使用最多的是"凭指定"并经空白背书的提单,习惯上称其为"空白抬头、空白背书"提单。

3. 根据提单上对货物外表状况有无不良批注分

(1) 清洁提单(Clean B/L)

是指货物在装船时表面状况良好,承运人在提单上没有加注明确宣称货物和/或包装有缺陷的批注的提单。在一般情况下,卖方都应提交清洁提单。清洁提单也是提单转让时必须具备的基本条件之一。

(2) 不清洁提单(Unclean B/L;Foul B/L)

是指承运人在提单上加注有明确宣称货物及/包装有缺陷的批注的提单。例如,提单上有"包装被雨水淋湿",或"包装破损"等记录。不清洁提单买方有权拒收。

实践中,当货物及包装状况不良或存在缺陷时,托运人往往会出具保函,要求承运人签发清洁提单,以便能顺利结汇。由于这种做法掩盖了交货时货物的真实情况,因此承运人要承担由此产生的风险和责任。

4. 根据运输方式的不同分

(1) 直达提单(Direct B/L)

是指货物在起运港装船后,中途不经过转船而直接运至目的港的提单。

(2) 转船提单(Transhipment B/L)

是指货物在起运港装船后不直接驶往目的港,而是在中途港口换装其他船舶转运至目的港的提单。在转船提单上注明有"转船"或"在××港转船"字样。

(3) 联运提单(Through B/L)

是指经过海运和其他运输方式联合运输时,由第一程承运人签发的包括全程的提单。签发联运提单的承运人一般都在提单上注明只对他所承担的运输区段内的货损负责。

(4) 多式联运提单(Multimodal Transport B/L, Intermodal Transport B/L or Combined Transport B/L)

是指在多式联运情况下,多式联运经营人签发的包括全程的提单。它是多式联运单据的一种。

5. 根据船舶营运方式不同分

(1) 班轮提单(Liner B/L)

是指经营班轮运输的船公司承运货物后所签发的提单。

(2) 租船提单(Charter Party B/L)

是指承运人根据租船合同签发的提单。租船提单上批注有"根据××租船合同出立"或"所有条件均根据×年×月×日签订的租船合同"字样,受租船合同约束。

6. 根据提单内容的繁简分

(1) 全式提单(Long Form B/L)

是指既在提单的正面印有记载事项,又在背面印有承运人和托运人权利、义务详细条款的提单。

(2) 简式提单(Short Form B/L)

又称略式提单,是指提单上只印有正面的必要记载项目而无背面详细条款的提单。这种提单上一般都印有"各项条款及例外条款以本公司正式提单内所印就的条款为准"。

7. 根据提单的使用效力分

(1) 正本提单(Original B/L)

是指提单上有承运人、船长或其代理人签名盖章并注明签发日期的提单。正本提单在法律上和商业上是公认的有效单据。提单上必须要有标明"正本"字样,以区别于副本提单。

(2) 副本提单(Copy B/L)

是指提单上没有承运人、船长或其代理人签名盖章,仅供工作上参考使用的提单。副本提单的特点是:提单上一般都标明"Copy"或"Not negotiable"(不作流通转让)字样,以示与正本提单相区别。

8. 其他种类提单

(1) 集装箱提单(Container B/L)

是指由负责集装箱运输的经营人或其代理人在收到货物后签发给托运人的提单。

(2) 舱面提单(On Deck B/L)

是指货物装于船舶甲板上时所签发的,注明"货装甲板"(On Deck)字样的提单,因此又称"甲板货提单"。由于货物装在甲板上的风险较大,一般情况下,买方和银行不接受舱面提单。

(3) 过期提单(Stale B/L)

过期提单有两种含义:一种是指出口商在合同或信用证规定的交单期限之后才提交的提单;另一种是晚于货物到达目的港的提单。前者,银行和买方有权拒收,后者在近洋运输中经常会出现,所以,近洋国家间的贸易合同一般都规定有"过期提单也可接受"(Stale B/L is acceptable)的条款。

(4) 运输代理行提单(House B/L)

是指由运输代理人签发的提单。它多数情况下只是运输代理人收到托运货物的收据,不可转让,也不能提货。因此,除非信用证另有规定,银行一般不接受这种提单。

## 二、海运单

海运单(Sea Waybill,SWB),是证明海上运输合同和货物由承运人接管或装船以及承运人保证据以将货物交付给指定收货人的一种不可流通的单证,因此,又称"不可转让海运单"(Non-Negotiable Sea Waybill)。

随着现代物流理念被越来越多的企业理解、深化并运用到其经营活动当中,传统的海运提单的缺陷也逐渐暴露出来。其中最受诟病的就是提单的流转太慢、程序太复杂。随着集装箱运输和国际多式联运在国际货物运输中的广为运用,运输和装卸速度的不断提高,因提单未到,而使收货人不能及时提货的情况时有发生,给货主和承运人都带来了风险和损失。因此,从20世纪70年代后期开始,欧美等地试行以海运单来代替提单,并被越来越多的企业采用。

海运单不是物权凭证,因而不能转让,也不能提货。收货人在货到后,凭到货通知即可提货。与提单相比,海运单能方便进口人及时提货,简化手续,节省费用,还可以在一定程度上减少以假单据进行诈骗的现象。目前,欧洲、北美、远东和中东地区的贸易界人士越来越倾向使用不可转让的海运单,我国中远集团也在20世纪90年代中期开始在中国航线上试用。

海运单特别适用于不涉及支付的货物运输、收货人是托运人的国外分支机构或联营公司或代理人的情况以及各种非信用证贸易的情况。随着国际货物贸易形式的多样化,货主要求在选择使用提单或海运单方面享有更大的自由。

## 第四节 其他运输方式

在国际货物运输中,除了使用海洋运输以外,还有铁路运输、航空运输、集装箱运输、国际多式联运及公路、内河、邮政和管道运输等运输方式。

### 一、铁路运输

铁路运输(Rail Transport)是仅次于海洋运输的一种运输方式,即使是海洋运输的进出口货物,也大多是靠铁路运输进行货物的集中和分散的。铁路运输的运量较大,速度快,一般不受气候条件的影响,安全可靠,能保持全年的正常运输,运输准确性和连续性强,办理铁路货运手续相对海洋运输也比较简单,在国际货物运输中,起着非常重要的作用。

在我国的对外贸易中,铁路运输包括国际铁路货物联运、国内铁路货物运输和对港澳地区的铁路运输三部分。

(一)国际铁路货物联运

国际铁路货物联运,是指使用一份统一的国际联运单据,由铁路部门负责经过两国或两国以上铁路的全程运送,并由一国铁路向另一国铁路移交货物时,不需要收、发货人参加的一种货物运输方式。

国际铁路联运是依据有关国际条约进行的。目前在亚欧大陆上,有关的国际条约有两个。一个是《国际铁路货物运送公约》,简称《国际货约》。它是由1890年欧洲各国在瑞士首都伯尔尼举行的各国铁路代表会议上制定的《国际铁路货物运送规则》(又称《伯尔尼货运公约》)发展而来的。目前参加该公约的有欧、亚和北非的33个国家。另一个是《国际铁路货物联运协定》,简称《国际货协》。1951年11月,前苏联与东欧七国签订并实行《国际铁路货物联运协定》。1954年1月,我国参加了《国际货协》,接着朝鲜、蒙古、越南也参加了这一协定。由于德国统一和东欧形势的变化,前民主德国、匈牙利、捷克及罗马尼亚相继退出了《国际货协》。在苏联解体后成立的15个国家中,除亚美尼亚外的14个国家现都是《国际货协》成员国。1997年伊朗加入,使当前《国际货协》的成员国数量达22个。

目前,我国对朝鲜、俄罗斯的大部分进出口货物以及东欧一些国家的小部分进出口货物,都是采用国际铁路联运的方式进行的。

国际铁路联运使用的运输单据是国际铁路联运运单。它是参加联运的发送国铁路部门与发货人之间订立的运输合同,其中规定了参加联运各铁路和发、收货人的权利和义务,对发、收货人和铁路都具有法律约束力。

国际铁路联运运单由5部分组成,其中运单正本是运输合同,也是铁路与货主交接货物、核收运杂费和处理索赔与理赔的依据。它随同货物至终到站,并交给收货人。运单副本是运输合同的证明,在运输合同缔结后交给发货人,发货人凭以向收货人结算货款。

(二)国内铁路货物运输

国内铁路货物运输,是指在我国范围内,根据《国内铁路货物运输规程》的规定办理的货物运输。我国出口货物经铁路运至港口装船,进口货物卸船后经铁路运往各地,均属国内铁路运输范畴。对港澳地区的铁路运输,也属于国内铁路运输的范围。但进入21世纪以来,内地与香港的总体货运量增长30%,而铁路货运量却萎缩80%,因此,香港铁路有限公司于2010年6月16日停办铁路货运业务。

## 二、航空运输

航空运输(Air Transport),是一种现代化的运输方式。与海洋运输、铁路运输相比,航空运输运输速度快,运输质量好,节省包装、保险和储存费用,且不受地面条件限制,最适合于鲜活商品、易腐商品和季节性商品以及贵重物品的运输。

(一)航空运输方式

1. 班机运输(Scheduled Flight)

班机是指在固定航线上定期航行的航班。班机运输一般有固定的始发站、途经站和目的站,通常使用客货混合型飞机,载客运货两用,一些规模较大的航空公司在某些航线上也有使用全货机航班。

2. 包机运输(Chartered Flight)

包机是指由一个或几个发货人(或航空货运代理公司)联合包租整架飞机。它分整包机和分包机两种形式。整包机一般用于运送数量较大的货物;分包机一般用于多个发货人,但货物到站是同一地点的货物运输。

3. 集中托运(Consolidation)

是指航空货运代理公司把若干批单独发运的货物组成一整批货物,用一份总运单(附分运单)将货物整批发运到同一目的站,由航空货运代理公司在目的站的代理人负责收货、报关、分拨后交给各个收货人。采用这种做法的目的是为了获取较低的运价。与班机运输相比,集中托运可节省7%—10%的运费,因此,对于一些时间性要求不强的货物,发货人都愿意采用这种方式。

4. 航空快递(Air Courier)

是指具有独立法人资格的企业将进出境货物或物品从发件人所在地通过自身或代理网络运达收件人的一种快速运输方式。它是目前最快捷的运输方式,特别适用于急用的药品、医疗器械、贵重物品、图纸资料、货样及单证的传递。

航空快递有以下三种方式。

(1)门到门(Door to Door)或桌到桌(Desk to Desk)服务

是指发件人需发货时打电话给航空快递公司,快递公司立即举派人到发件人所在地取件,然后将所有取到的需发运的快件集中,按不同的目的地进行分拣、整理、核对、制单、报关后送到机场交航空公司装最快的航班(或快递公司自己的班机)将快件运往世界各地,随后用电讯方式将有关信息通知目的地快递公司(或代理),由其负责办理清关、提货手续,并将快件及时送交收件人手中。然后,快递公司将有收件人签字的回执送回发件人手中,或向发件人电告相关信息。

(2) 门(或桌)到机场(Door/Desk to Airport)服务

是指快件到达目的地机场后,快递公司及时将到货信息通知收件人,由收件人自己办理清关、提货手续。

(3) 专人派送(Courier on Board)

是指由发件地快递公司指派专人携带快件,用最快捷的交通方式,在最短时间内,将快件送交到收件人手中。

(二) 航空运输的承运人

1. 航空运输公司

航空运输公司是航空货物运输业务中的实际承运人,负责办理从启运机场至到达机场的运输,并对全程运输负责。

2. 航空货运代理公司

航空货运代理公司可以是货主的代理,代替货主向航空公司办理货物托运、在始发机场和到达机场的交、接货与进出口报关等事宜;也可以是航空公司的代理,代替航空公司接收货物,出具航空公司的总运单和分运单。

中国对外贸易运输总公司及其各分公司,既是我国各进出口公司的货运代理,也是中国民航的代理。

(三) 航空运单

航空运单(Air Waybill),也称航空货运单,由托运人或以托运人的名义填制,是托运人和承运人之间在承运人的航线上运输货物所订立的运输合同的证明,也是承运人收运货物的证明文件。它还是运费结算凭证及运费收据。但航空货运单不是物权凭证,不可转让(Not Negotiable),不能用来提货。货物运到目的地后,收货人凭承运人的到货通知提取货物。

航空运单依签发人的不同可分为主运单(Master Air Waybill,MAWB)和分运单(House Air Waybill,HAWB)。主运单是由航空公司签发的,分运单是由航空货运代理公司签发的。通常情况下,只需使用主运单,但在采用集中托运时,则需同时使用主运单和分运单。在中国,只有航空公司才能颁发主运单,航空货运代理公司可颁发自己的分运单。

在我国,国际航空运单由一式十二联组成,包括三联正本、六联副本和三联额外副本。其中,正本1为浅绿色,注明"Original-for the Issuing Carrier",由航空公司留存;正本2为粉红色,注明"Original-for the Consignee",由航空公司随机带交收货人;正本3注明"Original-for the Shipper"应交托运人;其余副本则由航空公司按规定和需要进行分发,作为报关、结算、国外代理中转分拨等用途分别使用。

### 三、公路、内河、邮政和管道运输

(一) 公路运输

公路运输(Road Transport)是现代化运输方式之一,它既是一个独立的运输体系,直接运进或运出对外贸易货物,又是铁路车站、港口和机场集散进出口货物的重要手段。

公路运输具有机动灵活、适应性强、快速、便利的优点,是连接铁、水、空运输起端和末端不可缺少的方式,在实现门到门运输服务中,更离不开公路运输,在国际货物运输中充分体现了"时差效益"、"运距差效益"和"质量差效益"。但其缺点也很明显:载重量小、运输成本高、容易造成货损货差,因而不适宜长途运输。

（二）内河运输

内河运输(Inland Water Transport),是水上运输的一个组成部分。它是天然连接内陆腹地与沿海地区的纽带,具有投资少、运量大、成本低等优点,在运输和集散进出口货物中起着重要的作用。

我国的内河运输网四通八达,长江、珠江等主要河流的一些港口已对外开放,而且还有一些国际河流与邻国相通,这就为我国发展国际内河运输提供了十分有利的条件。

（三）邮政运输

邮政运输(Parcel Post Transport)是一种简便低廉的运输方式,是指利用邮件传递来运送货物。国际上,各国邮政部门之间订有协定和公约,通过这些协定和公约,各国的邮件和包裹可以互相传递,形成国际邮包运输网,从而使邮政运输成为国际货物贸易中普遍采用的运输方式。

办理邮政运输,托运人只要按照邮政局章程办理一次托运,一次付清足额邮资并取得一张邮政包裹收据(Parcel Post Receipt),交货手续即告完成。邮件的运送、交接、保管、传递等一切事宜均由各国邮政局负责。邮件运抵目的地后,收件人凭邮政局到件通知和收据向邮政局提取邮件。因而,国际邮政运输具有国际多式联运和"门到门"运输的性质。

采用邮政运输,邮件的重量和体积都有限制,如每件包裹重量不得超过20千克,长度不得超过1米。因此邮政运输只适用于重量轻、体积小的商品传递。

（四）管道运输

管道运输(Pipeline Transport)是货物在管道内借助于高压气泵的压力进行运输的一种特殊的运输方式。普通货物运输是货物随着运输工具的移动,把货物运到目的地,而管道运输的运输工具本身就是管道,是固定不动的,只是货物本身在管道内移动。它主要用于液体和气体货物的运输。

管道运输在美国、欧洲以及石油输出国组织(OPEC)的石油运输中起到了积极的作用。我国的管道运输起步较晚,但发展较快。我国已有不少油田有输油管道直通海港,向朝鲜出口石油也是通过输油管道运输的。

## 四、集装箱运输

集装箱运输(Container Transport),是以集装箱作为运输单位进行货物运输的一种现代化运输方式,是一种高效率、高效益、高质量的运输方式。它适用于海洋运输、铁路运输、公路运输、内河运输、国际多式联运和航空运输等。

（一）集装箱的定义与规格

集装箱(Container),又称"货箱"、"货柜"(Box)。国际标准化组织对其所下的定义为:集装箱是一种运输设备,应具备以下条件:① 具有耐久性,其坚固强度足以反复使用;② 便于商品运送而专门设计的,以一种或多种运输方式运输时无须中途换装;③ 设有便于装卸和搬运的装置,特别是便于从一种运输方式转移到另一种运输方式;④ 设计时应注意到便于货物装满或卸空;⑤ 内容积为1立方米或1立方米以上。

按所有人不同,集装箱可分为承运人箱(Carrier's Own Container, C. O. C.)和货主箱(Shipper's Own Container, S. O. C.)两种。承运人箱应满足两个条件:能抵抗海上运输中所会遇到的可预见的风险、能满足货物运输的需要。货主箱需满足抵抗海上运输中所可能遇到的风险的条件。

为了规范集装箱的使用,有效地开展集装箱多式联运,国际标准化组织技术委员会制定了一系列的集装箱国际标准。目前在国际货物贸易中使用的主要是第一系列的 4 种箱型(A型、B型、C型和D型)13 种规格,它们的宽度相同,都是 2438 mm(8 英尺);长度有 4 种,即 12 192 mm(40 英尺)、9125 mm(30 英尺)、6058 mm(20 英尺)和 2991 mm(10 英尺);高度也有 4 种:2896 mm(9 英尺 6 英寸)、2591 mm(8 英尺 6 英寸)、2438 mm(8 英尺)及<2438 mm。目前在国际航运中使用的主要是 20 英尺(1C 型)和 40 英尺(1A 型)的集装箱。

为便于统计,国际上都以 20 英尺集装箱作为计算衡量单位,以 TEU 表示,我国称为"标准箱"或"标箱"。在统计不同型号的集装箱时,一律按其长度换算为 TEU 加以计算。

(二)集装箱运输的优点

自 20 世纪 50 年代国际海上集装箱运输产生以来,其发展极为迅速,迄今已形成了一个世界性的集装箱运输体系。目前,集装箱海运已经成为国际各主要班轮航线上占有支配地位的运输方式。在我国,集装箱运输尤其是在海运中已经成为普遍采用的一种重要的运输方式。集装箱海运之所以发展如此迅速,是因为与传统海洋运输相比,它具有极大的优越性,主要体现在以下几个方面:

(1)提高装卸效率,加速船舶周转,降低运输成本;
(2)便利货物运输,简化货运手续,加快货运速度,缩短运输时间;
(3)提高运输质量,减少货损货差;
(4)节省各项费用,降低货运成本;
(5)把传统的单一运输串联为连贯性的成组运输,有利于促进国际多式联运的发展。

(三)集装箱运输货物的交接

集装箱货物按其数量多少分为整箱货和拼箱货两种装箱方式。整箱货(Full Container Load,简称 FCL)是指由货主在工厂或仓库自行装箱,填写装箱单,并加封海关封志的货物。它通常只有一个发货人和一个收货人。拼箱货(Less Than Container Load,简称 LCL)是指由集装箱货运站负责装箱,填写装箱单,并加封海关封志的货物。它通常会涉及多个发货人或多个收货人。

1. 集装箱货物的交接地点

在目前的集装箱运输中,按整箱货和拼箱货的不同,其交接地点有以下几种:

(1)货主的工厂或仓库。简称为"门"(Door)。
(2)集装箱货运站(Container Freight Station)。它是承运人设立的专门办理装箱和拆箱的场所。拼箱货一般在这里交接。一般可分为内陆货运站和港口货运站。
(3)集装箱堆场(container Yard)。它是承运人设在港口码头上的一片空地,是交接和保管空箱和整箱货的场所,也是集装箱换装运输工具的场所。
(4)船边或吊钩(Rail or Hook),简称为钩(Hook)。

2. 集装箱货物的交接方式

将集装箱货物的交接地点进行排列组合,理论上可以得到 16 种集装箱货物的交接方式:

(1) 门到门(Door to Door)。指承运人在发货人的工厂或仓库接收货物,然后负责将货物运至收货人的工厂或仓库交给收货人。门到门交接的货物都是整箱货,是一种典型的国际多式联运方式。

(2) 门到场(Door to CY)。指承运人在发货人的工厂或仓库接收货物,然后负责将货物运至目的港码头集装箱堆场交给收货人,由收货人自己负责将货物运至最终目的地。门到场交接的也是整箱货。

(3) 门到站(Door to CFS)。指承运人在发货人的工厂或仓库接收货物,负责将货物运至目的港或目的地的集装箱货运站,拆箱后交给收货人。即整箱收货、拆箱交货。

(4) 门到钩(Door to Hook)。指承运人在发货人的工厂或仓库接收货物,负责将货物运至目的港码头,在船边向收货人交货。门到钩交接的通常是整箱货,其卸货费一般由承运人负担,也可约定由收货人负担。

(5) 场到门(CY to Door)。指承运人在装货港码头集装箱堆场接收发货人的整箱货,负责将货物运至收货人的工厂或仓库交给收货人。

(6) 场到场(CY to CY)。指承运人在装货港码头集装箱堆场接收发货人的整箱货,并将其运至目的港码头集装箱堆场向收货人交货。

(7) 场到站(CY to CFS)。指承运人在装货港码头集装箱堆场接收发货人的整箱货,负责将货物运至目的港或目的地的集装箱货运站,拆箱后交给收货人。

(8) 场到钩(CY to Hook)。指承运人在装货港码头集装箱堆场接收发货人的整箱货,将其运至目的港码头,在船边向收货人交货。其卸货费一般由承运人负担,也可约定由收货人负担。

(9) 站到门(CFS to Door)。指承运人在集装箱货运站接收发货人的货物,拼箱后运至收货人的工厂或仓库交给收货人。

(10) 站到场(CFS to CY)。指承运人在集装箱货运站接收发货人的货物,拼箱后运至目的港码头集装箱堆场向收货人交货。

(11) 站到站(CFS to CFS)。指承运人在集装箱货运站接收发货人的货物,拼箱后运至目的港或目的地的集装箱货运站,拆箱后交给收货人。

(12) 站到钩(CFS to Hook)。指承运人在集装箱货运站接收发货人的货物,拼箱后运至目的港码头,在船边向收货人交货。其卸货费一般由承运人负担,也可约定由收货人负担。

(13) 钩到门(Hook to Door)。指承运人在装货港码头船边接收发货人的整箱货,将其运至收货人的工厂或仓库交给收货人。

(14) 钩到场(Hook to CY)。指承运人在装货港码头船边接收发货人的整箱货,将其运至目的港码头集装箱堆场向收货人交货。

(15) 钩到站(Hook to CFS)。指承运人在装货港码头船边接收发货人的整箱货,将其运至目的港或目的地的集装箱货运站,拆箱后交给收货人。

(16) 钩到钩(Hook to Hook)。指其承运人在装货港码头船边接收发货人的整箱货,将其运至目的港码头,在船边向收货人交货。卸货费一般由承运人负担,也可约定由收货人负担。

目前,班轮公司主要从事整箱货的货运业务,在集装箱堆场与货主交接货物;集拼经营人则主要从事拼箱货的货运业务,在集装箱货运站与货主交接货物。因而在目前的海运中,集装箱货物的交接方式主要是两种:班轮公司通常采用场到场(CY to CY),而集拼经营人则通常采用站到站(CFS to CFS)。

（四）集装箱运输的主要单证

集装箱运输的主要单证有:装箱单、场站收据、设备交接单和集装箱提单。

1. 装箱单(Container Load Plan,CLP)

是根据已装进集装箱内的货物制作的详细记载集装箱和货物名称、数量及积载顺序等内容的单据,由装箱人负责填制。其作用有以下五个方面:

(1) 在装货地点作为向海关申报货物出口的代用单据;

(2) 作为发货人、集装箱货运站与集装箱码头堆场之间货物的交接单;

(3) 作为向承运人通知集装箱内所装货物的明细表;

(4) 在进口国、途经国作为办理保税运输手续的单据之一;

(5) 装箱单上所记载的货物与集装箱的总重量是计算船舶吃水和稳定性的基本数据。

2. 场站收据(Dock Receipt,D/R)

又称码头收据,是指发货人向场站交货时,由承运人或其代理人签发给发货人的收据。它一般由发货人或其代理人根据承运人制定的格式填制,一般一式9份。

3. 设备交接单(Equipment Receipt)

又称设备收据,是集装箱及其他载货设备的交接证书。当集装箱或其他机械设备在集装箱码头堆场或货运站借出、回收时,由集装箱堆场或货运站制作设备交接单,经双方签字后,作为两者之间设备交接的证明。

设备交接单除了用来分清集装箱等设备的交接责任外,还可以用于集装箱的跟踪管理。另外,集装箱重箱的交接,即意味着箱内货物的交接。

4. 集装箱提单(Container B/L)

集装箱提单的作用与普通的海运提单相同,都是承运人或其代理人签发的货物收据、运输合同的证明和物权凭证。但不同的是,集装箱提单不是凭收货单换取,而是由承运人或联运经营人凭场站收据签发。它不是已装船提单,而是收妥待运提单,承运人在集装箱提单上加注具体的船名和装船日期后,才成为已装船提单。

（五）集装箱运输的费用

由于集装箱运输在采用国际多式联运时,承运人对货物承担的风险和责任有所扩大,因而其费用构成和计算方法与普通的海洋运输不同。它包括内陆或装运港市内运输费,拼箱服务费、堆场服务费、集装箱及其设备使用费、海运运费等。

1. 内陆运输费(Inland Transport Charge)

或称装运港市内运输费。当由承运人负责内陆运输时,主要包括以下费用:区域运费、无效拖运费、变更装箱地点费用、装箱时间与延迟费、清扫费等;由货主负责内陆运输时,则包括集装箱装卸费、超期使用费、内陆运输费。这些费用若在出口地发生,由发货人负责,在进口地发生则由收货人负责。

2. 拼箱服务费(LCL Service Charge)

是指对出口货装箱、进口货拆箱所产生的费用。

3. 堆场服务费(Terminal Handling Charge,THC)

也称码头服务费,它包括两部分,即在装运港堆场接受整箱货和堆存、搬运至装运桥下的运费,以及在卸货港从装卸桥下接收进口箱,将箱子搬运到堆场和堆存的费用。它还包括在装卸港的有关单证费用。

4. 集装箱及其他设备使用费(Fee for Use Container and Other Equipments)

是指当货主使用由承运人提供的集装箱及底盘车等设备时发生的费用。它还包括集装箱从底盘车上装卸的费用。

5. 集装箱海运运费

是集装箱运输费用的主要构成部分,由船舶运费和一些有关的杂费所组成。目前有下列两种计算方法:

① 拼箱货按杂货基本费率加附加费计算。这种方法与普通的班轮运输时的计费方法相同,以每运费吨为计费单位或按从价运费,再加收一定的附加费。

② 包箱费率(Box Rate)。整箱货除了可能按上述方法计算之外,还有可能按包箱费率计算,即以每个集装箱为计费单位。包箱费率主要有三种：FAK(Freight for All kinds)包箱费率、FCS(Freight for Class)包箱费率和FCB(Freight for Class & Basis)包箱费率。

### 五、国际多式联运

国际多式联运(International Multimodal Transport, International Combined Transport, International Intermodal Transport)是在集装箱运输的基础上产生和发展起来的一种综合连贯运输方式。它一般以集装箱为流通媒介,把海上运输、航空运输、公路运输、铁路运输和内河运输等传统的单一运输方式有机地结合起来,构成国际间的连贯运输。《联合国国际货物多式联运公约》对其所下的定义为:"国际多式联运是指按照多式联运合同,由多式联运经营人以至少两种不同的运输方式,将货物从一国境内接收货物的地点运至另一国境内指定交付货物的地点。"

根据此项定义,构成国际多式联运必须具备以下条件:

(1) 必须有一份多式联运合同;
(2) 必须是国际间两种或两种以上运输方式的连贯运输;
(3) 必须使用一份包括全程的多式运输单据;
(4) 必须是国际间的货物运输;
(5) 必须由一个多式联运经营人对全程运输负总责;
(6) 必须是全程单一的运费费率。

采用国际多式联运,货主只需办理一次托运、一张单据、一次付费和一次保险的简单手续,货物由承运人负责从发货人的工厂或仓库一直运到收货人的工厂或仓库。这为货主提供了极大的便利,也促进了国际贸易的发展。

### 六、大陆桥运输

大陆桥运输(Land Bridge Transport)是指以横贯大陆的铁路或公路系统作为中间桥梁,把大陆两端的海洋连接起来的集装箱连贯运输。它是以铁路为主体,以集装箱为媒介,横跨洲际大陆,实行海陆衔接,一票到底的国际多式联运。

大陆桥运输始于20世纪50年代,发展到现在已形成西伯利亚大陆桥、新亚欧大陆桥和北美大陆桥三条大陆桥运输路线。

1. 西伯利亚大陆桥

它是利用俄罗斯西伯利亚铁路作为陆地桥梁,将太平洋远东地区与波罗的海和黑海沿岸及西欧大西洋口岸连接起来。它是世界上最长的一条大陆桥。

2. 新亚欧大陆桥

它东起我国连云港和日照,西至荷兰鹿特丹,1992年投入运营。

3. 北美大陆桥

北美大陆桥是指美国大陆桥和加拿大大陆桥。美国大陆桥包括两条路线,一条是从西部太平洋口岸至东部大西洋口岸的铁路(公路)运输系统,另一条是太平洋口岸至南部墨西哥湾沿岸的铁路(公路)运输系统。加拿大大陆桥起自加拿大太平洋沿岸的温哥华,止于接近大西洋沿岸的蒙特利尔,开通于1979年。

大陆桥运输具有运输里程短、运送速度快、运输质量高、运费低、手续简便等优点,是一种经济、迅速、高效的现代化的方式。

**案例 5-1:货损引发连环案**

2010年7月,CC船公司与HF船公司就集装箱班轮航线互换舱位合作事宜签订合作协议书,约定双方各自独立揽货订舱,签发各自的提单和运单,对外结算运费,并约定如在运输过程中出现货损,由船舶经营方负责索赔和理赔。

2010年11月,B商行委托CC船公司由青岛运输一批辣椒干至目的港。按照B商行的要求,货物装载于1个40英尺集装箱中,左半开门,配放在通风良好的位置。集装箱运至码头堆场时,CC船公司向青岛港务局DG公司提交了青岛港集装箱知识入港装箱单/设备交接单,在该单上标注"超高"、"配放在通风良好的位置"、"左半开门",在"损坏、异常描述"一栏未作任何批注。

根据CC船公司与HF船公司之间签订的航线合作协议书,该集装箱交由HF船公司的船舶运输。据舱位图显示,集装箱被装载于舱内第二层,并非处于通风良好的位置。

10天后,货物抵达目的港。据港口理货公司的理货报告显示,该集装箱右门铅封未变,左门仅开12厘米,440袋货物外包装发热,其中205袋外包装有水渍,70袋外包装有严重水渍及部分霉迹。

2011年4月,B商行将CC船公司诉至法院,要求被告赔偿货物损失。法院认定合同的相对主体为承运人CC船公司和托运人B商行。CC船公司作为一家经验丰富的集装箱运输公司应当具备运输辣椒干类货物的经验。但舱位图及卸货港的理货报告显示集装箱仅开门12厘米,不符合"左半开门"的合同要求。因此CC船公司作为承运人没有尽到妥善谨慎运输的义务。法院判令CC船公司赔偿B商行货物损失104 040元人民币。

2011年9月,CC船公司向B商行支付了赔偿款。随后,CC船公司向法院提起诉讼,要求HF船公司对上述赔款承担责任。法院判定HF船公司赔偿112 729.12元。HF船公司在判决书生效后,以海上货物运输合同纠纷为由起诉了DG公司。

**分析**

本案是一起典型的连环货物索赔案,看起来很复杂,但稍一分析,就会发现有一条主线自始至终是很清楚的,那就是发生了货损,"凭合同索赔"——凭合同向直接责任方索赔。此案中,货主B商行首先凭提单向CC船公司索赔,CC船公司又凭互换舱位协议向HF船公司索赔,HF船公司再凭与DG公司间的委托协议向DG公司索赔。

HF船公司与DG公司之间的协议书证明DG公司受HF船公司的委托,在港口负责本案所涉集装箱的装船作业,结合集装箱班轮运输惯例,CC公司将集装箱交给DG公司即视为该集装箱已处于HF船公司的掌管之下,也说明CC公司已将该集装箱交给了承运人HF船公司。本案中对于DG公司法律地位的认定参考了英美法中"雇用人"的概念,我国法律没有明确的"雇用人"一词。目前,最高人民法院正在针对港务局的特殊性质制定一部司法解释,确认港务局的独立第三人的身份,以后类似案件中港务局的法律地位认定问题就有了更充分的理由和依据。

此案集装箱入港装箱单证明CC船公司交给DG公司的集装箱的表面状况是良好的,货物在运输途中发生了货损,作为承运人的HF船公司理应对此承担赔付责任。如果HF船公司有证据证明货损是由于DG公司造成的,应当另案起诉DG公司。在集装箱货物损坏赔偿而发生的法律关系中,不应当让与CC船公司没有任何合同关系的DG公司对货损承担直接的赔付责任。

# 本章小结

基本内容小结

本章主要介绍了国际贸易运输中运输方式的种类、特点及不同运输方式所使用的运输单据。另外,还介绍了国际贸易合同中装运条款的内容及规定方法。

本章的重点与难点

班轮运费的计算、提单的性质与作用、提单的种类、集装箱的规格。

## 【练习题】

### 一、名词解释

班轮运输、滞期费、海运提单、国际多式联运、清洁提单、集装箱、已装船提单

### 二、填空题

1. 按船舶经营性质的不同,海洋运输可分为_____运输和_____运输。
2. 班轮运输的四固定是指_____、_____、_____、_____。
3. 班轮运费由_____和_____构成。
4. 航空运输有_____、_____、_____、_____四种方式。
5. 提单按其抬头的不同可分为_____、_____和_____三种。
6. 根据货物是否已装船,海运提单可分为_____和_____。

### 三、判断题

1. 根据《UCP600》的规定,允许分批装运和转运。                    (    )
2. 根据《UCP600》的规定,在不同港口将某合同的同一种货物分多次装在同一航次的同一条船上,不能视为分批装运。                    (    )

3. 空白抬头、空白背书的提单无须背书。（　）
4. 海运提单的签发日期是货物开始装船的日期。（　）
5. 清洁提单是无任何批注的提单。（　）
6. 提单是物权凭证，因此，任何提单都可用以提货。（　）
7. 海运提单、铁路运单和航空运单都属物权凭证，均可通过背书进行转让。（　）
8. 海运单不能以"空白抬头"签发。（　）
9. 联运提单的签发人必须对至少两程运输负责。（　）
10. 承运人在提单上批注了"旧箱装"，该提单为不清洁提单。（　）
11. 在采用集装箱运输时，签约时应注意不能接受"须提交已装船提单"条款。（　）
12. 到非基本港的货物都必须缴纳附加费。（　）
13. 联运和多式联运是同样的运输方式。（　）
14. 滞期费只能在租船合同中出现。（　）
15. 合同中的装运条款为"9/10月份装运"我出口公司须将货物于9月、10月两个月内，每月各装一批。（　）
16. Through B/L 的签发人要对全程运输负责。（　）

### 四、单项选择题

1. 班轮提单的签发日期是指（　）。
   A. 开始装船的日期　　　　　B. 装船完毕的日期
   C. 船舶启航的日期

2. 多式联运经营人对运输的责任（　）。
   A. 仅限于第一程运输　　　　B. 任选一程负责
   C. 对全程运输负责

3. 空白抬头提单在转让时，其背书人是（　）。
   A. 收货人　　　　　B. 发货人　　　　　C. 承运人

4. 在班轮运费的计收标准中，对高价值货物一般采用（　）法计收。
   A. 运费吨　　　　　B. 尺码吨
   C. 从价运费　　　　D. 议价法

5. 在计算班轮运费时，对活牲畜一般采用（　）作为一个计费单位收费。
   A. 运费吨　　　　　B. 尺码吨
   C. 单件货物　　　　D. 单位价值

6. 由集中托运人将若干批单独发运的货物组成一整批，向航空公司办理托运的运输方式是（　）。
   A. 包机运输　　　　B. 班机运输
   C. 航空快递　　　　D. 集中托运

7. 同其他运输方式相比，集装箱运输具有（　）的优点。
   A. 运量最大　　　　B. 价格最低
   C. 速度最快　　　　D. 有利于实施连贯的成组运输

8. 班轮从价运费的计算是按货物的（　）。
   A. CIF 价　　　　　B. CFR 价　　　　　C. FOB 价

9. 航空运输时,收货人提货的凭证是( )。
   A. 航空运单　　　　　　　　B. 提货通知单
   C. 承运货物收据

10. 下列不属于海运提单正面记载内容的是( )。
    A. 托运人　　　　　　　　　B. 收货人
    C. 运输条款　　　　　　　　D. 目的地

11. "W/M plus ad Val"的含义是( )。
    A. 货物重量吨或尺码吨
    B. 货物重量吨加尺码吨
    C. 货物重量吨、尺码吨或从价运费选较高的
    D. 货物重量或尺码选较高的再加上从价运费

12. 必须经过背书才能进行转让的提单是( )。
    A. 记名提单　　　　　　　　B. 不记名提单
    C. 指示提单

13. 海运提单和航运提单两种运输单据( )。
    A. 都是物权凭证　　　　　　B. 都是可转让的物权凭证
    C. 前者是物权凭证可以转让,后者不是物权凭证不可以转让

14. 班轮运送货物,如果运费计收标准为"A.V",则表示( )。
    A. 按货物毛重计收　　　　　B. 按货物体积计收
    C. 按商品价格计收　　　　　D. 按货物件数计收

15. 某出口商品每件净重30千克,毛重34千克,体积每件40厘米×30厘米×20厘米.如果班轮运价计费标准为W/M10级,则船公司计收运费时应按( )。
    A. 毛重计收　　　　　　　　B. 净重计收
    C. 体积计收　　　　　　　　D. 价值计收

16. 在定程租船方式下,如果规定"FO",其含义是( )。
    A. 船方不负担装卸费
    B. 船方负担装卸费
    C. 船方只负担装货费,而不负担卸货费
    D. 船方只负担卸货费,而不负担装货费


## 五、多项选择题

1. 海洋运输的特点包括( )。
   A. 通过能力大　　　　　　　B. 运费低
   C. 运量固定　　　　　　　　D. 运量大
   E. 速度快

2. 在定程租船方式下,对装卸费的收取办法有( )。
   A. 船方不负担装、卸费
   B. 船方负担装、卸费
   C. 船方负担装货费不负担卸货费
   D. 船方负担卸货费不负担装货费

E. 船方只负担租期内一定时期的装卸费

3. 按照提单收货人的不同,提单可分为( )。
   A. 已装船提单　　　　　　B. 指示提单
   C. 记名提单　　　　　　　D. 不记名提单

4. 为统一提单背面条款内容,国际上已签署的国际规则或条约有( )。
   A. 海牙规则　　　　　　　B. 维斯比规则
   C. 汉堡规则　　　　　　　D. 国际货约
   E. 国际商会 600 号出版物

5. 按提单对货物表面状况有无不良批注,可分为( )。
   A. 清洁提单　　　　　　　B. 不清洁提单
   C. 联运提单　　　　　　　D. 舱面提单

6. 按中途是否转运分,提单有( )。
   A. 直运提单　　　　　　　B. 转船提单
   C. 联运提单　　　　　　　D. 舱面提单

## 六、简答题

1. 简述有关提单的国际公约的全称、简称和生效时间。
2. 国际多式联运应具备哪些条件?
3. 班轮运费的计费标准有哪些?
4. 程租船运输合同中,装卸费的划分方法有哪些?
5. 简述班轮运输的特点。

## 七、计算题

1. 某轮从上海港装运 10 公吨计 11 立方米的蛋制品去英国的伦敦,查得该货为 12 级,计费标准为 W/M,每运费吨运费为 116 美元。
   (1) 求基本运费。
   (2) 设加收港口附加费 10%,求运费。
   (3) 设加收港口附加费 10%,燃油附加费 15%,货币贬值附加费 20%,求运费。

2. 出口某商品 10 公吨,木箱装,每箱毛重 25 千克,净重 20 千克,体积 20＊30＊40 厘米,报价每箱 85 美元 FOB 上海。客户要求改报 CFR 马赛价,已知该货为 8 级货,计费标准为 W/M,每运费吨运费 60 美元,为保持净收入不变,应改报多少?

## 八、案例分析题

1. 我某进出口公司与英商按 CIF 伦敦条件签订出口合同,出口瓷器 1 万件,合同与信用证规定均规定"装运期为 3 月份至 4 月份,每月装运 5000 件,允许转船"。我方于 3 月 30 日将 5000 件货物装上"长风号"轮船,取得 3 月 30 日的提单,在 4 月 5 日将余下的 5000 件装上"大庆号"轮船,取得 4 月 5 日提单,两轮均在香港转船,两批货均由"长经顺号"一轮运至目的港。

问:本案做法是否属于分批装运?为什么?

2. 我某进出口公司向非洲出口某商品15 000箱,合同规定1月至6月按月等量装运,每月2500箱,凭不可撤销即期信用证付款,客户按时开来信用证,证上总金额与总数量均与合同相符,但装运付款规定为"最迟装运期为6月30日,分数批装运"。我方1月份装出3000箱,2月份装出4000箱,3月份装出8000箱。客户发现后向我方提出异议。

问:你认为我方这样做是否合理?为什么?

3. 某公司以FOB青岛条件向荷兰M公司出售一批货物,纸箱装。船方收货时,发现有28箱货物外表有不同程度的损坏,于是大副在收货单上批注"有28箱外表损坏"。卖方换取提单时,要求船方不将收货单上的批注转注到提单上,并向船方出具保函:"若收货人因包装损坏为由向承运人索赔时,由我方承担赔偿责任。"船方接受了该保函,签发了清洁提单。收货人收货时发现该批货物有45箱包装严重破碎,内部货物不同程度受损,故向承运人索赔。承运人赔偿后,凭保函向卖方索赔,但卖方只愿赔偿28箱的损失,对其余部分拒绝赔偿。

问:此案中,卖方和船方的做法有何不妥之处?可能面临什么风险?

# 第六章

# 国际货物运输保险

## 【学习目的】

了解保险的基本原则、《协会货物条款》、其他运输方式下的货运保险;理解海洋运输中保险可保障的风险、损失、费用;保险金额和保险费的计算;掌握共同海损、我国海洋货物运输保险基本险的责任范围和保险期限、CFR 价与 CIF 价的换算。

## 【能力要求】

熟练掌握保险金额和保险费的计算、CFR 价与 CIF 价的换算、买卖合同中保险条款的规定方法。

保险是一种经济补偿制度,它以概率论和大数法则为依据收取保险费,集中有同一危险的多数单位的资金建立保险基金,利用"分散危险、分摊损失"的办法,对少数参加者(被保险人)由于特定灾害事故所造成的损失进行经济补偿,或对人身伤亡给付保险金。从法律的观点看,保险是一种补偿性契约行为,一方面被保险人须向保险人提供一定的对价(保险费),另一方面保险人应对被保险人将来可能遭受的某些损失承担赔偿责任。

保险的种类很多,按保险标的可分为财产保险、责任保险、保证保险和人身保险四大类。本章所介绍的是财产保险中的国际货物运输保险。

货物运输保险(Cargo Transportation Insurance)是指被保险人(The Insured)或投保人(Applicant)在货物装运前,按一定的投保金额向保险人(Insurer)或承保人(Underwriter),即保险公司投保货物运输险,当被保险货物在运输过程中遇到承保责任范围内的损失时,由保险人负责赔偿。

在国际货物贸易中,由于贸易环节多、交货期长、路途遥远,使得货物在整个运输过程中,可能遇到各种自然灾害或意外事故而遭受损失。为了在货物受损后能得到经济补偿,货主就需要投保货物运输保险。通过保险,把不定的损失转变成固定的保险费用,不仅有利于企业加强经济核算,还有利于企业经营活动按计划正常进行。

在国际货物运输保险中,按运输方式的不同,分为海洋运输货物保险、陆上运输货物保险、航空运输货物保险、邮包保险。

# 第一节　保险的基本原则

保险的种类虽然很多,但不论哪一类保险,被保险人和保险从都必须遵守以下原则。

## 一、可保利益原则

可保利益原则,是指被保险人必须对保险标的具有可保利益,才能与保险人订立有效的保险合同,才能在保险标的遇承保责任范围内的损失时,从保险人处取得损失赔偿。如被保险人对保险标的不具有可保利益,则即使已订立了保险合同,该保险合同在法律上也是无效的。

所谓可保利益(Insurable Interest),又称可保权益,是指被保险人对保险标的所拥有的某种合法的经济利益。在国际货物运输保险中,这种经济利益具体体现为被保险人对保险标的(船舶、货物、运费、预期利润等)享有所有权、担保物权,或承担经济风险和责任;会因为保险标的的安全或按期到达而获益,或因为该项标的发生灭失或损毁而受到损害或负有责任。

在国际货物运输保险中,并不要求被保险人在订立保险合同时便须拥有可保利益,而只要求在保险标的受损时拥有。这是由国际贸易的特点所决定的。例如,以 FOB、CFR 等术语成交,货物风险的转移以在装运港越过船舷为界。装船之前,卖方拥有可保利益,而买方没有;装船之后,买方拥有可保益,而卖方没有。如果按规定被保险人在投保时就必须有保险利益,那么,买方便无法在货物装船之前及时对该货物办理保险了。

## 二、最大诚信原则

保险合同作为一种补偿性合同,须以双方当事人的"最大诚信"(Utmost Good Faith)为基础。当事人中的一方如以欺骗或隐瞒的手段诱使他方签订合同,一旦被发现,他方即有权解除合同;如有损害,并可要求赔偿。所谓最大诚信原则,是指投保人和保险人在签订保险合同以及在保险有效期内,必须保持最大限度的诚意,恪守信用,互不欺骗隐瞒,保险人应当向投保人说明保险合同的条款内容,并可以就保险标的或者被保险人的有关情况提出询问,投保人应当如实告知。对被保险人而言,最大诚信原则有以下两方面的要求。

### (一)申报重要事实

申报重要事实(Material Facts)是指投保人在投保时应将自己知道的或者按商业常规他所应当知道的一切有关保险标的的重要事实向保险人详细说明,不得有任何隐瞒或不真实,以便保险人判断是否同意承保或者决定承保的条件。根据我国《海商法》规定,如果被保险人故意未将重要情况如实告知保险人的,保险人有权解除合同,并且不退还保险费。合同解除前发生保险事故造成损失的,保险人不负赔偿责任。如果不是由于被保险人的故意,未将重要情况如实告知保险人的,保险人有权解除合同或者要求相应增加保险费。由保险人解除合同的,对于合同解除前发生保险事故所造成的损失,保险人应当负赔偿责任;但是未告知或者错误告知的重要情况对保险事故的发生有影响者除外。

### (二)保证

保证(Warranty)是指被保险人在保险合同中所作的保证要做或不做某种事情;保证某种情况的存在或不存在;或保证履行某一条件。经保险双方同意写进保险单中的条款,称为明示保证;保险单内虽未明文规定,但是按照法律或惯例,被保险人应该保证对某种事情的行为或不行为谓之默示保证。保证条款一经规定,被保险人就必须严格遵守,如有违反,保险人可自保证被违反之日起不再履行其应负的责任。

### 三、近因原则

近因(Proximate Cause)是指造成货物损失的最接近、最直接的原因。即货物的损失,是某项原因发生作用的直接结果,该项原因就是近因。近因是从原因发生的效果上,而不是从时间上判断。保险人只对承保风险与保险标的的损失之间有直接因果关系的损失负赔偿责任,这就是保险业中所谓的近因原则。

近因原则是保险理赔工作中用来确定保险标的所受损失是否能获得保险赔偿的一项重要依据。如果造成保险标的损失的原因只有一个,而这个原因又是保险人承保责任范围内的,那么,这一原因就是损失的近因,保险人应负赔偿责任。但在实际业务中,造成保险标的损失的原因往往不是一种,而是多种,这就需要仔细区分哪一些原因才是近因。

【操作技巧】

#### 如何区分近因和远因

保险标的的损失是因多个承保风险同时发生作用,对标的的损失都有直接的因果关系,则这些风险都是近因。

多种风险连续发生,而且前种风险的发生又引起后种风险发生,即后因是前因的直接结果,则以前因为近因。

多种风险间断发生,先后发生的风险之间没有直接关系,则直接造成标的受损的风险为近因。

### 四、补偿原则

补偿原则(Principle of Indemnity)又称损害赔偿原则,是指当保险标的遭受保险责任范围内的损失时,保险人应当依照保险合同的约定履行赔偿义务。但保险人的赔偿金额不能超过保险金额或被保险人所遭受的实际损失。保险人的赔偿也不应使被保险人因此而获得额外利益。

## 第二节 海运货物保险保障的范围

在海洋货物运输中,货物可能遇到各种各样的风险,受到各种损失,但保险人并不是对所有的风险都予以承保,也不是对损失都予以赔偿。为了方便货主投保,明确双方的权利和义务,保险人将其提供的保险保障分为风险、损失和费用三部分。

## 一、风险

海运货物保险承保的风险主要有海上风险和外来风险两大类。

（一）海上风险

海上风险(Perils of the Sea)又称海难,一般指船舶、货物在海上运输中所发生的或附随海上运输所发生的风险。在保险业中,海上风险一方面不包括所有在海上发生的风险,另一方面又不局限于在海上发生的风险。它包括自然灾害和意外事故两类。

1. 自然灾害(Natural Calamity)

在海上保险中,它仅指恶劣气候、雷电、洪水、地震、海啸、流冰、火山爆发等。

2. 意外事故

意外事故(Fortuitous Accidents)一般是指由于偶然的非意料中的原因所造成的事故。在海上保险中,它并不是泛指的海上意外事故,而是仅指运输工具遭受搁浅、触礁、碰撞、互撞、失火、爆炸、沉没等。

## 【课外阅读】

### 保险业对海上风险的特定解释

**自然灾害**

1. 恶劣气候

一般指海上飓风、大浪引起船舶颠簸、倾斜造成船舶的船体、机器设备的损坏或由此而引起的船上所载货物相互挤压、碰撞所导致的破碎、渗漏、凹瘪等损失。

2. 雷电

指被保险货物在海上或陆上运输过程中,由雷电所直接造成的、或由于雷电引起火灾所造成的损害。

3. 海啸

指由于海底地壳发生变异引起剧烈振荡而产生巨大波浪,致使被保险货物遭受损害或灭失。

4. 地震或火山爆发

指直接或归因于陆上的地震或火山爆发所引起的被保险货物的损失。

5. 洪水

指山洪暴发、江河泛滥、潮水上岸及倒灌使被保险货物被浸泡、冲散、冲毁的损失。

6. 浪击落海

指舱面货物受海浪冲击落海而造成的损失,但不包括在恶劣气候下船身晃动而造成货物落海的损失。

7. 海水、湖水、河水进入船舶、驳船、运输工具、集装箱、大型海运箱或贮存处所

指海水、湖水、河水进入船舶等运输工具或储存处所造成的损失。另外,储存处所可以理解为包括陆上一切永久性的或临时性的、有顶篷或露天的贮存处所。

**意外事故**

1. 搁浅

指由于意外或异常的原因,船舶与海底接触,且持续一定时间失去进退自由的状态。但规律性的潮汐涨落而造成船底触及浅滩不能称为搁浅事故。

2. 触礁

指船体触及海中岩礁或其他障碍物而造成的意外事件。

3. 沉没

指船体全部沉入水中,失去继续航行能力。

4. 倾覆

指船身倾覆或倾斜,处于非正常的、非经施救不能继续行驶的状态。

5. 碰撞

指船舶与水以外的其他任何物体的碰撞及陆上运输工具同外界物体的碰撞。

6. 火灾

指由于自然灾害、人为因素或货物本身在外界温度、气候条件下自燃等原因引起火灾,导致货物被火烧毁、烧焦、烧裂或间接被火熏黑、灼热所造成的损失。

7. 爆炸

指船上锅炉爆炸或船上所载货物因外界气温变化引起爆炸所造成的货物损失。

(二)外来风险

外来风险(Extraneous Risks)一般是指海上风险以外的其他外来原因所造成的风险。保险上所说的外来原因,必须是意外的、事先难以预料的、不是必然发生的外来因素。外来风险包括两种类型。

1. 一般外来风险

指被保险货物在运输途中由于偷窃、短量、雨淋、受潮受热、串味、破碎、沾污、渗漏、锈损、钩损等一般的外来原因所造成的风险。

2. 特殊外来风险

是指由于军事、政治、国家政策法令以及行政措施等原因所造成的风险。如战争、罢工、交货不到和拒收等。

## 二、损失

风险一旦发生,就会给货物造成损失。根据造成损失的风险不同,损失分为海上损失和外来损失。

(一)海上损失

海上损失简称海损(Average),是指被保险货物在海洋运输途中,由于遭遇海上风险所造成的货物损坏或灭失。在保险业中,海损一方面不包括所有在海上发生的损失,另一方面又不局限于在海上发生的损失。海损因其损失的程度不同,可分为全部损失和部分损失。

1. 全部损失(Total Loss)

简称全损,是指整批或不可分割的一批被保险货物在运输途中全部损坏或灭失。按损失的情况不同,分为实际全损和推定全损两种。

实际全损(Actual Total Loss)又称绝对全损,是指整批被保险货物在运输途中完全灭失,或已失去原有用途和价值,或不能再归被保险人所拥有。

推定全损(Constructive Total Loss)是指被保险货物在运输途中遭遇承保风险后,虽尚未达到完全灭失的状态,但完全损失将不可避免,或者为避免全损所需支付的费用与继续将货物运抵目的地的费用估计要超过该货物在目的地的完好价值。

2. 部分损失(Partial Loss)

是指被保险货物的损失没有达到全部损失的程度。按损失的性质,部分损失可分为共同海损和单独海损。

(1) 共同海损(General Average)

是载货船舶在海运途中遭遇风险,危及船、货等各方的共同安全,为了解除共同危险,或为了使航程得以继续完成,船方有意识地采取合理的救难措施所直接造成的特殊牺牲和支付的额外费用。

构成共同海损必须具备以下条件:

① 必须确实遭遇危难。即必须有真实的危难存在,而不是主观臆测的。

② 必须是为了共同安全。船方采取的措施必须是为了船、货等各方的共同安全,而不是单独为了某一方的安全。

③ 共同海损必须是有意采取的合理措施造成的。即共同海损必须是人为措施直接造成的,而不是由危险直接造成的;并且采取的人为措施必须合理,符合当时实际情况的需要。

④ 共同海损必须是非常性质的损失和费用。即不是正常情况下发生的损失和费用。

根据国际惯例,共同海损的牺牲及费用,应由有关获救各方根据获救价值按比例分摊,称为共同海损的分摊(Contribution)。

(2) 单独海损(Particular Average)

是指除了共同海损以外的部分损失。

单独海损与共同海损的区别主要表现在两个方面:首先,造成海损的原因不同。单独海损是由海上风险直接造成的损失;共同海损则是因为人为造成的损失。其次,损失的承担责任不同。单独海损的损失由受损方自行承担;而共同海损的损失是由各受益方按获救价值的多少,按比例共同分摊。

(二) 外来损失

外来损失是指各种外来风险所造成的损失。由于外来风险有一般外来风险和特殊外来风险之分,所以,外来损失也分为一般外来损失和特殊外来损失。

### 三、费用

海上风险发生后,除了会给货物造成损失外,还会造成一些费用开支。主要是施救费用和救助费用两种。

(一) 施救费用

施救费用(Sue and Labor Expenses)是指被保险货物在遭遇承保范围内的灾害事故时,被保险人(或其代理人、雇用人员或受让人)为了避免或减少损失,采取各种抢救与防护措施所支付的合理费用。

为了鼓励被保险人积极采取抢救措施,防止损失的进一步扩大,保险人都愿意对施救费用进行赔偿。

(二) 救助费用

救助费用(Salvage Charges)是指被保险货物在遭遇承保责任范围内的灾害事故时,由保险人和被保险人以外的第三者采取救助措施并获得成功后,由被救方付给救助人的一种报酬。

## 第三节　我国海运货物保险条款

中国人民保险公司根据我国的实际情况,参照国际保险市场的习惯做法,分别制定了各种运输方式下的货物保险条款,总称为"中国保险条款"(China Insurance Clauses,简称CIC)。它包括海洋、陆上、航空、邮包几种不同运输方式的货运保险条款及海洋运输冷藏货物保险条款和海洋运输散装桐油保险条款。

为了便于货主根据自己的实际情况来办理保险,保险人在制定保险条款时,确定了各种不同的保险险别。保险险别是指保险人对风险和损失的承保责任范围。中国人民保险公司将其承保的险别按能否单独投保,分为基本险和附加险两大类。基本险是可以单独投保的险别,附加险是不能单独投保的险别,只能在基本险的基础上加保。

### 一、基本险

基本险又称主险,按其承保责任范围的大小,分为平安险、水渍险和一切险三种。

（一）基本险的责任范围

1. 平安险(Free from Particular Average,简称 FPA)

平安险的责任范围是：

① 被保险货物在运输途中由于恶劣气候、雷电、海啸、地震、洪水等自然灾害造成整批货物的实际全损或推定全损。被保险货物用驳船运往或运离海轮时,每一驳船所装的货物可视作一个整批。

② 由于运输工具遭受搁浅、触礁、沉没、互撞、与流冰或其他物体碰撞以及失火、爆炸等意外事故造成的货物的全部或部分损失。

③ 在运输工具已经发生搁浅、触礁、沉没、焚毁意外事故的情况下,货物在此前后又在海上遭受恶劣气候、雷电、海啸等自然灾害所造成的部分损失。

④ 在装卸或转运时,由于一件或数件整件货物落海造成的全部或部分损失。

⑤ 被保险人对遭受承保责任内危险的货物采取抢救、防止或减少货损的措施而支付的合理费用,但以不超过该批被救货物的保险金额为限。

⑥ 运输工具遭遇海难后,在避难港由于卸货所引起的损失,以及在中途港、避难港由于卸货、存仓及运送货物所产生的特别费用。

⑦ 共同海损的牺牲、分摊和救助费用。

⑧ 运输契约如订有"船舶互撞责任"条款,根据该条款规定应由货方偿还船方的损失。

2. 水渍险(With Particular Average,简称 WA 或 WPA)

水渍险的责任范围是在平安险的责任范围的基础上,再加上被保险货物由于恶劣气候、雷电、海啸、地震、洪水等自然灾害所造成的部分损失。

3. 一切险(All Risks)

一切险的责任范围是在水渍险的责任范围的基础上,再加上被保险货物在运输途中由于一般外来原因所造成的全部或部分损失。

从上述三种基本险别的责任范围可以看出,平安险的责任范围最小,水渍险的责任范围比平安险的责任范围大,一切险的责任范围是最大,它是平安险、水渍险加一般附加险的总

和。但是,一切险并非对一切风险损失都予以负责。

**【课外阅读】**

## 基本险的除外责任

除外责任是指保险人不予负责的损失或费用。规定除外责任的目的,在于进一步明确保险人的承保责任范围。基本险的除外责任有以下几项。

(1) 被保险人的故意行为或过失所造成的损失。

(2) 属于发货人责任所引起的损失。

(3) 在保险责任开始前,被保险货物已存在的品质不良或数量短差所造成的损失。

(4) 被保险货物的自然损耗、本质缺陷、特性以及市价跌落、运输延迟所引起的损失或费用。

(5) 战争险和罢工险条款规定的责任范围和除外责任。

(二) 基本险的保险期限

保险期限是指保险人承担保险责任的起讫时限。即保险责任在什么情况下开始,在什么情况下终止。

按中国人民保险公司《海洋运输货物保险条款》的规定,保险责任的起讫按"仓至仓"条款(Warehouse to Warehouse Clause,W/W Clause)办理,即保险责任自被保险货物运离保险单所载明的起运地仓库或储存处所开始,包括正常运输中的海上、陆上、内河和驳船运输在内,直至该项货物运抵保险单所载明的目的地收货人的最后仓库或储存处所或被保险人用作分配、分派或非正常运输的其他储存处所为止。被保险货物在最后到达卸载港卸离海轮后,保险责任以 60 天为限,如在此期限内被保险货物需转运至非保险单所载明的目的地时,则该项货物的保险期限从开始转运时终止。

## 二、附加险

附加险是基本险的补充与扩大,承保的是由于外来原因所造成的损失。货主在投保了一种基本险别以后,还可根据货物的特点和实际需要,另外加保一种或几种附加险。附加险包括一般附加险和特殊附加险两类。

(一) 一般附加险

一般附加险承保的是由一般外来风险所造成的全部或部分损失。它包括以下十一种险别。

① 偷窃、提货不着险(Theft,Pilferage and Non-Delivery,简称 TPND)。承保在保险有效期内,被保险货物由于偷窃行为及整件提货不着的损失。

② 淡水雨淋险(Fresh Water and/or Rain Damage)。承保被保险货物在运输途中,由于淡水、雨水以及冰雪融化所造成的损失。

③ 短量险(Risk of Shortage)。承保被保险货物在运输过程中,因外包装破裂或散装货物发生散失与实际重量短少的损失。但不包括正常运输途中的自然损耗。

④ 混杂、沾污险(Risk of Intermixture and Contamination)。承保货物在运输过程中混进杂质或被沾污所造成的损失。

⑤ 渗漏险(Risk of Leakage)。承保流质、半流质及用液体储藏的货物在运输过程中因容器损坏而引起的渗漏或货物腐败所造成的损失。

⑥ 碰损、破碎险(Risk of Clash and Breakage)。承保货物在运输过程中,因受震动、碰撞、挤压或者由于装卸野蛮、粗鲁所造成的碰损或破碎的损失。

⑦ 串味险(Risk of Odour)。承保货物在运输途中因受其他带异味货物的影响造成串味的损失。

⑧ 受潮受热险(Sweating and Heating)。承保货物在运输途中因气温变化或因船上通风设备失灵,使船舱内水汽凝结所引起的货物受潮及由于温度增高使货物变质的损失。

⑨ 钩损险(Hook Damage)。承保货物在装卸过程中因使用手钩、吊钩等工具钩坏包装所引起的损失。

⑩ 锈损险(Risk of Rust)。承保金属及金属制品一类的货物,在运输过程中发生锈蚀造成的损失。

⑪ 包装破裂险(Breakage of Packing)。承保货物在运输过程中,因包装破裂所造成的物资短少、商品沾污等损失以及为续运安全的需要而产生的修补包装、调换包装所支付的费用。

(二) 特殊附加险

特殊附加险承保的是由于军事、政治、国家政策法令以及行政措施等特殊外来原因所造成的全部或部分损失。

1. 战争险(War Risk)

承保由于战争、类似战争和敌对行为、武装冲突或海盗行为所造成的损失以及由此所引起的捕获、拘留、禁制、扣押造成的损失,或者由于各种常规武器(包括水雷、鱼雷、炸弹)造成的损失,以及由于上述原因所引起的共同海损的牺牲、分摊和救助费用。但是,因原子弹、氢弹等核武器所造成的损失,保险公司不负保险责任。

战争险的保险期限不是采用仓至仓,而是以水上危险为限,即自货物在起运港装上海轮或驳船时开始,直到目的港卸离海轮或驳船时为止。如果货物不卸离海轮或驳船,则保险责任最长延至海轮到达目的港的当日午夜起算满15天为止。如果在中途港转船,则不论货物在当地卸载与否,保险责任以海轮到达该港或卸货地点的当日午夜起算满15天为止,待货物装上续运的海轮时,保险人再继续负责。

2. 罢工险(Strike Risks)

承保货物因罢工者、被迫停工工人、参加工潮、暴动、民众斗争人员或任何人的恶意行为所造成的直接损失及由此引起的共同海损的牺牲、分摊和救助费用。

按照国际保险市场的惯例,如投保战争险后再加保罢工险时,保险公司不另增收保险费。

此外,特殊附加险还包括交货不到险(Failure to Deliver Risk)、进口关税险(Import Duty Risk)、舱面险(On Deck Risk)、拒收险(Rejection Risk)、黄曲霉素险(Aflatoxin Risk)和出口货物到香港(包括九龙)或澳门存仓火险责任扩展条款(Fire Risk Extension Clause for Storage of Cargo at Destination Hong Kong, Including Kowloon, or Macao,简称FREC)这几种险别。

【课外阅读】

**其他特殊附加险的责任范围**

1. 交货不到险

从被保险货物装上船时开始,满 6 个月仍不能运到原定的目的地交货,则不论任何原因,保险人均按全损进行赔偿。

2. 进口关税险

如被保险货物遭受保险责任范围内的损失,而被保险人仍需按货物的完好价值完税时,保险公司对损失的部分货物多交的进口关税负责赔偿。

3. 拒收险

承保被保险货物在进口港被进口国有关当局拒绝进口或没收产生的损失。

4. 舱面险

对装于舱面上的货物,保险人除按保险单上所载明的条款负责外,还对货物被抛弃或被风浪冲击落水所造成的损失负责。

5. 黄曲霉素险

承保被保险货物因其所含黄曲霉素超过进口国限制标准而被拒绝进口、没收或强制改变用途而遭受的损失。

6. 出口货物到香港(包括九龙)或澳门存仓火险责任扩展条款

被保险货物运抵目的地卸离运输工具后,如直接存放于保单载明的过户银行所指定的仓库,保险人对存仓火险的责任直至银行收回押款解除货物的权益为止,或运输险责任终止时起满 30 天为止。

# 第四节 伦敦保险协会海运货物保险条款

在世界海上保险业务中,英国所制定的保险规章制度,特别是保险单和保险条款及对世界各国影响很大。目前,世界上大部分国家和地区在海上保险业务中都直接采用英国伦敦保险协会所制定的《协会货物条款》(Institute Cargo Clauses, ICC)。我国在以 CIF 或 CIP 条件出口时,国外客户要求按伦敦保险业协会货物险条款投保,我出口企业也可酌情接受。因此,我们对该条款也必须有所了解。

现行的协会货物条款于 2009 年 1 月 1 日起正式实行。

## 一、协会货物保险条款的种类

伦敦保险业协会新修订的海运货物保险条款共有以下六种:

① 协会货物条款(A)(Institute Cargo Clauses A),简称 ICC(A);
② 协会货物条款(B)(Institute Cargo Clauses B),简称 ICC(B);
③ 协会货物条款(C)(Institute Cargo Clauses C),简称 ICC(C);
④ 协会战争险条款(货物)(Institute War Clauses－Cargo);

⑤ 协会罢工险条款(货物)(Institute Strikes Clauses—Cargo);
⑥ 恶意损坏险条款(Malicious Damage Clauses)。

在这六种险别条款中,ICC(A)、(B)、(C)三种险别都可以单独投保;战争险和罢工险两种险别在需要时也可征得保险公司的同意,作为独立的险别投保;只有恶意损害险属于附加险别而不能单独投保。

### 二、协会货物条款主要险别的承保范围与除外责任

在协会货物条款中,对承保风险的规定有两种方式:一种是"列明风险",即将保险人所承保的风险一一列出,ICC(B)险、ICC(C)险及战争险和罢工险都是采用这种方式;另一种是"一切风险减除外责任",即除了在除外责任项下所列风险不予负责外,其他均予负责。ICC(A)险采用的是这种方式。

(一) ICC(A)险

ICC(A)险的除外责任有以下四方面:

1. 一般除外责任

包括归因于被保险人故意的不法行为造成的损失或费用,自然渗漏、重量或容量的自然耗损或自然磨损,包装或准备不足或不当所造成的损失或费用,保险标的的内在缺陷或特性所造成的损失或费用,直接由于延迟所引起的损失或费用,由于船舶所有人、经理人、租船人经营破产或不履行债务造成的损失或费用,由于使用任何原子或热核武器所造成的损失或费用。

2. 不适航不适货除外责任

包括保险标的在装船时,如被保险人或其受雇人已经知道船舶不适航,以及船舶、装运工具、集装箱等不适货;如违反适航、适货的默示保证为被保险人或其受雇人所知悉。

3. 战争除外责任

包括由于战争、内战、敌对行为等造成的损失或费用,由于捕获、拘留、扣留等(海盗除外)所造成的损失或费用,由于漂流水雷、鱼雷等造成的损失或费用。

4. 罢工除外责任

包括由于罢工者、被迫停工工人等所造成的损失或费用,罢工、被迫停工所造成的损失或费用,任何恐怖主义者或出于政治动机而行动的人所造成的损失或费用。

(二) ICC(B)险

1. ICC(B)险承保的风险是

① 火灾、爆炸;
② 船舶或驳船触礁、搁浅、沉没或倾覆;
③ 陆上运输工具倾覆或出轨;
④ 船舶、驳船或运输工具同水以外的外界物体碰撞;
⑤ 在避难港卸货;
⑥ 地震、火山爆发、雷电;
⑦ 共同海损牺牲;
⑧ 抛货;
⑨ 浪击落海;
⑩ 海水、湖水或河水进入船舶、驳船、运输工具、集装箱、大型海运箱或储存处所;

⑪ 货物在装卸时落海或摔落造成整件的全损。

2. ICC(B)险的除外责任。

ICC(B)险的除外责任除了有两点与ICC(A)险的规定不同外,其余都相同。其不同点是:

① ICC(A)险中,仅规定保险人对归因于被保险人故意的不法行为所致的损失或费用不负赔偿责任;而ICC(B)则规定保险人对被保险人以外的其他人的故意非法行为所致的风险不负责任。即ICC(A)险将恶意损害的风险列为承保风险;而ICC(B)险中,保险人对此项风险不负责。被保险人如果想获得此种风险的保险保障,就需加保"恶意损害险"。

② ICC(A)险将"海盗行为"列入承保风险,而ICC(B)险的保险人对此项风险不负保险责任。

(三) ICC(C)险

1. ICC(C)险承保的风险是

① 火灾、爆炸;

② 船舶或驳船触礁、搁浅、沉没或倾覆;

③ 陆上运输工具倾覆或出轨;

④ 船舶、驳船或运输工具同水以外的外界物体碰撞;

⑤ 在避难港卸货;

⑥ 共同海损牺牲;

⑦ 抛货。

2. ICC(C)险的除外责任。ICC(C)险的除外责任与ICC(B)险完全相同。

另外,ICC(A)险、ICC(B)险和ICC(C)险还承保共同海损和救助费用以及根据运输合同中的"船舶互撞条款"应由货方偿还船方的损失。

### 三、保险期限

协会货物条款的保险期限与我国海运货物保险条款的规定大体相同,但其规定比我国有关条款的规定更为详细。

## 第五节 其他运输方式下的货运保险

海运、空运货物和邮包运输保险虽然是在海运货物保险的基础上发展起来的,但由于陆运、空运和邮包运输可能导致损失的风险种类不同,故其保险条款也与海运有所区别。

### 一、陆上货物运输保险

陆上货物运输保险的基本险别分为陆运险和陆运一切险两种。

陆运险(Overland Transportation Risks)的承保责任范围与海运货物保险中的"水渍险"相似。保险公司承保被保险货物在运输途中遭受暴风、雷电、地震、洪水等自然灾害造成的全部损失或部分损失;或由于陆上运输工具遭受碰撞、倾覆或出轨或在驳运过程中因驳运工具搁浅、触礁、沉没、碰撞造成的全部损失或部分损失;或由于遭受隧道坍塌、崖崩或火灾、爆炸等意外事故所造成的全部损失或部分损失。被保险人对遭受承保责任内危险的货物采取抢救、防止或减少货损的措施而支付的合理费用,保险公司也负责赔偿,但以不超过该批被救货物的保险金额为限。

陆运一切险(Overland Transportation All Risks)的承保责任范围海运一切险相似。保险公司除承担上述陆运险的赔偿责任外,还负责被保险货物在运输途中由于外来原因所造成的全部或部分损失。

陆运险与陆运一切险的责任范围均适用于铁路和公路运输,并以此为限。它们的责任起讫也采用"仓至仓"条款。

此外,还有适用于陆运冷藏货物的专门保险——陆上运输货物冷藏险(也属基本险)及附加险——陆上运输货物战争险。

### 二、航空运输货物保险

航空运输货物保险的基本险别有航空运输险、航空运输一切险两种。

航空运输险(Air Transportation Risks)的承保责任范围是:保险公司负责赔偿被保险货物在运输途中遭受雷电、火灾、爆炸或由于飞机遭受恶劣气候或其他危难事故而被抛弃,或由于飞机遭受碰撞、倾覆、坠落或失踪等自然灾害和意外事故所造成的全部或部分损失。

航空运输一切险(Air Transportation All Risks)的承保责任范围,除包括上述航空运输险的全部责任外,还对被保险货物在运输途中由于外来原因所造成的全部或部分损失负责赔偿。

航空运输险和航空运输一切险的保险期限,也采用"仓至仓"条款。

此外,还有航空运输货物战争险,属附加险。

### 三、邮包运输保险

邮包运输保险的基本险别有邮包险和邮包一切险两种。

邮包险(Parcel Post Risks)的承保范围是:被保险邮包在运输途中由于恶劣气候、雷电、海啸、地震、洪水等自然灾害或由于运输工具搁浅、触礁、沉没、碰撞、出轨、倾覆、坠落、失踪,或由于失火、爆炸意外事故所致的全部或部分损失;还包括被保险人对遭受承保责任内危险的货物采取抢救、防止或减少货损的措施而支付的合理费用,但不得超过该批货物的保险金额。

邮包一切险(Parcel Post All Risks)的承保范围除包括上述邮包险的全部责任外,还包括被保险邮包在运输途中由于外来原因所造成的全部或部分损失。

邮包险与邮包一切险的责任起讫是:自被保险邮包离开保险单所载明的起运地点寄件人的处所运往邮局时开始生效,直至被保险邮包运达保险单所载明的目的地邮局发出通知书给收件人当日午夜起算满15天为止。但在此期限内,邮包一经递交至收件人处所时,保险责任即告终止。

此外,还有邮包战争险。它是邮包运输保险的一种附加险。

## 第六节 保险实务

在进出口运输保险业务中,被保险人通常要做的工作有:投保、取得保险单据以及在货损时办理保险索赔等。

### 一、投保

#### (一)选择投保险别

保险人承担的保险责任,是以险别为依据的。在不同的险别下,保险人承担的责任范围不同,被保险货物在遭受损失时可能获得的补偿不同,保险费也不同。因此,投保时应选择适当的险别,以既使货物获得充分的保险保障,又能节省保险费的支出。在选择险别时,一般应考虑下列因素:

1. 货物的性质和特点

不同性质和特点的货物,在运输途中可能遭到的损失不同,损失的程度也会有差别。因此,投保时应分析各种风险对货物的影响程度,以确定适当的险别。

2. 货物的包装

货物的包装状况,特别是一些容易破损的货物,对商品致损的影响很大,选择险别时也要加以考虑。

3. 运输路线及港口条件

海运中载货船舶的航行路线,对货物可能遭受的风险和损失有很大影响。如航线途经热带地区,则载货船舶通风不良就会增加货损;而在局势动荡不定,或在发生战争的海域航行,则货物遭受意外损失的可能性就自然增大。另外,由于不同港口在装卸设备、装卸能力及安全等方面有很大差异,装卸时发生货损货差的情况也就不同。

#### (二)确定保险金额、交纳保险费

1. 保险金额的确定

保险金额(Insured Amount),是指被保险人对保险标的的实际投保金额,是保险人承担赔偿责任的最高金额,也是保险人计算保险费的基础。

根据国际保险市场的习惯做法,保险金额一般都是按 CIF 价或 CIP 价发票金额再加一定的百分率,即"投保加成"。被保险人可以根据不同情况来确定投保加成的高低,但过高的加成率会造成保险人的误解而拒绝承保或大幅度增加保险费。

保险金额计算公式为:

$$保险金额 = CIF(或 CIP)价 \times 投保加成$$

我国的出口货物保险是逐笔投保的,保险金额按上述方法确定。进口货物保险则按与中国人民保险公司所签订的预约保险合同办理,保险金额以进口货物的 CIF 或 CIP 价为准,一般不计加成。如按 FOB 或 CFR 条件进口,则按特约保险费率和平均运费率直接计算保险金额。

按 CFR 进口时:

$$保险金额 = CFR 价 \times (1 + 特约保险费率)$$

按 FOB 进口时：
$$保险金额 = FOB 价 \times (1 + 平均运费率 + 特约保险费率)$$

2. 保险费的计算

投保人承诺或实际支付保险费，是保险合同生效的前提条件。保险人根据不同的货物、不同的险别和不同的目的地规定不同的费率。被保险人以保险标的的保险金额为基础，按所投保的所有险别的费率之和计算应付的保险费。其计算公式为：
$$保险费 = 保险金额 \times 保险费率$$

在实际业务中，经常需要将 CFR(CPT)价换算为 CIF(CIP)价。其计算公式如下：
$$CIF(CIP) = \frac{CFR(CPT)}{1 - 投保加成 \times 保险费率}$$

由于此公式计算时既烦琐又费时，为了简化计算程序，中国人民保险公司制定了一份保险费率常用表，计算时，只要将 CFR(或 CPT)价格直接乘以表内所列常数，便可算出 CIF 或 CIP 价格。

## 二、保险单据

保险单据是保险人与被保险人之间订立的保险合同的证明文件，它既反映了保险人与被保险人之间的权利和义务关系，又是保险人的承保证明。在被保险货物遭受损失时，它是被保险人索赔的法律依据。

（一）种类

1. 保险单(Insurance Policy)

俗称大保单，使用最为广泛。其内容除在正面载明当事人的名称和地址、保险标的、运输工具、保险险别、保险期限、保险币别和金额、开立保险单的日期和地点、赔款偿付地点等内容以外，在背面还列有保险公司的责任范围以及保险公司与被保险人双方各自的权利、义务等方面的详细条款。

2. 保险凭证(Insurance Certificate)

俗称小保单，是保险单的简化格式。它除其背面没有列入详细保险条款外，其余内容与保险单相同。保险凭证具有与保险单同样的法律效力。

3. 预约保险单(Open Policy)

它是一种长期性的保险单，保险人与投保人在保险单内事先约定，在一定时期内保险人统一承保约定的货物种类范围内的保险，一般不规定总保险金额。投保人于每次发运货物后，通知保险人有关货物名称、数量、包装、载货船舶、启运地、保险金额等，保险人则按约定自动承保。保险费一般是按事先约定的费率标准定期支付。

（二）保险单据的批改

在实际业务中，由于种种原因，被保险人有时需要变更或修改保险单的内容。此时，保险人会签发批单(Endorsement)。批单是在保险单签发之后，投保人需要补充或变更其内容时，根据保险公司的规定，向保险公司提出申请，保险公司同意后开出的一种注明更改或补充的内容的凭证。保险单经过修改后，保险公司即按此内容承担责任。批单原则上应贴在原保险单上，并加盖骑缝章，作为保险单不可分割的一部分。

（三）保险单据的转让

保险单的转让是指保险单权利的转让，即被保险人将保险单所赋予的一切权益及相应的诉讼权转让给受让人。转让时需作空白背书。按保险业惯例,被保险人可在被保险货物受损之前或之后办理转让,且无须通知保险人。

### 三、保险索赔

被保险货物在保险期限内发生承保责任范围内的损失后,被保险人可向保险人提出索赔。索赔时,被保险人应注意以下问题:

#### (一)索赔必备条件

索赔人必须拥有可保利益。虽然在货运保险中,不要求被保险人在订立合同时便须拥有可保利益,但在货物发生损失、被保险人提出索赔时必须拥有可保利益,否则就不能得到保险人的赔偿。

要求赔偿的损失,必须是承保责任范围内的风险所直接造成的。根据近因原则,保险人一般只对承保风险与货物损失之间有直接因果关系的损失负赔偿责任。

被保险人应采取一切必要措施防止损失扩大。按各国保险法或保险条款的规定,当被保险货物发生承保责任范围内的损失时,被保险人必须采取一切必要措施,防止损失进一步扩大,否则,扩大部分的损失,保险人不负赔偿责任。

#### (二)索赔程序

1. 发出货损通知,申请联合检验

被保险人收货时,如发现货物有短损情况,应尽可能保留现场,并及时通知保险人或其代理人,申请联合检验。中国人民保险公司规定的通知期限为不超过保险责任终止之日起10天。逾期通知,保险公司有权拒绝受理。

2. 向第三责任方提出索赔

如果被保险货物的损失是由于第三方原因所致,被保险人应首先向其索赔,只有在第三责任方拒绝赔偿、拖延理赔或赔偿不足时,才能向保险公司索赔。

3. 备妥索赔文件

被保险人向保险人其代理人提赔时,除以书面方式提出索赔申请、开列索赔清单外,还需提供下列文件:运输单据、保险单据、发票、装箱单、重量单、货损货差证明、检验证书、海事报告、施救费用和检验费用清单、向第三责任方索赔的来往函电及保险人要求的其他文件。

4. 在规定的索赔时效内提出索赔要求

中国人民保险公司海洋运输货物保险条款规定的索赔时效为:从被保险货物在目的港全部卸离海船后起算不超过两年。逾期则丧失索赔权利。

## 【课外阅读】

## 代位追偿权

代位追偿权(Right of Subrogation)是指如保险标的的损失是由于第三方原因所致,则在保险人赔付被保险人之后,被保险人应将保险标的损失后的权利转让给保险人,使保险人取代被保险人的地位以被保险人的名义向第三者进行追偿。

具体做法是:被保险人在获得赔偿的同时签署一份权益转让书,作为保险人取得代位权的证明。中国人民保险公司将赔款收据和权益转让书合并在一起,被保险人在赔款收据上签字,就表明将已赔付的保险货物的权益转让给了保险人。保险人便可凭此向第三者责任方进行追偿。

如保险人追偿所得超过其向被保险人赔付的数额,在保险货物发生单独海损时,超过部分应退还被保险人;但保险货物发生全损时,超过部分归保险人所有。

### 四、合同中的保险条款

国际货物买卖合同中,买卖双方采用的贸易术语不同,合同中的保险条款的规定方法也会有所不同。

以 FOB、CFR(或 FCA、CPT)术语成交,保险条款一般规定为:

保险:由买方办理。

(Insurance: To be effected by the Buyer.)

以 CIF 或 CIP 术语成交,保险条款中须明确规定以下四部分内容:投保责任、保险险别、保险金额、适用保险条款。

**例1**:保险:由卖方按发票金额的××%投保××险、××险(险别),按中国人民保险公司1981年1月1日的海洋货物运输保险条款办理。

(Insurance: To be covered by the Seller for ××% of invoice value against ×× and ×× as per Ocean Marine Cargo Clause of The People's Insurance Company of China dated Jan. 1, 1981)

**例2**:保险:由卖方按发票金额的××%投保陆运(火车、汽车)一切险和海洋货物运输货物一切险,按中国人民保险公司1981年1月1日的陆上运输货物保险条款和海洋货物运输保险条款办理。

(Insurance: To be covered by the Seller for ××% of invoice value against Overland Transportation All Risks and All Risks as per Overland Transportation Cargo Insurance Clause (Trains, Truck) and Ocean Marine Cargo Clause of The People's Insurance Company of China dated Jan. 1, 1981)

**案例 6-1:**

某年1月16日,原告(某进出口公司)与被告(中国平安保险公司)签订了货物运输保险合同。原告外购92PMK-777925HK合同项下货物磷酸二氨数量21150公吨,保险金额按标的CIF价格加一成为4233892.56美元,承保条件是中国人民保险公司海洋货物运输保险条款(1981年1月1日)一切险(包括"仓至仓"条款),附加超过装运总量0.5%的短量险。原告于签订保险合同当日,已将保险费13548.46美元支付给被告。货物于8月11日运至天津新港,船上所载包括原告以及其他收货人的35400公吨散装磷酸二氨(商检公估数为35195公吨,短卸205公吨,短卸率为5.8%)全部卸入天津新港第二港公司203、204、207号码头仓库内。原告作为TPA-3号提单项下的收货人,在货物到港前委托中国对外贸易运输总公司天津塘沽公司和中国农垦物资公司代办提货。至9月1日止,原告共提取磷酸二氨8499.9公吨,并对其进行分配、分派运往河北、吉林等地。9月1日,因遇特大海潮灾害,原告所属的12401.1公吨货物遭海水浸泡造成损失。经鉴定,货损共折合5398.32公吨,因对货物进行施救,原告支付了所发生费用人民币50522.59元。此后,原告向被告索赔。同年10月17日,被告明确表示对该批货物的损失拒赔,被告认为保险人的责任,从货到卸货港,收货人提货后运至其仓库,或提货后不运往自己的仓库,到对货物进行分配、分派、分散转运时终止。同时认为原告于4月20日已将投保货物全部卖给案外人中国农垦物资公司,并且在该批货物运抵天津新港前已将提单转让,原告因此失去了诉权和可保利益。

天津海事法院于第二年6月30日作出判决:被告赔偿原告保险货物因保险事故遭受的损失108791.75美元,赔偿原告保险货物短量损失3407.59美元,偿付原告上述款项自1992年11月1日起至给付之日的利息损失(按中国人民银行同期存款利率计算),偿付原告所支付的施救费用人民币50522.29元。

被告不服一审判决,向天津市高级人民法院上诉,后经二审法院主持调解,于1994年1月15日达成调解协议,除在赔偿金数额上有所改动外,其余内容与一审判决一致。

**分析**

海上保险合同是一种补偿合同,其目的是使被保险人受到风险损失时得到补偿。各国法律都要求被保险人必须对保险标的具有可保利益才能订立有效的保险合同,英国《1960年海上保险法》对可保利益下的定义最具代表意义,它认为当被保险人因保险标的物的灭失和损坏而会遭受损失或因保险标的物的安全到达将获得预期利益时,即可认定被保险人对保险标的物具有可保利益。

海上货物运输保险的基本险别平安险、水渍险、一切险在国际上通常都按"仓至仓"条款办理。根据国际上通行的做法,"仓至仓"保险的责任期限是被保险货物运离保险单所载明的启运地仓库或储存处开始运输时起,至该货物到达保险单所载明的目的地收货人的最后仓库或储存处、被保险人用作分配、分派或非正常运输的其他储存处所为止。

保险人提出的抗辩理由主要是被保险人对保险标的物无可保利益,因此无权请求赔偿,这是不成立的。本案中,认定被保险人是否具有可保利益的关键在于被保险人是否享有保险标的物的所有权,也就是说他是否是海运提单的合法持有人。提单是货物所有权的凭证,谁持有提单,谁就是提单下货物持有人,提单上的权利经原持有人背书转让后方发生转移,有保险事故发生时,被保险人仍持有提单,那就仍是货物所有人。

在保险人责任期限上,保险单载明采用"仓至仓条款",由于被保险人在港口没有自己的仓库和储存地点,无法对货物进行分配、分派。依据"仓至仓条款"的规定,保险人的责任期限应延至"货物运至被保险人用作分配、分派,或非正常运输的其他场所"为止。因此,本案中货物的风险损失,仍属于"仓至仓条款",保险人在合同项下的义务是不容推卸的。

# 本章小结

**基本内容小结**

本章主要介绍了保险的基本原则、海运保险保障的范围、我国海运货物保险条款、伦敦保险协会制定的协会货物条款及其他运输方式下的货运保险。另外,还介绍了保险的实际操作及CFR与CIF之间的价格换算。

**本章的重点与难点**

共同海损、基本险的责任范围与保险期限、保险金额与保险费的计算、CFR与CIF的价格换算。

## 【练习题】

### 一、名词解释

共同海损、施救费用、可保利益、代位追偿权、仓至仓条款

### 二、填空题

1. 我国《海洋货物运输保险条款》将其承保的险别分为_____和_____两大类。
2. 按损失的性质不同,部分损失可分_____和_____两种。
3. 按损失的程度不同,海上损失可分_____和_____两种。
4. 海上货运保险承保的海上费用包括_____和_____。
5. 根据《UCP600》的规定,投保金额一般应是发票金额的_____。
6. 以 CIF 术语出口 10 万美元货物,按发票金额的 110％投保水渍险,途中因意外事故损失 30％,被保险人可获_____美元赔偿。

### 三、判断题

1. 出口电视机,因其在运输中容易受损,除了投保一切险,还应加保碰损破碎险。（　　）
2. 即使因共同海损导致 A 的货物全部损失,但 A 仅受到部分损失。（　　）
3. 某货物 100 箱,投保了平安险,在运输途中因暴风雨损坏 20 箱,保险公司应予赔偿。（　　）
4. 以 CIF 条件出口一批货物,投保了平安险,装船时两件货物落入海中,保险公司应予赔偿。（　　）
5. 投保人必须对保险标的具有可保利益,才能与保险公司订立保险合同。（　　）
6. 陆运险中保险公司承保的责任包括正常运输过程中的陆上运输和与其相连接的水上驳运在内。（　　）
7. 伦敦保险协会制定的《协会货物条款》的 ICC（A）险、ICC（B）险和 ICC（C）险分别与中国保险条款的 F.P.A、W.P.A 和 All Risks 相对应。（　　）
8. 海上风险并不包括一切在海上发生的风险,又不局限于在航海中所产生的风险。（　　）

### 四、单项选择题

1. 伦敦货物保险协会制定的 ICC（A）险相当于 PICC 的（　　）条款。
   A. 一切险　　　　B. 水渍险　　　　C. 平安险
2. 共同海损属于（　　）。
   A. 全部损失　　　B. 部分损失　　　C. 单独海损
3. W.P.A 是指（　　）。
   A. 平安险　　　　B. 水渍险　　　　C. 钩损险

4. 为防止运输途中货物被窃,应投保(　　)。
   A. 水渍险　　　　　　　　B. 一切险、偷窃提货不着险
   C. 平安险、偷窃提货不着险

5. 被保险货物在海运途中因遭受海上风险所直接造成的损失是(　　)。
   A. 海上损失　　　　　　　B. 海上费用
   C. 实际全损　　　　　　　D. 共同海损

6. 某公司出口货物一批,按 CIF 价值的110%投保了水渍险,在此基础上还可加保(　　)。
   A. 平安险和渗漏险　　　　B. 碰损破碎险和战争险
   C. 一切险和战争险

7. 玻璃制品易破碎,投保时可在平安险或水渍险的基础上加保(　　)附加险。
   A. 受潮受热险　　　　　　B. 碰损破碎险
   C. 渗漏险　　　　　　　　D. 串味险

8. 按 FOB 条件进口一批货物,向保险公司投保了一切险,保险公司的责任起讫是(　　)。
   A. 仓至仓　　B. 船至仓　　C. 仓至船

9. 有1000包水泥在运输途中全部落水浸透后又打捞上来,这属于(　　)。
   A. 实际全损　　　　　　　B. 推定全损
   C. 单独海损　　　　　　　D. 共同海损

10. 为防止运输途中货物串味,应该(　　)。
    A. 投保串味险　　　　　　B. 投保一切险加保串味险
    C. 投保水渍险　　　　　　D. 投保平安险加保串味险

11. 仓至仓条款是(　　)。
    A. 运输责任起讫条款　　　B. 基本险承保责任起讫条款
    C. 交货责任起讫条款　　　D. 一切险责任起讫条款

12. 船舶搁浅时,为脱险而雇用驳船拖拽,支出的费用属于(　　)。
    A. 实际全损　　　　　　　B. 推定全损
    C. 共同海损　　　　　　　D. 单独海损

### 五、计算题

1. 某公司对外报某商品每公吨 USD1000 CFR New York。外商要求改报 CIF New York。我方应改报为多少?(设该商品加一成投保一切险,保险费率为1‰)

2. 某公司以 CIF 条件出口一批货物,总金额为100000欧元,加一成投保一切险和战争险,保险费率分别为0.6%和0.4%。问该笔业务的保险金额和保险费各是多少?

### 六、简答题

1. 简述我国海洋货物运输保险条款基本险的保险期限。
2. 什么是可保利益原则?对保险期限有什么影响?
3. 简述海运战争险的保险期限。
4. 对于自然灾害造成的部分损失,平安险应怎样负责?

**七、案例分析题**

1. 某公司以 CFR 上海条件从国外进口一批货物，并据卖方提供的装船通知及时向中国人民保险公司投保了水渍险，后来由于国内用户发生变更，我方公司通知承运人货改卸黄埔港。在货由黄埔港装火车运往南京途中遇到山洪，致使部分货物受损，我进口公司据此向保险公司索赔，但遭到拒绝。

问：保险公司拒绝赔偿是否有理？为什么？

2. 某货轮从天津新港驶往新加坡，在航行途中货舱起火。大火蔓延到机舱，船长为船、货的共同安全，下令往船舱里灌水，很快被扑灭。但由于主要受损，无法继续航行，于是船长决定雇用拖轮将船拖回新港修理，修好后重新驶往新加坡。这次造成的损失共有：

(1) 1000 箱货被火烧毁；

(2) 600 箱货被水浇湿；

(3) 主机和部分甲板被烧坏；

(4) 拖轮费用；

(5) 额外增加的燃料和船上人员的工资。

问：从损失的性质看，上述损失各属于何种损失？为什么？

3. 某公司以 FOB 术语出口一批货物，买方向保险公司投保一切险。货物从卖方仓库运往装运港途中，遇承保责任范围内的损失。卖方以保险单含有仓至仓条款为由，向保险公司索赔，遭保险公司拒绝。卖方又请买方凭保险单向保险公司索赔，也遭拒绝。

问：保险公司做法有无道理？

# 第七章

# 价格条款

**【学习目的】**

了解国际货物买卖作价的原则和方法、影响价格的各种因素；理解出口商品价格的构成；掌握成本核算和效益核算的方法、计价货币的选择原则、佣金与折扣的计算、合同中价格条款的规定方法。

**【能力要求】**

熟练掌握出口商品价格的构成、FOB 价的核算方法、净价与含佣价的换算、计价货币的选择和外汇风险的防范、换汇成本和出口盈亏率的核算，正确规定买卖合同中的价格条款。

在国际货物贸易中，价格是买卖双方最为关心的一个问题。价格的高低，不但直接关系到双方的经济利益，还会对合同中的其他条款产生很大的影响。双方在条款上的得失，一般也会在价格上反映出来。可以说，价格条款是合同中最基本、最核心的条款。因此，正确掌握进出口商品的价格，合理采用各种作价办法，选用适当的计价货币，灵活运用佣金和折扣，并在合同中订好价格条款，对企业提高经济效益具有非常重要的作用。

## 第一节 价格的掌握

价格的掌握是一项非常复杂的工作。进出口企业在制定商品的价格时，有多种定价策略和定价方法，如成本导向定价法、需求导向定价法、竞争导向定价法等。但不论采用哪种方法，都需要进行成本核算，并综合考虑多方面因素，以定出最合理的、对企业最有利的价格。

### 一、成本核算

（一）出口总成本的核算

出口总成本是出口商为出口一批货物所支出的各种成本和费用之和。它一般由下面三个部分组成。

1. 进货成本

按出口企业的类型不同,其表述方式也各不相同。贸易型企业称为进货成本或采购成本,指从生产厂家购进货物的价款及运进自己仓库的费用之和;自营出口企业称为生产成本,指将出口货物生产出来所花的各项费用;加工型企业则称为加工成本,指购进半成品的成本与加工费用之和。它是出口总成本的最主要组成部分。

2. 国内费用

指为出口货物所支出的发生在出口国内的各项费用,一般包括整理费、包装费、国内运费、保险费、仓储保管费、检验费、税费、经营管理费及银行费用等,通常由各企业按进货成本的一定百分比进行核定。

3. 出口退税

由于进货成本中包含了增值税,降低了出口商品的竞争力,为鼓励出口,降低出口商品的成本,增强在国际市场上的竞争力,包括我国在内的许多国家都实施出口退税制度,将对出口商品征收的增值税全部或部分退还给出口企业。因而在核算出口商品的成本时,就需将退税金额予以扣除。

$$退税额 = 含税价 \times 退税率 / (1 + 增值税税率)$$

**例**:以每箱 150 元购进一批货物,国内费用按 10% 计算,增值税税率为 17%,退税率为 9%,则每箱货物的出口总成本为:

$$150 \times (1 + 10\%) - 150 \times 9\% / (1 + 17\%) = 153.46(元)$$

(二)进口总成本的核算

进口总成本一般可分为以下几个部分:进口价格、进口税、国内流通费用。进口价格一般以 CIF(CIP)价计算,进口税包括进口关税、增值税等。

## 二、影响价格的因素

进出口商品的价格一般要受下列因素的影响。

(一)市场供求关系

市场经济条件下,供求关系是决定价格的最基本的因素。当市场上供不应求时,价格就会上涨;而如果供过于求,则价格就会下跌。

(二)商品的质量和档次

质高则价优,这是一条基本的经济规律。品质的优劣,档次的高低,包装装潢的好坏,商标、品牌的知名度及样式的新颖与否,都会影响商品的价格。

(三)成交数量

一般而言,成交量大,价格会稍低;成交量小,则价格会略高。

(四)贸易术语

贸易术语不同,买卖双方所负担的风险、责任和费用就有差别,价格就应不同。

(五)支付条件

支付方式不同,双方的费用和风险的负担不同;付款时间不同,双方的资金成本不同。因此,采用不同的支付方式,在不同的时间付款,价格就有差异。

此外,季节的变化、汇率的涨跌、交货期的远近等也会对企业的定价产生不同程度的影响。

### 三、效益核算

企业的生存和发展是以盈利为基础。进出口企业在确定商品价格时,须考虑自身的经济效益。常用的核算进出口经济效益的方法有下述几种:

(一) 出口效益核算

1. 换汇成本

又称换汇率,在我国,一般是指出口收入一美元所需的人民币成本,或者说,用多少人民币换回一美元。其计算公式为:

$$换汇成本 = 出口总成本 / 出口销售外汇净收入$$

外汇净收入是指以 FOB 价表示的外汇收入。

如换汇成本高于外汇牌价,则表示出口亏损;反之,则说明出口有盈利。

另外,换汇成本的核算还可用于企业的定价及报价核算。此时,将上述公式变换为:

$$出口销售外汇净收入 = 出口总成本 / 换汇成本$$

在这个公式中,换汇成本一般用外汇牌价来代替。计算结果即为出口商品的 FOB 底价,也就是最低应报的 FOB 价。

2. 出口盈亏率

是指出口商品盈亏额与商品出口总成本的比率。盈亏额是指出口销售外汇净收入按外汇牌价折算为人民币的数字与出口总成本的差额。其计算公式为:

$$出口盈亏额 = 出口销售人民币净收入 - 出口总成本$$

$$出口盈亏率 = 出口盈亏额 / 出口总成本 \times 100\%$$

如计算结果为正数,则为盈利;如为负数,则为亏损。

3. 出口创汇率

是指加工为成品后出口的外汇净收入与原料外汇成本之间的比率。其计算公式为:

$$出口创汇率 = (成品出口外汇净收入 - 原料外汇成本) / 原料外汇成本 \times 100\%$$

计算时,如原材料为进口,则不论按何种贸易术语成交,一律折合成 CIF 价;如原材料为国产,其外汇成本按出口该原材料的 FOB 价计算。成品出口时,按 FOB 价计算成品出口外汇净收入。

(二) 进口效益核算

$$进口盈亏额 = 进口销售收入 - 进口人民币总成本$$

$$进口成本 = 进价成本 + 国内流通费用$$

$$= 进价外汇支出 \times 外汇牌价 + 国内流通费用$$

$$进口盈亏率 = 进口盈亏额 / 进口总成本 \times 100\%$$

如计算结果为正数,则为盈利;为负数,则为亏损。

### 四、定价时须注意的问题

(一) 考虑购销意图

在洽商进出口商品价格时,应考虑双方的意图,以争取总体有利的交易条件。如卖方为推销新产品或开辟新市场时,价格一般会较低;而如是正常出口,则一般不会在价格上作太大让步。相应地,如买方急需某种货物,也一般不会在价格上过多地纠缠。

### (二)注意反倾销问题

近年来,国际上倾销与反倾销问题已经成为国际贸易战的热点之一。倾销是指在正常的贸易过程中,用低于正常价值出口商品的行为。它已经或有可能给进口国生产相同产品的行业或企业造成损害,因而受到进口国的反对。反倾销是进口国依据本国的反倾销法,由主管当局经过立案调查,确认倾销对本国同业造成损害后,采取征收反倾销税等处罚措施的调查程序。

我国已成为世界上受贸易保护主义伤害最大的国家之一,连续多年成为全球遭受反倾销调查最多的国家。究其原因,在一定程度上与我国出口商品的价格较低有关。

在我国遭遇反倾销调查的出口商品当中,绝大部分都是劳动密集型产品。由于我国劳动力成本较低,再加上长期以来大多数企业实行"薄利多销"的做法,使得我国的出口商品价格一直偏低,从而容易遭到进口国的反倾销。

从近几年对我国出口商品提出反倾销调查的国家来看,发展中国家越来越多,呈不断上升的趋势。可见,低价并不总是受欢迎。因而,企业在对出口商品定价时,应注意以下两个方面。

1. 参照国际市场价格水平作价

国际市场价格是以商品的国际价值为基础并在国际市场竞争中形成的,是国际贸易中交易双方都能接受的价格。我们的出口商品价格如与国际市场价格基本保持一致,则遭受反倾销调查的可能性就会大大降低。

2. 考虑国别、地区差异

由于各国的发展水平不一样,消费水平不一样,消费心理和消费习惯也不同,因此,应在价格中体现出这种地区差异。

出口商品的定价不只是单个企业自己的问题,它在一定程度上还关系到我国出口商品的总体国际形象,企业应该综合考虑各方面因素,慎重掌握。

## 第二节 计价货币的选择

计价货币是指合同中规定的用来计算价格的货币。通常情况下,买方也是以该种货币来进行支付。在合同中,除按双方国家订立的贸易协定和支付协定而必须使用规定的货币外,双方可以选择用出口国货币、进口国货币或双方同意的第三国货币来计价、支付。

### 一、选择计价货币的原则

#### (一)尽可能使用可自由兑换货币

可自由兑换货币是指能在外汇市场上自由兑换成另一种货币、在国际上可自由流通的货币。使用可自由兑换货币,有利于调拨和运用,且在必要时有助于规避汇率风险。

#### (二)出口选用硬币,进口选用软币

当前世界许多国家普遍实行浮动汇率制度,货币的汇率并非一成不变,而是经常性的上下浮动。国际货物买卖的交货期通常都比较长,在订约至付款期间,买卖双方都可能因计价货币的汇率变动而受损。这就是国际货物贸易中的外汇风险。

按一定时期内货币汇率的走向不同,可将货币分为硬币和软币两大类。硬币是指汇率比较坚挺并有上浮趋势的货币;软币是指汇率比较疲软且有下浮趋势的货币。在选择计价货币时,卖方选择硬币,买方选择软币,基本上可以不受损失;反之,一般会受损。

**例**:出口 10 万美元的货物,订约时美元与人民币的汇率为 1∶6.51,三个月后付款,此时的汇率为 1∶6.50,则卖方的收入就会比订约时预期的收入少 1000 元人民币。如付款时的汇率为 1∶6.52,则卖方就能多收入 1000 元人民币。

## 二、风险防范

在国际货物买卖中,有时为了达成交易而不得不采用对自己不利的货币。此时,为了减少或避免汇率变动给自己带来的损失,可采取如下做法。

### (一)相应调整报价

即根据计价货币可能的变化幅度,相应地调高或降低进出口报价。例如,卖方采用了美元计价,预期到付款时,美元将贬值 2%,则卖方可在原报价的基础上加价 2%,从而弥补损失。但因货币汇率变动的原因复杂多样,对其走势一般难以准确预测,因而这种办法一般只适用于从订约至付款的间隔时间较短的交易。

### (二)订立保值条款

很多情况下,调整价格的意图会因对方的反对而不能如愿。此时,可要求在合同中订立保值条款,以避免外汇风险。一般情况下,只有在外汇市场动荡不定时,对方才会同意订立保值条款。

### (三)利用外汇市场转移外汇风险

上述两种做法都需征得对方同意,如对方反对则无法成功。此时,可考虑在外汇市场上做外汇业务来转移外汇风险。常见的做法有择期、掉期、外汇保值业务等,详见国际金融相关教材。

## 三、一种货币计价,另一种货币支付

有时,合同中会规定用一种货币计价,而用另一种货币支付。此时,由于两种货币的软硬程度不同,用什么时候的汇率进行结算,关系到双方的经济利益。

一般而言,如按订约时的汇率计算,则在计价货币是软币,支付货币是硬币时对卖方有利;反之,则对买方有利。

如按付款时的汇率计算,则情况正好相反:在计价货币是硬币,支付货币是软币时对卖方有利;而在计价货币是软币,支付货币是硬币时对买方有利。

# 第三节 佣金与折扣

佣金和折扣都是国际货物贸易中常见的促销手段。佣金(Commission)是中间商为买卖双方介绍生意或代办交易而取得的报酬。折扣(Discount)是卖方给予买方的价格减让。如价格中包含了佣金或折扣,则称为"含佣价";不含佣金和折扣在内的价格则称之为"净价"

(Net Price)。合理地运用佣金和折扣,有利于调动中间商和买方的积极性,扩大销售,增加经济效益。

### 一、佣金与折扣的规定方法

在合同中规定佣金和折扣,常见的是以百分比表示,即规定佣金率或折扣率。如:

每公吨 2000 美元 FOB 上海,含 2% 佣金。

US$2000 per metric ton FOB Shanghai including 2% commission.

每箱 90 美元 CIF 伦敦,折扣 5%。

US$90 per carton CIF London including 5% discount.

规定佣金时,还可在贸易术语后面加注其英文缩写"C"和佣金率。如:

每公吨 2000 美元 FOBC2% 上海。

US$2000 per metric ton FOBC2% Shanghai.

有时,佣金和折扣也会用绝对数额来表示。如:每公吨付 20 美元佣金。

另外,有时双方已商定了佣金或折扣,但不在合同中表示出来,称为"暗佣"和"暗扣"。

### 二、佣金和折扣的计算

在国际货物贸易中,佣金有多种计算方法。有的用成交金额来计算,有的用成交数量来计算。在按成交金额计算时,计算佣金的基数也有不同的确定方法。有的以发票总额为基数计算,有的则以 FOB 总值为基数来计算。以后一种方法计算的理论依据是认为以 CFR、CIF 等术语成交时,价格中的运费、保险费不属于出口商的收益,因而不应该作为计佣的基数,应将它们从价格中扣除。但这种做法相对麻烦,操作起来不够简便,因此在实际业务中,更多的是直接以发票总额为基数来计算佣金。

佣金的计算公式如下:

$$佣金额 = 含佣价 \times 佣金率$$
$$净价 = 含佣价 - 佣金额$$

如果已知净价,则含佣价的计算公式应为:

$$含佣价 = 净价 / (1 - 佣金率)$$

**例**:我方原报价为 1000 美元,对方要求 5% 佣金,则我方应改报 1000/(1-5%)=1052.63 美元,才能保证净收入 1000 美元不会减少。

折扣的计算则较为简单,通常以成交金额或发票金额为基础计算。计算公式为:

$$折扣额 = 原价 \times 折扣率$$
$$卖方实际净收入 = 原价 - 折扣额$$

### 三、佣金和折扣的支付

佣金的支付一般有两种做法:一种是委托人收到全部货款或收到货物后,按双方约定支付给中间商或代理商;另一种则是中间商或代理商直接从货款中扣除。在支付佣金时,应防止漏付、错付和重付等现象的发生。

折扣一般是买方在付款时直接从货款中扣除。

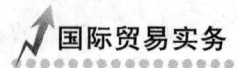

## 第四节　作 价 办 法

国际货物买卖合同中,可以根据商品行情变化的不同特点,采用不同的作价办法。

### 一、固定价格

固定价格是指在合同中明确规定具体的价格,这是国际货物买卖中最常见的做法。合同订立后,不论市场价格如何变化,任何一方都不得擅自更改。

固定价格明确、肯定,便于核算,但在市场价格涨跌不定时,也会给双方带来一定的风险。因此,有时在合同中双方会采取一些变通做法。

### 二、非固定价格

非固定价格也称"活价",一般用于其交货期较长、价格变动频繁、涨跌幅度较大的商品交易中。一般有以下几种做法:

#### (一)暂不固定价格

即在合同中不规定具体的价格,而只规定作价方法或作价时间。如"以××交易所×月×日该商品三个月期货的收盘价为基础,加××美元计算";或"价格由双方在×年×月×日另行协商而定"。

#### (二)暂定价格

即先在合同中规定一个初步价格,作为开立信用证和初步付款的依据,待日后双方确定最后的价格后再行清算。如"单价暂定为每箱 200 欧元 FOB 上海,于装运期开始前 15 天双方协商确定最终价格"。这种做法,一般只适用于关系密切、信誉可靠的客户。

#### (三)部分固定价格,部分非固定价格

有些情况下,为顾及双方利益,解决双方在作价方法上的分歧,在合同中将交货期近的价格固定下来,其余的在交货前一定时间再另行商定。

### 三、价格调整条款

在成套设备、大型机械、大型运输工具等货物的交易中,时间跨度较长,往往需要几个月甚至几年的时间。在这段时间内,原材料、工资等可能有较大的变化,从而使货物的生产成本发生较大变动。在此类合同中,一般都会规定价格调整条款。即在合同中规定一个基础价格(Basic Price),交货时或交货前一段时间,按工资、原材料价格变动的指数再作相应调整,来确定最后的价格。同时,对基础价格进行调整的方法,也在合同中作出规定。

## 第五节　合同中的价格条款

合同中的价格条款,分为单价和总值两部分。单价一般由四个部分构成,即计量单位、

计价货币、单位价格金额和贸易术语。总值是单价与合同数量的积,一般应大、小写并用。

**例1**:单价:每箱60美元FOB上海
Unit Price:At US＄60 per carton FOB Shanghai
总值:60 000美元(陆万美元整)
Total Value:USD 60 000(Say US Dollars Sixty Thousand Only)

**例2**:单价:每公吨1500英镑CIFC2％伦敦
Unit Price:At GBP 1500 per metric ton CIFC2％ London
总值:300 000英镑(叁拾万英镑整)
Total Amount:GBP 300 000(Say Pounds Sterling Three Hundred Thousand Only)

在规定价格条款时,应注意以下问题:
① 合理确定单价,防止偏高或偏低;
② 根据实际情况,选用适当的贸易术语;
③ 争取采用有利的计价货币,以免遭受汇率变动带来的风险;
④ 灵活运用不同的作价办法,合理运用佣金和折扣;
⑤ 各部分内容书写清楚、正确,以利合同的履行。

### 案例7-1:出口报价的核算

H公司收到日本B株式会社购17公吨水产品(计一个20英尺的集装箱)的询盘,该级别产品每公吨的进货价格为5600元人民币(含增值税17％);出口水产品的退税率为5％;海洋运费从装运港青岛至日本神户一个20英尺冷冻集装箱的包箱费是2200美元,用户要求按成交价格的110％投保,保险费率为0.85％;B株式会社要求在报价中包括其5％的佣金,若H公司的预期利润是10％(以成交金额计),并按5.5％的定额费率估定国内费用。美元对人民币汇率为1:6.34,试报出每吨水产品出口FOB,CFR,CIF价格。

**分析**

整理资料如下:
(1) 预计采购价格:5600元人民币/公吨,含增值税17％
(2) 退税率:5％
(3) 货物出口国内费用:以定额费率估定,为采购成本的5.5％
(4) 海洋运费:从装运港青岛至日本神户一个20英尺的冷冻集装箱包箱费为2200美元
(5) 货运保险费:按成交价格的110％投保,保险费率为0.85％
(6) 客户佣金:成交价格的5％
(7) 报价利润率:报价的10％
(8) 报价汇率:6.34元人民币兑换1美元

为保持数据的相对准确性,运算过程保留四位小数,最终报价保留两位小数。

单位产品国内费用＝购货成本×定额费率
$$=5600×5.5\%$$
$$=308(元人民币/公吨)$$

单位产品出口退税额＝含税价÷(1＋增值税税率)×出口退税率
$$=5600÷(1+17\%)×5\%$$
$$=239.3162(元人民币/公吨)$$

单位产品出口总成本＝采购成本＋国内费用－出口退税

$$=5600+308-239.3162$$
$$=5668.6838(元人民币/吨)$$

客户佣金＝报价×佣金率＝报价×5%

单位产品海运费＝总运费÷出口总数量
$$=2200×6.34÷17$$
$$=820.4706(元人民币/公吨)$$

单位产品货运保险费＝CIF 报价×投保加成×保险费率
$$=CIF 报价×110\%×0.85\%$$

预期利润＝出口报价×利润率＝出口报价×10%

根据以上基本计算，下面按三个交易条件的不同情况分别核算出口报价。

FOBC5% 报价＝出口总成本＋预期利润＋佣金
$$=5668.6838+报价×10\%+报价×5\%$$
$$=5668.6838÷(1-10\%-5\%)$$
$$=6669.0398(元人民币/公吨)$$
$$=1051.90(美元/公吨)$$

CFRC5% 报价＝出口总成本＋单位产品出口运费＋预期利润＋佣金
$$=5668.6838+820.4706+报价×10\%+报价×5\%$$
$$=6489.1544÷(1-10\%-5\%)$$
$$=7634.2993(元人民币/公吨)$$
$$=1204.15(美元/公吨)$$

CIFC5% 报价＝出口总成本＋单位产品出口运费＋单位产品保险费＋预期利润＋佣金
$$=5668.6838+820.4706+报价×110\%×0.85\%+报价×10\%+报价×5\%$$
$$=6489.1544÷(1-110\%×0.85\%-10\%-5\%)$$
$$=7719.2106(元人民币/公吨)$$
$$=1217.54(美元/公吨)$$

通过以上计算，17 公吨冷冻水产品的出口报价如下：

(1) USD1051.90 PER METRIC TON FOBC5% QINGDAO

FOBC5% 青岛每公吨 1051.90 美元

(2) USD1204.15 PER METRIC TON CFRC5% KOBE

CFRC5% 神户每公吨 1204.15 美元

(3) USD91217.54 PER METRIC TON CIFC5% KOBE

CIFC5% 神户每公吨 1217.54 美元

# 本 章 小 结

### 基本内容小结

本章主要介绍了有关国际货物价格的一些基本知识，包括作价原则、计价货币的选择和外汇风险的防范、佣金和折扣的运用等内容，重点介绍了成本核算和效益核算的方法。掌握这些内容，才能正确地订立国际买卖合同中的价格条款，维护自己的利益。

## 本章的重点与难点
成本核算、换汇成本和盈亏率的核算、佣金的计算。

## 【练习题】

### 一、名词解释
佣金、折扣、出口换汇成本

### 二、判断题
1. 出口销售外汇净收入是指出口商品的 FOB 价格按当时外汇牌价折合成人民币的数额。 (  )
2. 出口合同中规定的价格应与出口总成本相一致。 (  )
3. 出口商品盈亏率是指出口商品盈亏额与出口总成本的比率。 (  )
4. 含佣价=净价/(1-佣金率),其中的净价必须是 FOB 价。 (  )
5. 换汇成本和盈亏率成反比例关系。 (  )

### 三、单项选择题
1. 凡货价中不包含佣金和折扣的被称为(    )。
   A. 折扣价      B. 含佣价      C. 净价      D. 出厂价
2. (    )是含佣价。
   A. FOBS      B. FOBT      C. FOBC
3. 我国出口某商品时,价格可写为(    )。
   A. FOB 上海每吨 120 美元
   B. 每箱 95 英镑 CIF 伦敦
   C. CIF 纽约每件 80 元
4. 在我国进出口业务中,计价货币的选择应(    )。
   A. 力争采用软币收付
   B. 力争采用硬币收付
   C. 出口时采用软币计价收款,进口时采用硬币计价付款
   D. 进口时采用软币计价付款,出口时采用硬币计价收款
5. 在国际贸易中,支付给中间商的酬金是(    )。
   A. 折扣      B. 预付款      C. 佣金      D. 定金
6. FCA、CPT、CIP 三种术语涉及的国内费用与 FOB、CFR、CIF 相比较,它们的区别是前者不包括(    )。
   A. 装船费      B. 预计损耗      C. 邮电费      D. 拼箱费
7. 某笔业务中,若出口销售人民币净收入与出口总成本的差额为正数,说明该笔业务为(    )。
   A. 盈      B. 亏      C. 持平
8. 在国际贸易中,含佣价的计算公式是(    )。
   A. 净价×佣金率

B. 含佣价×佣金率
C. 净价/(1-佣金率)

9. 在国际货物买卖中,收取佣金的通常是( )。
   A. 买方　　　　　B. 船方　　　　　C. 保险公司　　　D. 中间商
10. 商品的出口总成本与出口所得的外汇净收入之比是( )。
    A. 出口盈亏额　　　　　　　　　B. 出口盈亏率
    C. 出口换汇成本　　　　　　　　D. 外汇增值额
11. 某合同价格条款规定"每公吨 CIF 大阪 100 美元",这种价格是( )。
    A. 净价　　　　　　　　　　　　B. 含佣价
    C. 成本价　　　　　　　　　　　D. 含折扣价
12. 某合同价格条款规定"每打 FOB 上海 15 英镑,总值 4500 英镑"。这里的英镑是( )。
    A. 支付货币　　　　　　　　　　B. 计价货币
    C. 硬币　　　　　　　　　　　　D. 软币
13. 如果用 FOB 价成交,则成交价就是( )。
    A. 出口总成本　　　　　　　　　B. 出口成本价格
    C. 出口外汇净收入　　　　　　　D. 出口换汇成本

## 四、计算题

1. 报某商品每箱 600 美元 FOB 上海,客户要求 2% 的佣金,为使净收入不变,应改报为多少?

2. 原报价某商品 FOBC2% 上海每件 800 英镑,现客户要求佣金增至 5%,若想不减少外汇收入,应改报多少?

3. 以每公吨 320 美元 FOB 上海出口 10 公吨货物,每公吨进货成本为 2000 元人民币,国内费用为 20%,出口后可获得退税总额 1600 元人民币。求换汇成本和盈亏率。(设 $1=RMB￥6.35)

4. 某出口货物,价格为每公吨 2000 美元 CIF 纽约,现客户要求改报 FOB 上海价,应改报为多少?(已知该货物出口运费为 150 美元/公吨,原报 CIF 价中,投保险别为一切险,保险费率为 1%,按 CIF 价的 110% 投保)

# 第八章

# 国际货款的收付

【学习目的】

了解本票、支票、《托收统一规则》、《跟单信用证统一惯例》、国际保理、出口信用保险等内容;理解汇票的种类及主要内容、汇付的种类、托收的种类、信用证的主要内容及一般程序、支付条款的内容;掌握汇票的使用、托收的风险防范、信用证的特点、种类。

【能力要求】

熟练掌握汇付、托收和信用证的业务流程及风险防范,能正确使用汇票等票据,能根据交易的实际情况选用适当的支付方式,正确规定合同中的支付条款。

货款的收付直接影响到双方的资金周转和资金融通,以及各种金融风险和费用的负担,因而直接关系到买卖双方的切身经济利益。因此,如何规定合同中的支付条款,对买卖双方都至关重要。

支付条款是国际货物买卖合同中的主要条款之一。根据各国法律及《联合国国际货物销售合同公约》,按合同规定支付货款是买方的基本义务,按时收取货款则是卖方的主要权利。在支付条款中,一般涉及支付工具、支付的时间和地点以及支付方式等几方面的问题。

## 第一节 支付工具

国际货物贸易中,一般很少用现金结算,绝大多数交易中,都是使用代替现金作为流通手段和支付手段的金融票据来结算。国际货物贸易中使用的票据主要有三种:汇票(Bill of Exchange,Draft)、本票(Promissory Note)和支票(Check,Cheque)。

一、汇票

(一)汇票的含义

我国于1995年5月10日公布的《中华人民共和国票据法》(1996年1月1日起施行)第

19条对汇票作了如下的定义:汇票是出票人签发的,委托付款人在见票时或者在指定的日期无条件支付确定的金额给收款人或者持票人的票据。

按照各国广泛引用或参照的《英国票据法》的规定,汇票是一个人向另一个人签发的,要求在见票时或在将来的固定时间或可以确定的时间,向某人或其指定人或持票人支付一定金额的无条件的书面支付命令。

(二)汇票的种类

汇票可从不同的角度进行分类。

1. 按出票人不同,分为:

(1)银行汇票(Banker's Bill)。是指银行作为出票人签发的汇票。一般,其受票人也是银行。

(2)商业汇票(Commercial Bill)。是指企业或个人作为出票人签发的汇票。其受票人可以是企业、个人,也可以是银行。

2. 按有无随附商业单据,分为:

(1)光票(Clean Bill)。是指不附带商业单据的汇票。银行汇票一般都是光票。光票的流通全靠当事人的信用。

(2)跟单汇票(Documentary Bill)。是指附带有商业单据的汇票。商业汇票一般为跟单汇票。国际贸易中的货款结算,绝大多数是使用跟单汇票。

3. 按付款时间不同,分为:

(1)即期汇票(Sight Draft)。是指见票后立即付款的汇票。

(2)远期汇票(Time Bill or Usance Bill)。是指在一定期限或特定日期付款的汇票。

(三)汇票的内容

汇票是一种要式证券,故汇票的内容必须符合票据法的规定。虽然各国票据法对汇票内容的规定不同,但一般都认为应该包括下列基本内容。

(1)标明"汇票"字样。

(2)无条件的支付命令。

(3)确定的金额。

(4)付款时间。汇票的付款时间一般有以下几种规定方法:

① 见票即付(At sight)。

② 见票后若干天付款(At ×× Days after Sight)。

③ 出票后若干天付款(At ×× Days after Date)。

④ 指定日期付款(Fixed date)。

⑤ 提单日期后若干天付款(At ×× Days after Date of B/L)。这是国际货物贸易中特有的规定方法。

(5)付款地点。

(6)受票人(Drawee)。也称付款人(Payer)。

(7)受款人(Payee)。受款人又称汇票的"抬头",通常有三种写法:

① 限制性抬头。如:"仅付给××公司"(Pay ×× Co. only)或"付给××公司,不准流通"(Pay ×× Co. not negotiable)。这种抬头的汇票不能流通转让,只限于指定的人收取票款。

② 指示性抬头。如:"付给××公司或指定人"(Pay to the order of ×× Co. 或 Pay ××Co. or order)。这种抬头的汇票,除指定的××公司可以收取票款外,还可以经过背书转

让给其他人。

③ 持票人抬头。如："付给来人"(Pay Bearer)。这种抬头的汇票,任何人持票均可以收取票款,无须背书即可转让。我国《票据法》不允许采用这种抬头。

(8) 出票日期。

(9) 出票地点。

(10) 出票人签字。

(四) 汇票的使用

汇票的使用是通过一系列的票据行为来完成的,一般有出票、提示、承兑、付款等行为。汇票如需转让,则需背书;遭到拒付时,还要涉及作成拒付证书和行使追索权等法律权利。

1. 出票(Issue)

出票是指出票人签发汇票并将其交付给收款人的票据行为。它包括两个内容:一是出票人制作汇票并签字;二是将汇票交给受款人。

2. 提示(Presentation)

是指持票人将汇票提交付款人,要求承兑或付款的行为。付款人见到汇票称为"见票"(Sight),提示和见票是同一票据行为的两个方面。提示可分为两种:

(1) 付款提示。指持票人向付款人提交汇票要求付款的行为。

(2) 承兑提示。指持票人向付款人提交远期汇票,要求付款人承诺付款的行为。

【相关链接】

## 提示的期限

无论是承兑提示还是付款提示,都必须在规定期限内进行。按我国《票据法》规定,即期汇票应在出票后一个月内向付款人作出付款提示;见票后定期付款的汇票,应于出票后一个月内作出承兑提示;定日付款和出票后定期付款的汇票,应在汇票到期日前作出承兑提示;远期汇票的付款提示应在到期日起 10 天内作出。如持票人未能在上述规定期限内提示汇票,则丧失对其前手的追索权。

3. 承兑(Acceptance)

是指远期汇票的付款人表示对该汇票承担到期付款责任的行为。付款人在汇票正面写上"承兑"字样,注明承兑日期,并由付款人签字后交还持票人。承兑后,付款人即成为承兑人。

汇票被承兑前,出票人为汇票的主债务人,而付款人只是从债务人;承兑后,承兑人就代替出票人成为汇票的主债务人,出票人则成为汇票的从债务人。

4. 付款(Payment)

是指汇票的承兑人或付款人向持票人支付汇票上所载金额的款项的行为。即期汇票于持票人提示时付款,远期汇票于汇票到期日付款。汇票一经付款,票据关系即告解除,汇票上的一切债权债务关系即告终止。

5. 背书(Endorsement)

是指汇票的持票人将要求受票人付款的权利转让给他人的行为。汇票的出让人也称为"背书人"(Endorser),受让人也称为"被背书人"(Endorsee)。

汇票除了是一种支付工具外,还是一种流通工具,可以在票据市场上流通转让。背书是转让汇票权利的一种法定手续,由汇票的持票人在汇票背面或者粘单上签上自己的名字,有时还写上受让人的名字,把汇票交给受让人,即完成背书手续,汇票的收款权利就转移给了受让人。

汇票可以通过背书不断转让下去。对于汇票的受让人来说,所有在他以前的背书人以及原出票人都是他的"前手";对于汇票的出让人来说,所有在他出让汇票以后的受让人都是他的"后手"。前手对后手要承担汇票必能得到承兑或付款的责任。

持票人如果需要在汇票到期前取得票款,可以将汇票进行贴现(Discount)。贴现是指远期汇票的持票人将尚未到期的汇票背书转让给银行或其他金融机构,银行在按票面金额扣除一定利息和手续费后将剩余的票款支付给持票人。

6. 拒付(Dishonor)

拒付又称"退票",是指受票人拒绝承兑或拒绝付款的行为。付款人拒不见票、死亡或已宣告破产等情况也构成拒付。

汇票一经被拒付,持票人随即产生追索权(Right of Recourse)。追索权是指汇票遭到拒付,持票人对其前手(背书人、出票人)有请求偿还汇票金额及费用的权利。持票人为行使追索权,应及时做出拒付证书(Protest)。拒付证书是由付款地的法定公证人或其他依法有权作出证书的机构,如银行、法院、公会、邮局等,作出的证明拒付事实的文件,是持票人凭以向其前手进行追索的法律依据。如拒付的汇票已经承兑,出票人可凭以向法院起诉,要求承兑人付款。

有时,汇票的出票人或背书人为了避免承担被追索的责任,在汇票上加注"不受追索"(Without Recourse)字样。这种汇票很难在市场上进行流通转让。

## 二、本票

(一) 本票的含义和基本内容

根据我国《票据法》第73条规定,本票是出票人签发的,承诺自己在见票时无条件支付确定的金额给收款人或持票人的票据。

按我国《票据法》规定,本票必须记载下列事项:

① 注明"本票"字样;
② 无条件的支付承诺;
③ 收款人名称;
④ 确定的金额;
⑤ 出票日期;
⑥ 出票人签字。

本票上未记载上述规定事项之一的,本票无效。

(二) 本票的种类

本票可分为商业本票和银行本票两种。商业本票又称"一般本票",是指由工商企业或个人签发的本票。由银行签发的则称为银行本票,商业本票既有即期的,也有远期的,银行本票都是即期的。在国际贸易结算中使用的本票,大多是银行本票。

在我国,本票仅限于银行本票,只能由中国人民银行审定的银行或其他金融机构签发。

## 三、支票

按我国《票据法》第 82 条规定,支票是出票人签发的,委托办理支票存款业务的银行或其他金融机构在见票时无条件支付确定金额给收款人或持票人的票据。支票可以看做是以银行为付款人的即期汇票。

支票的出票人应承担票据上的责任和法律上的责任。前者是指出票人对收款人担保支票的付款;后者是指出票人签发支票时,应在付款银行有不低于票面金额的存款。如存款不足,则此支票为空头支票,出票人要负法律上的责任。

按我国《票据法》第 85 条规定,支票必须记载下列事项:
① 写明"支票"字样;
② 无条件的支付命令;
③ 付款人名称;
④ 确定的金额;
⑤ 出票日期;
⑥ 出票人签字。

未记载上述规定事项之一的,支票无效。

# 第二节　汇付与托收

国际货物贸易中所使用的支付方式可分为顺汇和逆汇两类。顺汇是指资金的流向与支付工具的传递方向相同;逆汇是指资金的流向与支付工具的传递方向相反。目前,国际货物贸易中常用的支付方式主要有汇付(Remittance)、托收(Collection)和信用证(Letter of Credit,简称 L/C)三种。

## 一、汇付

汇付又称汇款,是付款人主动通过银行或其他途径把款项汇交给收款人。

### (一) 汇付方式的当事人

在汇付业务中,一般涉及四个基本当事人:
① 汇款人(Remitter)。是指汇出款项的人。在进出口贸易中,通常是进口商。
② 收款人(Payee;Beneficiary)。是指收取款项的人,通常是出口商。
③ 汇出行(Remitting Bank)。是接受汇款人的委托,汇出款项的银行。通常是汇款人所在地的银行。
④ 汇入行(Paying Bank)。是接受汇出行的委托,解付汇款的银行,因而又称解付行。通常是收款人所在地的银行。

汇款人在办理汇付业务时,需出具汇款申请书。此申请书是汇款人和汇出行之间的一种契约,汇出行一旦接受,就有义务按汇款申请书的指示通知汇入行。汇出行与汇入行之间一般都事先订有代理协议,在协议范围内,汇入行对汇出行承担解付汇款的义务。

（二）汇付的种类

1. 信汇（Mail Transfer；简称 M/T）

是指汇出行应汇款人的申请，将信汇委托书寄给汇入行，授权解付一定金额给收款人的汇付方式。

信汇的特点是费用低、耗时长，汇出行可以占用汇款人的资金。

2. 电汇（Telegraphic Transfer；简称 T/T）

是指汇出行应汇款人的申请，以电讯方式指示汇入行向指定收款人解付一定金额的汇付方式。

电汇的特点是速度快、费用高，银行不能占用汇款人的资金。电、信汇业务流程如图 8-1 所示。

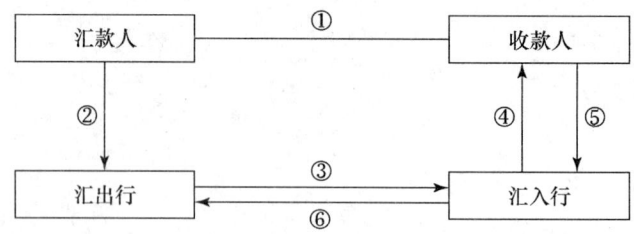

图 8-1　电、信汇业务流程

① 买卖双方在买卖合同中约定以电/信汇方式付款；
② 汇款人出具汇款申请书，连同所汇款项一起交汇出行，向汇出行提出汇付申请；
③ 汇出行向汇入行发出电/信汇委托通知书；
④ 汇入行向收款人寄送汇款通知；
⑤ 收款人持汇款通知到汇入行取款；
⑥ 汇入行向汇出行寄送付讫借记通知书。

3. 票汇（Remittance by Banker's Demand Draft；简称 D/D）

是指汇出行应汇款人的申请，代汇款人开立以汇入行为付款人的即期银行汇票，支付一定金额给收款人的一种汇付方式。

与信汇、电汇方式相比，票汇的汇入行无须通知收款人取款，而是由收款人持票登门取款。这种汇票除有限制转让和流通的规定外，可以进行背书转让，而电汇、信汇的收款人则不能将收款权转让。

（三）汇付的使用

汇付方式采用的是顺汇。其手续简便，费用低，但汇付业务中，银行只提供服务，不提供信用，一旦付了款或发了货就会失去制约对方的手段，能否及时安全地收货或收款，完全依赖于对方的信用，如果对方信用不好，就很可能钱货两空。因此，汇付属商业信用。

在国际货物贸易中，汇付方式常用于预付货款（Payment in Advance）、随订单付款（Cash with Order）、交货后付款（Cash on Delivery，简称 C.O.D.）、赊销（Open Account）等业务；订金、尾款、佣金等小额费用的支付及分期付款。预付货款和随订单付款对卖方有利，因为卖方可以先收款再发货，收汇安全，且不占用资金。交货后付款和赊销对买方有利，因为买方可以在收到货物后再付款；而卖方不但资金被对方占用，还要承担买方不付款的风险。

汇付方式如运用得当，对买卖双方都有好处。对买方而言，先取得货物或代表货物所有权的单据,然后再付款,有利于资金周转,并可节省费用;对卖方而言,在买方信誉可靠或与自己有特殊密切关系时,采用汇付方式,有利于扩大出口。

(四) 合同中的汇付条款

合同中的汇付条款,一般包括汇付方式、汇付时间和汇付金额等内容。

**例 1:** 买方应于 2011 年 6 月 15 日前将全部货款用电汇(信汇/票汇)方式付给卖方。

The Buyer shall pay the total value to the Seller in advance by T/T(M/T or D/D) before June 15,2011.

**例 2:** 合同签字后 30 天内,买方应以电汇方式将合同总金额 20% 的预付款汇交卖方。

20% of the total contract value as advance payment shall be remitted by the Buyer to the Seller through T/T within 30days after signing this contract.

## 二、托收

按国际商会在其制定的《托收统一规则》(简称《URC522》)中所下的定义,托收是指由接到托收指示的银行根据所收到的指示处理金融单据和/或商业单据以便取得付款/承兑,或凭付款/承兑交出商业单据,或凭其他条款或条件交出单据。

金融单据是指汇票、本票、支票、付款收据或其他类似用于取得付款的凭证,商业单据是指发票、运输单据、物权单据或其他单据,或除金融单据以外的其他单据。

简而言之,托收是指债权人(出口商)开立汇票连同相关的货运单据委托银行向债务人(进口商)收取款项的一种支付方式。

(一) 托收方式的当事人

在托收业务中有五个基本当事人。

① 委托人(Principal)。是指委托银行办理托收业务的人,是债权人。在国际货物买卖中一般是出口商(卖方)。

② 托收行(Remitting Bank)。是指接受委托人的委托办理托收业务的银行。一般为出口地的银行。

③ 代收行(Collecting Bank)。是指接受托收行的委托向债务人收取款项的进口地银行。代收行一般是托收行的国外分行或代理行。

④ 提示行(Presenting Bank)。是指向付款人提示汇票和单据的银行。提示行可以是代收行委托的与付款人有往来账户关系的银行,也可以由代收行自己兼任提示行。

⑤ 付款人(Payer)。是指汇票的受票人,是债务人。在国际货物买卖中一般为进口商(买方)。

托收业务中,有时还会出现一个当事人,称需要时的代理(Customer's Representative in Case of Need)。它是委托人指定的在付款人拒付时代为料理货物的存仓、转售、运回等事宜的付款地的代理人。委托人须在托收委托书中指明此代理人的权限,否则银行将不接受其任何指示。

(二) 托收的种类

按有无随附商业单据,托收可分为光票托收和跟单托收两种。

光票托收(Clean Collection)是指金融单据不附有商业单据的托收,卖方仅凭开立汇票委托银行收款,一般用于小额款项的收付。

跟单托收(Documentary Collection)是对商业单据的托收,可以附带金融单据,也可以不附带金融单据。国际货物贸易中货款的收取大多采用跟单托收。按交单条件不同,跟单托收又可分为付款交单和承兑交单两种。

1. 付款交单(Documents against Payment,简称 D/P)

是指出口人的交单以进口人的付款为条件。即出口人发货后取得装运单据,委托银行办理托收,在托收委托书中指示银行只有在进口人付清货款后,才能把商业单据交给进口人,即所谓的"付款赎单"。

根据付款时间的不同,付款交单又可分为即期付款交单和远期付款交单两种。

(1) 即期付款交单(D/P at sight)

指出口人发运货物后开立即期汇票,连同全套货运单据通过银行向进口人提示,进口人应立即付款,代收行在收到货款后将单据交给进口人。

即期付款交单的业务流程如图 8-2 所示。

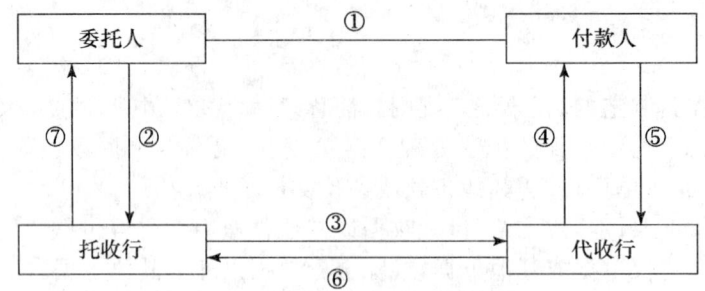

图 8-2　即期付款交单业务流程图

① 买卖双方在买卖合同中约定以即期付款交单方式支付;

② 委托人按买卖合同规定交货后,填写托收指示书,开立即期汇票,连同全套单据交托收行委托其代收货款;

③ 托收行根据托收指示书缮制托收委托书,连同汇票、货运单据一起交汇入行,委托其代为收款;

④ 代收行按委托书的指示向付款人提示汇票和单据;

⑤ 付款人审单无误后付款赎单;

⑥ 代收行通知托收行款已收妥转账;

⑦ 托收行将货款交委托人。

(2) 远期付款交单(D/P after sight)

指出口人发运货物后开具远期汇票,连同全套货运单据通过银行向进口人提示,进口人予以签字承兑,待汇票到期时付清货款后再领取商业单据。

远期付款交单的业务流程如图 8-3 所示。

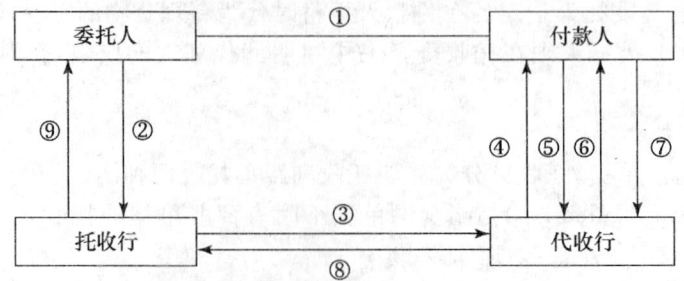

图 8-3　远期付款交单业务流程图

① 买卖双方在买卖合同中约定以远期付款交单方式支付；
② 委托人按买卖合同规定交货后，填写托收指示书，开立远期汇票，连同全套单据交托收行委托其代收货款；
③ 托收行根据托收指示书缮制托收委托书，连同汇票、货运单据一起交汇入行，委托其代为收款；
④ 代收行按委托书的指示向付款人提示汇票和单据，要求付款人承兑汇票；
⑤ 付款人审单无误后即在汇票上承兑，代收行收回汇票、单据；
⑥ 汇票到期时，代收行向付款人做付款提示；
⑦ 付款人付款赎单；
⑧ 代收行通知托收行款已收妥转账；
⑨ 托收行将货款交委托人。

远期付款交单由于给进口人提供了资金融通的便利，往往作为出口人提高其出口竞争力的一种手段。但有时也会造成付款日期晚于到货日期。在这种情况下，进口人为了抓住有利行市，及时提取货物，可以采取以下两种做法：一是在汇票到期日之前提前付款赎单。此时银行会扣除提前付款日至原应付款日之间的利息，作为买方提前付款所享受的现金折扣。另一种做法是出具信托收据（Trust Receipt，简称 T/R）向代收行先行借单提货，待汇票到期后再付款赎单。

所谓信托收据，是指进口人借单时提供的一种书面信用担保文件，用来表示愿意以代收行的受托人的身份代为提货、报关、存仓、保险或出售，并承认货物所有权仍属银行。货物售出后所得的货款，应于汇票到期时交代收行。这实际上是代收行对进口人提供的信用便利，日后如不能收回货款，应由代收行负责。因此，代收行一般只对资信较好的进口人提供这种做法，有时还要求进口人提供一定的担保或抵押品。

有时，出口人会主动授权代收行凭信托收据借单给进口人，即所谓的"远期付款交单凭信托收据借单"（D/P·T/R）。此时，如日后进口人拒付，则与代收行无关，一切风险和损失均由出口人自己承担。

2. 承兑交单（Documents against Acceptance，简称 D/A）

是指出口人的交单以进口人在汇票上承兑为条件。出口人发运货物后开立远期汇票，连同全套货运单据通过银行向进口人提示，进口人承兑汇票后，代收行即将全套货运单据交给进口人，在汇票到期时进口人再付款。

承兑交单的业务流程如图8-4所示。

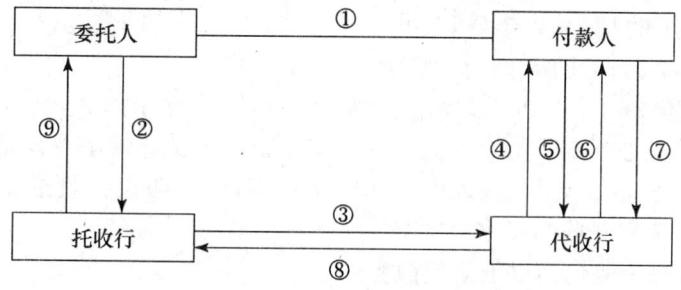

图8-4 承兑交单业务流程图

① 买卖双方在买卖合同中约定以承兑交单方式支付；
② 委托人按买卖合同规定交货后，填写托收指示书，开立远期汇票，连同全套单据交托

收行委托其代收货款;

③ 托收行根据托收指示书缮制托收委托书,连同汇票、货运单据一起交汇入行,委托其代为收款;

④ 代收行按委托书的指示向付款人提示汇票和单据,要求付款人承兑汇票;

⑤ 付款人审单无误后即在汇票上承兑,取得货运单据,代收行收回汇票;

⑥ 汇票到期时,代收行向付款人做付款提示;

⑦ 付款人付款;

⑧ 代收行通知托收行款已收妥转账;

⑨ 托收行将货款交委托人。

承兑交单实际上是出口人对进口人提供的资金融通。由于进口人无须付款即可取得货运单据、提取货物,一旦进口人到期不付款,出口人就会陷于货、款两空的境地。因此,承兑交单的风险很大,出口人如要采用这种方式,一定要慎重。

(三) 托收的特点及利弊

托收采用的是逆汇方式,属商业信用。银行在办理托收业务时,只是按委托人的指示行事,并不提供信用,不保证付款人必然会付款。对出口人而言,托收存在着一定的风险。如果进口人破产或丧失清偿能力,出口人就可能收不回或晚收货款。在进口人拒不付款赎单时,除非事先约定,银行没有义务代为保管货物。如果货物已经到达,还要发生在进口地办理提货、交纳进口关税、存仓、保险、转售甚至被低价拍卖或运回国内的损失。在承兑交单方式下,进口人只要在汇票上签字承兑,即可取得商业单据,凭以提货;出口人收款的保障就是进口人的信用,一旦进口人到期不付款,出口人就会遭受货、款两空的损失。

对进口人而言,托收是一种较有利的方式。进口人不需申请开立信用证,不必预付银行押金,减少费用支出,还有利于资金周转和资金融通。也正因为托收对买方有上述好处,所以托收也被出口人用以作为一种提升竞争力的手段,以调动进口人购买的积极性,从而有利于促进成交和扩大出口。在当前国际市场竞争越来越激烈的情况下,托收在国际货物买卖中被越来越多的交易者采用。

(四)《托收统一规则》

在国际货物贸易中,各国银行在办理托收业务时,在具体做法上会有一定的差异,当事人之间对各自的权利、义务和责任的解释也往往不一致,从而容易造成争议和纠纷。为了规范托收业务的做法,减少有关当事人之间可能产生的矛盾和纠纷,国际商会于1958年草拟了一套《商业单据托收统一规则》,建议各国银行在处理托收业务时加以采用。此后,该规则几经修订,目前使用的是1995年修订、并于1996年1月1日起正式实施的《托收统一规则》,即国际商会第522号出版物,简称《URC522》。

《URC522》共有26条,分为总则、托收的方式及结构、提示方式、义务和责任、付款、利息、手续费及费用、其他规定等七个部分。现将其主要内容及新增添内容简介如下:

(1) 一切寄出的托收单据都必须附有托收指示书,并注明该托收按照《URC522》办理。银行办理托收业务应以托收指示书为准。

(2) 托收指示书中应包括以下主要内容:

① 各当事人的名称、地址、联系方式;

② 托收金额及货币单位;

③ 所附单据及其份数;

④ 光票托收时据以取得付款和/或承兑的条款及条件;跟单托收时据以交单的条件;

⑤ 应收取的费用,同时须注明该费用是否可以放弃;
⑥ 应收取的利息(如有),同时须注明该项利息是否可以放弃,并应包括利率、计息期和计算方法(如一年是按 360 天还是 365 天计算);
⑦ 付款的方式和付款通知的形式;
⑧ 发生不付款、不承兑和/或执行其他指示情况下的指示。
委托人可根据实际情况需要,在托收指示书中加列其他内容。

(3) 不提倡使用 D/P 远期

第 7 条规定:托收不应含有远期汇票又同时规定商业单据要在付款后才交付。如果托收含有远期付款的汇票,托收指示书中应注明商业单据是凭承兑还是凭付款交给付款人。如无此项注明,商业单据仅能凭付款交付,代收行对因此迟交单据产生的任何后果不负责任。

(4) 除非事先征得银行同意,货物不应直接运交银行,不应以银行或其指定人为收货人。银行对跟单托收项下的货物没有义务采取任何行动,对此项货物的风险和责任由发货人承担。

(5) 银行必须核实其所收到的单据与托收指示书所列的内容表面是否相符,若发现单据缺少,银行有义务用电讯或其他快捷方式通知委托人。除此之外,银行没有进一步审核单据的义务。

(6) 银行对于任何单据的形式、完整性、准确性、真伪性或法律竞争力,或对于单据上规定的或附加的一般性和/或特殊条件概不承担责任;银行对于任何单据所表示的货物的描述、数量、重量、质量、状况、包装、交货、价值或存在与否,对于发货人、承运人、运输行、收货人或保险人或其他任何人的诚信、行为和/或疏忽、偿付能力、行为能力也概不负责。

(7) 托收如被拒付,提示行应尽力确定拒付的原因并须毫不延误地向发出托收指示的银行送交拒付的通知。委托行收到此项通知后,必须对单据如何处理给予相应的指示。提示行如在发出拒付通知后 60 天内仍未收到此项指示,则可将单据退回发出托收指示的银行,且不再负任何责任。

《托收统一规则》自公布实施以来,已成为托收业务中的国际惯例,被各国银行采纳和使用。我国银行在采用托收方式时,也参照这个规则的解释和原则进行办理。

(五) 使用托收方式时的注意事项

在目前的国际市场环境下,在我国的出口业务中,可针对不同商品、不同贸易对象和不同的销售市场的贸易习惯,适当地扩大使用托收方式,但需注意下列问题。

① 调查客户的资信状况和经营作风,掌握其资信额度,并将成交金额控制在资信额度之内。

② 了解进口国的贸易管制和外汇管制条例,以免货到目的地后,由于不准进口或收不到外汇而遭致损失。

③ 了解进口国的商业习惯,以免由于当地的习惯做法影响安全迅速收汇。

④ 出口合同应争取按 CIF 或 CIP 条件成交,如不能则应投保卖方利益险。

⑤ 健全管理制度,定期检查,及时催收清理,发现问题应迅速采取措施,以避免或减少可能发生的损失。

(六) 合同中的托收条款

合同中的托收条款应包括交单条件、付款时间及承兑责任等内容。

例 1:即期付款交单

买方应凭卖方开具的即期跟单汇票于见票时立即付款,付款后交单。

Upon first presentation the Buyer shall pay against documentary draft drawn by the Seller at sight. The shipping documents are to be delivered against payment only.

例2：远期付款交单

买方对卖方开具的见票后30天付款的跟单汇票，于提示时立即承兑，并应于汇票到期日立即予以付款，付款后交单。

The Buyer shall dully accept the documentary draft drawn by the Seller at 30days sight upon first presentation and make payment on its maturity. The shipping documents are to be delivered against payment only.

例3：买方应凭卖方开具的跟单汇票，于汇票出票日后60天付款，付款后交单。

The buyer shall pay against documentary draft drawn by the Seller at 60 days after date of draft. The shipping documents are to be delivered against payment only.

例4：承兑交单

买方对卖方开具的见票后45天付款的跟单汇票，于提示时即予承兑，并应于汇票到期日立即付款，承兑后交单。

The Buyer shall dully accept the documentary draft drawn by the Seller at 45days sight upon first presentation and make payment on its maturity. The shipping documents are to be delivered against acceptance.

## 第三节　信　用　证

信用证支付方式是随着国际贸易的发展，在银行业参与国际贸易结算的过程中逐步形成的。由于它在一定程度上解决了买卖双方之间互不信任的矛盾，又能为买卖双方提供资金融通的便利，因而一直在国际货物贸易中广泛运用。

按国际商会《跟单信用证统一惯例》2007年修订本（简称《UCP600》）的解释，信用证意指一项不可撤销的安排，无论其名称或描述如何，该项安排构成开证行对于相符交单予以承付的确定承诺。所谓相符交单（Complying Presentation），是指与信用证条款、本惯例的相关适用条款及国际标准银行实务相一致的交单。承付（Honor）是指① 如信用证为即期付款信用证，则即期付款；② 如信用证为延期付款信用证，则承诺延期付款并在承诺到期日付款；③ 如信用证为承兑信用证，则承兑受益人开出的汇票并在汇票到期日付款。

简而言之，信用证是一种银行开立的有条件的承诺付款的书面文件。

### 一、信用证的当事人

在信用证方式中有可能涉及的当事人有：

（一）开证申请人（Applicant）

开证申请人可简称为申请人（Applier），是指向银行申请开立信用证的人。一般为进口人，也可是实际买主。

（二）开证行（Opening Bank, Issuing Bank）

开证行是指接受开证申请人的委托，开立信用证的银行，一般为进口地的银行。它负有保证付款的责任。

## （三）通知行（Advising Bank, Notifying Bank）

通知行是指受开证行委托，将信用证转交给出口人的银行，通常是出口地的银行。通知行需证实信用证的真实性，不承担其他义务。

## （四）受益人（Beneficiary）

受益人是指信用证中所指定的有权使用该信用证的人，即有权凭规定单据向指定银行要求付款的人。一般为出口商，也可是实际供货者。

## （五）议付行（Negotiating Bank）

议付行是指买入受益人提交的跟单汇票的银行，一般是出口商所在地的银行。信用证中可指定某一银行为议付行，也可不指定，由受益人选择任一银行作为议付行。

## （六）付款行（Paying Bank, Drawee Bank）

付款行是指进行信用证项下付款的银行。一般是开证行，也可以是开证行授权的另一家银行。

## （七）承兑行（Accepting Bank）

承兑行是指承兑并支付受益人开立的汇票的银行。一般是开证行，也可以是开证行授权的另一家银行。

## （八）偿付行（Reimbursement Bank）

偿付行又称清算行（Clearing Bank），是指接受开证行的指示或授权，代开证行偿还垫款的银行。偿付行不审单，仅凭索偿银行的索偿通知偿付。开证行见单后，如发现单证不符，可要求寄单的银行退还偿付的款项及利息。

此外，根据实际需要，信用证业务还可能涉及保兑行、转让行、第二受益人等当事人。

## 二、信用证业务的一般流程

信用证业务的一般流程如图8-5所示。

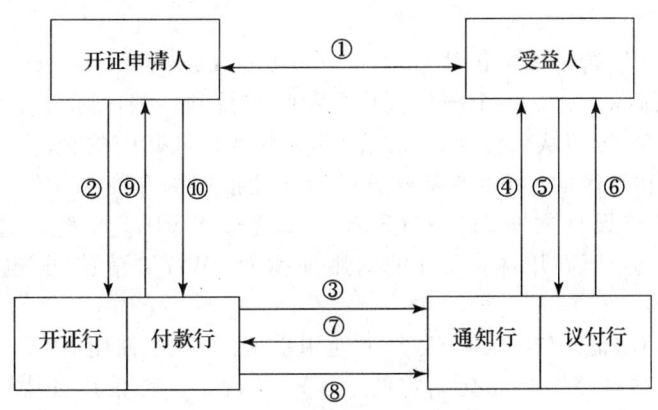

图 8-5　信用证业务的一般流程

① 进出口商在买卖合同中规定采用信用证方式支付；

② 进口商根据合同规定，出具开证申请书，并交纳开证押金，向开证行申请开立信用证；

③ 开证行按开证申请书的内容开出信用证，传给出口商所在地的通知行，要求其转交信用证；

④ 通知行鉴定信用证表面真实性后转交给受益人（出口商）；

⑤ 如信用证符合要求，出口商按信用证规定交货、制单，在信用证规定的期限内送交议付行议付；

⑥ 议付行按信用证条款审核单据无误后，按汇票金额扣除贴现利息和手续费，将余额垫付给出口商；

⑦ 议付行向开证行或付款行寄单索偿；

⑧ 开证行或付款行审核单据无误后，付款给议付行；

⑨ 开证行通知进口商付款赎单；

⑩ 进口商付款赎单。

### 三、信用证的开立方式

信用证的开立方式有信开和电开两种。

#### （一）信开

信开是指开证行采用印就的信函格式填开信用证，以航邮寄送通知行。由于其速度慢，且易发生差错，现已很少使用。

#### （二）电开

电开是指开证行使用电报、电传、传真、SWIFT等电讯方式将信用证条款传送给通知行。电开信用证又或分为以下几种：

1. 简电通知

即开证行只是通知已经开出信用证，将信用证的主要内容，如信用证号码、开证人名称、受益人名称和地址、金额、货物的名称、数量、价格、装运期、有效期、到期地点等通告通知行，详细条款另行邮寄。简电通知不是有效的信用证文件。

2. 全电本

即开证行以电讯方式将信用证全部条款传送给通知行。它是有效的信用证文件。

3. SWIFT信用证

SWIFT是"环球银行金融电讯协会"（Society for Worldwide Interbank Financial Telecommunication）的简称。它是一个国际银行同业间非盈利性的国际合作组织，于1973年在比利时布鲁塞尔成立，专门从事传递各国之间非公开性的国际间的金融电讯业务，目前已发展到130多个国家和地区的4000多家成员银行。凡根据国际商会所制定的电讯信用证格式，利用SWIFT系统设计的特殊格式（Format），通过SWIFT系统传递的信用证的信息（Message），即通过SWIFT开立或通知的信用证称为SWIFT信用证，也有的称为"环银电协信用证"。

采用SWIFT信用证，必须遵守SWIFT使用手册的规定，使用SWIFT手册规定的代号（Tag），信用证也必须遵照国际商会制定的《UCP》的规定。在信用证中可省去银行的承诺条款（Undertaking Clause），但不能免去银行所应承担的义务。

SWIFT系统中，MT700是开证行发送其开立的信用证的基本报文格式，MT701是其补充格式，在MT700报文字符超过10 000字符时补充使用，不能单独使用；MT710是非银行金融机构开立或通过第三家银行发送信用证的报文格式（即开立信用证的非银行机构把信用证发送给某银行，或开证行通过MT700格式把信用证发送给某银行，该银行再把信用证发送给通知行时使用的报文格式），MT711是其补充格式，不能单独使用；MT720是可转让信用证的转让行转让信用证时的报文格式，MT721是其补充格式，不能单独使用。如对开出的SWIFT信用证进行修改，则采用MT707格式。

SWIFT 信用证具有标准化、固定化和格式统一的特点,而且快捷、高效、准确、安全,费用也较为低廉。我国银行在电开信用证或收到的信用证电开本中,SWIFT 信用证已占很大比重。

MT700、MT701 及 MT707 的格式见表 8-1、表 8-2 及表 8-3。

表 8-1　MT700 Issue of a Documentary Credit
跟单信用证的开立

| M/O ① | Tag 代号 | Field Name 栏位名称 | Content/Options 内容 |
|---|---|---|---|
| M | 27 | Sequence of Total 合计次序 | 1n/1n ② 1个数字/1个数字 |
| M | 40A | Form of Documentary Credit 跟单信用证类别 | 24x 24个字 |
| M | 20 | Documentary Credit Number 信用证号码 | 16x 16个字 |
| O | 23 | Reference to Pre-Advice 预通知的编号 | 16x 16个字 |
| O | 31C | Date of Issue 开证日期 | 6n 6个数字 |
| M | 31D | Date and Place of Expiry 到期日及地点 | 6n/29x 6个数字/29个字 |
| O | 51a | Applicant Bank 申请人的银行 | A or D A 或 D |
| M | 50 | Applicant 申请人 | 4*35x 4行×35个字 |
| M | 59 | Beneficiary 受益人 | 4*35x 4行×35个字 |
| M | 32B | Currency Code,Amount 币种代号、金额 | 3a,15numbers 3个字母,15个数字 |
| O | 39A | Percentage Credit Amount Tolerance 信用证金额加减百分率 | 2n/2n 2个数字/2个数字 |
| O | 39B | Maximum Credit Amount 最高信用证金额 | 13x 13个字 |
| O | 39C | Additional Amounts Covered 可附加金额 | 4*35x 4行×35个字 |
| M | 41A | Available With... By... 向……银行押汇,押汇方式为…… | A or D A 或 D |
| O | 42C | Drafts at... 汇票期限 | 3*35x 3行×35个字 |
| O | 42A | Drawee 付款人 | A or D A 或 D |
| O | 42M | Mixed Payment Details 混合付款指示 | 4*35x 4行×35个字 |
| O | 42P | Deferred Payment Details 延迟付款指示 | 4*35x 4行×35个字 |

续表

| M/O ① | Tag 代号 | Field Name 栏位名称 | Content/Options 内容 |
|---|---|---|---|
| O | 43P | Partial Shipments 分批装运 | 1*35x<br>1行×35个字 |
| O | 43T | Transshipment 转运 | 1*35x<br>1行×35个字 |
| O | 44A | Loading on Board/Dispatch/Taking in Charge at/from… 由……装船/发运/接管 | 1*65x<br>1行×65个字 |
| O | 44B | For Transportation to… 装运至…… | 1*65x<br>1行×65个字 |
| O | 44C | Latest Date of Shipment 最迟装运日期 | 6n<br>6个数字 |
| O | 44D | Shipment Period 装运期间 | 6*65x<br>6行×65个字 |
| O | 45A | Description of goods and/or Service 货物描述及/或交易条件 | 50*65x<br>50行×65个字 |
| O | 46A | Documents Required 应具备单据 | 50*65x<br>50行×65个字 |
| O | 47A | Additional Conditions 附加条件 | 50*65x<br>50行×65个字 |
| O | 71B | Charges 费用 | 6*35x<br>6行×35个字 |
| O | 48 | Period for Presentation 提示期间 | 4*35x<br>4行×35个字 |
| O | 49 | Confirmation Instructions 保兑指示 | 7x<br>7个字 |
| O | 53A | Reimbursement Bank 清算银行 | A or D<br>A 或 D |
| O | 78 | Instructions to the Paying/accepting/Negotiation Bank 对付款/承兑/议付银行的指示 | 12*65x<br>12行×65个字 |
| O | 57A | "Advise Through" Bank 收讯银行以外的通知行 | A, B or D<br>A, B 或 D |
| O | 72 | Sender to Receiver Information 银行间的通知 | 6*35x<br>6行×35个字 |

说明：

① M/O 为 Mandatory 与 Optional 的缩写，前者指必要项目，后者指任意项目。

② 合计次序指本证的页次，共两个数字，前后各一，如"1/2"，其中"2"指本证共2页，"1"指本页为第1页。

表 8-2  MT701 Issue of a Documentary Credit
跟单信用证的开立

| M/O | Tag 代号 | Field Name 栏位名称 | Content/Options 内容 |
|---|---|---|---|
| M | 27 | Sequence of Total 合计次序 | 1n/1n 1个数字/1个数字 |
| M | 20 | Documentary Credit Number 信用证号码 | 16x 16个字 |
| O | 45B | Description of goods and/or Service 货物描述及/或交易条件 | 50*65x 50行×65个字 |
| O | 46B | Documents Required 应具备单据 | 50*65x 50行×65个字 |
| O | 47B | Additional Conditions 附加条件 | 50*65x 50行×65个字 |

表 8-3  MT707 Amendment to a Documentary Credit
跟单信用证的修改

| M/O | Tag 代号 | Field Name 栏位名称 | Content/Options 内容 |
|---|---|---|---|
| M | 20 | Sender's Reference 送讯银行的编号 | 16x 16个字 |
| M | 21 | Receiver's Reference 收讯银行的编号 | 16x 16个字 |
| O | 23 | Issuing Bank's Reference 开证银行的编号 | 50*65x 50行×65个字 |
| O | 52a | Issuing Bank 开证银行 | 50*65x 50行×65个字 |
| O | 31c | Date of Issue 开证日期 | 6n 6个数字 |
| O | 30 | Date of Amendment 修改日期 | 6n 6个数字 |
| O | 26E | Number of Amendment 修改序号 | 2n 2个数字 |
| M | 59 | Beneficiary(before this amendment) 受益人(修改以前的) | 4*35x 4行×35个字 |
| O | 31E | New date of Expiry 新的到期日 | 6n 6个数字 |
| O | 32B | Increase of Documentary Credit Amount 信用证金额的增加 | 3a,15numbers 3个字母,15个数字 |

续表

| M/O | Tag 代号 | Field Name 栏位名称 | Content/Options 内容 |
|---|---|---|---|
| O | 33B | Decrease of Documentary Credit Amount 信用证金额的减少 | 3a,15numbers 3个字母,15个数字 |
| O | 34B | New Documentary Credit Amount After Amendment 修改后新的信用证金额 | 3a,15numbers 3个字母,15个数字 |
| O | 39A | Percentage Credit Amount Tolerance 信用证金额加减百分率 | 2n/2n 2个数字/2个数字 |
| O | 39B | Maximum Credit Amount 最高信用证金额 | 13x 13个字 |
| O | 39C | Additional Amounts Covered 可附加金额 | 4*35x 4行×35个字 |
| O | 44A | Loading on Board/Dispatch/Taking in Charge at/from… 由……装船/发运/接管 | 1*65x 1行×65个字 |
| O | 44B | For Transportation to… 装运至…… | 1*65x 1行×65个字 |
| O | 44C | Latest Date of Shipment 最迟装运日期 | 6n 6个数字 |
| O | 44D | Shipment Period 装运期间 | 6*65x 6行×65个字 |
| O | 79 | Narrative 叙述 | 35*50x 35行×50个字 |
| O | 72 | Sender to Receiver Information 银行间的通知 | 6*35x 6行×35个字 |

以下是一份 SWIFT 信用证示例：

FIN/Session/OSN：F01　　2537　　　146039
Own Address：MSBCCNBJA005 CHINA MINSHENG BANKING CORPORATION
　　　　　　　　　　　　　WUHAN
　　　　　　　　　　　　　（WUHAN BANCH）
Output Message Type：700　ISSUE OF A DOCUMENTARY CREDIT
Input Time：1541
MIR：050903NYCBHKHHBXXX7300125435
Sent by：NYCBHKHHBXXX　NANYANG COMMERCIAL BANK LIMITED
　　　　　　　　　　　　HONG KONG
Output Date/Time：110903/1541
Priority：Normal
MUR：ABLS09034720007
27/ SEQUENCE OF TOTAL
　　1/1

40A/ FORM OF DOCUMENTARY CREDIT
　　　IRREVOCABALE
20/ DOCUMENTARY CREDIT NUMBER
　　　1-01-T-30841
31C/ DATE OF ISSUE
　　　110903
　　　2011-09-03
40E/ APPLICABLE RULES
　　　UCP LATEST VERSION
31D/ DATE AND PLACE OF EXPIRY
　　　111025 IN COUNTRY OF BENE
　　　2011-10-25
50/ APPLICANT
　　　VASTLY DEVELOPMENTS LTD
　　　RM 1706 HAMCOURT HSE
　　　39 GLOUCESTER RD
　　　WANCHAI HK
59/ BENETICIARY
　　　HUBEI TRI RING INTERNATIONAL TRADE CO., LTD
　　　RM 1906, BLOCK A,
　　　TONGCHENGFUYUAN BLDG..
　　　117 ZHONGBEI RD.. WUHAN, CHINA
32B/ CURRENCY CODE, AMOUNT
　　　USD85200.00
　　　　　　　US Dollar
　　　　　　　　　　　85200.00
41D/ AVAILABLE WITH... BY...
　　　ANY BANK...
　　　BY NEGOTIATION
42C/ DRAFTS AT...
　　　SIGHT
　　　QUOTING NO. AND DATE OF THIS L/C AND
　　　NAME OF L/C ISSUING BANK
42D/ DRAWEE--NAME AND ADDRESS
　　　ISSUING BANK FOR FULL INVOICE VALUE
43P/ PARTIAL SHIPMENTS
　　　ALLOWED
43T/ TRANSSHIPMENT
　　　NOT ALLOWED
44A/ ON BOARD/DISP/TAKING CHARGE
　　　CHINESE MAIN PORT
44B/ FOR TRANSPORTATION TO
　　　JAPANESE MAIN PORT
44C/ LATEST DATE OF SHIPMENT

111015

2011-10-15

45A/ DESCP OF GOODS AND/OR SERVICE

　　COMMODITY: SILLICON METAL

　　SPEC. : SI 99.0 PCT MIN., FE 0.4 PCT MAX., AL 0.4 PCT MAX.,

　　　　　CA 0.1 PCT MAX.

　　SIZE: 10-100MM 90PCT MIN.

　　UNIT PRICE: USD710.00/MT

　　QUANTITY: 120 MTS

　　PACKING: IN PLASTIC BAGS OF 1MT NET EACH

　　CFR JAPANESE MAIN PORT

　　SHIPPING MARK: N/M

46A/ DOCUMENTS REQUIRED

1. SIGNED COMMERCIAL INVOICE IN TRIPLICATE.
2. PACKING LIST IN DUPLICATE.
3. FULL SET OF CLEAN "ON BOARD" MARINE BILLS OF LADING MADE OUT TO ORDER AND ENDORSED IN BLANK NOTIFY NISSHO IWAI ALCONIX CORP. MARKED "FREIGHT PREPAID".
4. CERTIFICATE OF QUALITY ISSUED BY CIQ.
5. CERTIFICATE OF QUANTITY/WEIGHT ISSUED BY CIQ AT LOADING PORT.
6. BENEFICIARY'S CERTIFICATE CERTIFYING THAT SHIPPING ADVICE HAS BEEN SENT TO APPLICANT BY FAX WITHIN 2 DAYS AFTER SHIPMENT EFFECTED.
7. BENEFICIARY'S CERTIFICATE CERTIFYING THAT ONE SET OF NON NEGOTIABLE SHIPPING DOCUMENTS HAS BEEN SENT TO APPLICANT BY EMS.

47A/ ADDITIONAL CONDITIONS

1. ALL BANKING CHARGES OUTSIDE HONG KONG INCLUDING REIMBURSING CHARGES ARE FOR THE ACCOUNT OF BENEFICIARY.
2. A DISCREPANCY HANDLING FEE OF USD50.00 PLUS RELATIVE CABLE CHARGES WILL BE DEDUCTED FROM THE.
REIMBURSEMENT CLAIMS /PROCEEDS FOR EACH PRESENTATION OF DISCREPANT DOCUMENTS UNDER THIS CREDIT.
3. FIVE PCT MORE OR LESS ON BOTH AMOUNT AND QUANTITY ACCEPTABLE.
4. ONE ADDITIONAL COPY OF COMMERCIAL INVOICE AND PHOTO COPY OF TRANSPORT DOCUMENT(S), IF ANY, IS REQUIRED TO BE PRESENTED TOGETHER WITH THE DOCUMENTS FOR ISSUING BANK'S RETENTION.
5. B/L SHOWING LOADING PORT AS HONG KONG IS NOT ACCEPTABLE.
6. INSURANCE TO BE COVERED BY FINAL BUYER AT DESTINATION.
7. B/L MUST SHOW ACTUAL PORT OF LOADING.

49/ CONFIRMATION INSTRUCTION

　　WITHOUT

78/ INSTRUCTION TO PAY/ACCEP/NEGOT BANK EACH DRAWING BE ENDORSED ON THE REVERSE BY PRESENTING/NEG. BANK.

1. PLEASE FORWARD ALL DOCUMENTS TO US (NANYANG COMMERCIAL BANK LTD., 151 DES VOEUX ROAD CENTRAL, HONG KONG) IN ONE LOT BY REGIS-

TERED AIRMAIL.
2. AFTER RECEIPT OF DOCUMENTS IN STRICT COMPLIANCE WITH CREDIT TERMS AND CONDITIONS, WE SHALL REMIT PROCEEDS TO YOU AS PER YOUR INSTRUCTION OR UPON MATURITY IN CASE OF USANCE CREDIT.

### 四、信用证的内容

各银行开证时,一般都习惯使用自己的格式。虽然国际商会也曾设计过几种标准格式推荐给大家使用,但除目前已广泛使用的 SWIFT 格式外,采用国际商会标准格式的银行并不多。不过,信用证的格式虽不尽相同,但其基本的内容大致相同,主要包括以下几个方面:

① 开证行名称、地址、开证日期、信用证编号等。

② 信用证的性质、种类。信用证的性质是指其可撤销还是不可撤销;信用证的种类,按《UCP600》的规定,是指信用证是即期付款、延期付款、承兑还是议付信用证。

③ 信用证所涉及的当事人的名称、地址。

④ 信用证的金额、有效期、交单期和到期地点。

⑤ 汇票、单据条款。汇票条款一般包括汇票的种类、出票人、受票人、金额、付款时间等内容;单据条款一般包括要求的单据的种类、份数及其内容。

⑥ 货物条款。包括货物的品质、数量、包装、价格等。

⑦ 运输条款。包括装运期、起运地、目的地、能否分批、转运等。

⑧ 特殊条款。视具体交易的需要而定,常见的有要求通知行加保兑、限制由某银行议付、限装某船或不准装某船等。

⑨ 开证行保证付款的责任条款,根据《跟单信用证统一惯例》开立的文句,开证行的签字和密押等。

### 五、信用证的特点和作用

(一) 信用证的特点

1. 首先付款性

信用证是一种银行信用,由开证行以自己的信用作出付款保证。在信用证方式下,开证行处于第一付款人的地位,负第一性付款责任。按《UCP600》第二条的规定,信用证是一项约定,在规定的单据符合信用证条款的情况下,开证行向受益人或其指定人进行兑付;按第七条规定,倘若规定的单据被提交至被指定银行或开证行并构成相符交单,开证行必须予以兑付,自信用证开立之时起,开证行即不可撤销地受到兑付责任的约束。因此,在信用证业务中,开证行对受益人的付款责任,不仅是首要的,而且是独立的,即使进口人开证后破产倒闭或失去偿付能力,只要出口人提交的单据符合信用证条款,开证行就必须付款。这一特点使得信用证成为一种比较安全的结算方式。

2. 责任独立性

信用证的开立是以买卖合同为基础的,但信用证一经开出,便成为独立于买卖合同以外的另一种契约,不受买卖合同的约束。《UCP600》第四条规定:"就性质而言,信用证与可能作为其依据的销售合同或其他合同,是相互独立的交易。即使信用证中提及该合同,银行亦与该合同完全无关,且不受其约束。因此,一家银行作出兑付、议付或履行信用证项下其他义务的承诺,并不受申请人与开证行之间或与受益人之间在已有关系下产生的索偿或抗辩的制约。"

3. 业务单据性

信用证是一种单据的买卖,银行实行的是凭单付款的原则。《UCP600》规定,"在信用证业务中,银行处理的是单据,而不是与单据有关的货物、服务和/或其他行为。"银行虽有义务审核所有单据,但只是用以确定单据表面是否符合信用证条款,开证行只根据符合信用证条款的单据付款,"银行对任何单据的形式、充分性、准确性、内容真实性、虚假性或法律效力,或对单据中规定或添加的一般或特殊条件,概不负责"。在信用证方式下,实行严格相符的原则,不仅要求单证一致,即受益人提交的单据表面上与信用证规定一致,还要求单单一致,即受益人提交的各种单据之间表面上一致。

(二) 信用证的作用

信用证的作用,主要表现在以下几个方面。

1. 对出口商

(1) 保证出口商取得货款。信用证支付的原则是单证严格相符,出口商交货后提交的单据,只要做到与信用证规定相符,"单证一致,单单一致",银行就保证支付货款,出口商不必担心到时进口商不付款。这种银行信用比商业信用更为可靠,因而为出口商收取货款提供了较为安全的保障。

(2) 可以取得资金融通。出口商在交货前,可凭进口商开来的信用证作抵押,向出口地的银行申请打包贷款(Packing Credit),用以收购、加工、生产出口货物和打包装船,这是出口地银行给予出口商的资金融通;出口商也可在收到信用证后,按规定办理货物出运,并提交汇票和信用证规定的各种单据,向银行办理议付。这是开证行授权议付行对出口商提供的资金融通。

2. 对进口商

(1) 保证按时、按质、按量收到货物。进口商申请开证时可以通过信用证条款来约束出口商交货的时间、交货品质和数量,即要求出口商提供规定的单据,来证明他已按信用证规定完成了交货义务。

(2) 可提供资金融通。采用远期信用证时,进口商不需立即付款,为其资金周转提供了便利;进口商还可开立信托收据向开证行借单先行提货使用或出售,到期再向开证行付款,这就为进口商提供了资金融通。

3. 对银行

信用证方式下,银行提供的不是资金而是信用,为此,进口商在申请开证时,一般需向银行交付一定的押金或担保品,为利用资金提供了便利。此外,在信用证业务中,银行还利用其提供的服务而得到收益,如开证费、改证费、通知费、议付费等各种费用。

**六、信用证的种类**

按不同的划分标准,可将信用证分为如下种类:

(一) 跟单信用证和光票信用证

根据信用证项下有无随附商业单据,信用证分为跟单信用证和光票信用证。

1. 跟单信用证(Documentary L/C)

跟单信用证是指开证行凭跟单汇票或仅凭单据付款的信用证。在国际贸易中所使用的信用证,绝大部分是跟单信用证。

2. 光票信用证(Clean L/C)

光票信用证是指开证行仅凭不附带单据的汇票付款的信用证。

(二) 保兑信用证和不保兑信用证

根据有无另一银行加以保兑,信用证分为保兑信用证和不保兑信用证。

1. 保兑信用证(Confirmed L/C)

保兑信用证是指开证行以外的另一家银行应开证行的要求,保证对相符交单承担兑付或议付责任。该银行称为保兑行(Confirming Bank),一般是通知行,也可以是其他银行。保兑行须在信用证上加列保兑文句,如:"兹对此证加具保兑并保证于提示符合此信用证条款的单据时履行付款责任。"

按《UCP600》的规定,保兑行对信用证加以保兑,即构成其在开证行之外的一项确定承诺,承担与开证行相同的付款责任。保兑行保兑时,会收取一定的保兑费,该费用一般由开证申请人承担。

2. 不保兑信用证(Unconfirmed L/C)

不保兑信用证是指开证行开出的信用证没有经其他银行担保,仅由开证行承担付款责任。

(三) 即期付款信用证、延期付款信用证、承兑信用证和议付信用证

根据付款方式不同,信用证分为即期付款信用证、延期付款信用证、承兑信用证和议付信用证。

1. 即期付款信用证(Sight Payment L/C)

即期付款信用证是指开证行或付款行收到受益人提交的汇票和/或单据时,立即付款的信用证。这种信用证一般不要求受益人开立汇票。付款行一经付款,无权追索。

2. 延期付款信用证(Deferred Payment L/C)

延期付款信用证是指不要求受益人开立汇票,仅凭单据在收单后若干天或装船后若干天付款的信用证。这种信用证一般也不要求受益人开立汇票。由于没有使用汇票,受益人不能利用贴现市场的资金,只能自行垫款或向银行贷款。

3. 承兑信用证(Acceptance L/C)

承兑信用证是指付款行在收到符合信用证规定的远期汇票和单据时,先承兑汇票,待汇票到期后再付款的信用证。按《UCP600》的规定,该远期汇票不能以开证申请人为付款人,故付款人只能是开证行或其指定的银行。

受益人如要融通资金,可将承兑后的汇票进行贴现,扣除相关利息和费用后,提前支取款项。汇票到期时,由贴现公司向开证行提示汇票要求付款。

4. 议付信用证(Negotiation L/C)

议付信用证是指开证行在信用证中邀请其他银行买入汇票及/或单据的信用证,即允许受益人向某一银行或任何银行交单议付的信用证。按《UCP600》的规定,议付是指被指定银行在其应获得偿付的银行日或在此之前,通过向受益人预付或者同意向受益人预付款项的方式购买相符交单项下的汇票(汇票付款人为被指定银行以外的银行)及/或单据。按开证行是否指定议付行,议付信用证分为两种:

① 限制议付信用证(Restricted Negotiation L/C)是指开证行指定某一银行或开证行自己进行议付的信用证。

② 公开议付信用证(Open Negotiation L/C)又称自由议付信用证,指开证行对愿意办

理议付的任何银行作公开议付邀请和普遍付款承诺的信用证。受益人可以根据议付条件的优惠自由选择议付行。

（四）即期信用证、远期信用证和假远期信用证

按付款时间不同，信用证分为即期信用证、远期信用证和假远期信用证。

1. 即期信用证(Sight L/C)

是指开证行或付款行在收到符合信用证规定的汇票及或单据时立即付款的信用证。这种信用证可使出口人安全、迅速收款，有利于其资金周转。

在即期信用证中，有时还带有电汇索偿条款(T/T Reimbursement Clause)。即开证行允许议付行用电讯方式通知开证行或指定付款行，说明各种单据与信用证规定相符，开证行或指定付款行应立即以电汇方式将款项拨交议付行。开证行或指定付款行收单后如发现单证不符，有权向议付行追索。

2. 远期信用证(Usance L/C)

是指开证行或付款行收到符合信用证规定的单据后，在规定期限内履行付款责任的信用证。

3. 假远期信用证(Usance L/C Payable at Sight)

是指信用证要求受益人开立远期汇票，同时规定该远期汇票由付款行负责贴现，一切利息和手续费由开证人承担，受益人可即期收到全部货款的信用证。但对开证申请人而言，他仍然是在汇票到期时才付款，故又称"买方远期信用证"(Buyer's Usance L/C)。

使用假远期信用证通常是买方为了在即期支付的贸易合同中获得融资而采用的办法。买方利用贴现日和汇票到期日的时间差，从付款行或贴现市场上套取资金。

（五）不可转让信用证和可转让信用证

根据受益人对信用证的权利能否转让，信用证分为不可转让信用证和可转让信用证。

1. 可转让信用证(Transferable L/C)

可转让信用证是指受益人可以要求转让行将信用证的金额全部或部分转让给他人使用的信用证。转让行是指办理信用证转让的指定银行，或当信用证规定可在任何银行兑用时，指由开证行特别授权并办理信用证转让的银行。开证行也可担任转让行。

按《UCP600》规定，只有信用证中明确注明"可转让"(Transferable)字样者，信用证方可转让。因此，如信用证中使用诸如"可分割"(Divisible)、"可分开"(Fractionable)、"可过户"(Assignable)和"可转移"(Transmissible)等措词，并不使信用证可以转让。

可转让信用证只能转让一次，即只能由第一受益人转让给第二受益人，第二受益人不得再将信用证转让给其他人，除非是再转让给第一受益人。在分批装运的情况下，可分成若干部分办理转让，但其总额不得超过信用证金额。

第一受益人在转让信用证时，可修改其中的部分条款：信用证金额、单价、有效期、交单期、装运期可以减少或缩短，保险加成比例可以增加，开证申请人名称可用第一受益人名称代替。第一受益人可用自己的发票（和汇票）替换第二受益人的发票（和汇票），以取得两者之间的差额。

在实际业务中，可转让信用证的第一受益人一般是中间商，第二受益人往往是实际供货人。但信用证的转让并不意味着买卖合同的转让，第一受益人仍需承担买卖合同上的义务。

2. 不可转让信用证(Non-Transferable L/C)

不可转让信用证是指受益人只能自己使用，不能将信用证的权利转让给他人的信用证。

（六）循环信用证（Revolving L/C）

循环信用证是指当信用证被全部或被部分使用后，其金额又重新恢复到原金额，可再次使用，直至到达规定的次数或总金额为止的信用证。

循环信用证又分为按时间循环信用证和按金额循环信用证两种。

1. 按时间循环信用证

是指受益人在一定时间内可以多次支取信用证规定的金额。

2. 按金额循环信用证

是指在信用证金额被支取后，仍恢复到原金额可再次使用，直至用完规定的总金额为止。其恢复到原金额的做法通常有三种方式：

① 自动循环（Automatic Revolving）指信用证金额被使用后，无须开证行的通知，可以自动恢复到原金额。

② 非自动循环（Non-Automatic Revolving）指信用证金额被使用后，必须经过开证行的通知，才能恢复到原金额继续使用。

③ 半自动循环（Semi-Automatic Revolving）指信用证金额被使用后，如开证行未在规定的期限内发出停止使用的通知，即可自动恢复到原金额继续使用。

循环信用证适用于进行长期分批均匀交货的情况，可以使进口商免去逐次交付押金和支付开证费用的麻烦，同时也可简化出口商的审证、改证等手续。

（七）对开信用证（Reciprocal L/C）

对开信用证是指交易的双方各自以对方为受益人开立的信用证。其特点是第一张信用证的受益人和开证申请人是第二张信用证的开证申请人和受益人，第一张信用证的通知行通常是第二张信用证的开证行。两张信用证的金额相等或大致相等，两证可同时开立，也可先后开立。对开信用证一般用在来料加工、补偿贸易和易货贸易等方式中。

（八）对背信用证（Back to Back L/C）

对背信用证又称"转开信用证"，是指信用证的受益人要求通知行或其他银行以原证为基础、向另一受益人开立的内容相似的新信用证。

要求开立对背信用证的申请人（原证受益人）一般都是中间商。对背信用证除开证人、受益人、金额、单价、装运期、有效期等内容有所改变外，其他条款一般与原证相同。

（九）预支信用证（Anticipatory L/C）

预支信用证是指允许受益人在交单前预先支取信用证的全部或部分金额的信用证。受益人预支的方式有两种：一种是向开证行预支，出口人在货物装运前开立以开证行为付款人的光票，由议付行买下向开证行索偿；另一种是向议付行预支，即由出口地的议付行垫付货款，待货物装运后交单议付时，扣除垫款本息，将余额支付给出口人。如出口人不交货，由开证行负责偿还议付行的垫款和利息。为引人注目，这种预支条款常用红字，故俗称"红条款信用证"（Red Clause L/C）。

## 七、有关信用证业务的国际惯例

（一）《跟单信用证统一惯例》

自19世纪开始使用信用证以来，信用证方式已成为国际贸易中的一种常用支付方式。但由于对跟单信用证有关当事人的权利、责任和所用条款、术语的定义缺乏统一的解释和公认的准则，信用证业务中有关当事人之间经常发生争议和纠纷，有的甚至引起司法诉讼。为了减少因解释不同所引起的争端,调和各有关当事人之间的矛盾,国际商会于1930年拟订了《商业跟单信用证统一规则》(Uniform Customs and Practice for Commercial Documentary Credits,即国际商会第74号出版物),并于1933年正式公布,建议各国银行采用。此后,随着国际贸易的发展,国际商会先后于1951年、1962年、1974年、1983年对其进行了多次修订。1983年修订时,更名为《跟单信用证统一惯例》(Uniform Customs and Practice for Documentary Credits,即国际商会第400号出版物)。1993年国际商会再一次对该惯例进行修订,即国际商会第500号出版物,以下简称《UCP500》,并于1994年1月1日开始实施。

但是,《UCP500》不论是其条款的全面性、实务的针对性,还是其内容与如今现实发展的不同步性,均导致了其已经不能适应这个时代发展的需求,使近年来有关跟单信用证的诉讼案激增。因而,2006年,国际商会再次对其进行修订,是为《UCP600》,于2007年7月1日正式生效。

《跟单信用证统一惯例》虽不是一个国际性的法律,但它已为各国银行所普遍接受,成为一个公认的国际惯例。目前,信用证中一般均注明根据国际商会《跟单信用证统一惯例》最新版本开立。

(二)《关于审核跟单信用证项下单据的国际标准银行实务》

《UCP500》的施行,为世界各国银行开展信用证业务提供了最主要的依据。但是,对银行的审单标准,《UCP500》只是在第13条中规定按"国际标准银行实务"审单,而对何谓"国际标准银行实务"并未作出具体规定。由于对《UCP500》的理解及各国银行审单标准的不统一,近年来有60%—70%的信用证在第一次交单时被认为存在不符点而遭到拒付,这一情况严重影响了国际贸易的发展,并导致了大量争议乃至诉讼的出现。

为解决这一问题,国际商会在意大利罗马召开的2002秋季会上通过了《关于审核跟单信用证项下单据的国际标准银行实务》(International Standard Banking Practice for the Examination of Documents under Documentary Credits,简称《ISBP》),为国际商会第645号出版物。随着UCP600的生效,ISBP也于2007年更新为ISBP681。

ISBP的大部分内容是《跟单信用证统一惯例》没有直接规定的,是对《跟单信用证统一惯例》的补充,而非对它的修订。这套文件对于各国从业人员正确理解和使用《跟单信用证统一惯例》、统一和规范信用证单据的审核实务、减少不必要的争议有着重要的意义。

(三)《跟单信用证电子交单增补》

随着电子商务的迅猛发展,电子信用证业务也应运而生。继以电子方式开立、通知信用证之后,电子单据、电子交单等建立在国际互联网技术平台上的新业务也在一些国家出现。为保证电子信用证业务健康、有序发展,国际商会银行技术与实务委员会成立专门工作小组,起草了电子信用证业务方面的统一惯例——《跟单信用证统一惯例电子交单增补规则》(以下简称《eUCP》),从2002年4月1日起正式生效,是为《eUCP》1.0版。随着《UCP600》的生效,《eUCP》1.0也升级到《eUCP》1.1。

《eUCP》涵盖电子信用证业务中的电子交单部分,共有12个条款,涉及电子信用证业务中惯例的适用、电子交单格式、有关定义、交单、审单、拒付通知、正副本、出单日期、运输单据及银行免责条款等方面内容。

《eUCP》1.1是建立在《UCP600》的基础之上,它不是对《UC6500》的修订或取代,而是补充与完善,旨在适用以单独电子记录方式或以电子记录与纸制文件混合方式提交单据的信用证业务。遵循《eUCP》开立的信用证同时接受《UCP600》的约束,即使在该信用证条款中未作这样明示。但在电子交单业务方面,若两个规则条文发生冲突时,《eUCP》享有优先权。

《eUCP》的制定填补了电子商务市场的空白,便利了国际贸易在电子商务时代的操作,无疑会对国际贸易的发展起到促进作用。

### 八、合同中的信用证条款

如买卖双方在买卖合同中约定采用信用证方式支付,则需明确规定开证时间、信用证的种类、金额、付款时间、有效期和到期地点等内容。

**(一)开证时间**

在信用证支付方式下,按时开立信用证是买方的一项主要义务。如买方未能按时开证,势必会影响卖方的交货。为约束买方按时开证,信用证中一般采用以下方法规定开证时间:

(1) 签订合同后××天内开证。

(2) 在装运期开始前××天开证。

(3) 不迟于×月×日开证。

(4) 收到卖方备货通知后××天开证。

有时,为避免不同国家的法律对逾期开证的法律后果的解释不同,合同中还规定买方不按时开证的后果。如:"如买方未能按时开证,致使卖方不能按时装运,卖方不负责任,且有权撤销合同并向买方提出损害赔偿。"

**(二)信用证的种类**

一般情况下,合同中应规定买方需开立不可撤销信用证。其他类别则应根据实际情况的需要作出明确规定,如即期还是远期、是否保兑、是否可转让等。

**(三)信用证金额**

信用证金额是开证行承担付款责任的最高限额,一般规定为合同金额的100%。如合同中订有溢短装条款,则应把溢短装部分也包含在内。

**(四)付款时间**

即期信用证时可不另作规定。远期信用证时,如使用汇票,即为汇票的付款日期;如不使用汇票,则可规定为定日付款或提单日期后若干天付款。

**(五)有效期和到期地点**

有效期是银行承担付款、承兑或议付责任的期限,受益人必须在此期限内交单,逾期银行不予受理。为使受益人有充足的时间制单,应规定为装运期结束后一段时间信用证才到期。到期地点是指信用证有效期在何地终止,包括议付到期、承兑到期和付款到期三种情况,即分别在议付行、承兑行和付款行到期。议付行一般在出口国,承兑行和付款行一般在出口国外。为便于掌握交单时间,我国的出口合同中一般都规定为在我国到期。

**例1**:买方应通过卖方所接受的银行于装运月份前××天开立并送达卖方不可撤销即期信用证,有效期至装运月份后15天在中国议付到期。

The Buyers shall open through a bank acceptable to the Sellers an irrevocable sight letter of credit to reach the Sellers ×× days before the month of shipment, valid for negotiation in China until the 15$^{th}$ days after the month of shipment.

**例2**:买方应于2006年5月20日通过卖方所接受的银行开立并送达卖方不可撤销见票后45天付款的信用证,有效期至装运月份后15天在中国议付到期。

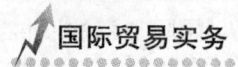

The Buyers shall open through a bank acceptable to the Sellers an irrevocable letter of credit at 45 days after sight to reach the Sellers at May 20, 2006, valid for negotiation in China until the 15<sup>th</sup> days after the month of shipment.

## 第四节 银行保函与备用信用证

在国际经济交往中,当事人之间经常会出现相互不信任的情况。跟单信用证一般只适用于货物贸易,在借贷、租赁、投资等交易中,跟单信用证就无能为力。此时,采用银行保函(Banker's Letter of Guarantee)和备用信用证(Standby Letter of Credit)是两种常见的做法。它们都是银行开立的保证文件,也属银行信用。

### 一、银行保函

银行保函又称银行保证书,是银行(保证人)根据委托人的申请,向受益人开立的担保委托人履行某项义务的有条件的承担经济赔偿责任的书面信用担保文件。

银行保函是一种见索即付保函,银行承担第一性的、直接的付款责任,是银行利用其良好信用方便国际贸易结算的重要工具,它还可以用于租赁、借贷、海事担保等其他非贸易领域,其用途比跟单信用证要广得多。

(一)银行保函的当事人

在银行保函业务中的基本当事人有三个。

1. 委托人(Principal)

委托人又称申请人,是向银行提出申请,要求银行开立保函的人。其主要责任是:① 负担保函项下的一切费用和利息;② 如果发生索赔,在担保人按保函规定向受益人作出赔付后,应立即偿还担保人为此所作的任何支付。

2. 受益人(Beneficiary)

受益人是接受保函,并有权按保函规定的条款向银行提出索赔的人。其责任和权利是:① 履行与委托人之间的基础合同下的责任;② 在委托人违约时,有权向担保人索赔。索赔时,须按保函规定提交与之相符的证明或有关单据。

3. 担保人(Guarantor)

担保人又称保证人,是开立保函的银行。其责任和权利是:① 收到索赔书和保函中规定的其他文件后,认为这些文件表面上与保函条款一致时,即支付保函中规定的赔款;② 在向受益人作出赔付后,有权向委托人索偿。如委托人不能在规定时间内偿还,有权处置保证金;③ 有权根据付款金额和风险责任的大小向委托人收取相应的手续费。

在特殊情况下,根据具体情况,银行保函还可能涉及转递行、保兑行、转开行等当事人。

(二)银行保函的主要内容

银行保函的内容根据交易的不同而有所不同,没有统一的格式,一般包括以下基本内容:

1. 有关当事人的名称和地址

银行保函应列出三个基本当事人的全称和详细地址,其中担保人的地址尤为重要,因为保函通常是受开立地的法律约束。如保函涉及其他当事人,也应一一列明。

2. 开立保函的依据

银行保函开立的依据是基础合同,应列明该合同或标书等协议的号码、签订日期、签约双方等内容。

3. 担保金额

担保金额是担保人承担担保责任的最高限度,通常也是受益人的最高索偿金额。如果受益人的索赔金额按委托人已履约部分的比例递减,保函中须加以说明。保函的金额并不一定是具体的金额,也可以是交易合同金额的百分比。

4. 保函的有效期

保函有效期包括保函的生效日期和失效日期两方面的内容。保函的生效日期是指保函开始发挥效力的时间,失效日期是指受益人提出索赔的最后期限,它可以是一个具体的日期,期限一到,担保人应立刻要求受益人将保函退还注销;还可以规定为在某一行为或某一事件发生后到期,一旦保函规定的事件发生,保函即告失效,银行随之解除担保责任。

5. 责任条款

即开立银行保函的银行在保函中承诺的应承担的责任条款,是银行保函最基本的内容。

6. 索偿方式

指受益人在何种情况下方可向担保人提出索赔。对此,国际上有两种不同的处理方法:一种认为保函应是无条件的,或称"见索即付";另一种则认为保函应是附有某些条件的,即"索赔有理"。前者对受益人有利,后者对委托人有利。但事实上完全无条件的保函并不存在,只有条件的多少、严宽程度不同而已。

(三)银行保函的种类

1. 投标保函(Tender Guarantee)

是银行或其他金融机构(担保人)应投标人(委托人)的申请向招标人(受益人)出具的书面担保凭证,保证投标人在开标前不中途撤销投标或片面修改投标条件;中标后不拒绝签约,不拒绝交付履约保证金。否则,担保人负责赔偿招标人一定金额的损失。

2. 履约保函(Performance Guarantee)

是银行应申请人的请求,向受益人开立的保证委托人履行某项合同项下义务的书面保证文件。如委托人不履行合同,保证人按约定金额赔偿受益人的损失。用于国际货物买卖中的履约保函又分为进口保函和出口保函两种。

(1)进口保函(Import Letter of Guarantee)。是指银行(保证人)应进口人(委托人)的申请,开给出口人(受益人)的保证承诺,保证出口人按合同交货后,进口人一定按合同条件付款,否则,由银行负责付款。

(2)出口保函(Export Letter of Guarantee)。是指银行(保证人)应出口人(委托人)的申请,开给进口人(受益人)的保证承诺,保证出口人未按合同规定交货,由银行负责赔偿进口人的损失。

3. 还款保函(Repayment Guarantee)

还款保函是指银行或其他金融机构(保证人)应合同一方当事人的申请,向合同另一方当事人开立的保证书,承诺如委托人不履行他与受益人订立的合同义务,不将受益人预付或支付的款项退还或还款给受益人,由银行向受益人承担付款责任。还款保函主要用于一些大型的国际承包工程项目和银团贷款,有时也用在成套设备或大型交通工具的买卖合同中。

### (四) 银行保函与跟单信用证的区别

银行保函与跟单信用证虽同属银行信用，但两者有很大区别，主要表现在以下三个方面：

1. 适用范围不同

跟单信用证一般只适用于货物贸易的买卖，当卖方装运货物后，提交符合信用证条款规定的单据向银行要求付款。在正常情况下，这种付款是必然要发生的。银行保函还适用于货物贸易以外的多种经济交易，当交易正常进行，各有关当事人严格履行合同时，保函就无需使用。只有当申请人违约时，受益人才会凭保函向担保银行要求赔偿，因此，凭保函付款并不是每一笔交易都必然发生的。

2. 付款的依据不同

在跟单信用证方式下，银行只凭与信用证相符的单据进行付款，而与凭以开立的基础合同无关。在银行保函方式下，当受益人向担保银行索偿时，银行都需要经过调查取证，证实委托人确有不履行基础合同义务的事实后才向受益人进行偿付。

3. 银行承担的付款责任不同

在使用跟单信用证时，开证行承担的是第一性付款责任，受益人要求付款时，应向开证行或其指定的银行进行交单，而不是向申请人交单。而在使用银行保函时，应该首先由委托人向受益人付款或履行其他义务，只有当委托人不付款或不履行合同义务时，受益人才可凭保函向担保银行要求付款。因此，保函中担保银行的付款责任一般是第二性的。但在见索即付保函时，由于担保银行仅凭受益人的书面要求或规定的某种凭证（单据），即可无条件地支取约定的金额，因而担保银行的付款责任并不是绝对的第二性的。

## 【相关链接】

### 有关银行保函的国际惯例

对于银行保函，国际商会与联合国国际贸易法委员会（United Nations Commission on International Trade Law，简称 UNCITRAL）共同制定了《合同保函统一规则》（Uniform Rules for Contract Guarantees），即国际商会第325号出版物，于1978年颁布施行。后鉴于在实践中使用见索即付的保函日益增多，国际商会于1992年颁布了《见索即付保函统一规则》（Uniform Rules for Demand Guarantees；简称 URDG），即国际商会第458号出版物，简称《URDG458》。但由于这两个规则过于原则化，对有关当事人的责任、义务规定得不够具体和明确，迄今为止，几乎没有银行在开立银行保函时明确注明按这两个规则开立。因此在实际业务中，遇有不同解释时，往往只能根据保函本身的具体条文，按担保人所在地的法律进行个别解释，所以很容易引起纠纷。有的国家法律为了避免银行介入商业纠纷，禁止银行开立保函，如美国只允许担保公司开立保函，日本政府也不允许银行开立保函。在这种情况下，美国和日本的银行界为了适应业务的需要，改开备用信用证来从事担保业务。

为规范国际担保业务，国际商会历时两年半，五易其稿，修订完成了最新的《见索即付保函统一规则》（《URDG758》），于2010年7月1日起生效。与《URDG458》相比，《URDG758》变化明显，大量借鉴《UCP600》的原则。如仿照《UCP600》的体例，增加了定义的章节，首次引入了申请人与被担保人的概念；将保函索赔细化为部分索赔与多次索赔；明确了审单时限及不延期即付款的操作办法;区分了保函转让和款项让渡两种模式;加入了不可抗力条款等等。整体而言,《URDG758》汲取了宝贵的实务操作经验,内容更加详尽清晰,保函当事各方的权责关系更为明确,操作流程涵盖了保函开立、修改、通知、索赔等各个环节,更进一步贴近银行实务。

### 二、备用信用证

备用信用证又称商业票据信用证(Commercial Paper L/C)、担保信用证或保证信用证(Guarantee L/C),是指开证行根据申请人的请求,向受益人开立的承诺承担某项义务的凭证。开证行保证在开证申请人未能履行其应履行的义务时,受益人只要按备用信用证的规定向开证行开立汇票,并随附开证申请人未履行义务的申明或证明文件,即可得到开证行的偿付。备用信用证实质上是一个保函,在一般情况下它并不被利用,只有在开证申请人违约时才使用,所以称为"备用"信用证。

备用信用证最早流行于美国、日本,因两国法律不允许银行开立保函,故银行便将信用证略加改动,以另外一种"备用"的面目出现,代替保函发挥担保作用。

(一)备用信用证与跟单信用证的区别

1.适用的范围不同

跟单信用证一般只适用于货物的买卖;而备用信用证可以适用于货物贸易以外的多种交易形式,如,投标业务、借贷业务等。

2.使用的前提条件不同

在跟单信用证中,受益人只要履行信用证所规定的条件,即可向开证行要求付款;而在备用信用证中,受益人只有在开证申请人未履行义务时,才能向开证行要求付款。

3.付款的依据不同

跟单信用证一般以符合信用证规定的商业单据为付款依据;而备用信用证一般只以受益人出具的开证申请人的违约证明文件为付款依据。

4.开证行负担的风险不同

跟单信用证的开证行一般有押金或运输单据作抵押,故承担的风险较小;而备用信用证的开证行主要依靠开证申请人的信用和履约能力,因而风险较大。

(二)备用信用证与银行保函的区别

1.性质不同

备用信用证也属于信用证,适用于《跟单信用证统一惯例》;而银行保函则不是信用证,不受《跟单信用证统一惯例》的约束,且迄今为止尚未形成一个能被有关当事人广泛采用的有关国际惯例。虽然国际商会先后颁布过《合同保证统一规则》和《见索即付保函统一规则》,但在实际业务中很少采用。

2.银行的责任不同

备用信用证的开证行处理的是信用证规定的文件,只要受益人提交的文件符合备用信用证的规定,开证行即对受益人付款。因此备用信用证是开证行与受益人之间的一项独立的约定,与开证申请人和受益人之间的合同无关。而使用银行保函的情况下,当受益人提交申请人违约的证明文件要求偿付时,担保银行一般要进行证实,但当双方当事人意见不一致时,担保银行就会被牵连到交易双方的合同纠纷当中。

**【相关链接】**

**有关备用信用证的国际惯例**

国际商会在1983年就将备用信用证纳入信用证的范畴,规定《跟单信用证统一惯例》适用于备用信用证。1993年的《UCP500》中明确指出:"本惯例适用于在信用证文本内,表明按本惯例办理的跟单信用证(包括在其适用范围内的备用信用证)。"《UCP600》中也有相同规定。

但备用信用证的使用并不完全适用于《跟单信用证统一惯例》。随着备用信用证的使用越来越广泛,迫切需要一个专门的国际惯例来规范。国际商会在美国国际银行法律与惯例学会起草的备用信用证惯例的基础上,组织专门小组反复讨论定稿,经国际商会的银行技术与惯例委员会于1998年4月6日批准通过了《国际备用证惯例1998》,并于1999年1月1日起生效,简称《ISP98》,为国际商会第590号出版物。

《ISP98》是在参照《UCP500》和《URDG458》的基础上,根据备用信用证的特点制定的。它对常用的备用信用证,如履约备用信用证、预付备用信用证、投标备用信用证、反担保备用信用证、融资备用信用证、保险备用信用证、商业备用信用证和直接付款备用信用证等都下了定义;对许多《UCP500》未作规定或规定不清或不完善的事项,如有关电子提示、电子签名以及其他的一些术语下了定义;对修改的生效、索偿书的代替、违约申明书等作了具体规定;对在实务中容易混淆的概念,如申请人与受益人、营业日与银行日、开证人与保兑人、交单与支款、签字与电子记录、多次交单与部分支款、被指定人与受让人、款项让渡与依法转让等进行了明确解释。

《ISP98》的颁布与实施,统一了各国银行与相关企业对备用信用证的操作,有利于减少与避免备用信用证业务中可能产生的争议和纠纷。按《ISP98》的规定,要使所开立的备用信用证适用《ISP98》,须在文本中注明受《ISP98》的约束。

## 第五节 国际保理业务与出口信用保险

在汇付、托收和信用证这三种支付方式当中,汇付和托收方式属于商业信用,出口商的风险较大,信用证方式虽然以银行信用给出口商以收款保障,但增加了进口商的成本,影响了进口商的资金周转。为了在增强出口竞争力的同时又不增大风险,出口商可使用国际保理和出口信用保险。

### 一、国际保理

国际保理(Factoring)的全称是国际保付代理业务,简称保理或出口保理,也称保付代收或承购应收账款业务。它是在国际贸易中,在以托收、赊销等方式结算货款的情况下,由经营国际保理业务的保理商(Factor)向出口商提供的包括进口商资信调查、信用额度担保、催收应收账款、财务管理及资金融通等的综合性财务服务。

根据国际统一私法协会《国际保理公约》对保理所下的定义,保理是指卖方/供应商/出口商与保理商间存在一种契约关系。根据该契约,卖方/供应商/出口商将其现在或将来的基于其与买方(债务人)订立的货物销售/服务合同所产生的应收账款转让给保理商,由保理商为其提供下列服务中的至少两项:

1. 贸易融资

如出口商有融资需求,出口保理商可在出口商交单时向其提供不超过发票金额90%的短期贸易融资。

2. 销售分户账管理

在卖方叙做保理业务后,保理商会根据卖方的要求,定期/不定期向其提供关于应收账款的回收情况、逾期账款情况、信用额度变化情况、对账单等各种财务和统计报表,协助卖方进行销售管理。

3. 应收账款的催收

保理商一般有专业人员和专职律师进行账款追收。保理商会根据应收账款逾期的时间采取信函通知、打电话、上门催款直至采取法律手段。

4. 信用风险控制与坏账担保。卖方与保理商签订保理协议后,保理商会为债务人核定一个信用额度,并且在协议执行过程中,根据债务人资信情况的变化对信用额度进行调整。对于卖方在核准信用额度内的发货所产生的应收账款,保理商提供100%的坏账担保。

(一)国际保理业务的当事人

在国际保理业务中,通常采用双保理机制,涉及四个当事人,即出口商、进口商、出口保理商和进口保理商。出口商与出口保理商签订保理协议,委托出口保理商代收应收账款;出口保理商则与进口保理商签订协议,由进口保理商调查进口商的资信状况,负责信用额度审定、债款催收以及坏账担保。

(二)国际保理业务的一般程序

(1)出口商在签订买卖合同之前,向出口保理商提出申请,并将有关资料提交给出口保理商。

(2)出口保理商接到申请后,委托进口保理商对进口商进行调查,给出进口商的资信额度,反馈给出口保理商。

(3)出口保理将调查结果告知出口商,并与出口商签订保理协议。

(4)出口商与进口商签订买卖合同。

(5)出口商交货后制作单据,向出口保理商交单。如有需要,出口保理商即以预付款方式提供不超过发票金额90%的短期贸易融资。

(6)出口保理商将单据寄给进口保理商,要求进口保理商向进口商收款。

(7)进口保理商收款后,划账给出口保理商。

(8)出口保理商扣除预付款及有关费用后,将剩余货款交给出口商。

(三)国际保理业务的利弊

1. 国际保理业务的优点

① 对出口商:可增强出口竞争力,扩大出口业务量,降低经营成本,加速资金周转,简化交易手续,降低收汇风险,并可得到出口保理商的综合性服务。

② 对进口商:简化交易手续,降低进口成本,加快资金流动,不需抵押即可扩大购买能力,从而扩大营业额,增加利润。

2. 国际保理业务的缺点

① 保理商的风险较大。虽然保理事先已对进口商的资信作了调查和评估,并限定了信

用额度,但仍然承担着较大的风险,故保理商批准的信用额度一般都不大。

② 出口商承担的费用较高。国际保理业务的手续费一般是货款的 1‰～3‰,如需融资,则要负担较高的利息,从而对其出口成本产生一定的影响。

## 二、出口信用保险

出口信用保险(Export Credit Insurance)是国家为了推动本国的出口贸易,保障出口企业的收汇安全而制定的一项由国家财政提供保险准备金的非营利性的政策性保险业务。

出口信用保险是国际上公认的支持出口、防范收汇风险的有效手段,与一国的外贸出口紧密联系,其宗旨是为支持一国的出口服务。1919 年英国政府成立了第一个专门的政府机构"出口信用担保署"(简称 ECGD)为出口商提供商品债权保险和融资担保。1946 年法国政府成立国有外贸信贷保险公司(简称 COFACE)专门办理出口信用保险业务,如今发展成为全球最有影响力的出口信用保险公司。迄今为止,全世界已有六十多个国家和地区拥有专门的出口信用保险机构,这些机构为统一各国出口信用保险业务规范,交流业务经验,共享风险信息,研究风险控制技术,总结和研讨业务发展方向,促进出口信用保险的健康发展发挥了极大作用。1934 年,国际出口信用保险和海外投资保险人联盟成立,由于首次会议在瑞士伯尔尼召开,故该机构简称为"伯尔尼协会"。中国出口信用保险公司(Sinosure)也是伯尔尼协会的正式会员。

当前出口信用保险已成为国际贸易中不可缺少的工具,全球贸易额的 12% 至 15% 是在出口信用保险的支持下实现的,发达国家出口信用保险涵盖率在 20% 到 30% 左右。2004 年,出口信用保险支持全球贸易总额已达 7936 亿美元,支持投资 185 亿美元,支付赔款 36 亿美元。

我国的出口信用保险是在 20 世纪末发展起来的。1989 年中国人民保险公司正式开办出口信用保险业务,当时以短期业务为主,1992 年开办了中长期业务。1994 年中国进出口银行成立,也同时开办政策性出口信用保险业务。为加强出口信用保险对我国出口贸易的支持力度,健全我国外经贸政策金融服务体系,加快建立与国际接轨的贸易促进措施,国务院整合了中国人民保险公司和中国进出口银行的出口信用保险业务,于 2001 年 12 月成立了唯一专门承办政策性出口信用保险业务的国有独资保险公司——中国出口信用保险公司。

(一)出口信用保险的保障范围

(1)凡是由官方机构承办的出口信用保险,都是以鼓励本国产品出口为宗旨,保险办法中一般都规定只承保全部或大部分为本国制造或生产的出口产品。

(2)主要承保以商业信用方式出口的产品,以信用证方式出口时,也可投保出口信用保险。

(3)其承保风险一般包括商业风险和政治风险两部分。政治风险指买方所在国家(地区)相关的国家风险,包括:

① 信用证支付方式下:开证银行被其所在国家或地区禁止或限制汇兑货款;开证银行所在国家或地区颁布延期付款令,造成货款迟付;开证银行所在国家或地区发生战争等不可抗力因素,使开证银行无法履行付款义务。

② 非信用证支付方式下:禁止或限制汇兑;禁止进口;撤销进口许可证;颁布延期付款令;发生战争等。

商业风险指买家信用风险,包括:

① 信用证支付方式下：开证银行因破产、停业或被接管等无力偿还债务；开证银行拒付货款；开证银行拖欠货款。

② 非信用证支付方式下：买方破产或无力偿还债务；买方拒绝受领货物并拒付货款；买方拖欠货款。

（二）出口信用风险的种类

1. 短期出口信用保险

承保一年期以内，出口商以信用证（L/C）、付款交单（D/P）、承兑交单（D/A）、赊销（O/A）方式从中国出口或转口的收汇风险。包括：

（1）综合保险

承保出口企业所有以信用证和非信用证为支付方式出口的收汇风险。它补偿出口企业按合同规定出口货物后，或作为信用证受益人按照信用证条款规定提交单据后，因政治风险或商业风险发生而直接导致的出口收汇损失。出口企业将信用证、非信用证出口业务全部投保，风险相对分散，保险费率较低；保险费率的高低主要取决于进口国国家风险类别、支付方式和信用期限等。一般来说，进口国风险越低、支付方式的风险度越低、信用期限越短，保险费率就越低；反之，则越高。

（2）统保保险

承保出口企业所有以非信用证为支付方式出口的收汇风险。它补偿出口企业按合同规定出口货物后，因政治风险或商业风险发生而导致的出口收汇应收账款经济损失。出口企业将非信用证出口业务全部投保，风险相对分散，保险费率较低；保险费率的高低主要取决于进口国国家风险类别、支付方式和信用期限等。

（3）信用证保险

承保出口企业以信用证支付方式出口时面临的收汇风险。付款期限在360天以内。在此保险项下，出口企业作为信用证受益人，按照信用证条款要求，在规定时间内提交了单证相符、单单相符的单据后，由于商业风险、政治风险的发生，不能如期收到付款的损失由中国信保补偿。出口企业可选择将其全部信用证业务统一投保，亦可选择某一或某几笔信用证业务单独投保。其赔偿比例较高，商业风险和政治风险的赔偿比例均达90%，且最高可分担90%的追讨欠款费用，保险费率较低。

（4）特定买方保险

专为中国出口企业而设，承保企业对某个或某几个特定买方以各种非信用证支付方式出口时面临的收汇风险，其中，付款期限180天以内（可扩展至360天）。出口企业可选择投保一个买方，也可选择投保几个买方，赔偿比例由客户自由选择。但由于风险相对集中，保险费率较高。

（5）买方违约保险

专为中国出口企业而设，承保出口企业以分期付款方式出口因发生买方违约而遭受损失的风险，其中，最长分期付款间隔不超360天。它适用于机电产品、成套设备、高新技术产品或带有机电设备出口的对外劳务合作，产品价值中，中国价值成分不低于70%，船舶中的中国价值成分不低于50%，合同金额在100万美元以上，其中预付定金不低于15%。

（6）特定合同保险

专为支持中国出口企业而设，承保企业某一特定出口合同的收汇风险，适用于较大金额（200万美元以上）的机电产品和成套设备出口，以各种非信用证为支付方式，付款期限180天以内（可扩展至360天）。

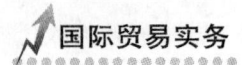

**2. 鼓励作用**

中长期出口信用保险旨在鼓励我国出口企业积极参与国际竞争,特别是高科技、高附加值的机电产品和成套设备等资本性货物的出口以及承包海外工程项目;支持银行等金融机构为出口贸易提供信贷融资。

中长期出口信用保险通过承担保单列明的商业风险和政治风险,使被保险人得以有效规避以下风险:①出口企业收不回延期付款的风险;②融资机构收不回贷款本金和利息的风险。中国出口信用保险公司目前所开办的中长期出口信用保险主要有:出口买方信贷保险、出口卖方信贷保险。

**(三)承保出口信用保险的基本要求**

① 出口信用保险承保前,通常要求出口企业提供一份真实反映其出口及收汇情况和投保要求的申请书,保险机构根据其申请书,结合通过调查掌握的出口企业经营情况,作为制定保险条款和费率的依据。

② 短期信用保险一般实行全部投保的原则,即出口企业必须将所有以信用方式的出口按销售额全部投保,不允许只选择风险大的国家和买方投保。

③ 严格控制买方信用额度,是保险机构承保短期信用保险的一项重要手段,出口企业通常要事先向保险机构申请每一买方的信用额度,经批准后作为保险机构对该买方风险所致损失的最高赔偿限额。

④ 对不同原因造成的损失,保单均规定一个不同的核定损失的期限,以便保险机构有时间调查损失情况,并在必要时采取挽救损失的措施。保险机构好只有在规定的核定期限届满时,方予以赔偿。

⑤ 出口企业自己也应承担一定比例的损失。一般保险机构最多仅赔付实际损失的90%,其余10%以上由出口企业自己承担。

**(四)投保出口信用保险对出口企业的好处**

① 出口信用保险能够帮助企业从根本上建立起科学有效的风险管理制度,帮助企业大胆开拓新兴市场,扩大出口规模,提高经济效益。

② 依靠保险机构的资信调查,准确选择贸易对象,并且可以将已投保的出口信用保险权益转让,争取到银行的出口融资。

③ 运用出口信用保险损失补偿保障功能支持企业持续稳健经营。无论发生商业风险还是政治风险,企业可获得 80%~90%的损失赔偿。

# 第六节　支付方式的选用

不同的支付方式有不同的特点,对进、出口方的利弊也各不相同。在实际业务中,为保证安全、迅速地收取外汇或货物,加速资金周转,促进贸易的发展,进、出口方应 客户的资信状况、经营意图、采用的运输方式和贸易术语等因素,选择适当的支付方式。除了常见的采用某一种支付方式之外,还可以将几种不同的支付方式结合起来使用。

## 一、汇付与托收相结合

是指进口人以汇付方式预付部分货款作为出口人出运货物的条件,余款采用即期跟单托收的方式支付。这样,如出口人交货后,进口人拒付托收金额,出口人仍然拥有货物的所有权,可将货物运回或转售他人,已收货款可弥补部分甚至全部损失。例如:

买方应在装运月份前30天将合同总金额30%的预付款以电汇方式汇交卖方,作为卖方交货的前提,其余部分采用即期付款交单方式支付。

Shipment to be made subject to an advance payment of 30% of the total contract value to be remitted by the Buyer in favor of the Seller through T/T 30 days before the month of shipment and the remaining part on collection basis, documents will be released against payment at sight.

### 二、信用证与汇付相结合

是指部分货款用信用证方式支付,余款用汇付方式支付。这种方法一般用在大宗初级产品的交易中。例如在煤炭交易,合同中规定90%货款以信用证方式支付,其余10%在货物运抵目的港,根据检验结果,按实到货物的品质及数量计算出确定金额,以汇付方式支付。

### 三、信用证与托收相结合

是指部分货款使用信用证方式支付,部分货款使用托收方式结算。其一般做法是信用证规定出口人开立两张汇票,属于信用证部分的货款凭光票付款,全套货运单据附在托收部分的汇票项下,按即期或远期付款交单方式托收。这种做法对进口人来说,可减少开证金额,少付开证押金,从而缓解其资金周转的压力;对出口而言,托收部分虽有一定风险,但有部分信用证的保证,可在信用证内规定全套单据附于托收项下,开证行须等到全部货款付清后才能向进口人交单,因而,收汇安全比较有保障。例如:

买方应在装运月份前30天将不可撤销信用证开到卖方,规定40%的发票金额凭即期光票支付,其余60%的金额即期付款交单。100%发票金额的全套货运单据随附于托收项下,在开证申请人付清全部发票金额后交单。如进口人不能付清全部金额,货运单据须由开证行掌握,凭受益人指示处理。

The Buyers shall open an irrevocable L/C to reach the Sellers 30days before the month of shipment, stipulating that 40% of the invoice value is available against clean draft at sight while the remaining 60% of documents be held against payment at sight. The full set of the shipping documents of 100% invoice value shall accompany the collection item and shall only be released after full payment of the invoice value. If the Applicant fails to pay full invoice value, the shipping documents shall be held by the Issuing Bank at the Beneficiary's disposal.

### 四、托收与银行保函或备用信用证相结合

托收对出口人存在一定的风险,在采用托收时,结合使用银行保函或备用信用证,这样,一旦进口人拒付货款,出口人就可向开立保函或备用信用证的银行要求付款,出口人收取货款就基本上有了保障。例如:

即期付款交单,并以卖方为受益人的金额为××的备用信用证担保。备用信用证应载有如下责任条款:如××号合同项下跟单托收的汇票付款人未能在预定日期付款,受益人

有权在本信用证项下凭汇票连同一份列明××合同项下的款项被拒付的声明书支款。

　　Payment available by D/P at sight with a Standby L/C in favor of the Seller for the amount of ... as undertaking. The Standby L/C should bear the clause: In case the drawee of the documentary collection under S/C No. ... fails to honor the payment upon due date, the Beneficiary has the right to draw under this L/C by their draft with a statement stating the payment on S/C No. ... was dishonored.

　　为了便于在拒付后能有充裕的时间办理向银行追索的手续,备用信用证或银行保函的到期日必须晚于托收付款期限一段适当的时间。在办理托收手续时,出口人在托收申请书中应该规定,托收行应指示代收行在发生拒付时,应立即以电讯方式通知出口人,以免延误时间,导致保函或备用信用证过期失效,以致无法弥补损失。

### 五、汇付、信用证、银行保函或备用信用证相结合

　　在大型机械产品、成套设备和船舶、飞机等交通工具的交易中,由于交易金额大,生产周期长,大多按工程进度或交货进度采用分期付款或延期付款的方式。

　　（一）分期付款(Installments)

　　是指买卖双方在合同中规定,买方用汇付方式预付部分货款作为订金,同时卖方开立银行保函或备用信用证。订金之外的其余货款,可按不同阶段分期以即期信用证方式支付,最后一部分货款一般在交货后或卖方承担质量保证期满时付清。货物所有权在付清最后一笔货款时转移。因此,分期付款合同实际上是一种即期合同。

　　（二）延期付款(Deferred Payment)

　　如买方资金周转有困难,一时难以付清全部货款,也可采用延期付款的办法,即在合同签订后,买方预付部分货款作为订金,也可按履约进度分期支付部分货款,但大部分货款在交货后若干年内分期摊付,即采用远期信用证支付,货物所有权在交货时转移。延期付款实际上是卖方给买方提供了商业信贷,是一种赊销,买方应负担延期付款的利息。

　　（三）分期付款与延期付款的区别

　　分期付款与延期付款虽然都是在一段较长的时间内分期付清全部货款,但两者的做法有较大的区别,主要表现在以下几个方面。

　　1. 货款清偿程度不同

　　分期付款的情况下,货款在卖方完成交货义务时已然付清或基本付清;在延期付款的情况下,大部分货款是在交货后较长的期限内分期摊付。即分期付款是一种付现交易,而延期付款是一种赊销。

　　2. 利息的承担不同

　　分期付款时,不存在利息问题;而延期付款时,由于买方利用了卖方的资金,因而要承担延期付款的利息。

　　3. 所有权转移的时间不同

　　分期付款时,买方付清最后一笔货款后,货物所有权才转移;而延期付款时,卖方交货后所有权就转移给了买方。

【课外阅读】

## 解决银企单证纠纷的方式——DOCDEX

信用证支付方式的最大弱点是单据的处理非常烦琐,绝大多数信用证业务出现的纠纷都与单据有关。银行和出口商在处理这类争议时,没有多少可供选择的方式,从而导致单据处理上的拖延,令出口商大为不满。为此,国际商会的银行技术与实务委员会于1997年制定了《跟单信用证纠纷专家解决规则》(ICC Rules for Documentary Credits Dispute Resolution Expertise, ICC Publication No.577,简称 DOCDEX),并于2003年3月作了修订,调整为《跟单票据纠纷专家解决规则》(ICC Rules for Documentary Instruments Dispute Resolution Expertise, ICC Publication No.811),以解决由于适用《跟单信用证统一惯例》(UCP)、《跟单信用证项下银行间偿付统一规则》(URR)、《托收统一规则》(URC)和《见索即付保函统一规则》(URDG)而引发的争议。

DOCDEX 是传统的仲裁或诉讼以外的一种信用证纠纷解决方式。按此规则,信用证中的任何一方当事人与其他当事人就信用证产生了争议时,可以向国际商会设在巴黎的"国际专业技术中心"提出书面申请,由该中心在银行委员会提名的一份专家名单中指定三名专家,根据当事人陈述的案情和相关材料,经与银行委员会的技术顾问协商后,就如何解决信用证争议以该中心的名义作出决定,即 DOCDEX 裁定。

一、DOCDEX 的程序

DOCDEX 的基本程序包括以下几个步骤:

1. 申请

争议当事人(申请人)向中心提出书面申请,要求对其纠纷作出 DOCDEX 裁定。

2. 指定专家

中心收到申请和标准费用并决定受理后,即组成专家小组,对案件进行书面审理。

3. 答辩

被申请人可针对申请书提出书面答辩。

4. DOCDEX 裁定

经过专家小组的协商,中心以自己的名义向有关当事人出具 DOCDEX 裁定。除非当事人另行约定,该裁定不具法律约束力。

5. 费用

每笔案件的标准费用为5000美元,该费用在申请人提交申请时一并支付。如案件金额超过50万美元,中心可根据争议复杂程度收取附加费,最高不超过5000美元。

二、DOCDEX 的特点

1. 程序简便快捷、费用合理

规则要求专家在收到全部材料30天内提出专家意见,然后经与银行委员会的技术顾问协商后,出具 DOCDEX 裁定。其标准费用和附加费用之和不超过1万美元。

2. DOCDEX 裁定不具法律约束力,但有很高的权威性

DOCDEX 裁定虽不具法律约束力,但它代表了国际商会银行委员会的意见,且作出裁定的专家都是在相关领域具有丰富的经验和渊博的知识,在案件审理过程中能做到独立、公

正、及时,且不允许与有关当事人接触,审理该案件的专家的姓名等情况对当事人严格保密,从而使 DOCDEX 裁定具有很高的权威性。

3. 管辖灵活

无须当事人之间有专门解决争议的协议,即可将争议提交中心按 DOCDEX 规则和程序作出裁定。

总体来说,DOCDEX 规则向银行界和贸易界展示了一种以专业技术来解决纠纷的新的模式,这种模式为一些复杂的问题提供了灵活的解决方案。DOCDEX 规则自 1997 年问世以来,大大满足了银行及贸易界长期以来期待的一种快捷高效的解决跟单票据争议的要求,而且已显示了其不可估量的价值。

### 案例 8-1:巧用 DOCDEX 规则解决 L/C 争议

2003 年,我国某 X 公司为 Y 公司代理从日本进口一套设备。为此 X 公司与日本的 J 公司签订了买卖合同。合同中的索赔条款规定:"如果卖方在买方发出索赔通知 30 天内没有答复,视为卖方接受索赔;如果卖方没有在买方发出索赔通知 30 天内或买方同意的较长时间内以买方同意的上述方式之一解决索赔,买方有权从议付款项中扣除索赔款项。"X 公司按时向银行申请开立 L/C,并在 L/C 中依约加列了一条特别条款:"开证行有权直接根据申请人的申请从上述议付款项中扣除索赔款项。"受益人 J 公司和议付行接受了 L/C,对其中的特别条款未提出任何异议。

J 公司发运设备后,凭单议付取得了第一笔货款。设备经安装调试后,Y 公司发现设备存在严重质量问题。X 公司根据 Y 公司的要求向 J 公司提出索赔,但 J 公司借口推脱责任。X 公司于是在 L/C 项下的第二笔付款到期前通知开证行,要求按照特别条款扣除索赔款,因为索赔款大于第二笔议付款项。因此实际上第二笔议付款停止支付。但 J 公司对中方的索赔要求一再拖延,也未派人来面谈解决方案,并坚持 L/C 的特别条款无效,不符合国际惯例和《UCP500》。他们只是通过议付行一再向开证行要求付款,同时派人到我国与议付行的代表一起要求开证行付款,并游说有关金融监管部门给开证行施加压力。

开证行同意 X 公司的要求停止了对外支付,同时出于商业上的考虑,担心这样做会影响银行在国际上的声誉,也担心有关金融监管部门的意见和影响。最后 X 公司和开证行决定尝试将争端提交国际商会,并通过其 DOCDEX 规则来加以解决的办法。首先开证行建议日本的议付行将争端提交国际商会解决,但没有得到日本议付行的同意。在此情形下,X 公司和开证行达成共识将此事提交国际商会国际专家中心,按照 DOCDEX 规则作出决定。

申请以 X 公司的名义提出,开证行作为相关方参与 DOCDEX 程序。最终国际商会支持了 X 公司和开证行停止支付 L/C 项下第二笔款项的做法,认为该 L/C 中的特别条款虽然是不常见的条款,也不鼓励使用这样的条款,但一旦它被写入 L/C 并被对方接受就是有效的条款,而应得到尊重。结论是开证行有权从依附款项中扣除索赔款项。

尽管 DOCDEX 决定不具法律上的约束力,但因其权威性而得到普遍的遵守。后来 J 公司不得不坐下来认真解决设备的质量索赔问题,使该争端得到圆满的解决。该案费时不长,从提出申请到收到决定总共用了 3 个月多一点的时间,相对仲裁和诉讼而言费用也少得多,全部费用为一万美元,但有效地解决了一些涉及 L/C 金额 200 多万美元的争端。

**案例 8-2：信用证中"软条款"的风险**

2010年3月10日，A公司受B公司的委托，申请开立了一份以B公司为开证申请人、C公司为受益人的不可撤销信用证，由香港南洋商业银行通知。信用证中规定："由开证申请人签发的货物收据上开证申请人的签字必须与开证行持有的签字式样相符。"B公司预留在开证行的签字样本为：在同一张样本上盖有两个B公司公章，其中一个公章附有"甲"的签名，另一个公章附有"乙"的签名。5月12日，B公司证实收到信用证项下货物并由A公司的乙在货物收据上签名。C公司将单据交到开证行要求付款。开证行审单后，发现C公司提交的货物收据只有B公司公章和乙一人签字，于是通知受益人，以货物收据上的签字与开证行所持有的签字式样不符为由拒付。

C公司认为在签字样本上两个授权公章与其样本上的各自签名实际上是两个独立的签字样本，只要货物收据上盖有一个与样本上相同的授权公章，同时在授权签名处有一个授权人签名，则应认定其与开证行持有的签名样本一致。故单据不存在不符，要求开证行付款。而开证行则认为两个签名是一个不可分割的整体，C公司提供的货物收据上的签名仅有乙一人，确属不符，不同意付款。于是C公司将开证行告上法院，经一审、二审，均告败诉。

**分析**

信用证业务中，单证相符乃是开证行付款的前提。按《UCP600》第14条b款的规定，开证行审单时，必须以单据为唯一依据，以确定其是否符合信用证规定。如单据表面与信用证不符，开证行可拒收单据。本案中，银行留存的货物收据签字样本中有两个开证申请人的公章，两个货物收据签发人的签名，一个是甲，另一个是乙。而受益人提交的货物收据上却只有"乙"一个人的签名，构成了单证不符，开证行当然有权拒付。

本案中，导致受益人单证不符的根本原因是信用证中规定"由开证申请人发出的货物收据上开证申请人的签字必须与开证行持有的签字式样相符"。这一条款即是典型的软条款。信用证中如规定有软条款，便使得该条款所规定的单据不受受益人控制，相反，它使开证申请人可随意控制受益人所交单据能否符合信用证规定。

所有在信用证中出现的软条款都对受益人极为不利，而且其形式与内容花样繁多，层出不穷。有的条款，受益人知道其具体内容，有的则无法了解；有的受益人能够做到，有的经过努力与有关当事人合作也能做到，有的则不可能做到；还有的是开证申请人故意设下的陷阱，一旦市场行情对自己不利时可作为违约或逃避风险的借口，甚至作为诈骗的手段。

解决信用证中的软条款问题应采取五项措施：一是慎重选择贸易伙伴；二是在贸易合同中不要订入软条款，否则，出口人难以拒绝接受带有软条款的信用证；三是不要接受含有软条款的信用证；四是即使接受了含有软条款的信用证，受益人也应尽最大努力去了解该条款的具体要求，以尽可能地避免单证不符；五是要认真、仔细地审核信用证，了解每一个条款的实际内容，自己能够做到的可以接受，否则，必须要求对方修改信用证。

# 本章小结

### 基本内容小结

本章对选用何种支付工具、在什么时间和地点采取什么样的支付方式收付货款等问题进行了阐述，并介绍了一些相关的国际贸易惯例。通过本章的学习，学生应学会正确选择支付方式,合理订立合同中的支付条款。

**本章的重点与难点**

汇票的使用、托收的风险防范、信用证的特点及种类、信用证的使用。

## 【练习题】

### 一、名词解释

汇票、托收、信用证、背书、贴现、追索权、备用信用证、提示、相符交单、议付、承付、分期付款、延期付款、拒付证书、保兑

### 二、填空题

1. 国际结算中使用的票据主要有_____、_____、_____。
2. 汇票按出票人的不同可分为_____和_____;按付款时间的不同可分为_____和_____。
3. 汇付方式可分为_____、_____、_____。
4. 托收按交单条件可分为_____和_____两种。
5. 信用证按其能否转让,可分为_____和_____。
6. 信用证按兑用方式,可分为_____、_____、_____、_____。
7. 按付款时间,信用证可分为_____、_____和_____。

### 三、判断题

1. 根据《UCP600》的规定,凡信用证上未注明可否转让字样的,即视为可转让信用证。   (    )
2. 银行汇票的出票人和付款人都是银行。   (    )
3. 对出口人而言,D/A30 天比 D/A20 天风险大。   (    )
4. 保兑行与开证行都承担第一付款人的责任。   (    )
5. 信用证是一种银行开立的无条件承诺付款的书面文件。   (    )
6. 根据《UCP600》的规定,信用证内不管有无"可否撤销"字样,均为不可撤销。   (    )
7. 根据《UCP600》的规定,未规定装运期的 L/C 无效。   (    )
8. 未规定有效期的信用证无效。   (    )
9. 汇票的抬头是指汇票的出票人。   (    )
10. 信用证修改通知书有多项内容时,可只接受同意的内容,而对不同意的内容予以拒绝。   (    )
11. 只要在信用证有效期内,不论受益人何时向银行提交相符单据,开证行一律不得拒收单据、拒付货款。   (    )
12. 当信用证与合同内容不一致时,银行应按合同内容要求付款。   (    )
13. 议付行议付后如遭开证行拒付,议付行有权向受益人追索。   (    )
14. 汇票经背书后,汇票的收款权利转让给了被背书人,被背书人日后遭拒付时,可向其前手追索。   (    )
15. 因为汇票可以同时具备几种性质,因此一张商业汇票同时又可以是银行汇票。   (    )

16. 因为可转让信用证只能转让一次,所以可转让信用证的第二受益人也只能是一个。
                                                         (    )

**四、单项选择题**

1. 如果 L/C 上未明确付款人,则制作汇票时,付款人应为(    )。
   A. 开证申请人          B. 开证银行           C. 议付银行
2. 由出票人允诺于规定时间无条件地由他自己向受款人支付一定金额的票据是(    )。
   A. 汇票               B. 本票               C. 支票
3. 信用证的汇票条款注明"Drawn on us",则汇票的付款人应是(    )。
   A. 开证申请人          B. 开证行             C. 议付行
4. 使用假远期信用证,实际上是套用(    )的资金。
   A. 卖方               B. 买方               C. 付款银行
5. 如信用证与合同规定不符,受益人可要求(    )修改。
   A. 通知行             B. 开证行             C. 开证申请人
6. 指示抬头的汇票(    )。
   A. 不能通过背书转让
   B. 必须经背书才能转让
   C. 无须背书即可转让
7. 采用信用证与托收相结合的方式时,为避免损失,出口人应(    )。
   A. 全套单据附于信用证汇票之后
   B. 全套单据附于托收汇票之后
   C. 做两套单据,分别附于信用证汇票与托收汇票之后
8. 备用信用证的开证行(    )。
   A. 承担第一性付款责任
   B. 承担第二性付款责任
   C. 有时承担第一性付款责任,有时承担第二性付款责任
9. 审核国外开来的信用证(    )。
   A. 是通知行的职责          B. 是出口公司的职责
   C. 是议付行的职责          D. 是出口公司与议付行的职责
10. 在国际贸易支付中,托收属于商业信用,信用证属于银行信用,那么(    )。
    A. 托收使用商业汇票,信用证使用银行汇票
    B. 两者使用的都是商业汇票
    C. 信用证使用商业汇票,托收使用银行汇票
    D. 两者使用的都是银行汇票
11. 当出口商按信用证规定向开证行要求付款时,开证行在(    )履约付款。
    A. 征得进口商同意后        B. 货物到达目的地后
    C. 货物检验合格后          D. 相符交单条件下
12. 一张有效的信用证必须规定(    )。
    A. 装运期                 B. 有效期
    C. 交单日期               D. 议付货款日期

13. 假远期信用证的远期汇票利息由( )负担。
A. 受益人 B. 议付行
C. 开证行 D. 开证申请人

## 五、多项选择题

1. 在国际贸易中,常用的支付方式有( )。
A. 汇付 B. 托收
C. 预付 D. 信用证

2. 信用证支付方式的特点有( )。
A. 是一种银行信用 B. 是一种商业信用
C. 是一种自足文件 D. 是一种单据买卖

3. 以下有关可转让信用证的表述中,正确的是( )。
A. 只能转让一次 B. 可转让无数次
C. 只能按原条款转让 D. 只能转让给一个第二受益人
E. 可转让给多个第二受益人

4. 按《UCP600》规定,信用证( )。
A. 未规定可否转让,即为可转让信用证
B. 未规定可否撤销,即为不可撤销信用证
C. 未规定是否保兑,即为保兑信用证
D. 未规定是否保兑,即为不保兑信用证
E. 未规定可否转让,即为不可转让信用证

5. 备用信用证与跟单信用证的区别有( )。
A. 备用信用证属商业信用,跟单信用证属银行信用
B. 银行付款的条件不同
C. 适用的范围不同
D. 受益人要求银行付款时所需提供的单据不同

6. 跟单托收的交单方式有( )。
A. 信汇后交单 B. 票汇后交单
C. 即期付款交单 D. 远期付款交单
E. 承兑交单

7. 汇票付款期限的规定方法有( )。
A. 见票即付 B. 见票后若干天付款
C. 出票后若干天付款 D. 提单日后若干天付款
E. 指定日期付款

## 六、简答题

1. 汇票遭拒付后,持票人应怎样行使其追索权?
2. 简述即期付款交单的支付程序。
3. 分期付款与延期付款有何区别?
4. 以托收方式成交时,出口人为什么要争取采用CIF术语?

5. 可转让信用证在转让时,第一受益人可修改哪些内容?为什么要修改?
6. 假远期信用证的特点是什么?
7. 银行保函与跟单信用证有何区别?
8. 投保出口信用保险对出口企业有何好处?

### 七、案例分析题

1. 某公司以即期 D/P 方式向日本出口一批货物,客户回电要求改为 D/P30 天,并由他指定的银行为代收行方可接受。

问:客户这样做有何目的?

2. 某公司以 D/P 见票 30 天付款方式出口一批货物,货物出运后,将全套单据经托收行交给代收行。进口人承兑后,代收行凭信托收据将单据借给进口人。汇票到期后,接代收行通知,称进口人已破产倒闭,货款无法收回,但愿意以出口人的代理人的身份参与破产清算。对此,该公司应如何处理?

3. TA 公司与非洲 DC 公司达成一笔交易,合同规定 9 月份装船。DC 公司按时开来信用证,但计价货币与合同规定不符,加上 TA 公司货未备妥,直到 11 月对方来电催装时,才向对方提出按合同规定的计价货币改证并要求延展装运期和有效期。次日 DC 公司复电:"证已改妥。"TA 公司据此发运货物,但信用证修改书始终未到。单据寄到开证行时被以信用证已过期为由拒付。TA 公司为收回货款,避免在目的港的仓储费用开支,接受了进口人提出的按 D/P·T/R 提货的要求。最后,因进口人未能如约付款而货款两空。请分析此案中 TA 公司的失误之处。

4. 中方某出口公司收到国外开来的不可撤销信用证,由设在我国境内的某外资银行通知并加保兑。中方在货物装运后,正拟将有关单据交银行议付时,忽接该外资银行通知,由于开证行宣布破产,该行不承担对该信用证的议付或付款责任,但可接受我出口公司委托向买方直接收取货款的业务。

问:中方应如何处理?

5. 我某进出口公司按 CFR 旧金山条件出口一批货物,合同原定海运,后因美商急需,要求改为空运。经商定差额运费由买方承担,国外来证注明:"Additional charges between sea and air freight are to be borne by the buyers outside of his credit."我方发货后按 CFR 旧金山价加空运运费减海运运费制作发票向银行议付,但单据被寄到开证行时被拒付。

问:开证行为什么拒付?

# 第九章

# 争议的预防和处理

【学习目的】

　　了解商检在国际货物买卖中的重要作用、索赔、不可抗力、仲裁条款的订立方法；理解索赔与不可抗力的含义、不可抗力条款下的免责内涵、仲裁协议的作用；掌握国际货物买卖合同中货物检验条款的主要内容及订立方法、仲裁的特点。

【能力要求】

　　能正确规定买卖合同中检验、索赔、不可抗力、仲裁条款；能处理商品检验、索赔、不可抗力、仲裁的相关实务问题。

　　在国际货物买卖合同的履行过程中，买卖双方会由于各自权利、义务的问题，而产生种种争议，甚至导致索赔、仲裁或诉讼的发生。为了尽量减少争议的发生，或在发生争议时能妥善解决，当事人双方往往在合同中订立一些预防和解决争议的条款，本章主要介绍商检、索赔、不可抗力、仲裁等条款。

　　在合同履行过程中商检是必不可少的，它能分清责任，起到较好的预防争议的作用。当事一方出现违约情况时，受害方有权提出索赔。合同签订之后，如发生人力不可抗拒的事件，致使合同不能或不能如期履行，不可抗力条款可有效避免和处理相关争议。对于争议或索赔发生后的处理办法，双方可在合同中规定仲裁条款。

## 第一节　商品检验检疫

　　商品检验检疫是指在国际货物买卖中，对卖方交付货物的品质、数量、包装、卫生等方面进行检验检疫，以确定其是否符合合同规定；有时还对装运技术条件、卫生、疫情、运输过程中发生的残损、短缺等进行检验和鉴定，以明确事故的起因和责任归属；商品检验检疫还包括根据一国法律或行政法规对某些进出口货物的品质、数量、包装、安全、卫生等方面进行强制性检验检疫。

在国际货物买卖中,由于买卖双方分处两国,难以当面交接货物,加之货物要经过长途运输,难免会发生残损、短缺等情况,为了确定责任归属,减少争议的发生,就需要有一个公正的第三者,即专业的检验检疫机构,对货物进行检验或鉴定,并出具相应的检验证书,作为买卖双方交接货物、清算货款和进行索赔、理赔的依据。

由于商品检验检疫的重要性,许多国家的法律和国际公约都对其作了明确规定。

**【相关链接】**

## 对商品检验检疫的相关法律规定

《联合国国际货物销售合同公约》第38条:买方必须在按实际情况可行的最短时间内检验货物或由他人检验货物。如果合同涉及货物运输,检验可推迟到货物到达目的地后进行。第58条:买方在未有机会检验货物之前,无义务支付货款。除非这种机会与双方当事人议定的交货或支付程序相抵触。

《中华人民共和国进出口商品检验法》:列入《必须实施检验的进出口商品目录》的进出口商品,必须经过商检机构检验。凡是列入《必须实施检验的进出口商品目录》的进出口商品,除非经国家商检部门审查批准免予检验的,进口商品未经检验或检验不合格的,不准销售、使用;出口商品未经检验合格的,不准出口。

英国《1893年货物买卖法》(1979年修订)第34条:除非双方另有约定,当卖方向买方交付货物时,买方有权要求有合理的机会检验货物,以确定它们是否与合同的规定相符。……买方在未有合理机会检验货物之前,不能认为他已经接受了货物。

美国《统一商法典》第2—606条:凡属下列情况均表明买方接受货物:① 在有合理时间检验货物后,买方向卖方表明货物是否符合合同要求的,或虽然货物与合同不符,但愿意收受或保留此项货物;② 在有合理机会检验货物后,买方没有做出有效的拒收;③ 买方做出与卖方所有权相抵触的行为。

### 一、检验检疫的时间和地点

检验检疫时间和地点是指在什么时间、地点对货物进行检验检疫,实际上是指由买卖双方中的哪一方行使对货物的检验检疫权、检验检疫结果以哪一方提供的检验检疫证书为准。它直接关系到买卖双方的切身利益,是买卖双方商定检验条款时的核心所在。

在国际货物买卖中,根据国际贸易惯例做法和我国的业务实践,检验检疫时间和地点的规定方法主要有以下几种。

(一)在出口国检验检疫

在出口国检验检疫包括产地(工厂)检验检疫和装运港(地)检验检疫两种。

1. 产地(工厂)检验检疫

是指货物在产地出运前,由买卖合同中规定的检验检疫机构进行检验和验收,并由其出具检验检疫证书,作为卖方所交货物的品质、数量或重量等的最后依据。卖方只承担货物离开产地或工厂前的责任,对于货物在运输途中所发生的一切变化,卖方概不负责。

2. 装运港(地)检验检疫

又称离岸品质、离岸重量(Shipping Quality and Weight),是指货物在装运港或装运地交货前，由买卖合同中规定的检验检疫机构对货物的品质、数量等方面进行检验，并以该机构出具的检验检疫证书作为最后依据。

这两种做法，实际上排除了买方的复验权。即使买方在货到后，自行委托当地检验机构对货物进行复验，买方也无权宣称货物不符，除非买方能证明他所收到的与合同规定不符的货物是由于卖方的违约或货物固有的瑕疵所造成的。因此这两种方式对买方不利。

（二）在进口国检验检疫。

在进口国检验检疫包括在目的港（地）检验检疫和买方营业处所（最终用户所在地）检验检疫。

1. 目的港（地）检验检疫

又称"到岸品质、到岸数量"（Landed Quality and Weight），是指货物运达目的港或目的地后，由双方约定的检验检疫机构在合同规定的时间内对货物进行检验，并出具检验检疫证书作为卖方交货品质、数量等的最后依据。

2. 买方营业处所（最终用户所在地）检验检疫

通常是指在货物运抵买方营业处所（最终用户所在地）后，由合同规定的检验检疫机构对货物进行检验，并由该机构出具检验检疫证书作为卖方交货品质、数量等的最后依据。这种做法一般用于使用前不便拆开包装，或因不具备检验条件而不能在目的港或目的地检验的货物，如密封包装货物、成套设备、机电产品、精密仪器等。

采用这两种方式，卖方需承担到货品质、数量的责任，对卖方不利。

（三）出口国检验检疫，进口国复验

出口国检验检疫，进口国复验是指卖方在出口国装运货物后，以合同规定的检验检疫机构出具的检验检疫证书作为向银行收取货款的凭证之一，但不作为卖方交货的最后依据。货物运抵目的港或目的地后，由双方同意的检验检疫机构对货物进行复验。如货物与合同规定不符，且为卖方责任所致，买方有权凭该机构所出具的检验检疫证书向卖方索赔。由于这种做法兼顾了买卖双方的利益，较为公平合理，因而是国际货物买卖中最常用的一种方法。

（四）出口国装运前预检，进口国最终检验

是指买卖合同中规定，货物在出口国装运前由买方派员或委托检验机构人员对货物进行预检，货物运抵目的港或目的地后，买方有最终检验权和索赔权，并以最终检验所出具的检验检疫证书为最后依据。这是目前国际货物贸易中一种常用的行之有效的质量保证措施。

## 二、检验检疫机构

商品检验检疫工作，一般是由专业的检验检疫机构来办理。检验检疫机构是指根据客户的委托或有关法律法规的规定对进出境商品进行检验检疫、鉴定和管理的机构。

国际上的商品检验检疫机构种类繁多，大体上可分为官方机构、非官方机构和半官方机构。其名称也多种多样，如公证行、宣誓衡量人、公证鉴定人、实验室等。比较著名的有：美国食品药物管理局（Food and Drug Administration，简称 FDA）、瑞士日内瓦通用鉴定公司（Societe Generale de Surveillance S. A.，简称 SGS）、美国担保人实验室（Underwriter's Laboratory，简称 UL）、法国国家实验室检测中心、英国劳埃氏公证行等。

我国的检验检疫机构是中华人民共和国国家质量监督检验检疫总局（General Administration of Quality Supervision, Inspection and Quarantine of the People's Republic of China，简称 AQSIQ），它由原国家质量技术监督局和原国家出入境检验检疫局于 2001 年 4 月

10日合并组建,是主管全国质量、计量、进出境商品检验、出入境卫生检验、出入境动植物检疫和认证认可、标准化工作的行政执法机构。根据我国《商检法》和《商检法实施条例》,国家质检总局及其设在各地的检验机构的基本任务有下述三项。

（一）实施法定检验

法定检验是指商检机构根据国家法律法规,对规定的进出口商品或有关的检验事项执行强制性的检验。凡属法定检验范围内的进出口商品,必须经过商检机构检验,未经检验或检验不合格的,一律不准进出口。

（二）实施监督管理

监督管理是指国家商检部门、商检机构通过行政手段对进出口商品的收货人、发货人及生产、经营、储运单位以及国家商检部门、商检机构指定或认可的检验机构和认可的检验人员的检验工作实施监督管理。

（三）办理公证鉴定

公证鉴定是指根据对外贸易关系人或国外有关机构的委托,办理规定范围内的进出口商品鉴定业务。

### 三、检验检疫证书

检验检疫证书(Inspection Certificate)是商检机构对进出口商品进行检验检疫、鉴定后所出具的证明文件。

（一）检验检疫证书的作用

(1) 证明卖方所交货物的品质、数量、包装及卫生条件等是否符合合同规定的依据;

(2) 对法定检验范围内的货物,检验证书是海关验关放行的依据;

(3) 卖方向银行议付货款的单据之一;

(4) 出现贸易纠纷时,办理索赔和理赔的依据。

（二）检验检疫证书的种类

在国际货物买卖中,常见的检验证书有以下几种：

① 品质检验证书(Inspection Certificate of Quality)证明进出口商品的质量。规格的证书。

② 重量或数量检验证书(Inspection Certificate of Weight or Quantity)证明进出口商品数量或重量的证书。

③ 卫生检验证书(Sanitary Inspection Certificate)证明可供人类食用或使用的动物产品、食品等在出口前经过卫生检验或检疫合格的证书。

④ 兽医检验证书(Veterinary Inspection Certificate)证明动物产品在出口前经过检疫合格的证书。

⑤ 价值检验证书(Certificate of Value)证明出口商品价值的证书。

⑥ 消毒检验证书(Disinfection Inspection Certificate)证明出口动物产品经过消毒处理,符合卫生及安全要求的证书。

⑦ 原产地检验证书(Inspection Certificate of Origin)证明出口商品原生产地的证书,通常包括一般原产地证书、普惠制原产地证书和野生动植物产地证。

⑧ 熏蒸证书(Inspection Certificate of Fumigation)证明出口粮谷、油籽、豆类、皮张等商品,以及包装用木材与植物性填充物等,已经经过熏蒸灭虫的证书。

⑨ 残损检验证书(Inspection Certificate on Damaged Cargo)或称验残检验证书,是证明

进口商品残损情况、估定损失程度、判断致损原因的证书。

⑩ 船舱检验证书(Inspection Certificate on Tank/Hold)证明承运出口商品的船舱清洁、牢固、冷藏效能及其他装运条件是否符合保护承载商品的质量和数量完整与安全的要求的证书。

⑪ 货载衡量检验证书(Inspection Certificate on Cargo Weight & Measurement)也称衡量检验证书,是证明进出口商品的重量、体积吨位的证书。

⑫ 温度检验证书(Inspection Certificate of Temperature)证明出口冷冻商品温度的证书。

### 四、检验检疫标准

检验检疫标准是指对进出口商品实施检验检疫所依据的标准,其种类很多,如生产国标准、进口国标准、国际标准及双方协议标准等。在对进出口商品实施检验检疫时,依据的标准和采用的方法不同,检验结果往往会有所差异。因而,在国际货物买卖合同中,根据实际情况的需要,应规定检验检疫的标准。

**【相关链接】**

#### 我国商检机构对进出口商品实施检验的标准

根据《中华人民共和国进出口商品检验法实施条例》的有关规定,我国商检机构按下述标准对进出口商品实施检验。

法律、行政法规规定有强制性标准或者其他必须执行的检验标准的,按照法律、行政法规规定的检验标准检验。

法律、行政法规未规定有强制性检验标准或者其他必须执行的检验标准的,按照对外贸易合同规定的检验标准检验;凭样成交的,并应当按照样品检验。

法律、行政法规规定的强制性检验标准或者其他必须执行的检验标准,低于对外贸易合同约定的检验标准的,按照对外贸易合同约定的检验标准检验;凭样成交的,并应当按照样品检验。

法律、行政法规未规定有强制性标准或者其他必须执行的检验标准,对外贸易合同又未约定检验标准或者约定检验标准不明确的,按照生产国标准、有关国际标准或者国家商检部门指定的标准检验。

### 五、合同中的检验条款

国际货物买卖合同中的检验条款一般包括检验权的规定、检验及复验的时间和地点、检验机构、检验项目和检验证书等。

例:买卖双方同意以装运港(地)中国出入境检验检疫局签发的品质和重量(数量)检验证书作为信用证下议付所提交的单据的一部分,买方有权对货物的品质和重量(数量)进行复验。若发现品质和/或重量(数量)与合同规定不符时,买方有权向卖方索赔,并提供经卖方同意的公证机构出具的检验报告。索赔期限为货物到达目的港(地)后××天内。

It is mutually agreed that the Certificate of Quality and Weight(Quantity) issued by the China Exit and Entry Inspection and Quarantine Bureau at the port/place of shipment shall be part of the documents to be presented for negotiation under the relevant L/C. The Buyers shall have the right to reinspect the quality and weight (Quantity) of the cargo. Should the quality and/or weight (Quantity) be found not in accordance with that of the contract, the Buyers are entitled to lodge with the Sellers a claim which should be supported by survey reports issued by a recognized surveyor approved by the Sellers within … days after the arrival of the goods at the port/place of destination.

## 第二节 索赔条款

在国际货物买卖合同履行过程中,由于情况复杂多变,经常会出现一方甚至双方当事人违约或毁约,从而引起争议,导致索赔和理赔。索赔(Claim)是指买卖合同的一方当事人认为另一方当事人违反合同而其提出赔偿损失的要求。理赔(Settlement)是指违约方对受损害方的索赔要求进行处理。可见,索赔与理赔是一个问题的两个方面,对守约方而言是索赔,对违约方而言是理赔。一般而言,买方向卖方索赔的情况居多。为了处理好此类问题,买卖双方一般在合同中订立索赔条款。

### 一、异议与索赔条款

异议与索赔条款(Discrepancy and Claim Clause)主要包括索赔的依据、索赔的期限,有时还包括索赔的办法等内容。

(一)索赔的依据

索赔依据是指受损害的一方在向违约方索赔时须提供的证明违约事实的书面文件。这些文件应由双方约定的出证机构出具,如索赔证据不全或出证机构及证明文件不符要求都会导致对方拒赔。

(二)索赔的期限

索赔期限也称索赔时效,是指受损害的一方向违约方提出索赔要求的有效期限。逾期索赔,违约方可不予受理。合同中规定索赔期限的方法,有以下几种:

(1) 货到目的港后××天内索赔;
(2) 货到目的港卸离货轮后××内索赔;
(3) 货物到达买方营业处所或用户所在地后××天内索赔;
(4) 货物检验后××天内索赔。

在规定索赔期限时,应考虑不同商品的特性和检验条件。对于有质量保证期限的商品,合同中还应加订质量保证期。当合同中规定有复验期限时,该期限实际上就是索赔期限。

例:买方对货物的任何索赔,必须于货物到达目的港(地)之日起××天内提出,并须提供卖方同意的公证机构出具的检验报告。

Any claim by the Buyer regarding the goods should be filed within … days after the arrival of the goods at the port/place of destination and supported by a survey report issued by a surveyor approved by the Seller.

## 二、罚金条款

罚金条款(Penalty Clause)又称违约金条款(Liquidated Damage Clause),它是在合同中规定当一方当事人不履行义务时,须向另一方支付一定金额作为赔偿。此条款一般适用于卖方延期交货或买方延期接货、不按期开立信用证、拖欠货款等场合。

对于罚金条款,各国法律的规定不尽相同。大陆法系国家的法律对罚金条款一般予以承认和执行,而英美法系则不予认可。我国法律认可在合同中规定违约金的做法,《合同法》规定"合同中约定的违约金,视为违反合同的损失赔偿。"

**例 1:** 如卖方不能按合同规定的时间交货,在卖方同意由付款银行在议付货款中扣除罚金或由买方于支付货款时直接扣除罚金的条件下,买方应同意延期交货。罚金率按每七天收取延期交货部分总值的0.5%,不足七天者以七天计算。但罚金不得超过延期交货部分总金额的5%。如卖方延期交货超过合同规定期限十周时,买方有权撤销合同,但卖方仍应不延迟的按上述规定向买方支付罚金。

Should the Sellers fail to make delivery on time as stipulated in the contract, the Buyers shall agree to postpone the delivery on the condition that the Sellers agree to pay a penalty which shall be deducted by the paying bank from the payment under negotiation, or by the Buyers direct at the time of payment. The rate of penalty is charged at 0.5% of the total value of the goods whose delivery has been delayed for every seven days, odd days less than seven days should be counted as seven days. But the total amount of penalty, however, shall not exceed 5% of the total value of the goods involved in the late delivery. In case the Sellers fail to make delivery ten weeks later than the time of shipment stipulated in the contract, the Buyers shall have the right to cancel the contract and the Sellers, in spite of the cancellation, shall still pay the aforesaid penalty to the Buyers without delay.

**例 2:** 如买方不能按合同规定的时间开立信用证,应向卖方支付罚金。罚金按迟开证每10天收取信用证金额的1%,不足10天者按10天计算,但罚金不应越过买方应天信用证金额的10%。

Should the Buyers fail to open the L/C on time stipulated in the contract, the Buyers shall pay a penalty to the Sellers. The penalty shall be charged at the rate of 1% of the amount of the L/C, however, the penalty shall not exceed 10% of the total value of the L/C which the Buyers should have opened. Any fraction days less than 10 days shall be deemed to be 10 days for the calculation of penalty.

## 第三节 不可抗力条款

在国际货物买卖合同订立后,有时会遇到非人力所能控制的客观情况,使得合同不能履行或不能按时履行。对此,按照许多国家的法律和国际贸易惯例所确定的原则,可以免除不能履行或不能按时履行的一方当事人对另一方当事人的责任。为避免在发生此类情况时双方当事人的不必要的纠纷,有必要在合同中作出相应的规定,即不可抗力条款。

## 一、不可抗力的含义

不可抗力(Force Majeure)是指买卖合同签订后,由于发生了合同当事人无法预见和预防,且无法避免和控制的事件,以致不能履行或不能如期履行合同,发生意外事件的一方可以免除履行合同的责任或推迟履行合同。因此,不可抗力是一项免责条款。

国际上,各国法律和相关国际贸易惯例对此都有相应的规定。英美法中有"合同落空"原则的规定;大陆法系中,有所谓"情势变迁"或"契约失效"原则的规定。《联合国国际货物销售合同公约》规定为:不可抗力事件是指非当事人所能控制,而且没有理由预期他在订立合同时所能控制,而且没有理由预期他在订立合同时所能考虑到或能避免或克服它或它的后果而使其不履行合同义务的障碍。尽管各国对不可抗力的名称、解释有所不同,但一般都认为构成不可抗力事件应当具备以下条件:① 事件是在合同签订以后发生的;② 不是由于任何一方当事人的故意或过失所造成的;③ 事件的发生及其造成的后果是当事人无法预见、无法控制、无法避免和不可克服的。

## 二、不可抗力事件的范围

不可抗力事件一般分为两类:一类是由于自然力量引起的事件,如水灾、旱灾、地震、暴风雪等;另一类是政治或社会原因引起的,如战争、罢工、政府禁令等。

在认定不可抗力事件时,应将之与一般的商业风险如价格涨跌、汇率升降、航班延误等区别开来。

## 三、不可抗力事件的处理

不可抗力事件发生后,如使合同无法履行,遭不可抗力事件的一方可要求解除合同;但如只是使合同暂时不能履行,则只能要求延迟履行合同。但不论不可抗力事件造成的后果如何,遭不可抗力事件的一方如要享受免责的权利,必须及时通知另一方,并提供必要的证明文件。该文件在国外,一般由当地的商会或公证行出具。在我国,由中国国际贸易促进委员会出具。

## 四、合同中的不可抗力条款

在国际货物买卖合同中,不可抗力条款一般由下面三个部分组成。

(一) 不可抗力事件的范围

在合同中规定不可抗力事件的范围,主要有三种规定方法。

1. 列举式

即在合同中将可能发生的灾害性事故逐一列出,例如:"由于战争、地震、水灾、火灾、暴风、雪灾等原因,致使一方不能履行合同或不能如期履行合同,得以免除责任。"这种方法虽然明确具体,但缺乏灵活性,且容易遗漏。

2. 概括式

即在合同中不具体规定哪些事件属于不可抗力事故,只是笼统地规定为"由于公认的不可抗力原因,致使一方不能履行合同或不能如期履行合同,得以免除责任"。这种方法过于笼统,易产生纠纷。

3. 综合式

即在合同中列举出若干可能发生的灾害性事故(如战争、地震、水灾、火灾、暴风)的同时,再加上"以及公认的不可抗力原因,致使不能全部或部分履行合同……得免除责任……"。这种方法既明确具体,又有一定的灵活性,因而,我国进出口合同中一般都采取这种规定方法。

(二)通知的时间和方式

合同中要规定在不可抗力事件发生后,遭遇不可抗力事件的一方应于何时、以何种方式通知对方。

(三)证明和出证机构

合同中还要规定遭遇不可抗力事件的一方应提供由哪个机构出具的相关证明文件。

**例**:如由于战争、地震、水灾、火灾、暴风雨、雪灾或其他不可抗力的原因,致使卖方不能全部或部分装运或延迟装运合同货物,卖方对此不负责。但卖方须在事件发生后3天内用电报或电传通知买方,并在30天内以航空挂号信件向买方提交由中国国际贸易促进委员会出具的证明此类事件的证明文件。

If the shipment of the contract goods is prevented or delayed in whole or in part by reason of war, earthquake, flood, fire, storm, heavy snow or other causes of Force Majeuer, the Seller shall not be liable. However, the Seller shall notify the Buyer by cable or telex within 3 days of such occurrence and furnish the latter within 30days by registered airmail with a certificate issued by the China Council for the Promotion of International Trade attesting such event.

**思考**:价格上涨构成不可抗力吗?

2011年3月,中国A公司与英国B公司签订了一份货物合同,以CIF上海条件成交,总金额468 000美元,6—8月份每月等量交货。合同签订后,因市场发生剧烈变化,价格上涨了一倍,B公司以发生不可抗力为由拒绝交货。问:B公司做法有无道理?

# 第四节 仲 裁 条 款

在国际货物买卖中,买卖双方在履行合同过程中发生争议是难以避免的。解决争议的方法有协商、调解、仲裁和诉讼。一般来说,各国商人在解决争议时大都本着"仲裁优于诉讼,调解优于仲裁,而防止争议胜过调解,若有争议,尽量友好协商,防止争议最重要"原则行事。

## 一、仲裁的含义和特点

仲裁(Arbitration)是指买卖双方在争议发生之前或之后签订书面协议,自愿将有关争议提交双方所同意的仲裁机构进行裁决的一种解决争议的方式。仲裁裁决是终局性的,对买卖双方都具有法律约束力。

仲裁与诉讼相比具有以下特点:

(1)仲裁必须是双方自愿,任何一方都不能强迫另一方进行仲裁;

(2) 仲裁机构属民间性质,不具强制性,双方可自行选定仲裁员;
(3) 仲裁的程序简单,耗时较短,费用低廉,双方处理争议时关系较为缓和;
(4) 仲裁裁决是终局性的,对双方都有约束力;
(5) 如当事人不履行仲裁裁决,仲裁机构不能执行。

## 二、仲裁协议的形式和作用

仲裁协议是双方当事人自愿将争议交付仲裁机构解决的书面意思表示,是申请仲裁的必备材料。

（一）仲裁协议的形式

仲裁协议有两种形式:一种是双方当事人在发生争议前订立的,表示将将来发生的争议提交仲裁解决。这种协议一般包含在买卖合同之中,作为合同的一项条款,即仲裁条款（Arbitration Clause）;另一种是双方在争议发生之后订立的,表示同意将已经发生的争议交付仲裁机构解决,这种协议称为提交仲裁的协议（Submission）。这两种仲裁协议虽然形式不同,但其法律效力和作用并无区别。

（二）仲裁协议的作用

(1) 约束当事人双方只能将争议交由仲裁机构来裁决,不得向法院起诉。
(2) 排除法院对争议案件的管辖权。绝大多数国家的法律都规定法院不受理争议双方订有仲裁协议的争议案件。
(3) 使仲裁机构取得对争议案件的管辖权。任何仲裁机构都无权受理没有仲裁协议的案件。

## 三、合同中的仲裁条款

国际货物买卖合同中,仲裁条款一般应包括仲裁地点、仲裁机构、仲裁的程序规则、仲裁裁决的效力及仲裁费用的负担等内容。

（一）仲裁地点

仲裁地点乃是仲裁条款的核心所在。一般而言,在哪个国家仲裁,就适用哪个国家的法律和仲裁法规。由此可见,仲裁地点不同,所适用的法律可能不同,对双方当事人的权利、义务的解释也会有差异,仲裁结果也就可能不同。因此,买卖双方当事人在协商仲裁地点时,都力争在自己国家或比较了解和信任的地方仲裁。

（二）仲裁机构

国际贸易中的仲裁机构有两类:即常设仲裁机构和临时仲裁机构。

目前,国际上许多国家、地区和一些国际组织都设有专门从事处理商事纠纷的常设仲裁机构。在我国的外贸业务中经常遇到的国外常设仲裁机构有:瑞典斯德哥尔摩商会仲裁院、英国伦敦仲裁院、瑞士苏黎世仲裁院、日本国际商事仲裁协会、美国仲裁协会、意大利仲裁协会及设在巴黎的国际商会仲裁院等。国际商事仲裁机构一般是民间组织。

我国的常设涉外商事仲裁机构是中国国际经济贸易仲裁委员会。该委员会隶属于中国国际贸易促进委员会,总会设在北京,在深圳和上海设有分会。此外,在一些省市还相继设立了一些地区性的仲裁机构。

临时仲裁机构是专为审理某一争议案件而由双方当事人指定的仲裁员组成的,争议案件处理完毕即自动解散。因而,双方当事人须在仲裁协议中明确规定指定仲裁员的办法、人数、如何组建仲裁庭以及仲裁程序规则等内容。

（三）仲裁规则

仲裁规则即进行仲裁的手续、步骤和做法。各仲裁机构都有自己的仲裁规则。按国际仲裁的一般做法,原则上采用仲裁所在地的仲裁规则,但也允许按双方当事人的约定,并经仲裁机构同意,采用仲裁地点以外的其他仲裁机构的仲裁规则进行仲裁。

（四）仲裁裁决的效力

一般而言,仲裁裁决是终局性的,对争议双方都有约束力,任何一方都不允许向法院起诉要求变更。

（五）仲裁费用的负担

合同中应明确规定仲裁费用的负担问题。一般规定由败诉方承担,也有的规定为由仲裁庭酌情决定。

我国涉外经济合同中的仲裁条款有以下三种格式:

1. 在我国仲裁的条款格式

凡因本合同引起的或与本合同有关的任何争议,均应提交中国国际经济贸易促进委员会,按照申请仲裁时该会现行有效的仲裁规则进行仲裁。仲裁裁决是终局的,对双方均有约束力。

Any dispute arising from or in connection with this contract shall be submitted to China International Economic and Trade Arbitration Commission in accordance with the Commission's arbitration rules in effect at the time of applying for arbitration. The arbitral award is final and binding upon both parties.

2. 在被申请人所在国仲裁的条款格式

凡因执行本合同所发生的或与本合同有关的任何争议,双方应通过友好协商解决;如果协商不能解决,应提交仲裁。仲裁在被申请人所在国进行。如在中国,由中国国际贸易经济仲裁委员会根据申请仲裁时该会仲裁规则进行仲裁。如在××（被申请人所在国家名称）,由××仲裁机构根据该机构的仲裁规则进行仲裁。仲裁裁决是终局的,对双方都有约束力。

Any disputes arising out of the performance of, or relating to this contract, shall be settled amicably through friendly negotiation. In case no settlement can be reached through negotiation, the case shall then be submitted for arbitration. The location of arbitration shall be in the country of the defendant. If in China, the arbitration shall be conducted by the China International Economic and Trade Arbitration Commission in accordance with its arbitration rules in effect at the time of applying for arbitration. If in..., the arbitration shall be conducted by... in accordance with its rules of arbitration. The arbitral award is final and binding upon both parties.

3. 在第三国仲裁的条款格式

凡因执行本合同所发生的或与本合同有关的一切争议,双方应通过友好协商解决;如果协商不能解决,应提交××国××仲裁机构,根据该仲裁机构的仲裁规则进行仲裁。仲裁裁决是终局的,对双方都有约束力。

All disputes arising out of performance of, or relating to this contract, shall be settled amicably through friendly negotiation. In case no settlement can be reached through negotiation, the case shall then be submitted to ×××for arbitration, in accordance with its rules of arbitration. The arbitral award is final and binding upon both parties.

#### 四、仲裁裁决的承认和执行

仲裁裁决一经作出,当事人应当自动履行裁决。若败诉方不执行裁决,胜诉方有权向有关法院起诉,请求法院强制执行。国际仲裁的当事人分处不同国家,到国外法院支申请执行有一定困难。

为了解决在执行外国仲裁裁决问题上所产生的一些矛盾,国际上除通过订立双边协定相互承认与执行仲裁裁决外,还订立了多边国际公约。1958年6月10日,联合国在纽约召开了国际商事仲裁会议,通过了《承认与执行外国仲裁裁决公约》,简称《1958年纽约公约》。公约规定,各缔约国必须承认和执行外国的仲裁裁决。该公约强调了两点:承认双方当事人所签订的仲裁协议有效;根据仲裁协议所作出的仲裁裁决,缔约国应承认其效力并有义务。我国于1987年4月正式加入了这一公约,并根据公约规定做了两项保留,即中华人民共和国只在互惠的基础上对在另一缔约国领土内作出的仲裁裁决的承认和执行适用该公约;中华人民共和国只对根据中华人民共和国法律认定为属于契约性和非契约性商事法律关系所引起的争议适用该公约。

【相关链接】

《1958年纽约公约》的主要内容有:
(1) 缔约国相互承认和执行在另一缔约国内作出的裁决;
(2) 缔约国按本国法律规定的程序,执行在另一缔约国作出的裁决;
(3) 申请承认及执行的一方应提交原裁决的正本或正式副本以及仲裁协议的正本或正式副本;
(4) 有下列情况之一者,可拒绝承认和执行:
① 仲裁协议无效;
② 未给被诉人关于指派仲裁员或仲裁程序的适当通知,或因他故,致未能申辩者;
③ 裁决的事项不属于仲裁协议所指明的事项;
④ 仲裁庭的组成或仲裁程序与仲裁协议不符,或当事人间没有这种协议,同仲裁地国家的法律不符合;
⑤ 仲裁裁决尚未生效,或已失效;
⑥ 按执行国家法律规定,仲裁中所裁决的事项,不可用仲裁方法解决;
⑦ 裁决违反了执行国的公共秩序。

# 本 章 小 结

基本内容小结

在国际贸易中,买卖双方往往会因各自的权利和义务问题而产生争议,甚至导致索赔、仲裁、诉讼等情况发生。本章主要介绍了商品检验检疫、索赔、不可抗力和仲裁等条款。

*本章的重点与难点*

检验的时间与地点、不可抗力事件的后果、仲裁协议的作用。

## 【练习题】

### 一、名词解释

不可抗力、索赔、仲裁

### 二、填空题

1. 我国对外贸易合同中的索赔条款通常有两种：一种是_____，另一种是_____。
2. 买卖合同中,不可抗力事件的范围有三种规定方法：_____、_____和_____。
3. 不可抗力事件引起的后果有两种：_____和_____。
4. 我国现行的国际仲裁机构的全称是_____。

### 三、判断题

1. 若买方没有利用合理的机会检验货物,就是放弃了检验权,从而失去了拒收货物的权力。（　）
2. 只要支付了罚金,即可不履行合同。（　）
3. 若合同中没有规定索赔条款,买方便无权提出索赔。（　）
4. 合同中的索赔金额一般只能作笼统规定。（　）
5. 在国际贸易中,进口人收货后发现货物与合同规定不符,在任何时候都可向出口方提出索赔。（　）
6. 发生不可抗力事件,法律后果是解除合同。（　）
7. 不可抗力事件的构成条件之一是事故发生在合同订立以后。（　）
8. 仲裁协议必须由合同当事人在争议发生前达成,否则不能提请仲裁。（　）
9. 买卖双方为解决争议而提请仲裁时,必须向仲裁机构递交仲裁协议,否则仲裁机构不予受理。（　）
10. 仲裁裁决之后,双方当事人如有不服,可向法院提起诉讼。（　）
11. 遭遇损害的一方向违约方要求赔偿称为理赔。（　）

### 四、单项选择题

1. 我国出具不可抗力事故证明的机构为（　）。
   A. 贸促会　　　　　　B. 仲裁机构　　　　　C. 商检局
2. 下列不属于不可抗力事故范围的是（　）。
   A. 火灾、水灾、大雪　　　　　　　　B. 战争、罢工、政府禁令
   C. 火灾、地震、战争　　　　　　　　D. 价格上涨、竞争加剧
3. 规定仲裁地点时,一般首先选择
   A. 本国　　　　　　　B. 对方国　　　　　　C. 第三国

4. 仲裁协议是仲裁机构受理争议案件的法律依据,因此(　　)。
A. 仲裁协议必须在争议发生之前达成
B. 仲裁协议必须在争议发生之后达成
C. 仲裁协议可以在争议发生之前达成,也可以在争议发生之后达成。
5. 不可抗力条款(　　)。
A. 只对卖方适用
B. 只对买方适用
C. 对买卖双方都适用
6. 构成不可抗力事故的必备条件之一是(　　)。
A. 意外事故发生在签订合同之前
B. 事故是由买方造成的
C. 事故是由卖方造成的
D. 事故是当事人双方都无法控制和无能为力的

### 五、多项选择题

1. 合同中的仲裁条款一般应包括(　　)。
A. 仲裁地点　　　B. 仲裁机构　　　C. 仲裁规则
D. 仲裁裁决　　　E. 仲裁费用
2. 不可抗力事故发生后所引起的后果,可以是(　　)。
A. 解除合同　　　B. 提出索赔　　　C. 部分履行合同
D. 中止合同　　　E. 延期履行合同

### 六、简答题

1. 在国际货物买卖合同中,关于商品检验检疫的时间和地点有哪几种规定方法?
2. 检验证书有何作用?
3. 仲裁与诉讼相比有哪些优点?
4. 仲裁协议有何作用?

### 七、案例分析题

A 工厂向 B 工厂出口一批原材料,合同规定交货期为 8 月。7 月初,A 工厂发生火灾,生产设备及仓库全部烧毁,但 A 工厂并未通知 B 工厂。9 月份,B 询问到货情况时,A 才告知 B 工厂,并以不可抗力为由撤销合同。B 只好从市场上补进货物,但此时市场价格比合同价格高 30%。B 工厂向 A 提出索赔。

问:A 工厂是否应承担赔偿责任?

# 第十章

# 国际货物买卖合同的磋商与订立

【学习目的】

了解国际货物买卖合同的形式、内容、种类、生效的条件、适用的法律;理解询盘、发盘的有效期、发盘的撤销和撤回、发盘的失效、还盘;掌握有效的发盘和接受应具备的条件。

【能力要求】

能正确拟定交易磋商过程中的相关函电;能正确处理交易磋商过程中的相关实务和法律问题;能正确拟定国际货物买卖合同。

根据加入WTO的承诺,我国于2004年全面放开外贸经营权。2004年7月1日起施行的新《对外贸易法》,在外贸经营者的范围上作了重大修改,规定个人、法人和其他组织依法登记后,可以从事货物和技术的进出口贸易。外贸从业门槛的降低,进一步推动了我国外贸事业的发展,给更多的企业、个人提供了在世界市场上大展宏图的机会。

在国际贸易中,合同的双方通常是不见面的,而且他们分处于不同的社会制度中,遵循着各自政府制定的相差甚远的法律体系和不同的风俗习惯,因此,国际间的货物买卖合同要比国内合同复杂得多。

## 第一节 国际货物买卖合同概述

国际货物买卖合同(Contracts for International Sale of Goods),亦称国际货物销售合同。它是营业地分处不同国家的当事人之间为买卖一定货物所达成的协议,是当事人双方各自履行约定义务的依据,也是一旦发生违约行为时进行补救、处理争议的法律文件。

### 一、国际货物买卖合同的形式及作用

合同的形式是合同当事人内在意思的外在表现形式。在国际贸易中,交易双方订立合同有下列几种形式:

## （一）书面形式

书面形式包括：合同书、信件和数据电文（电报、电传、传真、电子数据交换和电子邮件等）。

采用书面形式订立合同，既可以作为合同成立的证据，也可以作为履行合同的依据，还有利于加强合同当事人的责任心，如果履约中发生纠纷，便于举证和分清责任。所以，书面合同成为合同的一种主要形式。

## （二）口头形式

口头形式订立的合同，又称口头合同或对话合同，即当事人之间通过当面谈判或通过电话方式达成协议而订立的合同。

采用口头形式订立合同，有利于节省时间、简便行事，对加速成交起着重要作用。但是，因无文字依据，空口无凭，一旦发生纠纷，往往举证困难，不易分清责任。因此，对于不能即时结清的合同和标的数额较大的合同，为了保证交易的安全，一般不宜采用口头形式。

## （三）其他形式

除上述两种形式之外，还可以行为方式订立合同。例如，根据当事人之间长期交往中形成的习惯做法，或发盘人在发盘中已经表明受盘人无需发出接受通知，直接以行为做出接受而订立的合同，均属于此种形式。

我国合同法第10条规定："当事人订立合同，有书面形式、口头形式和其他形式。法律、行政法规规定采用书面形式的，应当采用书面形式。当事人约定采用书面形式的，应当采用书面形式。"由此可见，当事人签订合同时，究竟采用什么形式，应根据有关法律、行政法规的规定和当事人双方的意愿行事。

根据国际贸易的一般习惯做法，交易双方通过口头或书面形式达成协议后，多数情况下还会签订一定格式的书面合同，以利合同的履行。

## 二、国际货物买卖合同的内容、种类

### （一）国际货物买卖合同的内容

在对外经济活动中，外贸企业与有关方订立的合同有很多，比如：与国内的供货方订立的出口货物的购货合同；与用货方订立的进口货物的供货合同；与承运人订立的国内或国际运输合同；与保险公司订立的货物运输保险合同；与银行订立的托收货款、支付价款的合同等。但是，国际货物买卖合同却是进出口贸易中最基本的、也是最主要的合同。因为进出口贸易是以国际货物买卖合同为中心而进行的，因此，其他各种合同，在一般情况下，都是履行国际货物买卖合同所必需的，是为履行国际货物买卖合同服务的，是辅助性的合同。可见，订立好国际货物买卖合同对于当事人双方来说都是极其重要的。

国际货物买卖合同一般包括三部分：约首、正文和约尾。

1. 约首部分

约首部分一般包括合同名称、合同编号、缔约双方名称和地址、通讯方式等。

2. 正文

正文是合同的主体，它详细列明各项交易条件。这些条件通常分为两部分：主要交易条件（Terms and Conditions）和一般交易条件（General conditions）。

主要交易条件，从法律上讲，是指重要的、带有根本性的合同条款。多数国家的法律或判例认为，买卖合同中的品质、数量、包装、装运、价格、支付等条款被视为主要交易条件。

一般交易条件是指对于在该行业中任何一笔交易均可适用的条款,是当事人为了重复使用而预先拟定的,并在磋商交易时并未与对方协商的条款,通常在书面的格式合同中已经印就了的条款。例如合同中的检验检疫条款、索赔条款、罚金条款、不可抗力条款、仲裁条款等。

一般来说,一项有效的国际货物买卖合同应具备以下几个方面的内容:

(1) 合同的标的。主要包括货物的名称、质量、数量和包装。

(2) 货物的价格。通常包括货物的单价和总价或确定价格的方法。

(3) 卖方的义务。主要是涉及何时、何地、以何种方式交付货物,移交与货物有关的单据和转移货物的所有权等。

(4) 买方的义务。主要是何时以何种方式支付货款和收取货物。

(5) 争议的预防与处理。主要包括商品检验、索赔、不可抗力、仲裁等事项的规定。

### 3. 约尾

约尾是合同的最后一部分,一般包括订约日期、订约地点和双方当事人签字等项内容。

#### (二) 国际货物买卖合同的种类

在国际货物贸易业务中,书面合同一般采用的是合同(Contract)、确认书(Confirmation)、协议(Agreement)、备忘录(Memorandum)等多种形式。在实践中,订购单和委托订购单也可作为书面合同使用。在我国的进出口贸易中,主要采用的是合同和确认书两种形式。下面将主要介绍该两种形式。

### 1. 合同

在对外贸易中,我国外贸企业所采用的书面合同的形式主要是合同(Contract),包括销售合同(Sales Contract)和购货合同(Purchase Contract)。我国外贸企业普遍采用的合同可分为格式化合同和非格式化合同

(1) 格式化合同

由于国际上及国内对销售合同的格式没有特殊的规定和限制,我国的一些进出口企业大都有自己印就的固定格式的销售合同。业务成交时,由业务人员按照双方的交易条件逐项填写即可。经双方签订的合同,对双方都具有法律约束力,是法律上的有效文件。

格式化合同多用于一般货物的出口,相对而言,数量与金额比较小。

(2) 非格式化合同

非格式化合同,即并无事先印就的固定格式,条款由双方磋商达成一致后,逐条记录,双方签署后形成的合同。它同样对双方都具有法律约束力,是有效的法律文件。

非格式化合同主要用于大宗或履约比较复杂的机械设备等商品的出口中。由于品种繁多、性能复杂,较为简单的格式化合同难以满足要求,所以由交易双方磋商达成一致后逐条记录,最后形成一个完整的合同。这种逐笔交易的非格式化合同的交易条件因每一笔合同而不同。

### 2. 确认书

确认书有售货确认书(Sales Confirmation)和购货确认书(Purchase Confirmation)两种,也是一种格式化合同。这种合同形式适用于金额比较小、批数较多的商品交易或在已订有代理、包销等长期协议的交易中普遍采用。还多用于客户多、订货多的交易会等场合。

**销售合同**
**SALES CONTRACT**

合同号：
Contract No.：

日期：　　　　　　　签约地点：
Date：　　　　　　　Signed at：

卖方：
The Sellers：

买方：
The Buyers：

双方同意按下列条款由卖方出售、买方购买下列货物：
The Sellers agree to sell and the Buyers agree to buy the undermentioned goods on the terms and conditions stated below：

1. 货物名称、规格：
Name of Commodity and Specification：

2. 数量：
Quantity：

3. 单价：
Unit Price：

4. 总值：
Total Amount：

数量及总值均可有_____％的增减，由卖方决定。
With _____％ more or less both in amount and quantity allowed at the Seller's option.

5. 包装及唛头：
Packing and Shipping Marks：

6. 装运期限：
Time of Shipment：

7. 装运口岸：
Port of Loading：

8. 目的港：
Port of Destination：

9. 保险：
Insurance：

□由卖方按发票金额的_____％投保_____险、_____险，按中国人民保险公司1981年1月1日的海洋货物运输保险条款办理。
To be covered by the Seller for _____％ of invoice value against _____ and _____ as per Ocean Marine Cargo Clause of The People's Insurance Company of China dated Jan. 1, 1981.

□由买方办理。
To be effected by the buyers.

10. 付款条件：凭保兑的、不可撤销的、可转让的即期/见票/出票后_____天付款信用证。信用证以卖方为受益人，并允许分批装运和转船。该信用证必须在装运期开始前_____天开到卖方，并在装运期结束后15天在中国到期，否则卖方有权取消本销售合同且不需另行通知，并保留向买方索赔因此而产生的一切损失的权利。

Terms of Payment：By confirmed, irrevocable, transferable letter of credit in favor of the Sellers payable at sight/ _____ days' sight/date allowing partial shipment and transshipment. The covering letter of credit must reach the Sellers _____ days before the month of shipment and remaining valid in China until the $15^{th}$ day after the aforesaid time of shipment, failing which the Sellers reserve the right to cancel the contract without further notice and to claim against the Buyers for any loss resulting therefrom.

11. 检验：买卖双方同意以装运港（地）中国出入境检验检疫局签发的品质和重量（数量）检验证书作为信用证下议付所提交的单据的一部分，买方有权对货物的品质和重量（数量）进行复验。若发现品质和/或重量（数量）与合同规定不符时，买方有权向卖方索赔，并提供经卖方同意的公证机构出具的检验报告。索赔期限为货物到达目的港（地）后××天内。

Inspection：It is mutually agreed that the Certificate of Quality and Weight（Quantity）issued by the China Exit and Entry Inspection and Quarantine Bureau at the port/place of shipment shall be part of the documents to be presented for negotiation under the relevant L/C. The Buyers shall have the right to reinspect the quality and weight（Quantity）of the cargo. Should the quality and/or weight（Quantity）be found not in accordance with that of the contract, the Buyers are entitled to lodge with the Sellers a claim which should be supported by survey reports issued by a recognized surveyor approved by the Sellers within ··· days after the arrival of the goods at the port/place of destination.

12. 不可抗力：由于战争、地震、水灾、火灾、暴风雨、雪灾或其他不可抗力的原因，致使卖方不能全部或部分装运或延迟装运合同货物，卖方对此不负责。但卖方须在事件发生后3天内用电报或电传通知买方，并在30天内以航空挂号信件向买方提交由中国国际贸易促进委员会出具的证明此类事件的证明文件。

If the shipment of the contract goods is prevented or delayed in whole or in part by reason of war, earthquake, flood, fire, storm, heavy snow or other causes of Force Majeure, the Seller shall not be liable. However, the Seller shall notify the Buyer by cable or telex within 3 days of such occurrence and furnish the latter within 30days by registered airmail with a certificate issued by the China Council for the Promotion of International Trade attesting such event.

13. 仲裁：凡因本合同引起的或与本合同有关的任何争议，双方应友好协商解决。如协商不能解决，应提交中国国际经济贸易仲裁委员会，按照申请仲裁时该会现行有效的仲裁规则进行仲裁。仲裁裁决是终局的，对双方均有约束力。

Arbitration：Any dispute arising from or in connection with this contract shall settled by negotiation between two parties. If no settlement can be reached, the case in dispute shall then be submitted to China International Economic and Trade Arbitration Commission in accordance with the Commission's arbitration rules in effect at the time of applying for arbitration. The arbitral award is final and binding upon both parties.

14. 备注：
Remarks：

卖方：　　　　　　　　　　　买方：
The Sellers：　　　　　　　　The Buyers：

### 三、国际货物买卖合同适用的法律

国际货物买卖不仅是一种经济活动，而且还是一种法律行为，因此，它不仅体现了双方之间的买卖关系，而且也包含了双方的法律关系。当事人所签订的合同要得到法律的承认，当事人的权利、义务要得到法律的保护并受法律的监督和约束，它必须是符合法律规范的合同。

由于国际货物买卖合同是营业地分处不同国家的当事人之间所订立的货物买卖合同，而不同国家的有关法律规定又往往不相一致，一旦发生纠纷或争议，究竟按照哪个国家的法律作为判断是非或处理的依据就成为问题，这就是通常所称的"法律冲突"。也就给合同的当事人提出了"法律适用"的问题。

所谓"法律适用"（Governing Law）是指合同适用哪一个国家的法律，当事人的权利、义务应由哪一个国家的法律来确定，以及一旦合同产生纠纷，究竟以哪一个国家的法律作为判断是非或处理纠纷的依据。由于国际货物买卖合同的当事人处于不同的国家，因此其法律适用问题比国内购销合同要复杂得多。国际货物买卖合同适用的法律，概括起来主要有以下三种：

（一）某个国家的国内法

国内法是指由国家制定或认可并在本国主权管辖范围内生效的法律。国际货物买卖合同必须符合国内法，即符合某个国家制定或认可的法律。例如，按照我国法律，订立合同包括涉外合同都必须遵守中华人民共和国法律，即使依照法律规定适用外国法律或者国际惯例的，也不得违背中华人民共和国的社会公共利益。然而，由于国际货物买卖合同的当事人所在的国家不同，他们各自又都要遵守所在地的国内法，而不同的国家对同一问题的有关法律规定往往又不一致，因而一旦发生纠纷或争议，引起诉讼时，就会产生究竟以哪国法律为依据处理争议的问题。为了解决这种法律冲突，以利于正常的货物进出口，各国法律一般都对国际货物买卖合同的法律适用原则做出具体规定。我国按照国际通行的做法在《中华人民共和国合同法》第126条中做了原则性规定："涉外合同的当事人可以选择处理合同争议所适用的法律，但法律另有规定的除外。涉外合同的当事人没有选择的，适用与合同有最密切联系的国家的法律。"

因此，除法律另有规定外，我国当事人只要与国外当事人达成协议，就可以在合同中选择处理合同争议所适用的法律，这充分体现了"意思自治"的原则。这意味着当事人可以选择我国法律，也可以选择对方所在国法律或者双方同意的第三国法律或有关的国际条约、惯例，作为处理争议的依据。如果当事人未在合同中做出选择的，则发生争议时，由受理合同争议的法院或仲裁机构依照交易具体情况认定的"与合同有最密切联系的国家"的法律进行处理。

虽然合同双方当事人可以自主选择处理合同争议所适用的法律，但《合同法》第126条原则规定，中外合资经营企业合同、中外合作经营企业合同、中外合作勘探开发自然资源合同只能适用中华人民共和国法律。

### (二) 国际条约

国际条约(International Treaty)是指两个或两个以上的主权国家为确定彼此的政治、经济、贸易、文化、和军事等方面的权利和义务关系而缔结的诸如公约、协定、议定书等各种协议的总称。按照国际法优先于国内法的法律原则,它是进出口贸易合同所应遵守的重要法律之一。

订立和履行国际货物买卖合同还必须符合当事人所在国缔结或参加的与合同有关的双边或多边的国际条约。目前与我国对外贸易有关的国际条约,主要是我国与其他国家缔结的双边或多边的贸易协定、支付协定,以及我国缔结或参加的有关国际贸易、海运、陆运、空运、工业产权、知识产权、仲裁等方面的协定或公约。

其中,自1988年1月1日起正式生效的《联合国国际货物销售合同公约》(United Nations Convention on Contracts for the International Sale of Goods,缩写为CISG,中文简称《公约》)是与我国进行货物进出口贸易关系最大,亦是最重要的一项国际条约。该公约共101条,分4个部分:(1)适用范围和总则;(2)合同的订立;(3)货物销售;(4)最后条款。截至2002年11月,核准和参加该公约的国家已达到62个。我国是最早加入该公约的缔约国之一,我国政府曾派遣代表参加了1980年的维也纳会议,为公约的定稿和通过作出了一定的贡献。我国在1986年12月11日核准该公约时,曾根据该条约第95条和第96条的规定,对该公约的适用范围和合同形式两个方面做出了保留。

《中华人民共和国民法通则》第142条明确规定:"中华人民共和国缔结或者参加的国际条约同中华人民共和国的民事法律有不同规定的,适用国际条约的规定。但中华人民共和国声明保留的条款除外。"由此可见,根据"条约必须遵守"的原则,在法律适用的问题上,国家缔结或参加的国际条约,除国家在缔结或参加时声明保留的条款外,优先于国内法。

为减少和消除各国间法律冲突,联合国或其所属机构国际贸易法委员会于1958年在纽约通过了《承认与执行外国仲裁裁决公约》,通称《纽约公约》(我国于1987年正式参加),以及关于国际汇票与本票公约草案等。

鉴于《公约》是迄今为止关于国际货物买卖的一个最重要的国际公约,以及我国是该公约的缔约国之一,本书以下各篇在涉及国际货物买卖法律责任时,将按照我国法律并参照该公约和有关国际贸易惯例的规定阐述。

### (三) 国际贸易惯例

国际贸易惯例(International Trade Practice)或称国际商业贸易惯例(International Commercial Practice),也是订立和履行国际货物买卖合同应当遵循的重要的法律规范。国际贸易惯例是在国际贸易的长期实践中逐渐形成的一些有较为明确和固定内容的贸易习惯和一般做法。它是国际贸易法的主要渊源之一,通常是由国际性的组织或商业团体制定的有关国际贸易的成文的通则、准则和规则。

国际贸易惯例不是法律,它对合同当事人没有普遍的约束力,但是,按照各国的法律,一旦当事人在合同中采用了某项惯例,它对合同当事人就具有法律约束力。但必须指出的是,由于国际贸易惯例不是法律,对当事人无普遍的强制性,所以当事人在采用时,可以对其中的某项或某几项具体内容进行更改或补充。如果在国际货物买卖合同中做了与国际贸易惯例不同的规定,在解释合同当事人义务时应以合同规定为准。

国际贸易惯例可以弥补法律的空缺和立法的不足,起到稳定当事人的经济关系和法律关系的作用。因此,在实践中,它通常能被大多数国家的贸易界人士所熟知,并能普遍地被接受、应用和遵守。比如,我国《民法通则》第 142 条明确规定:中华人民共和国法律和中华人民共和国缔结或者参加的国际条约没有规定的涉外民事关系,可以适用惯例。《联合国国际货物销售合同公约》规定:合同没有排除的惯例、已经知道或应当知道的惯例、经常使用反复遵守的惯例适用于合同。可见,国际贸易惯例对国际贸易实践的指导作用是极为重要的。

## 第二节 国际货物买卖合同的磋商

磋商也称洽商,在业务中习惯称之为谈判,是国际货物买卖过程中一个不可缺少的重要环节,关系到买卖双方的经济利益。买卖双方通过磋商,就各项交易条件取得一致意见后,交易即告达成,买卖双方当事人即存在合同关系。

买卖双方在磋商交易时,理论上应就品名、品质、数量、包装、价格、装运、保险、支付等主要交易条件以及商检、索赔、不可抗力、仲裁等一般交易条件逐一达成一致意见。但在实际业务中,双方一般只对各项主要交易条件进行协商。这是因为,在普通的货物买卖中,由于一般都使用格式合同,一般交易条件已印就在合同中,只要对方没有异议,就不必逐条协商,这些条件也就成为双方进行交易的基础。在许多老客户之间,事先已就一般交易条件达成了协议,或在长期的交易过程中已经形成了习惯做法,或已订有长期的贸易协议,在这些情况下,也不需要在每笔交易中对各项条款一一重新协商。

在国际买卖合同的磋商过程中,一般包括询盘、发盘、还盘和接受四个环节,其中发盘和接受是必不可少的两个基本环节和必经的法律步骤。

### 一、询盘

询盘(Inquiry)也称询价,是指准备购买或出售某种商品的一方向可能的供货商或买主询问该商品的有关交易条件,或探询交易的可能性的行为。

询盘的内容可以涉及某种产品的品质、规格、数量、包装、价格和装运等成交条件,也可以索取样品,其中多数是询问价格的,这也是把询盘称做询价的原因。

在国际货物买卖中,发出询盘的一方除了探询价格或有关交易条件外,有时还表达了与对方进行交易的愿望,希望对方接到询盘后能及时做出发盘,以便考虑接受与否。这种询盘也称为邀请发盘。如果发出询盘的一方,只是想探询价格,并希望对方开出估价单(Estimate),则对方根据询价要求所开出的估价单,只是参考价格,它并不是正式的报价,因而不具备发盘的性质。

询盘时,买方一般使用下列词句:
Please advise... 请告……
Please quote... 请报价……
Please Offer... 请发盘……
Interested in... please... 对……感兴趣,请……
卖方常用的是:
We can supply... please book/order/bid. 我方可供……请订货/递盘。

**例 1**：Please offer black tea favorable price.
请报红茶优惠价。

**例 2**：We can supply aluminum ingot 99%, please bid if interested.
我方可供 99%铝锭,如有兴趣请递盘。

**例 3**：We are interested in Whitecat Washing-powder, please quote your lowest price.
我方对白猫牌洗衣粉感兴趣,请报最低价。

询盘并非交易磋商中不可缺少的环节,对双方也不具法律约束力,但它往往是一笔交易的起点,对收到的询盘应给予重视,并及时、适当地进行处理。

## 【操作技巧】

### 询盘邮件的分类与甄别

1. 寻找客户型。这类询盘的特点是目标明确(一般有品名、数量、交货期等条件)、信息全面(一般有公司名称、地址、联系人、联系方式等)、询问专业、问题详尽。对这类询盘应高度关注,及时、准确、全面、专业地给予答复。

2. 准备入市型。这种类型的询盘信息也比较全面,但目标不是很明确,所提问题的专业化程度不是很高。这类询盘人是潜在的客户,有待耐心地培养。

3. 信息收集型。这类询盘的目的是为了了解市场、得到一些同行的信息,以为其市场营销或产品开发作基础,其特点是专注于一些专业问题。但这类询盘人不会成为客户,因此,在回复时要注意把握好尺度。

4. 窃取情报型。这类询盘是竞争对手为刺探交易条件而发出的,很难鉴别,也难以防范。一般只能通过多次交流,主观地加以甄别。

## 二、发盘

发盘(Offer)又称发价,在法律上被称为要约,是交易的一方向另一方提出各项交易条件,并愿意按这些条件达成交易、订立合同的一种肯定的意思表示。根据《联合国国际货物销售合同公约》第 14 条第 1 款的规定:"凡向一个或一个以上的特定的人提出的订立合同的建议,如果其内容十分确定并且表明发盘人有在其发盘一旦得到接受就受其约束的意思,即构成发盘。"发盘既可以由卖方提出,也可以由买方提出。买方发盘习惯上称之为递盘(Bid)。作出发盘的一方称为发盘人,另一方则称为受盘人。

发盘时一般使用下列词句:
Offer 发盘
Quote 报价
Supply 供应
Bid 递盘
Order 订购

**例 1**：Offer 200 metric tons of walnut meat, at USMYM2100 per metric ton CIF London for shipment in October, irrevocable L/C payment, subject to your reply reaching us in 5 days.

兹发盘核桃仁 200 公吨，每公吨 CIF 伦敦 2100 美元，10 月份装运，不可撤销即期信用证付款，5 天内复到我方有效。

**例 2**：Order 3000 sets of Wanbao Brand electric fan of Art. No A0310, at USMYM15 per set FOB Shanghai, shipment during May, sight D/P payment, subject to the receipt of reply by us before 14$^{th}$ March.

订购万宝牌电扇 3000 台，货号 A0310，每台 FOB 上海 15 美元，5 月份装运，即期付款交单，3 月 14 日前复到我方有效。

（一）有效发盘应具备的条件

构成一项法律上有效的发盘必须具备以下四个条件。

1. 向一个或一个以上特定的人提出

发盘应向特定的人提出，即发盘中应指定受盘人。该受盘人可以是有名有姓的公司，也可以是个人。此项规定的目的在于，把发盘同普通的商业广告及向广大公众散发的商品价目表等行为区别开来。

【相关链接】

## 商业广告是否构成发盘

对广大公众发出的商业广告是否构成发盘的问题，各国法律规定不一。

英美法系有判例认为，向公众做出的商业广告，只要内容确定，在某些场合下也可视为发盘。

大陆法的规定则与此相反，发盘需向一个或一个以上特定的人提出，凡向公众发出的商业广告，不得视为发盘。如北欧各国普遍认为，向广大公众发出的商业广告，原则上不能作为发盘，而只是邀请看到广告的公众向登广告的人提出发盘。

《联合国国际货物销售合同公约》第 14 条第 2 款规定："非向一个或一个以上特定的人提出的建议，仅应视为邀请发盘，除非提出建议的人明确地表示相反的意向。"

我国《合同法》第 15 条规定："商业广告的内容符合要约规定的，视为要约。"

2. 发盘内容必须十分确定

所谓十分确定，按《联合国国际货物销售合同公约》第 14 条规定，是指在提出的订约建议中，至少应包括下列三个基本要素：

(1) 列明商品的名称。

(2) 规定商品的数量或规定数量的确定方法。

(3) 规定商品的价格或规定价格的确定方法。

凡是包含上述三项基本因素的订约建议，即可构成一项有效发盘。

因此，按《联合国国际货物销售合同公约》的规定，订约建议中关于交货时间、地点及付款时间、地点等其他内容虽然没有提到，并不妨碍它作为一项有效发盘，因而也不妨碍合同的成立。发盘中没有提到的其他条件，在合同成立后，可以由双方当事人形成的习惯做法及采用的惯例予以补充，或者按《联合国国际货物销售合同公约》中关于货物销售部分的有关规定予以确定。

构成一项发盘应包括的内容,各国的法律规定不尽相同。有些国家的法律要求对合同的主要条件,如品名、品质、数量、包装、价格、交货时间与地点以及支付办法等,都要有完整、明确、肯定的规定,并且不得附有任何保留条件,以便受盘人一旦接受即可签订一项对买卖双方均有约束力的合同。《联合国国际货物销售合同公约》关于发盘内容的上述规定,只是对构成发盘的起码要求。在实际业务中,如发盘的交易条件太少或过于简单,往往会给合同的履行带来困难,甚至引起争议。因此,在发盘时,最好将品名、品质、数量、包装、价格、交货时间、地点和支付办法等主要交易条件一一列明。

在实际业务中,发盘人发盘时,商品的数量,有时只能由当事人酌情处理或只能在交货时具体确定。例如,某商人向对方提出购买其某几个月内生产的某项产品,那么可以认为在数量问题上是十分确定的。同样,确定价格也是类似的。例如,在远期交货的情况下,交易双方为了避免承担价格波动的风险,而规定按交货时某个市场的价格水平来确定该商品的价格。

3. 表明订立合同的意旨

发盘是订立合同的建议,发盘中必须表明发盘人对其发盘一旦被受盘人接受即受约束的意思。如果发盘人只是就某些交易条件的建议同对方进行磋商,而根本没有受其建议约束的意思,则此项建议不能被认为是一项发盘。例如,发盘人在其提出的订约建议中加注诸如"仅供参考"、"须我方最后确认为准"或其他类似的保留条件,这样的订约建议就不是发盘,而只能看成是邀请发盘。

4. 送达受盘人

各国法律和《公约》都规定发盘必须送达受盘人才生效。

# 【相关链接】

## 何谓发盘的送达

以口头方式做出的发盘,自受盘人了解发盘内容时为送达;

以书面形式做出的发盘,自发盘送交受盘人本人,或其营业地,或其通讯地址为送达。如无营业地或通讯地址,则送交受盘人惯常居住地。

我国合同法第16条规定:"采用数据电文形式订立合同,收件人指定特定系统接收数据电文的,该数据电文进入特定系统的时间,视为到达时间;未指定特定系统的,该数据电文进入收件人的任何系统的首次时间,视为到达时间。"

(二)发盘的有效期

在国际货物买卖中,发盘均有有效期。发盘的有效期是指可供受盘人对发盘作出接受的期限。它有两层作用:首先,它约束发盘人在有效期内不得对发盘作出修改或撤销,只要受盘人在有效期内将接受通知送达发盘人,发盘人即应按发盘条件与之订立合同;其次,它同时也约束受盘人必须在有效期内将接受通知送达发盘人,超过有效期,发盘人即不再受发盘的约束。因此,发盘的有效期既是对发盘人的限制,也是对发盘人的保障。

如发盘人在发盘中明确规定了有效期,则在规定的期限届满之前,发盘保持有效。如发盘中未具体规定有效期,则在合理时间内有效。至于何谓"合理时间",需根据具体情况而定。另外,根据《联合国国际货物销售合同公约》的规定,采用口头发盘时,除非发盘人发盘时另有声明,受盘人只能当场表示接受,方为有效。

在发盘中明确规定有效期的方法有以下几种:

1. 规定最迟接受的期限

如:限3月10日复。此种方法存在两个弊病:其一,未明确该期限是指受盘人发出接受的期限,还是接受应送达发盘人的期限;其二,由于发盘人与受盘人两地之间存在着时差,该期限也未明确是以发盘人所在地时间计算,还是按受盘人所在地时间计算。因此,这种方法容易引起争议。所以,在国际货物买卖中,发盘人最好同时规定以发盘人所在地的时间为准。如:限3月10日复到我方有效。

2. 规定一段接受的期限

如:发盘有效期为5天,或发盘限5天内复到。采取此类规定方法,存在着有效期计算的起讫问题。

**【相关链接】**

## 发盘有效期的计算

如在发盘中规定一段接受的期限,对其计算方法,《联合国国际货物销售合同公约》规定:

(1)如以信件发盘,以信上载明的发信日期起算。如信上未载明发信日期,则以信封上所载日期起算。

(2)如以电报发盘,以电报交发时刻起算。

(3)如以电话、电传或其他快捷方式发盘,则从发盘送达受盘人时起算。

但是,如果接受通知在接受期限的最后一天未能送达发盘人,是因为那天在发盘人的营业地是法定节假日或非营业日,则这段期限应顺延至下一个营业日。

至于发盘有效期限应该有多长时间,并无定则。一般说来,发盘有效期的长短取决于商品的种类、市场情况和交易额等诸因素。如所买卖的商品属新、小商品,市价稳定和交易额不大,有效期可规定得较长一些,例如5—7天,甚至更长一些。假如买卖商品系大宗商品、原料性商品或初级产品,国际市场价格波动频繁,交易额较大者,则可规定得短一些,例如2—3天,有时甚至可以短至1天,或几个小时。总体来说,发盘的有效期不宜过长。

(三)发盘的撤回与撤销

1. 发盘的撤回

发盘的撤回(Withdrawal)是指发盘人将尚未生效的发盘予以取消的行为。按《联合国国际货物销售合同公约》第15条的规定:"一项发盘,即使是不可撤销的,得予撤回,如果撤回通知在发盘送达受盘人之前或同时送达受盘人。"

在当前的国际货物买卖中,基本上不存在撤回发盘的问题。因为按《公约》的上述规定,实际上只有在采用信件和电报方式发盘时,才有可能撤回发盘。而在目前的实际业务中,已很少有人使用这两种方式,一般都是用电传、传真及E-mail等方式,这些方式的传递速度太快,发盘人根本上不可能有时间来撤回发盘。

2. 发盘的撤销

发盘的撤销(Revocation)是指发盘人将已经生效的发盘予以取消的行为。

在发盘能否撤销的问题上,传统上,英美法与大陆法存在严重的分歧。英美普通法认为,在受盘人表示接受之前,即使发盘中规定了有效期,发盘人也可以随时予以撤销,这显然对发盘人片面有利。这种观点,在英美法国家中也不断受到责难。有的国家在制定或修改法律时,实际上已在不同程度上放弃了这种观点。如根据英国1948年公司法,撤销认购股票或债券的发盘受到一定限制。在美国,多数州的做法与普通法的原则已经有了很大的背离。例如,如果发盘中规定了有效期,受盘人只要在该期限内向发盘人提供了对价,该发盘就成为不可撤销的。根据美国《统一商法典》第2—205条规定:"由商人签署的买卖货物的书面发盘,并保证在一定时间内不可撤销的,即使没有对价,该发盘在规定的时间内不得撤销,如未规定时间,在合理时间内不可撤销。"大陆法则认为发盘人原则上应受其发盘的约束,不得随意将其发盘撤销。例如,德国法律规定,发盘在有效期内,或没有规定有效期,则依通常情况在可望得到答复之前不得将其撤销。法国的法律虽规定发盘在受盘人接受之前可以撤销,但若撤销不当,发盘人应承担损害赔偿的责任。

为了调和上述两大法系在发盘可否撤销问题上的分歧,《公约》采取了折中的办法。《公约》第16条规定:"在未订立合同之前,发盘得予撤销,如果撤销通知于受盘人发出接受通知之前送达受盘人。但在下列两种情况下的发盘,发盘不得撤销:① 发盘中规定了有效期,或以其他方式表明该发盘是不可撤销的;② 受盘人有理由信赖该发盘是不可撤销的,并已本着对该发盘的信赖而行事。"

(四)发盘的失效

导致发盘失效的原因,一般有以下几种情况:

(1)发盘因过期而失效。在发盘规定的有效期内未被接受,或虽未规定有效期,但在合理时间内未被接受,则该发盘的效力即告终止。

(2)发盘被发盘人依法撤销。

(3)被受盘人拒绝或还盘之后,即拒绝或还盘通知送达发盘人时,发盘的效力即告终止。

(4)发盘因不可抗力的原因而失效。如发盘人为法人,在发盘被接受之前宣告破产;发盘人为自然人,在发盘被接受之前丧失行为能力或死亡,以及两国之间发生战争或政府颁布禁令等特殊原因。

## 【操作技巧】

### 发盘时应注意的问题

1. 谨慎从事,切忌盲目对外发盘

发盘是一种对发盘人具有法律约束力的行为,因此,在发盘时要根据自身情况、市场行情及受盘人情况进行综合考虑。一般的做法是先向对方做出询盘,邀请对方进行发盘,这样比较灵活,有较大的回旋余地。

2. 确定合理的有效期

发盘有效期的长短应综合考虑货物的种类、国际市场行情及交易额的大小等诸多因素。对于市价稳定、交易额小的商品,有效期可适当长一些;但对于如原材料、初级产品等行情波动频繁及交易额大的商品,有效期应规定得相对较短为好。另外,不要轻易延长有效期,以免增加己方的风险,甚至造成巨额损失。

3. 认真核算报价,合理确定发盘内容

发盘一经发出,想要撤回或撤销都非常困难。因此,在对外发盘之前,一定要仔细检查,确认各项内容合理、准确、无误,避免因自己的失误而造成不应有的损失。

### 三、还盘

还盘(Counter Offer)又称还价,是指受盘人不完全同意发盘内容而对发盘所作的变更或修改。

还盘是受盘人对发盘的拒绝,使得原发盘失效,同时,还盘本身构成一项新发盘,其内容为原发盘的内容加上受盘人变更或修改的内容。

受盘人还盘后,即成为新发盘的发盘人,而原发盘人则成为新发盘的受盘人。

受盘人还盘后,如原发盘人不同意,可再次作出还盘。一笔交易通常要经过多次反复的还盘才能最终达成。当然,也有不经还盘即达成交易的情况。

还盘一般是针对货物的价格,也可对其他交易条件提出修改意见。在还盘时,对双方已同意的条件通常不再列出。

### 四、接受

接受(Acceptance)在法律上称为承诺,它是指受盘人表示同意发盘提出的各项交易条件,并愿意按这些条件与对方达成交易、订立合同的一种意思表示。接受一经生效,合同即告成立。

(一)构成有效接受的条件

构成一项有效的接受,必须具备下列各项条件:

1. 接受必须由受盘人做出

发盘是向特定的人提出的,因此,只有发盘中指定的特定的受盘人才能对发盘做出接受。由第三方做出的接受,不能视为有效的接受,只能作为一项新的发盘。

2. 接受必须表示出来

接受必须由受盘人以某种方式向发盘人表示出来。如果受盘人收到发盘后,不采取任何行动对发盘做出反应,而只是保持缄默,则不能认为是对发盘表示接受。《公约》第18条规定:"缄默或不行动本身不等于接受。"

受盘人表示接受的方式有两种:

(1)用声明做出表示。即受盘人用口头或书面形式向发盘人表示同意发盘。这是国际贸易中最常用的表示方法。

(2)用做出行为来表示。《公约》第18条第3款规定,如根据发盘或依照当事人业已确定的习惯做法或惯例,受盘人可以作出某种行为来表示接受,而无须向发盘人发出接受通知。所谓作出行为,通常指卖方发运货物或买方支付货款或开立信用证,或做出其他行为,如开始生产货物、采购货物等。但需注意,该行为必须在发盘的有效期之内做出。

3. 接受必须与发盘相符

根据《联合国国际货物销售合同公约》的规定,一项有效的接受必须是同意发盘所提出的交易条件。如在使用"接受"字眼的同时,又对发盘的内容作了变更或添加,这样的接受称为"有条件的接受",视为还盘。

但在实际业务中,受盘人在表示接受时往往会对发盘做出某些修改,如一律将其视为还盘,也不太现实。因此,《公约》在第19条第2款中进一步规定:"对发盘表示接受但载有添加或不同条件的答复,如所载的添加或不同条件在实质上并不变更该项发盘的条件,除发盘人在不过分迟延的时间内以口头或书面通知反对其间的差异外,仍构成接受。如发盘人不做出这种反对,合同的条件就以该项发盘的条件以及接受通知内所载的更改为准。"

由此可见,《公约》并非不允许在接受中对发盘作任何变更,而是不允许对发盘作实质性变更。所谓"实质性变更",按《公约》第19条第3款的规定,是指"有关货物的价格、付款、货物质量和数量、交货地点和时间、一方当事人对另一方当事人的赔偿责任范围或解决争端等的添加或不同条件,均视为在实质上变更发盘的条件。"

4. 接受必须在发盘有效期内送达发盘人

当发盘中明确规定了有效期时,受盘人必须在发盘规定的有效期内将接受送达,方为有效。如发盘没有明确规定有效期,则应在合理时间内送达。这是《公约》规定的接受的生效时间。

在接受生效的时间问题上,英美法与大陆法存在着严重分歧。英美法采用"投邮生效"的原则,即接受通知一经投邮或交电报局发出,则立即生效;大陆法采用"到达生效"的原则,即接受通知必须送达发盘人时才能生效。《公约》也是采用到达生效,第18条第2款明确规定,接受送达发盘人时生效。

如果接受通知超过发盘规定的有效期,或发盘未规定有效期而超过合理时间才送达发盘人,则该接受称为逾期接受,又称迟到的接受。逾期接受一般无效,但《公约》在第21条中规定了几种特殊情况:

(1)如果发盘人收到逾期接受后,毫不迟延地用口头或书面方式通知受盘人,确认其有效,则该逾期接受仍具有接受的效力。

(2)如果载有逾期接受的信件或其他书面文件表明,它是在传递正常的情况下能够及时送达发盘人的,则该逾期接受有效,除非发盘人毫不迟延地用口头或书面形式通知受盘人,他认为发盘已失效。

从以上规定中可以看出,逾期接受是否有效,关键要看发盘人如何表态。但是发盘人必须正确区分逾期接受产生的原因,因为逾期接受产生的原因不同,发盘人的认为逾期接受有效的表达方式也是不同的。

另外,接受应采用发盘所规定的传递方式。如发盘中没有规定传递方式,则受盘人可用发盘所采用的传递方式,或采用比其更快的传递方式将接受通知送达发盘人。

(二)接受的撤回

按《公约》第22条规定:"接受得予撤回,如果撤回通知于接受原应生效之前或同时送达发盘人。"

需要指出的是,在当前通讯设施非常发达和各国普遍采用现代化通讯的条件下,当发现接受中存在问题而想撤回或修改时,往往已来不及了。为了防止出现差错和避免发生不必要的损失,在实际业务中,应当谨慎行事。

【操作技巧】

### 接受时应注意的问题

① 在表示接受之前,应仔细核对此前双方之间关于此次交易的所有来往函电,在确认双方已在各项主要交易条件上均达成一致后,才可做出接受的表示。

② 正确理解和把握发盘有效期的规定,在其有效期内将接受送达。在市价变动幅度较大或市场行情不明的情况下,可采取适当的策略以延长发盘的有效期,等待适当的时机再做出相应的表示。

③ 区分发盘和询盘,避免将客户的询盘作发盘处理,盲目做出接受表示,从而暴露己方意图,导致在以后的磋商过程中处于被动;同样,如果将发盘当做询盘处理,则有可能丧失成交机会。

## 第三节　国际货物买卖合同的订立

在国际货物买卖中,一方发盘被对方有效地接受,合同即告成立。但合同成立并不等于合同生效。合同成立的判断依据是接受是否生效;而合同生效是指合同是否具有法律上的效力。在通常情况下,合同成立之时,就是合同生效之日,二者在时间上是同步的。但有的情况下,合同虽然成立,却不立即产生法律效力,而是需要其他条件具备时,合同才开始生效。

### 一、国际货物买卖合同成立的时间

根据《公约》的规定,合同成立的时间为接受生效的时间,而接受生效的时间,又以接受通知到达发盘人或按交易习惯及发盘要求做出接受的行为为准。因此,判断合同成立的时间有两个标准:一是有效接受的通知到达发盘人时,合同成立;二是受盘人做出有效的接受行为时,合同成立。此外,在实际业务中,双方当事人有时会在洽商交易时约定,合同成立的时间以订约时合同上所写明的日期为准,或以收到对方确认合同的日期为准。

在现实经济生活中,有些合同成立的时间有特殊规定。如我国合同法第 32 条规定:"当事人采用合同书形式订立合同的,自双方当事人签字或者盖章时合同成立。"如双方签字或盖章不在同一时间,则以最后签字或者盖章的时间为合同成立的时间。

### 二、国际货物买卖合同生效的条件

根据各国合同法规定,一项合同,除买卖双方就交易条件通过发盘和接受达成一致协议外,还需具备以下条件,才是一项有效的合同,才能得到法律上的保护。

#### (一)当事人必须具有签订合同的行为能力和资格

按各国法律的一般规定,自然人签订合同的行为能力,是指精神正常的成年人才能订立合同;未成年人、精神病人订立合同必须受到限制。至于法人,则必须通过其代表人,在法人的经营范围内签订合同。

此外，在我国，只有依法取得外贸经营权的企业，才能对外签订国际货物买卖合同。

### (二) 合同必须有对价或约因

国际货物买卖合同是一种有偿交换的合同，任何一方当事人都应承担一定的义务，并享有一定的权利。英美法将之称为对价(Consideration)，指当事人为了取得合同利益所付出的代价。法国法称之为约因(Cause)，指当事人签订合同所追求的直接目的。按照英美法和法国法的规定，合同只有在有对价或约因的情况下，才是法律上有效的合同，无对价或无约因的合同，是得不到法律保障的。其他国家的法律也有类似的规定。我国《合同法》则用"平等互利"一词表述了同样的意思。

### (三) 当事人的意思表示必须真实

各国法律都认为，合同当事人的意思表示必须是真实的，才能成为一项有约束力的合同，凡是在胁迫、欺诈的情况下达成的合同，或当事人意思表示有重大错误的合同，均属无效或可撤销。

### (四) 合同必须合法

合同的标的和内容都必须合法，不得违反法律、不得违反公共秩序或公共政策，以及不得违反善良风俗或道德。

我国《合同法》第7条规定："当事人订立、履行合同应当依照法律、行政法规，尊重社会公德，不得扰乱社会经济秩序，损害社会公共利益。"

### (五) 合同的形式必须符合法律规定

对于国际货物销售合同的形式，世界上大多数国家的法律一般都不规定应当采取的形式，只对少数合同才要求必须按法律规定的特定形式订立。也有的国家法律规定必须采用书面形式，或超过一定金额的合同必须采用书面形式，而不承认口头合同的有效性。我国《合同法》虽允许以任何形式订立合同，但在外贸实际业务中也不提倡非书面形式的合同。此外，目前世界各国一般都规定有不同程度的外贸管制措施，某些国际货物买卖合同必须经过一定的审批手续方能有效。

## 三、书面合同的签订

虽然各国法律一般都并不将签订书面合同作为合同有效的必备条件，但在实际业务中，买卖双方一般都会签订一份书面合同。这是因为，签订书面合同具有以下意义：

### (一) 合同成立的证据

对以口头方式达成的交易，书面合同的作用和意义更为明显。根据法律的要求，合同的存在必须要有证据来证明。口头协议由于证据不充分，一旦买卖双方在履行合同过程中需要通过仲裁或诉讼来解决争议，便会在证明双方当事人之间确实存在合同关系方面出现困难。如不以一定的书面形式加以确定，很难得到法律的保护。

### (二) 履行合同的依据

由于国际货物买卖经过的环节多、过程复杂，无论是以口头还是书面方式达成协议，如没有一份包括各项条款的书面合同，对买卖双方各自的权利和义务做出全面、清楚、具体的说明，则会给合同的履行带来很多不便。因此在实际业务中，双方一般都要求将各自应承担的义务和应享受的权利以书面形式规定下来，以作为履行合同的依据。

### （三）有时作为合同生效的条件

如果买卖双方在进行交易磋商时，一方曾要求签订书面合同，则即便双方已对各项交易条件全都协商一致，在书面合同签订之前，合同也不能生效。在这种情况下，签订书面合同就成为合同生效的条件。如我国《合同法》第33条规定："当事人采用信件、数据电文等形式订立合同的，可以在合同成立之前要求签订确认书。签订确认书时合同成立。"

此外，按规定应由一方或双方当事人所在国家政府机构审批的合同，也必须是有一定格式的书面合同。

在我国外贸业务中，一般由我方根据双方达成的协议拟制一式二份的合同或确认书，签字后寄给对方，对方审核无误后签字，保留其中一份，并将另一份寄回给我方。如对方在签回的合同或确认书上更改或添加了某些条款，与原协议内容相抵触，我方在不能接受时应及时拒绝，否则即以经过双方签字由对方更改过的书面合同或确认书为准。

**案例10-1：盲人骑瞎马，损失不可免**

某公司于6月27日向荷兰某公司发盘：报咖啡豆200公吨，每公吨合人民币1950元CIF鹿特丹，不可撤销即期信用证付款，立即装船，即复。

7月2日，客户回电称：对你27日发盘，我最终客户很感兴趣，但因谈判时间可能较长，请延长发盘有效期10天，如有可能请增加数量，降低价格，电复。

我业务员收电后，未加思索，即于7月3日去电：数量增至300公吨，有效期延至7月15日，尽快回复。

7月7日，我公司接客户来电：请航寄2千克样品，并请再次考虑降价及增加数量。

我业务员觉得成交有望，随即寄出样品，并于7月10日回电称：样品已于昨天航邮寄出，数量可供300公吨，最优惠价为人民币1900元，尽速回复。

7月14日，客户来电称：样品仍未收到，因此请将300公吨人民币1900元的发盘再次延长，预计在收到样品后需一周时间做出最后决定。

我业务员不疑有他，于7月17日去电，同意将有效期延至7月25日。

7月22日，客户来电：接受你发盘，咖啡豆300公吨，每公吨人民币1900元CIF鹿特丹，不可撤销即期信用证付款，即期装船，按装船净重计。除提供通常装船单据外，还需提供卫生检疫证明书、产地证、磅码单（以中国口岸装船重量为基础），需提供良好适合海洋运输的袋装。

此时，我业务员得知，由于咖啡豆的主要产地之一巴西因遭受特大冻灾而大幅度减产，国际市场价格已猛涨，遂于7月24日回电称：由于世界市场的变化，在收到你来电前，我货已售出。故我方只能撤销之前的发盘。

但此时，客户紧追不放，于7月25日来电称：我方不能接受你撤销发盘。你7月17日电已将发盘延至今天才到期，撤销一项规定了有效期的发盘是违反国际贸易规则的。我方坚持你已接受我方的订单。如你欲调高价格，我可再次与我的客户商量，但不保证会有结果。

7月29日，我方去电称：我方确已将货售出，深表歉意。但应你请求，我尽最大努力又取得200公吨货源，并报你咖啡豆200公吨，每公吨人民币2650元CFR欧洲主要口岸，9月份装船，7月31日复到有效。

7月30日，客户来电称：你29日电不能接受，我方保留仲裁权利。我方坚持7月22日电已接受你方发盘。为合作起见，我方同意将交货期延至8、9月，否则，我方将索赔人民币

232 950 元，根据你目前报价和已成交价的基础计算。

最后，我方不得不同意合同已经成立，以每公吨人民币 1900 元 CIF 鹿特丹出售 300 公吨咖啡豆，损失人民币 23 万余元。

### 分析

本案中，我公司之所以会遭受巨额损失，其原因是多方面的：

#### 1. 忽视了市场调研的重要性

咖啡豆是一种国际性的大商品，其国际市场价格易受各种因素影响，变动频繁、剧烈。本案中，正是因为其重要产地巴西出现严重冻灾，导致其国际市场价格大幅度上涨。而我公司在客户表示接受之前，竟然对此一无所知！这表明该公司对市场调研极度不重视。

#### 2. 在谈判技术上存在严重不足

首先，不考虑交易的具体情况，随意延长发盘的有效期。对于像咖啡豆这样的大宗商品，由于其价格不稳定，发盘的有效期不宜太长。我方第一次发盘虽然注意到了这一点，但客户利用各种理由，一再要求延长发盘的有效期时，我方却并未思索这其中的原因，反而只想到我方有存货，急于推销而增量减价，并两次延长发盘有效期，使其长达 28 天之久，从而使客户有充足的时间来分析、研究市场行情，并根据行情变化而采取相应的行动。可以看出，在整个谈判过程中，客户完全处于主动地位，而我方则被客户牵着鼻子走，从而导致遭受巨额损失。

其次，在 7 月 22 日收到客户的接受时，我方已发现市场价格猛涨，为挽回损失，业务员以市场变化、货已售出为由撤销发盘，这是又一个严重失误。这等于告诉对方，因为市场价格上涨，所以我方要撤销发盘。然而，根据《公约》的规定，规定了有效期的发盘不得撤销。因此，这种做法不仅不能撤销发盘，反而使我方失去了唯一的一次可能挽回损失的机会。只要我方冷静下来稍加分析，就会发现，对方在 7 月 22 日的接受当中，对发盘的内容作了很多添加，如按装船净重计算、需提供适合海运的袋装等，这是属于有条件的接受。按《公约》的规定，对于有条件的接受，只要发盘人不过分延迟地表示反对其差异，就不能构成有效接受。因此，如我方能抓住这一点做文章，还是有可能免遭损失的。

最后，对方在 7 月 25 日的来电中，一方面坚持合同已经成立，另一方面又以试探的口吻来探查我方货源和价格的底细。而我方对此意图一无所知，毫不戒备，不假思索地以获得新货源为由又重新报价 200 公吨。这就等于告诉对方，我方不但有货，而且提高了价格。因而，对方的态度立即强硬起来，要求我方要么按原发盘条件履行合同，要么赔偿两次发盘之间的差价，否则就提请仲裁。我方将自己的意图全部暴露出来，而对对方的意图不加分析，怎么可能在谈判中取得对自己有利的条件呢？

# 本章小结

### 基本内容小结

本章主要阐述了交易双方就交易条件进行磋商，以求达成一致协议的过程：询盘、发盘、还盘、接受。同时还对合同的特征、形式、内容、签订书面合同的意义、合同有效成立的条件和在国际贸易具体业务中法律适用问题等作了介绍。

本章的重点与难点

有效发盘应具备的条件、发盘的撤销、有效接受应具备的条件。

## 【练习题】

### 一、名词解释

询盘、发盘、还盘、接受、发盘的撤销、发盘的撤回

### 二、填空题

1. 交易洽商一般包括_____、_____、_____、_____四个环节,其中_____和_____是不可缺少的两个环节。

2. 按《公约》的规定:"有关货物_____、_____、_____和数量、_____与时间、_____及解决争端等的添加或变更,均视为实质上变更发盘的条件。"

3. 贸易合同的书面形式分为_____和_____两种,其基本内容分为_____、_____和_____三部分。

### 三、判断题

1. 每笔交易都必须有询盘、还盘、发盘和接受四个环节。（　）
2. 发盘对发盘人是没有约束力的。（　）
3. 邀请发盘对发盘人是没有约束力的。（　）
4. 发盘必须明确规定有效期,未规定有效期的发盘无效。（　）
5. 不可撤销的发盘是不可撤回的。（　）
6. 撤回发盘是为了阻止发盘生效。（　）
7. 凡是逾期送达发盘人的接受,只要发盘人缄默,合同即告成立。（　）
8. 在国际贸易中,发盘是卖方作出的行为,询盘是买方作出的行为。（　）
9. 《公约》规定,口头合同与书面合同具有同等法律地位。（　）
10. 还盘可视为一项新的发盘。（　）
11. 接受和发盘一样都可以撤回、修改、撤销。（　）

### 四、单项选择题

1. 英国某买方向我轻工业进出口公司来电:"拟购美加净牙膏大号 1000 罗,请电告最低价格最快交货期"此来电属于交易磋商的（　）环节。

　　A. 发盘　　　　　　　　B. 询盘
　　C. 还盘　　　　　　　　D. 接受

2. 国外某买方向我进出口公司来电:"接受你方 12 日发盘请降价 5％",此来电属于交易磋商的（　）环节。

　　A. 发盘　　　　　　　　B. 询盘
　　C. 还盘　　　　　　　　D. 接受

3. 根据《公约》的规定,发盘的生效采取（　）。

　　A. 投邮生效原则　　　　B. 到达生效原则

C. 口头协商原则

4. 某项发盘于某月12日以电报形式送达受盘人,但在此前的11日,发盘人以传真告知受盘人,发盘已失效,此行为属于（　　）。

　　A. 发盘的撤回　　　　　　　　B. 发盘的撤销
　　C. 发盘的修改

5. 逾期接受是否有效,主要取决于（　　）。

　　A. 发盘人的意愿　　　　　　　B. 受盘人的意愿
　　C. 双方当事人的意愿

6. 按《公约》的规定,一项发盘的生效是（　　）。

　　A. 发盘发出时立即生效　　　　B. 发盘送达受盘人时生效
　　C. 按发盘规定的时间生效

7. 卖方发盘限15日复到有效,14日下午收到买方复电要求修改交货期,次日上午又收到买方来电接受发盘,此时,（　　）。

　　A. 已按卖方发盘条件达成合同　B. 合同尚未达成
　　C. 已按买方修改条件达成合同

8. A向B发盘:"可供贵厂一年生产所需的全部铁矿石,价格按交货时伦敦五金交易所价格计算。"根据《公约》的规定,这是一项（　　）。

　　A. 询盘　　　　　　　　　　　B. 邀请发盘
　　C. 有效发盘　　　　　　　　　D. 接受

9. A公司对某B商就某产品发盘,下列哪种情况下,合同已经达成（　　）。

　　A. B商在发盘有效期内,表示完全接受我发盘
　　B. C商在发盘有效期内向我公司表示完全接受发盘内容
　　C. B商根据以往经验,在未收到我发盘的情况下,向我公司表示接受
　　D. B商在有效期内表示接受,但提议将装运日期提前

10. 根据《公约》规定,接受生效采用的是（　　）。

　　A. 投邮生效原则　　　　　　　B. 到达生效原则
　　C. 逾期接受原则　　　　　　　D. 承诺接受原则


### 五、多项选择题

1. 按《公约》规定,发盘内容必须明确,是指发盘中应包括（　　）。

　　A. 货物名称　　　　　　　　　B. 货物数量
　　C. 货物包装　　　　　　　　　D. 货物价格

2. 根据我国《合同法》的规定,除非另有约定,当事人可以采用（　　）订立合同。

　　A. 口头形式　　　　　　　　　B. 书面形式
　　C. 其他形式　　　　　　　　　D. 以上任何形式均可

3. 根据《公约》的规定,受盘人对（　　）提出添加或更改,视为实质性变更发盘条件。

　　A. 价格　　　　　　　　　　　B. 付款时间
　　C. 品质　　　　　　　　　　　D. 数量　　　　　　E. 包装

4. 按《公约》规定,有效接受应具备的条件有（　　）。

　　A. 由指定的受盘人作出　　　　B. 与发盘内容相符
　　C. 在有效期内送达发盘人　　　D. 传递方式符合发盘要求

## 六、简答题

1. 简述还盘的性质。
2. 一项发盘在什么情况下失效？
3. 发盘的有效期有何作用？
4. 简述有条件的接受的效力。
5. 如何计算发盘的有效期？
6. 《公约》对发盘的撤销有何规定？
7. 按《公约》规定，逾期接受是否有效？
8. 书面合同有何作用？

## 七、案例分析题

1. 一法国商人于某日上午与我某公司就购买某商品进行口头磋商，我方报价为 150 美元 CIF 马赛，法商对此未置可否。当日下午再次磋商时法商表示愿意接受上午的条件，而此时我方获悉该商品的国际市场价格开始上升。对此，我方应如何处理？为什么？

2. 我某工艺品出口公司与国外洽商一笔玉雕交易，经过双方对交易条件往返磋商之后，已就价格、数量、交货期等达成协议，我方公司于是致电对方："确认售予你方玉雕一件，请先电汇一万美元。"对方于第二天复电："确认你方电报，我购玉雕一件，条件按你方电报规定，已汇交你方银行一万美元，该款在交货前由银行代你方保管"。

问：这笔交易是否已经达成？为什么？

# 第十一章 出口合同的履行

【学习目的】

了解买卖双方各自应尽的义务和履行合同的一般程序,理解出口核销、出口退税在我国对外贸易业务中的重要作用,掌握出口合同履行的四个基本环节:货、证、船、款及违约的处理方法。

【能力要求】

熟悉出口合同履行的基本业务程序,能在实践中处理相关业务问题。

买卖双方经过交易磋商达成协议,或者签订书面买卖合同后,买卖双方的法律关系即告确定,双方各自享有合同所规定的权利,承担约定的义务。卖方的基本义务是:提供符合合同规定的货物,提交一切与货物有关的单据,转移货物的所有权;买方的基本义务是:按合同规定支付货款和收取货物。

在实际业务中,由于所买卖产品的品种不同、贸易条件不同、所选用的惯例不同,每份合同所规定的具体责任与义务自然会各不相同。按时、按质、按量履行合同的规定,不仅关系到买卖双方行使各自的权利和履行相应的义务,而且关系到企业、国家的对外信誉。因此,买卖双方必须本着"重合同、守信用"的原则,严格认真履行合同。

在出口合同的履行过程中,以 CIF 或 CIP 贸易术语成交,并采用信用证方式付款时,卖方的责任与义务最大,涉及的环节最多,且具有一定的普遍性和代表性。因此,在这里以上述条件为例,将出口合同履行所涉及的各项业务环节进行介绍。

## 第一节 备 货

备货工作是指卖方根据出口合同的规定,按质、按量地准备好应交的货物,并做好申请报检和领证工作。

## 一、备货

备货是进出口企业根据合同或信用证规定,向有关企业或部门采购和准备货物的过程。目前在我国从事进出口业务的企业有两种类型:一种是自营出口企业,另一种是贸易型企业。

自营出口企业备货是向生产加工部门或仓储部门下达出口货物明细单(在有些企业内称其为工作联系单、加工通知单或信用证分析单等),要求该部门按明细单的要求,对应交的货物进行清点、加工整理、包装、刷制运输标志以及办理申报检验和领证等项工作。出口货物明细单是进出口企业内部各个部门进行备货、出运、制单结汇的共同依据。

对于贸易型企业,如果该企业没有固定的生产加工部门,那么就要向国内有关的生产企业联系货源,订立国内采购合同。

无论是哪种类型的企业在备货工作中,都应注意以下几个问题:

(1) 货物的品质、规格应与合同及信用证的规定一致;

(2) 货物的数量,应在满足合同及信用证规定的数量的基础上,适当留有余地,以备调换受损货物和适应舱容之用;

(3) 货物的包装和运输标志应符合合同、信用证规定及不同运输方式的要求;

(4) 备货时间,应根据信用证的规定,结合船期安排,以利于船货衔接;

(5) 卖方应保证对自己所出售的货物拥有合法的完全的所有权,任何第三方都不会提出任何权利或请求。

## 二、报检

按我国《商检法》的规定,凡属法定检验范围内的出口货物,或合同规定必须经中国出入境检验检疫局检验出证的出口货物,出口商应填制"出口报检申请单",向商检局办理申请报检手续。只有取得商检局签发的合格的检验证书,海关才准放行。经检验不合格的货物,一般不得出口。

申请报检后,如出口公司发现"申请单"内容填写有误,或因国外进口人修改信用证以致货物规格有所变动时,应提出更改申请,并更改"申请单",说明需要更改的事项和原因。

货物经检验合格,即由商检局发给检验证书,进出口公司应在检验证书规定的有效期内将货物出运。如超过有效期装运出口,应向商检局申请展期,并由商检局进行复验,经复验合格后货物才能出口。

【相关链接】

### 进出口商品实施法定检验的范围

1. 列入《必须实施检验的进出口商品目录》的进出口商品。
2. 根据《中华人民共和国食品卫生法》的规定应实施卫生检验的出口食品。
3. 根据《中华人民共和国进出口动植物检疫条例》规定,应实施检疫的出口动物产品。
4. 对装运出口易腐食品的船舱和集装箱的检验。

5. 对出口危险货物包装容器的性能鉴定和使用鉴定。
6. 对有关国际条约规定须经商检机构检验的进出口商品的检验。
7. 对其他法律、行政法规规定须经商检机构检验的进出口商品的检验。

## 第二节 落实信用证

以信用证方式付款的合同履行过程中,落实信用证是一项非常重要的工作,一般包括催证、审证和改证三项内容。

### 一、催证

催证是指通过信件、电传、传真或其他电讯方式催促对方及时开立信用证并将信用证送达我方,以便我方及时装运货物出口,履行合同义务。在实际业务中,有时会遇到国外进口商拖延开证的情况,对此,我们应催促对方迅速办理开证手续,必要时,也可请驻外机构或有关银行协助代为催证。

催证不是每份出口合同履行过程中都必须要做的工作,通常在下列情况下才有必要进行:

(1) 进口商经常迟开信用证。
(2) 在开证期限届满之前,发现客户资信状况恶化,或市场行情有变。
(3) 根据我方备货和承运工具的情况,可以提前装运时,也可商请对方提前开证。

### 二、审证

收到信用证之后,出口方应对信用证进行认真的核对与审查,以确保收汇安全和合同顺利执行,防止给我方造成不应有的损失。

在我国,审核信用证是银行和进出口企业应共同承担的责任。其中,银行着重审核该信用证的真实性、开证行的政治背景、资信能力、付款责任和索汇路线等方面的内容。银行对于审核后已确定其真实性的信用证,应打上类似"印鉴相符"的字样。出口企业收到银行转来的信用证后,则着重审核信用证内容与买卖合同是否一致。但为了安全起见,出口商也应尽量根据自身能力对信用证的内容进行全面审核或复核性审查。对信用证的审核一般应包括对以下诸多因素的审核:

(一) 对信用证本身的审核
(1) 开证行的名称和银行参考号应该清楚地注明在信用证上。
(2) 开证人和受益人的名称、地址应准确无误。
(3) 信用证有效性的审核

信用证中不应含有诸如"本证在开证人申领到进口许可证(或配额)后才生效"、"本证在开证行发出生效通知后才生效"等条款。如采用电开信用证,则电文中未经加密的都不是有效的信用证,须等到开证行的证实书寄到后才生效。

(4) 信用证的性质、种类的审核

信用证应是不可撤销的,其表面应无"可撤销"字样。有的信用证虽然表明为"不可撤销",

但在信用证文本中却附加了与"不可撤销"相矛盾的条款,如"开证行在货物清关后才付款"、"开证行在货物到达时没有接到海关禁止进口的通知才承兑汇票"、"在货物到达时没有接到配额已满的通知才付款"、"货物在到达目的地并经主管当局检验合格后才付款"等等。这些条款违背了信用证凭单付款的原则,使受益人得不到付款保障,因而,一般是不可接受的。

(5) 信用证的有效期、交单期、到期地点的审核

信用证中应规定有效期,未规定有效期有信用证无效。一般而言,信用证有效期应在装运期结束后一段合理时间终止。目前,大多数信用证中并不另外规定交单期,按惯例,受益人应在运输单据日期后 21 天内交单,但不得迟于有效期。如信用证中规定了交单期,则期限不能过短,以保证有充足的制单、交单时间。至于到期地点,一般都要求在我国。

(6) 开证行的保证付款文句和适用惯例文句的审核

信用证中必须要有开证行的承诺付款条款和表明受国际商会最新版本的《跟单信用证统一惯例》约束的文句,但 SWIFT 信用证除外。

(二) 专项审核

(1) 信用证的金额和支付货币

信用证金额应与合同金额相一致。如果合同订有溢短装条款,信用证金额亦应包括溢短装部分的金额。信用证金额中的单价与总值要填写正确,大、小写并用且应一致。来证所采用的货币应与合同规定相一致。

(2) 货物的名称、规格、数量、包装等是否与合同的规定相符。

(3) 装运期、装运港、目的港、分批装运与转运及保险条款的规定是否与合同的规定相符。

(4) 付款期限是否与合同的规定相符

如合同规定凭即期汇票付款,信用证要求受益人出具远期汇票,但在信用证条款中列明由开证行负责贴现,一切利息和手续费由开证人承担,受益人可即期如数收款,即所谓假远期信用证,除非开证行资信不良,一般可以接受。

(5) 对单据条款的审核

对于信用证中要求提供的单据种类和份数及填制方法等,要仔细审核其是否合理,是否有相互矛盾之处,是否能按信用证规定的名称和内容出具。

(6) 对特殊条款的审核

有时,信用证中会加列一些特殊条款,如指定运输线路、船公司、船级、船龄等,对这类条款,除非不会给我方造成不合理的不便或费用开支,一般不应接受。值得注意的是,目前有些信用证中规定有诸如"货物样品径寄开证人认可,认可电传作为议付单据之一"、"检验证书上由开证人的授权代表签字"等软条款,应提高警惕,认真对待。

【相关链接】

## 信用证中常见的软条款

软条款(Soft Clause)是指开证人要求银行在信用证内加列各种条款,致使开证行做出付款行为必须受开证人或其代表履行某种行为的约束,换言之,使受益人获得银行付款取决

于进口商的履约意思,从而降低或削弱信用证这一信用工具的银行信用程度。对于这类软条款,原则上不应接受。常见的软条款主要有:

(1) 必须取得进口国政府批准进口的证书后信用证方可生效的条款;

(2) 允许进口商先凭信托收据借单提货,待检验合格由进口商向银行提交该检验证书后银行才付款;

(3) 必须由进口商指示或通知装船的日期、船名;

(4) 要求受益人将装船货物样品寄开证人认可,并将认可电传作为需提交的单据之一;

(5) 货款须待货物运抵目的地(港),并经外汇管理局核准后支付;

(6) 汇票由进口商承兑;

(7) 检验证书上由开证人或其授权代表签字;

(8) 要求提交进口国某一机构出具的证书。

### 三、改证

对信用证进行了全面细致的审核以后,如果发现问题,应要求客户进行修改。在收到银行修改信用证通知书后还需进行审核,如仍不符要求,须再次要求对方修改,直至符合要求为止。此时,我方才能对外发货,以免发生货物装出后而修改通知书未到或修改通知书不符要求的情况,造成我方工作上的被动和经济上的损失。

在修改信用证时,凡需要修改的各项内容,应尽量做到一次性向国外客户提出,避免由于我方考虑不周而多次提出修改要求。否则,不仅会增加双方的手续和费用,而且还会造成不良影响。

按《UCP600》规定,未经开证行、保兑行(若已保兑)和受益人同意,不可撤销信用证既不能修改,也不能取消。因此,对不可撤销信用证中任何条款的修改,都必须在有关当事人全部同意后才能生效。信用证的修改通知书只能通过原通知行转交。信用证在修改时,原证的条款(或先前接受过修改的信用证)在受益人向通知行发出他接受通知之前,仍然对受益人有效。受益人如要接受信用证或修改通知书,可明确表示接受,也可以提交与之相符的单据来表示接受。对同一修改通知书中的内容,只能全部接受或全部拒绝,不允许部分接受,部分接受修改将被视为拒绝接受修改书。

需要注意的是,《UCP600》允许保兑行不对修改通知书加保兑。此时,保兑信用证实际上已成为了不保兑信用证,因此,受益人一定不能接受。

此外,对来证不符合合同规定的各种情况,还需要进行具体分析,不一定都坚持要求对方办理改证手续。只要来证内容不违反政策原则并能保证我方安全迅速收汇,我们也可灵活掌握。

## 第三节 交 货

在信用证已落实、货物也已备妥之后,出口企业就要开始履行交货义务。在这一环节中,所涉及的主要工作有托运、报关、投保和发装运通知等手续。

## 一、托运

现代信息技术正在迅速改变国际货物运输的运作方式。电子商务,特别是 EDI(电子数据交换)技术使电子方式的信息传输正在代替纸单据的传递。在国外,运输公司已经利用全球卫星定位技术来自动跟踪货物的运输情况,并通过国际互联网向客户提供货物的即时运输信息。

新的信息通信技术的运用正在改变全球运输行业的做法,特别是运输服务业出现更加细致的专业化分工。目前,现代企业运作方式更强调减少库存,要求获得及时到位的运输服务,而及时到位的运输就要求有更快和更准确的操作,专业化的货运服务机构,以及全球货物运输监控体系也就应运而生。

目前,随着技术的进步,货主越来越少地与实际承运人,如船公司直接打交道,而是由专业化较强的货运服务机构从中提供中介服务。就货运服务的公司而言,货运代理公司、卡车运输公司、报关经纪行、储运公司和其他的运输与物流管理公司都在试图调整自己的运输服务功能。这些具有不同行业特点的公司所提供的服务的界限也正在逐渐模糊,也为出口企业办理货运提供了多种选择。

在国际上,出口企业在办理货物运输时,根据货运公司提供服务的不同类型进行划分,一般可能会与三种类型的货运服务机构打交道:国际储运公司、国际货运代理公司、国际货运联盟。

### (一)国际储运公司

国际储运公司都有自己的仓储设施,最初国际储运公司的发展就是为了给等待装运的货物提供仓储服务,出口企业通常都是将出口货物在装运前先用卡车或火车运送到离装运地点最近的国际储运公司的仓库中。多数情况是,出口货物在实际装运前要在储运公司的仓库中进行装运前的处理。如果是集装箱货物,储运公司要负责货物的拼箱和装箱,然后负责将货物直接运到装运港码头或航空港进行实际装运。许多大的外贸企业都有自己的内部储运公司和仓储设施,负责上述工作。

由于受到现代物流管理潮流的影响,目前,国际储运公司的业务已经不仅局限于提供仓储服务或货物的拼箱、装箱和装运前的运输服务,它们也充当了国际货运代理人的角色,即在为进出口企业提供仓储服务的同时也负责办理国际运输。一个典型的国际储运公司的集装箱运输的运作程序如下。

① 出口企业就一批货物与储运公司接洽,国际储运公司就出口企业的整体运输情况向出口企业提出建议。

② 运输条件商定后,储运公司负责向船公司或航空公司租船订舱,并根据装运期就装运前的拼箱和装箱时间做出安排。

③ 储运公司就货物及有关单据,如发票、装箱单等的准确性进行核对。

④ 储运公司负责制作有关的运输单据,如载货清单(Cargo Manifest)、运输代理行提单(House B/L)或主提单(Master B/L)等。

⑤ 储运公司进行货物的拼箱和装箱,将货物及运输标识刷制在外包装上。标识信息包括:运输代理行提单和主提单号、货物的启运地和目的地、货物的总箱数等。

⑥ 货物从仓库用卡车或火车等运输工具运到装运港,并安排货物装上运输工具。

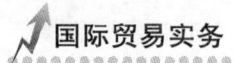

## （二）国际货运代理公司

国际货运代理公司的业务范围通常比国际储运公司的业务范围广泛。其主要的优势就是掌握了国际上四通八达的运输网络，有的公司在世界各国的许多港口都有自己的代理机构。国际货运代理公司为货主服务，并从货主那里获得报酬，或赚取运费差额。

国际货运代理公司有大有小，大的公司业务较为齐全，海陆空及多式联运货运代理均有经营；小的公司则只办理一项或几项业务。常见的货运代理公司的业务有：租船订舱、转运及理货、仓储、集装箱拼箱及拆箱、货物报关、国际多式联运、物流管理以及运输咨询等。

下面就以一家综合性国际货运代理公司为例，说明一下货运代理公司的典型货运程序。

① 出口企业就一批货物与货运代理公司接洽，国际货运代理公司就出口企业的整体运输情况向出口企业提出建议，并报一个全程运输的综合价格。

② 运输条件商定后，货运代理公司确定货物运输的航线，负责向轮船公司或航空公司租船订舱，并根据装运期就货物从仓库到装运港的运输仓储和装运做出总的安排。

③ 货运代理公司与装运前的仓储公司或陆运公司洽商货物从仓库到装运港这一段的运输，并就货物及有关单据，如发票、装箱单等的准确性进行核对。

④ 货运代理公司按出口商的委托办理货物清关手续。

⑤ 待货物在装运港装运完毕后，根据大副收据的最终结果制作运输代理行提单，并与船公司或航空公司联系取得主提单（运单）。

⑥ 货运代理公司将运输代理行提单交付出口企业，同时将船公司或航空公司的主提单（运单）寄交国外目的港的代理机构。

⑦ 出口企业经银行结汇后，有关货运单据，包括运输代理行提单被转移到进口企业手中。

⑧ 货物到达目的港后，货运代理公司在目的港的代理机构通知进口企业直接从港口提货，或者由货运代理公司在目的港的代理机构作为收货人替进口企业办理进口报关手续，再将货物运送到进口企业指定的目的地。

⑨ 进口企业向在目的港的货运代理公司的代理机构出示运输代理行提单，换取主提单或者其他的提货凭证。

⑩ 如果进口企业未能在规定的时限内提货，由货运代理公司在目的港的代理机构作为收货人，在征求有关货主意见后将货物另行处置。

## （三）国际运输联盟

国际运输联盟是指在国际上具有一定实力的大的货运公司，它们凭借在世界各地的运输代理机构，与不同地区的各有优势的货运代理公司结成运输战略联盟。通常它们的优势是为客户提供复杂、系统的大型工程项目的运输。

由于大型工程项目通常运输周期长、货物规格复杂、运输航线不定，这就要求运输公司具有较强的组织协调能力。国际运输联盟将许多国际货运代理公司和国际储运公司的优势结合起来，并利用现代信息技术手段，能够满足任何特殊运输的需要。

以上三种类型的运输公司服务的内容虽然有交叉，但各有优势和侧重。出口企业应根据货物和运输线路的情况，合理选择合适的货运服务机构。

## 二、清关

清关（Customs Clearance），实际业务中也称为通关或报关，是指从事进出口贸易的有关当事人在货物进出境时向进出境地海关申报货物内容,按规定缴纳关税并请求海关查验放行的行为。按照我国海关法的规定,凡是进出国境的货物,必须经由设有海关的港口、车站、国际航空站进出,并由货物的发货人或其代理人向海关如实申报,交验规定的单据文件,请求办理查验放行手续。经过海关放行后,货物才可以提取或者装运出口。

目前,我国的出口企业可以自行办理清关手续,也可以通过专业的报关行或国际货运代理公司来办理。通常情况下,要经过申报、查验、征税和放行四个环节。

（一）出口申报

出口申报(Declaration)是指出口货物的发货人或其代理在出口货物时,在海关规定的期限内,以纸质或电子数据报关单向海关报告其出口货物的情况,并随附有关的货运单据和商业单据,申请海关审查放行,并对所报内容的真实性及准确性承担法律责任的行为。习惯上称之为"出口报关"。

1. 申报资格

必须是经海关审核准予注册的专业报关企业、代理报关企业和自理报关企业及其报关员。报关员须通过海关全国报关员统考,取得由海关总署授权颁发的报关员资格证书,并经海关批准注册,才能代表所属企业办理报关手续。

2. 申报时间

除海关特准者之外,应在装货的 24 小时前申报。

3. 所需单证

出口申报时,申请人应向海关提交出口货物报关单、出口许可证或批准文件、装货单或运单、发票、装箱单、减税、免税或免验的证明文件,必要时还须附上货物买卖合同、产地证明等有关单证。

（二）查验

出口查验是指海关以出口货物报关单和其他报关单证为依据,在海关监管区域内对出口货物进行检查和核对。通过核查出口货物的名称、品质规格、包装状况、数量重量、标记唛码、生产或贸易国别等事项是否与出口报关单和其他单证相符,防止非法出口、走私及偷漏关税等行为。

海关查验货物,一般在海关监督场所,如码头、车站、机场等地的仓库或货场,或是在装卸现场。在特定情况下,可经海关同意派员去发货人的仓库或工厂查验。查验时,报关单位应派员到现场提供协助,并应海关要求,随时提供有关单证、文件及必要的资料。

（三）征税

按规定应缴纳出口税的货物,经海关查验认为情况正常后,由海关根据我国《关税条例》和《海关税则》的规定征收出口税。出口企业或其代理在向海关按规定税率缴清税款或提供适当担保后,海关方可签章放行。

（四）放行

出口企业或其代理按海关规定办妥出口申报手续,经海关审核单证、查验货物和征收出口关税后,海关解除对货物的监管准予出境,即为放行。海关在装货单或运单上加盖放行章,出口企业即可将货物装运出境。同时,海关在出口收汇核销单上加盖验讫章,退回给报关员,出口企业凭以到外汇管理局办理出口收汇核销手续。

### 三、投保

按 CIF 或 CIP 术语成交的出口合同,卖方有办理货运保险的义务,因此,卖方应在装船前填制投保单,及时向保险公司办理投保手续。

投保单是进出口企业向保险公司对运输货物进行投保的申请书,也是保险公司据以出具保险单的凭证,保险公司在收到投保单后即缮制保险单。其内容一般包括货物的名称、运输标志、包装及数量、保险金额、保险险别、运输工具、开航日期、提单号等。

### 四、发装运通知

货物装船后,出口企业应及时向买方发出装运通知(Shipping Advice),以便买方作好接货、付款准备、办理进口报关,或出售在途货物。

装运通知的内容一般包括订单号或合同号、信用证号、货物的名称。数量、总值、唛头、装运口岸、装运日期、船名及预计开航时间等。

## 第四节 制单结汇

出口货物装运之后,出口企业应立即按照信用证的规定,正确缮制各种单据,在信用证规定的交单有效期内,递交银行办理议付结汇的手续。

### 一、制单的基本要求

在国际贸易中,制单水平的高低直接关系到卖方能否安全迅速地收到货款。制单的基本要求是:正确、完整、及时、简明、整洁。

1. 正确

"正确"有两层含义:一是指单据要做到"四个相符",即"单证相符"、"单单相符"、"单货相符"和"单同相符";二是指单据必须符合相关的国际贸易惯例和进口国的相关法律法规的规定。

2. 完整

"完整"是指单据的种类齐全、内容完备、份数完整。

3. 及时

"及时"首先要求各种单据应在适当的时间出具或签发,其次要求受益人应在信用证规定的有效期和交单期内向指定银行交单。

4. 简明

"简明"要求单据的内容简洁,用词简明扼要,避免不必要的烦琐。

5. 整洁

"整洁"是指单据的外观质量,要求清洁、美观、大方。

## 二、我国出口结汇的三种做法

在信用证付款条件下,目前我国出口企业办理出口结汇的做法主要有三种:押汇、定期结汇和收妥结汇。不同的银行,其具体的结汇做法不一样;即使是同一家银行,针对不同的客户信誉度,以及不同的交易金额等情况,所采用的结汇方式也有所不同。

1. 押汇

押汇又称买单结汇,是指议付行在审单无误情况下,按照信用证的条款,贴现受益人(出口企业)的汇票或者以一定的折扣买入信用证项下的货运单据,从票面金额中扣除从议付日到估计收到票款之日的利息,将余款按议付日外汇牌价折算成人民币,拨交给出口企业。议付行向受益人垫付资金、买入跟单汇票后,即成为汇票持有人,可凭票向付款行索取票款。银行之所以做出口押汇,是为了给出口企业提供资金融通的便利,有利于加速出口企业的资金周转。但当议付行未能从付款行处要到货款时,议付行可以向受益人行使追索权。

2. 定期结汇

定期结汇是指结汇银行根据向国外付款行索偿所需时间,预先确定一个固定的结汇期限,到期后无论是否已经收到国外付款行的货款,都主动将票款金额折算成人民币拨交给出口企业。

3. 收妥结汇

收妥结汇又称收妥付款,是指结汇银行收到出口企业的出口单据后,经审查无误,将单据寄交国外付款行索取货款,待收到付款行将货款划入结汇银行账户的贷记通知书(Credit Note)时,才按当日外汇牌价,将货款折算成人民币拨入出口企业的账户。

## 三、处理单证不符情况的几种办法

在信用证项下的制单结汇中,银行要求"单、证表面严格相符"。但是,在实际业务中,由于种种原因,单证不符情况时有发生。此时,如信用证的交单期和有效期尚未到期,应及时修改单据,使之与信用证的规定一致。如果不能及时改正,出口企业可根据具体情况,选择如下处理方法。

1. 表提

表提又称为"表盖提出",是指受益人在提交单据时,主动向议付行以书面方式提出单、证不符点。通常,议付行要求受益人出具担保书,担保如果日后遭到开证行拒付时,由受益人承担一切后果。在这种情况下,议付行才为受益人议付货款。因此,这种做法也被称为"凭保议付"。在事先已联系开证人并经其确认可以接受时可采取此种做法。

2. 电提

电提是在单证不符的情况下,议付行先向开证行以电讯方式列明单证不符点,待开证行复电同意后再将单据寄出。用电提方式可以在较短的时间内由开证行征求开证申请人的意见。如果获得同意,则可以立即寄单收汇;如果未获得同意,受益人可以及时采取必要措施对运输中的货物进行处理。

3. 跟单托收

如开证行不同意接受不符单据,信用证就会彻底失效。出口企业只能采用托收方式,委托银行寄单代收货款。

无论是采用表提、电提,还是跟单托收方式,受益人都失去了开证行在信用证中所作的付款保证,从而使出口收汇从银行信用变成了商业信用。

## 第五节　出口收汇核销与出口货物退税

### 一、出口收汇核销

我国自1991年1月1日起实施出口收汇核销制度,即对出口货物实行"跟踪结汇"。

为大力推进贸易便利化,进一步改进货物贸易外汇服务和管理,国家外汇管理局、海关总署、国家税务总局决定,自2012年8月1日起在全国实施货物贸易外汇管理制度改革,并相应调整出口报关流程,优化升级出口收汇与出口退税信息共享机制。

(一)改革货物贸易外汇管理方式

改革之日起,取消出口收汇核销单(以下简称核销单),企业不再办理出口收汇核销手续。国家外汇管理局分支局(以下简称外汇局)对企业的贸易外汇管理方式由现场逐笔核销改变为非现场总量核查。外汇局通过货物贸易外汇监测系统,全面采集企业货物进出口和贸易外汇收支逐笔数据,定期比对、评估企业货物流与资金流总体匹配情况,便利合规企业贸易外汇收支;对存在异常的企业进行重点监测,必要时实施现场核查。

(二)对企业实施动态分类管理

外汇局根据企业贸易外汇收支的合规性及其与货物进出口的一致性,将企业分为A、B、C三类。A类企业进口付汇单证简化,可凭进口报关单、合同或发票等任何一种能够证明交易真实性的单证在银行直接办理付汇,出口收汇无需联网核查;银行办理收付汇审核手续相应简化。对B、C类企业在贸易外汇收支单证审核、业务类型、结算方式等方面实施严格监管,B类企业贸易外汇收支由银行实施电子数据核查,C类企业贸易外汇收支须经外汇局逐笔登记后办理。

外汇局根据企业在分类监管期内遵守外汇管理规定情况,进行动态调整。A类企业违反外汇管理规定将被降级为B类或C类;B类企业在分类监管期内合规性状况未见好转的,将延长分类监管期或被降级为C类;B、C类企业在分类监管期内守法合规经营的,分类监管期满后可升级为A类。

(三)调整出口报关流程

改革之日起,企业办理出口报关时不再提供核销单。

(四)简化出口退税凭证

自2012年8月1日起报关出口的货物(以海关"出口货物报关单[出口退税专用]"注明的出口日期为准),出口企业申报出口退税时,不再提供核销单;税务局参考外汇局提供的企业出口收汇信息和分类情况,依据相关规定,审核企业出口退税。

### 二、出口退税

为鼓励出口企业自主经营、自负盈亏,并增强我国出口产品的竞争力,根据国际惯例,我国自1985年起对出口产品实行退税制度。出口退税是指已清关离境的商品,由税务机关将其出口前在生产和流通各环节中已缴纳的国内税税款退还给出口企业,使出口产品以无税成本进入国际市场,加强其市场竞争力,扩大产品出口的措施。

我国出口退税所要退的是出口商品在国内已缴纳的增值税和消费税。生产企业直接出口的商品既不征税,也不退税。

(一) 出口货物准予退(免)税的范围
(1) 必须是增值税、消费税征收范围内的货物。
(2) 必须是报关离境的货物。
(3) 必须是在财务上作出口销售处理的货物。
(4) 必须是已收汇并经核销的货物。

此外,生产企业(包括有进出口经营权的生产企业、委托外贸企业代理出口的生产企业、外商投资企业)申请办理出口货物退(免)税时必须增加一个条件,即申请退(免)税的货物必须是生产企业的自产货物(外商投资企业经省级外经贸主管部门批准收购出口的货物除外)。

(二) 不能退税的货物
(1) 来料加工、来件装配复出口的产品。
(2) 保税工厂开展的加工装配复出口的货物。
(3) 保税仓库储存的复出口的货物。
(4) 捐赠出口货物。
(5) 暂时出口货物。
(6) 不结汇的援外物资。
(7) 出口企业清关出口,但实际不出境的货物。

(三) 不予退税的情况
根据国家税务总局国税发[1994]146号文件规定,凡有下列情况的,对该笔出口业务一律不予退税:
(1) 出口货物的货源不实的;
(2) 虚抬出口货物国内收购价格的;
(3) 出口退税凭证有涂改、伪造或内容不实的;
(4) 在"四自、三不见"情况下的出口货物。

**【相关链接】**

## 四自、三不见

四自、三不见是指客商或中间人自带客户、自带货源、自带汇票、自行报关和出口企业不见出口产品、不见供货货主、不见外商的交易。

(四) 出口退税登记的一般程序
(1) 有关证件的送验及登记表的领取

企业在取得有关部门批准其经营出口产品业务的文件和工商行政管理部门核发的工商登记证明后,应于30日内办理出口企业退税登记。

(2) 退税登记的申报和受理

企业领到出口企业退税登记表后,即按登记表及有关要求填写,加盖企业公章和有关人员印章后,连同出口产品经营权批准文件、工商登记证明等证明资料一起报送税务机关,税

务机关经审核无误后,即受理登记。

(3) 填发出口退税登记证

税务机关接到企业的正式申请,经审核无误并按规定的程序批准后,核发给企业出口退税登记证。

(4) 出口退税登记的变更或注销

当企业经营状况发生变化或某些退税政策发生变动时,应根据实际需要变更或注销退税登记。

(五) 出口退税附送材料

(1) 报关单。

(2) 出口销售发票。这是出口企业根据与出口购货方签订的销售合同填开的单证,是外商购货的主要凭证,也是出口企业财会部门凭此记账做出口产品销售收入的依据。

(3) 进货发票。提供进货发票主要是为了确定出口产品的供货单位、产品名称、计量单位、数量,及是否是生产企业的销售价格,以便划分和计算确定其进货费用等。

(4) 结汇水单或收账通知书。

(5) 属于生产企业直接出口或委托出口自制产品,凡以 CIF 术语成交的,还应附送出口货物运单和出口保险单。

(6) 有进料加工复出口产品业务的企业,还应向税务机关报送进口料、件的合同编号、日期、进口料件名称、数量、复出口产品名称,进料成本金额和实纳各种税金额等。

(7) 产品征税证明。

(8) 出口收汇已核销证明。

(9) 与出口退税有关的其他材料。

**案例 11-1:L/C 条款与合同不符致损案**

某食品进出口公司向 B 国际贸易有限公司出口 150 吨冻对虾。对方于 5 月 10 日开来 L/C,有关商品条款规定:"150 M/Tons of Frozen Headless Prawn,sizes:6—12 pcs. per lb. for 50 M/Tons,13—15 pcs. per lb. for 100 M/Tons. (150 吨冻无头对虾,每磅 6—12 只,计 50 吨;每磅 13—15 只,计 100 吨。)

食品进出口公司业务经办人员接到 L/C 后,发现 L/C 中商品规格与合同不符,L/C 规定为:"每磅 6—12 只",而合同规定是"每磅 8—12 只",没有"每磅 6—12 只"的规格,当然是买方开证时疏忽,由于笔误将"8—12"误为"6—12"。食品进出口公司经研究认为船期已很紧,后天即要装船,如果修正后再装船,势必过期根本无法议付。最后决定货物当然按合同规定办理装运,为了单证一致,单据可以按 L/C 规定表示,所以没有通知 B 国际贸易有限公司修改 L/C,于 15 日装运完。但在向商检局申请出具检验证书时,商检局提出不同意在品质检验证书上证明与货不符的"6—12 pcs. per lb."(每磅 6—12 只)规格,只能按实际货物情况如实地证明"8—12 pcs. per lb."(每磅 8—12 只)。食品进出口公司有关人员经与商检局再三商洽,因 L/C 如此规定,否则无法收汇。但商检局仍不同意出具与实货情况不符的证书。如果缺少商检局的品质检验证书,又无法向银行办理正常议付,最后只好决定按商检局出具的"每磅 8—12 只"规格的证书向银行交单。

食品进出口公司向议付行交单时,由于"每磅 6—12 只"与"每磅 8—12 只"的规格不符,议付行不同意议付,只好于 17 日向议付行提交保证书,以"表提"方式凭担保议付寄单。但单寄到国外,开证行于 23 日来电提出:

"关于第×××号信用证项下的你方第×××号担保议付单据,我行不能接受其不符点,即:我L/C对货物规格规定为'每磅6—12只',你方单据均为'每磅8—12只'。单据暂代保管,速告处理意见。"

食品进出口公司接到开证行拒付电后,于24日向买方提出:

"关于第×××号合同项下冻无头对虾,你L/C规定货物规格误为:'每磅6—12只',为了节省你方修改L/C费用及手续,我单据按正确表示'每磅8—12只'。但23日开证行来电不接受其不符点。希保持你我双方良好贸易关系,速联系说服开证行接受单据。谢谢配合!"

食品进出口公司去电后,于27日接到B国际贸易有限公司回电:

"你24日电悉,关于第×××号合同项下150吨冻无头对虾,其中规格问题系开证行坚决不同意接受该不符点,请直接与开证行联系。"

食品进出口公司于28日又通过议付行向开证行提出,根据开证申请人电称同意接受该不符点,请开证行即与申请人联系。但29日开证行回电称,再次联系申请人仍不同意接受。

食品进出口公司根据开证行来电,说是买方不同意接受,而买方来电又称系开证行不同意接受,两者互相推诿。食品进出口公司有关人员分析,主要是买方不同意接受,只是以开证行"不同意"作为借口而已。但货已到达目的港,如果买方仍然不接受单据,再拖延时间无人提货,将货卸入保税仓库,剧增费用,而且货可能会变质,这样损失将更加严重。

食品进出口公司又通过当地其他客户了解才知道,该货在当地已处于滞销情况,所以B国际贸易有限公司企图以单证不符为借口达到不接受货物目的。食品进出口公司最后研究决定趁此货物尚未变质前,争取时间与B国际贸易有限公司谈判,结果以降价20%而结案。

**分析**

在L/C支付方式作为国际贸易结算货款的条件下,买方依据合同规定的条款开立L/C是买方的义务。如果买方不按照合同条款或改变合同条款开立L/C,应该说是买方违约行为,卖方有权提出要求修改L/C,直至与合同完全一致为止,这是卖方的权利。本案例的关键问题就是卖主食品进出口公司没有使用这个权利,既已发现L/C所规定的货物规格与合同不符时,应该立即向买方指出错误的规格,要求修改L/C后才能装运。食品进出口公司没有这样做,这是该公司造成损失的根本原因。

食品进出口公司当时却因船期紧,而放弃修改L/C,急于装船也是没有道理的。即使船期紧,也不能在不修改L/C的情况下先装运。如果L/C装运期太紧或因等待修改L/C后势必过期;同时可要求买方修改展期,因造成过期的原因在于买方的错开L/C条款才引起的,其责任当然在于买方,所以卖方有权要求展期。本案例的食品进出口公司误认为船期紧而无法修改L/C,这是食品进出口公司失误之一。

食品进出口公司在发现L/C与合同产生不符时,错误地采取实际货物可以按合同办理,使其"货"、"合同"一致;而单据可以按L/C办理,使其"单"、"证"一致。这种解决矛盾的方法是不可取的,因为结果使"单"、"货"不一致。单证工作要求"三一致",即:单证一致、单单一致、单货一致。这是食品进出口公司失误之二。

L/C的开立虽然是以合同作为依据,但L/C一旦开出,如有不符合所签订的合同的条款,从收汇角度来说,只要卖方接受了L/C,该L/C即成为独立于合同之外另一新的契约。这时只有卖方无条件地遵守L/C条款,提交与L/C条款绝对一致的单据,开证行才能付款。这是L/C主要的特点。食品进出口公司虽然也了解一点,所以才决定单据仍然按L/C规定的规格制单,但却未全面考虑商检证书不接受如此单证一致的做法。这是食品进出口公司失误之三。

食品进出口公司在交单议付时由于商检证规格与 L/C 规定不一致,造成单证不符点无法正常办理议付,所以只好凭担保议付。案情中提到"表提"的问题,是担保议付寄单的一种方式。担保议付寄单有两种方式,即"表提"与"电提"。"表提"多因受益人估计对方会接受的情况下,受益人向议付行提交担保文件,议付行在寄单面函上主动说明单据存在不符点的情况及凭担保议付,请开证行授权付款或承兑。开证行是否接受由其决定,一切后果由受益人负担,这叫做"表提"。"电提"是议付行先将不符点情况以电通知开证行请示是否接受,待开证行回电表示接受后再寄单。如开证行不同意,则议付行通知受益人再采取其他措施。如果是实质性的单证相符,最好采取"电提"方式;如果是非实质性的一般性的单证不符,才能考虑采取"表提"方式,因为"表提"方式实质等于托收方式。

本案中的食品进出口公司即使在不修改 L/C 情况下,在装运前或在采取"表提"寄单方式前(尤其装运前)如能先与买方联系,向买方摆情况说道理,指出买方开证的错误规格,为了配合对方节省费用,免予修改;要求对方确认。有可能对方由于情理所谴,无言而对,也只好确认。本案中的食品进出口公司却在采取担保议付并于开证行提出拒付不同意接受后,生米已煮成熟饭,才向买方提出,当然买方以开证行不同意接受为借口,而顺水推舟,请食品进出口公司与开证行直接联系,推诿责任。这是食品进出口公司失误之四。

从本案例中可吸取三点教训:其一,发现 L/C 条款与合同不符时,一定要坚持修改 L/C 后才能装运;其二,在审证时和装运前就要考虑到将来单证相符的问题。只片面看单证一致,而不看单与货一致,结果还是单与证不一致(本案例结果就是这样);其三,不要随便采取担保议付。

# 本 章 小 结

基本内容小结
"重合同、守信用"是履行合同的重要原则。一笔按 CIF 条件签订的出口合同,在履行时,卖方要做好备货、报检、催证、审证、改证、租船订舱、投保、清关、装运、制单结汇、出口核销和退税等项工作。通过本章的学习,学生应掌握国际贸易出口合同中的各个环节和注意事项。

本章的重点与难点
审证、制单结汇。

# 【练习题】

## 一、名词解释
出口申报、表提、电提

## 二、单项选择题
1. 托运人凭(　　)向船公司换取正本提单。
A. 托运单　　　　　　　B. 装货单　　　　　　　C. 大副收据

2. 信用证修改书的内容在两项以上者,受益人(　　)。
　A. 要么全部接受,要么全部拒绝
　B. 必须全部接受
　C. 可选择接受
3. 提单的签发日期为7月25日,信用证规定的有效期为8月15日,则受益人的交单日期最迟为(　　)。
　A. 8月14日　　　　B. 8月15日　　　　C. 8月16日
4. 按《UCP600》的规定,开证行审核单据的时间不得超过收到单据翌日起(　　)。
　A. 5个银行工作日　　B. 7个银行工作日　　C. 10个银行工作日

### 三、判断题
1. 汇票的抬头是付款人,发票的抬头是收货人,保险单的抬头是被保险人。(　　)
2. 凡迟于信用证有效期提交的单据,银行有权拒收。(　　)
3. 按《UCP600》的规定,正本单据应注有"正本"字样。(　　)
4. 信用证的修改书可由开证人直接寄给受益人。(　　)
5. 按《UCP600》的规定,汇票的受票人可以是开证行,也可以是开证人。(　　)

### 四、简答题
1. 出口企业备货时应注意什么问题?
2. 什么情况下才有必要催促买方开证?
3. 出口交单时如单证不符,出口企业可采取哪些做法?

### 五、案例分析题
1. 某公司以CIF术语出口一批货物,即期信用证付款。由于工作失误,在信用证有效期已过之后才向议付银行交单,且单据上存在很多不符点,故开证行拒付。该公司遂要求改为付款交单,但买方以单据不符为由拒付。后经多次联系,3个月后卖方降价7000美元,买方付款赎单。
问:从此案中我们应吸取哪些经验教训?

2. FJ公司以CIF术语出口一批货物,信用证要求装运船只不超过15年船龄。当FJ公司备好有关单据交议付行议付时,议付行提出应有船公司出具的船龄证明,否则即为单证不符。但船方不同意,其理由是FJ公司订舱时,未在托运单上提出该项要求,且还需在香港转船,二程船的船龄无法掌握。FJ公司无奈之下,只得要求议付行向开证行寄单,并主动说明缺少船龄证明。开证行回电表示因缺少船龄证明,构成单证不符,因而拒付。FJ公司咨询了有关专家后得知缺少船龄证明并不构成单证不符,正准备向开证行申述时,又接开证行来电称商业发票上的商品名称与信用证不符。信用证规定的是"Canned Bamboo Shoots",而发票上写为"Canned Bamboo Shoots Shredded"。FJ公司立即向开证行补寄正确的商业发票,并申述关于船龄证明的异议。但开证行回电称信用证已失效,仍然拒付。后FJ公司与买方联系,以降价10%了结此案。
问:本案中FJ公司在处理上有哪些失误?

# 第十二章

# 进口合同的履行

【学习目的】

了解进口许可证的申领、开证程序、运输和保险的安排,理解进口外汇核销在我国对外贸易中的作用、进口清关和检验检疫的有关规定,掌握审核单证的技巧、进口索赔的基本知识。

【能力要求】

熟悉进口合同履行的基本业务程序,能在实践中处理相关业务问题。

在我国的进口业务中,一般按FOB、CFR和CIF术语、信用证支付方式成交。履行这类进口合同的一般程序是:申请进口许可证、开立信用证、租船订舱、装运、办理保险、审单付款、清关、检验、拨交、进口核销,必要时还需办理索赔。这些环节的工作,是由进出口公司、运输部门、商检部门、银行、保险公司以及最终用货部门等各有关方面分工负责、紧密配合而共同完成的。

## 第一节 进口许可证的申领

我国对部分进口商品,实行进口许可证制度。进口许可证是由国家主管机关签发准许货物进口的凭证。凡国家限制进口的商品,除另有规定者外,都必须事先申领进口许可证,经由国家批准经营该项进口业务的企业办理进口,海关凭进口货物许可证查验放行。

我国现行的进口货物许可制度的基本法规是国务院于1984年1月发布的《中华人民共和国进口货物许可制度暂行条例》及其实施细则,外经贸部、海关总署公布的《对违反进出口许可证管理制度的处罚规定》及《机电产品进口管理暂行办法》等法规、规章。根据这些法规、规章的规定,凡进口实行许可证管理的商品,不分进口方式、外汇来源、进口渠道,都必须按照国家规定的审批权限,报主管部门和归口审查部门审核批准,由订货单位凭批准证件申请领取进口货物许可证。

必须申领进口许可证的为：
(1) 国家限制进口或禁止进口，须经国家有关部门批准才能进口的商品；
(2) 经国家批准开办寄售、代销、展销、维修、租赁业务所必须进口的外国产品；
(3) 超过国家规定的国别配额的商品；
(4) 有关部门经批准自行进口的小额零星物品；
(5) 经批准由各单位自行组织的小型来华展览会和技术交流会后需留购的展品；
(6) 经批准经营图书进出口的公司进口的图书、资料；
(7) 国家规定其他需要办理进口许可证的进口货物。

实行许可证管理的进口货物的品种，由商务部根据国家的规定统一公布、调整。

进口企业在向外订货前，应填报"进口许可证申请表"，连同有关证件向发证部门申请进口许可证。申请表内容包括进口货物名称、规格、数量、金额、用途、进口国别、外汇来源、对外成交单位等项目。同时需提交以下文件材料。

(1) 进口配额主管部门签发的进口批准文件（进口配额证明、或特定登记证明及其他批准文件等）。
(2) 收货人（配额持有单位）与进口商的委托代理进口协议。
(3) 申领单位的公函及申领人工作证件。
(4) 初次申领进口许可证的企业（赠送、捐赠、援助货物除外），应提供《中华人民共和国进出口企业资格审定证书》（正本复印件）。
(5) 外商投资企业初次申领进口许可证，应提供政府主管部门批准该企业的批准文件，批准证书及营业执照（复印件），由发证机构存档备案。

进口许可证由商务部代表国家统一签发，商务部授权的省、自治区、直辖市、计划单列市外经贸管理部门签发部分进口许可证。签发许可证的对外经济贸易部门，根据有关单位提交的有关文件及许可证申请表经审核无误，即签发许可证。

# 第二节　信用证的开立和修改

### 一、开立信用证

进口合同签订后，进口方应按照合同规定填写开立信用证申请书向银行办理开证手续。该开证申请书是开证银行开立信用证的依据，其内容必须完整、明确，为了防止混淆和误解，开证申请书中不应罗列过多的细节。在指示开立信用证时，最好不要引用先前开立的信用证。开证申请书中必须明确说明据以付款、承兑或议付的单据的种类、内容及出单人。

进口商申请开立信用证，应向开证银行交付一定比例的押金或抵押品，开证人还应按规定向开证银行支付开证手续费。

#### （一）开证时间

由于进口商按时开证是卖方交货的前提，因而，进口企业应按合同规定的时间开立信用证，不应延迟，也不宜提前。延迟开证不仅要承担违约责任，还会直接影响卖方的装船时间，导致到货延迟，某些情况下会给卖方提供不履约的借口；而过早开证则会造成资金积压，影响进口商的资金周转。如合同规定在卖方确定交货期后开证,买方应在接到卖方上述通知后开证;如合同规定在卖方领到出口许可证或支付履约保证金后开证,则买方应在收到卖方已领到许可证的通知,或银行转告保证金已照收后开证。

(二) 开证手续

目前在我国,开证主要有以下两种做法:

1. 进出口公司代填信用证

实际用货单位填制开证申请书,委托代理进口人,即进出口公司,根据合同条款,缮打信用证一式六联,送交开证银行。银行审核信用证内容,另一方面审核进口货物与使用外汇的合理性,核定开证额度。审核无误后,在信用证正本、第一副本上签章后寄给通知行,将其中两联退给进出口公司留存。

2. 进口申请人向银行申请开立信用证

① 首次申请开证者在申请开证前,需提供以下证件:工商行政管理部门颁发的营业执照、国家商务部或地方外经委或地方政府批准其成立的证书,合资企业还需交验双方签订的合同及章程等。

② 开证申请人填制开证申请书。开证申请书是开证申请人与开证行之间的一种书面契约,包括两个部分的内容:一部分是规定申请人与开证行之间的权利和义务的条款,一般称为偿付协议;另一部分是开证申请人对开证行的指示,即信用证中应列明哪些内容,通常包括信用证种类、申请日期、开证通知方式、开证申请人、受益人及通知行的名称、地址、信用证的有效期和到期地点、货物的品名、规格、数量、包装、装运条件、对单据的要求及特殊要求等项目。

③ 银行接到开证申请书后,审核该企业有无外汇开证额度及相应的人民币资金。凡有开证外汇额度,且其人民币信贷指标又在本行者,可同意开证。如虽有外汇额度,但其人民币信贷指标不在本行者,应请其提供开户行到期付款的保证后,才能开证。凡使用外汇贷款开证者,应于开证前办妥外汇贷款手续,可免收保证金;凡使用自备外汇开证者,应向开证行提供开证金额 100% 的外汇保证金。另外,还应视进口物资的情况,按规定要求企业交验进口许可证或有关批件后,才能开证。

④ 银行按规定的格式,缮打信用证,签字后寄发国外通知行,并将一份副本送交进口企业留存。

(三) 开证时应注意的问题

① 信用证条款必须明确、具体、完备。信用证中不得有模棱两可、含糊不清的词句,更不可自相矛盾;信用证的内容应与合同条款一致,例如品质、规格、数量、价格、交货期、装货期、装运条件及装运单据等,应以合同为依据,并在信用证中一一做出规定。

② 根据商品性质及实际需要规定单据条款,尽量避免列入实际不需要的单据,必需的单据不能遗漏;单据的份数和内容都应明确规定;避免非单据条款,否则,银行不予理会。

③ 汇票的付款人不要规定为开证申请人,否则,该汇票将被认为是附加单据。

④ 必须明确规定信用证的有效期和到期地点,否则,该信用证无效。

## 二、信用证的修改

信用证开出之后,受益人或开证申请人常常由于种种原因,需要对信用证进行修改。此时,开证申请人需出具改证申请书,要求开证行修改信用证,并通过原通知行转交信用证修改通知书。改证时,应尽量将内容修改正确、合理,以减少改证次数,节约改证时间,并应考虑到受益人有可能拒绝修改而仍按原证条款履行。

## 第三节　安排运输和保险

以 FOB 和 FCA 术语成交,应由买方办理货物的运输和保险,进口企业应切实做好相关工作。

### 一、安排运输

以 FOB 术语成交,卖方应在交货前一定时间,将预计装运日期通知买方。买方接到上述通知后,应及时填制进口订舱联系单,连同合同副本,交货运代理公司委托其办理租船订舱手续。一般情况下,大宗货物应在交货期前 45 天、零星货物在交货期前 30 天办理,以便有足够的时间落实舱位。

在办妥租船订舱手续后,应按规定的期限将船名及船期及时通知对方,以便对方备货装船。通知中一般包括船名、船籍、船舶吃水深度、装载重量、到达港口、预计到达时间及其他需要说明的问题。

为了防止船货脱节和出现船等货物的情况,进口企业还应随时了解对方的备货及装船前各项准备工作的进程,注意催促卖方按时装运。对数量大或重要物资的进口,如有必要,进口企业可委托我驻外机构就地督促外商履约,或派人员前往出口地点检验监督。

进口企业需注意以下问题:

① 在约定期限内派船,否则卖方有权要求买方负担因船只延迟到达而产生的风险和损失,甚至拒绝交货。

② 如派出船只因故未能到达或受载,应尽量在规定的装运期内另派替代船只。如有困难,应及时向对方提出,说明原因,要求展期,并力争避免损失发生。

③ 如对方尚未备妥货物要求延期,则应根据具体情况酌情处理,但应明确对方须负担由此产生的一切损失和费用。如同意延期时未要求对方负担损失,即意味着买方放弃了相应的权利。

### 二、投保货运保险

FOB 或 CFR 交货条件下的进口合同,保险由买方办理。卖方装船后,应及时向买方发出装运通知,以便买方及时办理保险和做好接货等项工作。

我国进口货物保险有两种做法,一种是预约保险方式,另一种是逐笔投保方式。

（一）预约保险

预约保险是进口商或收货人同保险公司签订预约保险合同(Open Policy),其中对各种货物的投保险别、保险费率、保险费及赔偿的支付办法等都做了具体规定,故投保手续比较简单。

按照预约保险合同的规定,对所有预约保险合同项下的进口货物,一经起运,保险公司即自动承保。因此,每批进口货物,在收到国外装运通知后,只需直接将装运通知寄到保险公司或填制"进口货物装船通知",将船名、提单号、开船日期、商品名称、数量、装运港、目的港等项内容通知保险公司,即视为已办妥保险手续。一旦发生承保范围内的损失,由保险公司负责赔偿。被保险人的申报如有遗漏或差错,即便货物已发生损失,只要不是出于恶意,事后仍可更正,保险人仍按规定负责赔偿。如被保险人申报时,货物已安全到达目的地,被保险人仍需缴纳保险费。

(二)逐笔投保

如进口企业没有与保险公司签订预约保险合同,则只能采取逐笔投保方式。进口企业在接到出口商发来的装运通知后,填写投保单交保险公司,办理投保手续。投保单中一般包括货物的名称、运输标志、包装及数量、保险金额、保险险别、运输工具、开航日期、提单号等。保险公司出具保险单,投保人缴付保险费后,保险单随即生效。

## 第四节　审单和付汇

如以托收或汇付方式进口,审单是由进口企业自己负责;以信用证方式进口,我国的一般做法是由开证行和进口企业共同审单,开证行对单据进行初审,再由进口企业进行复审。

开证行收到国外寄来的汇票及单据后,对照信用证的规定,核对单据的份数和内容。如内容无误,即转交进口企业全套单据的复印件,要求审单付款。

按《UCP500》的规定,银行对于任何单据的形式、完整性、准确性、真伪性或法律效力,或对于单据上规定的或附加的一般性及/或特殊性条件,概不负责;银行对于任何单据中有关的货物描述、数量、重量、质量、状况、包装、交货、价值或存在与否,对于货物的发货人、承运人、运输行、收货人或保险人或其他任何人的诚信、行为及/或疏忽、清偿能力、执行能力或信誉也概不负责。

进口企业在收到开证行交来的单据后,应根据信用证认真审核单据。首先,应审核各种单据的内容是否符合信用证的要求、单据的种类和份数是否齐全、单证是否一致;同时,还要以商业发票为中心,将各种单据相互对照,审查它们之间有无不相衔接或相互矛盾之处。进口企业如在3个工作日内没有提出异议,开证行即履行付款或承兑义务,并要求进口企业付款赎单。

如审单后发现单证不符,进口企业可采取以下几种处理办法。

(1)拒绝接受单据,拒付全部货款。

(2)部分付款,部分拒付。虽然单据上存在不符之处,但根据情节不宜全部拒付,则采用此种做法。

(3)货到检验后付款。在货到后对其进行检验,如货物与合同规定完全相符,可接受单据,支付全部货款;如货物与合同规定有差异,进口企业可以拒付,也可要求扣款。

如开证行和进口企业决定拒付,应正确行使拒付权利。按《UCP600》规定,开证行应在收单次日起5个银行工作日内,以电讯方式(如不可能,则以其他快捷方式)通知寄单人,说明凭以拒付的所有不符之处,并说明是将单据留存听候处理,或是持有单据直至其从申请人处接到放弃不符点的通知并同意接受该放弃,或在同意接受对不符点的放弃之前从交单人处收到进一步指示,或按照先前从交单人处收到的指示行事,还是已将单据退还给寄单人。如开证行未能按此规定办理,则无权宣称单证不符。

## 第五节　进口报检、清关、拨交货物

### 一、进口报检

进口报检是指进口货物的收货人或其代理人根据国家有关法律、行政法规的规定,或因业务需要,在规定的地点和期限内向商检机构申请办理进口检验检疫。

原国家出入境检验检疫局(现更名为国家质量监督检验检疫总局)与海关总署从2001年1月1日起实施新的检验检疫货物通关制度,通关模式为"先报检,后报关",并对实施进口检验检疫的货物启用入境货物通关单,其上加盖检验检疫专用章,对列入《出入境检验检疫机构实施检验检疫的进出口商品目录》(现为《必须实施检验的进出口商品目录》)范围内的进口货物(包括转关运输货物),海关一律凭货物报关地出入境检验检疫局签发的"入境货物通关单"验放。

(一)强制性产品认证

按监管要求和手续复杂程度不同,国家对进口商品的报检分为强制性产品认证和一般商检两种。

新的国家强制性产品认证标志名称为"中国强制认证"(China Compulsory Certification),英文缩写为"CCC",一般简称"3C"标志。

强制性产品认证制度,是各国政府为保护消费者人身安全和动植物生命安全,保护环境,保护国家安全,依照法律法规实施的一种产品合格评定制度,它要求产品必须符合国家标准和技术法规。强制性产品认证,是通过制定强制性产品认证的产品目录和实施强制性产品认证程序,对列入强制性产品认证目录的产品实施强制性的检测和审核。凡列入强制性产品认证目录的产品,如没有获得指定认证机构的认证证书,没有按规定加施认证标志,一律不得进口,不得出厂销售和在经营服务场所使用。

国家质检总局和国家认监委公布了第一批实施强制性产品认证的产品目录,涉及安全、EMC、环保要求,包括19大类、132种产品。新制度自2002年5月1日起实施,2003年8月1日起强制执行。自2003年8月1日起,进口商不得再进口和销售未获得新证书及未加施新标志的目录内产品。

已获得新证书及加施新标志的目录内产品的进口,需提供中国国家强制性产品认证证书复印件,并填制入境货物报检单,随附相关单证,向货物报关地出入境检验检疫局报检。海关凭报关地出入境检验检疫局核查后签发的入境货物通关单办理验放。

(二)法定检验

根据国家《商检法》的规定,凡属于法定检验范围内的进口商品都必须在合同规定的期限内向检验检疫机构报检。未经检验检疫的,不准销售、使用。法定检验主要是判明进口商品的品质、技术性能等是否符合我国的有关规定,是否符合进口合同中对商品的具体规定的要求。

法定检验范围内的商品的检验检疫工作应注意以下问题：

① 办理登记手续。法定检验范围内的进口商品到货后,应向卸货口岸或到达站的检验检疫机构办理登记,海关凭盖有"已接受登记"印章的报关单验放。

② 检验检疫应在合同中约定的地点进行,未约定检验检疫地点的应在卸货口岸、到达站或检验检疫机构指定的地点进行;大宗散装货物、易腐烂变质的货物及卸货时发现残损或短量短缺的货物,必须在卸货口岸或到达站进行。

③ 登记后,收货人必须在规定的地点和期限内,持相关单证向检验检疫机构报检,检验检疫机构须在索赔有效期内检验完毕。

④ 经检验不合格者须在检验检疫机构监督下进行技术处理,需要对外索赔的商品应妥善保管,在索赔结案前不得动用。

⑤ 动物、动物产品、植物种子等货物,根据我国《进出境动植物检疫法》的规定,需提前提出申请,办理检疫审批手续。

（三）进口报检程序

1. 申报

报检人应填写进口检验申请单（也称进口评议申请单）,各项内容须明确清楚,不得错填、漏填,并随附进口合同、商业发票、装箱单、重量单、提单或其他运输单据、进口货物到货通知单等相关单证,向检验检疫机构申报。需要对进口货物进行品质鉴定的,还须提交品质证明书、使用说明书及有关标准和技术资料;凭样成交的,应附成交样品;需要进行数量鉴定的,还须提交理货部门签发的理货清单及船长或大副签章的短卸证明;需进行残损鉴定的,须提交海事报告、理货部门签发的理货残损单、船长或大副签章的残损证明及其他有关货物验收记录。

2. 检验

检验检疫机构应报检人的申请,对进口商品按规定的检验标准,按有关法规或进口合同中规定的检验时间和地点实施或组织实施检验。

（1）检验地点。我国现行检验条例规定:进口物资残损和重量鉴定,以及容易发霉变质的商品的质量检验,应在运输单据指明的到货港、站进行;机械、食品、成套设备以及在口岸开件后无法恢复包装,影响国内安全转运的,可在使用地点,结合安装使用进行检验;集装箱运输的进口货物,可在拆箱地点检验;进口动植物产品的检疫处理,必须在进口口岸进行,如因口岸条件限制或其他原因,必须运往指定地点进行处理的,须经农牧渔业部批准。

另外,凡合同中规定需要国外卖方来华共同检验的或到货后发现问题需要卖方派人来共同检验的,一定要在合同规定的验收地点检验。

（2）检验时间。报检人须在合同规定的复验期内报检。过期报检,检验检疫机构可拒绝接受,买方也就丧失了向卖方索赔的权利。

3. 出证

进口货物经检验合格,检验检疫机构即出具检验合格证书,并签发入境货物通关单。经检验不合格的货物,由检验检疫机构责令收货人退货或销毁货物。

二、进口清关

进口清关与出口清关的程序基本相同,也要经过申报、查验、征税和放行四个环节。

进口货物运到后,由进出口公司或者委托货运代理公司或报关行根据进口单据填制"进口货物报关单",并随附发票、提单、装箱单、保险单、许可证及审批文件,进口合同、产地证和其他的所需证件向海关申报。海关对报关单进行编号登记,批注申报日期,同时审核报关单证是否齐全、有效,内容是否清楚、正确,然后根据报关单进行审价,如分类估价、核算到岸价格、根据税率计算应征关税及减免部分等。在此阶段,报关人员应随时答复海关分类估价人员所提出的问题,提供所需文件。海关核价完毕后,开出缴款书,报关人凭此证书到指定银行缴纳税款,然后将银行缴款书的回执交海关,海关凭以验货。报关人应随同海关验货员一同查验货物,负责搬移、开箱,验完后再封好,并随时提供海关需要的单证。

如是船边直提货物,海关则先查验后征税,即先监卸放行,然后再补征税款。

海关验货后,即在报关单及提单上加盖放行章,随附应发还的单证,交还报关人。报关人便可到海关监管仓库或堆场提货。

按我国《海关法》规定,进口货物的申报期限为自运输工具进境之日起 14 日内,超过该期限未向海关申报的,海关按日征收进口货物 CIF 或 CIP 价格的 0.5‰ 的滞报金。超过 3 个月未向海关申报的,除有特殊原因外,由海关将货物提取变卖,所得价款在扣除运输、装卸、储存等费用和税款后,尚有余款的,自货物变卖之日起一年内,经收货人申请,予以发还;逾期无人申请的,上缴国库。

在以公路运输进口时,为适应此种运输方式货物批次多、进出频繁、时间紧迫、流量大等特点,我国实行了境外预申报的办法,即在货物出口时便提前在境外加以通关审核,货主或其代理人在经我海关指定的机构办理预申报手续,然后由此机构对货物进行进口合法性的初步审核。初审机构通过电脑联网,向口岸海关传递预申报的数据和信息,口岸海关确定重点,在货物实际进口时进行查验。这种方式可使海关尽早掌握收货人、发货人、承运人和货物的情况,做好查验准备,提高管理效能,有利于缩短海关验放时间,加快通关速度。

### 三、拨交货物

在办完上述手续后,如果订货或用货单位在卸货港所在地,则就近转交货物;如果订货或用货单位不在卸货地区,则应委托货运代理将货物转运内地并转交给订货或用货单位。关于进口关税和运往内地的费用,由货运代理向进出口公司结算后,进出口公司再向订货部门结算。

## 第六节　进口付汇核销

进口付汇核销是指外汇管理局在海关的配合和指定银行的协助下,以跟"单"(核销单)的方式对进口单位的进口付汇直至到货的全过程进行监督、核查的一种管理制度。

### 一、进口付汇核销报审流程

(一)进口付汇到货的数据报审

进口付汇到货报审是进口单位根据《进口付汇核销监管暂行办法》的要求,按月将"贸易付汇到货核销表"及所附单证报送外汇管理局审查的业务过程和手续。

1. 进口付汇到货报审需提供的单证

根据《进口付汇核销监管暂行办法》规定,进口单位应当在有关货物进口报关后一个月内向外汇管理局办理核销报审手续。进口单位在办理到货报审手续时,须提供下列单证:

(1) 进口付汇核销单。如属货到付款,则报关单号栏不得为空;

(2) 进口付汇备案表。如核销单付汇原因为正常付汇,企业可不提供此单据;

(3) 进口付汇到货核销表一式两份,均为打印件并加盖公司章;

(4) 进口货物报关单正本。在采用货到付款时,才需提供此单据;

(5) 结汇水单及收账通知单。在付汇原因为境外工程使用物资及转口贸易时,才需提供此单据;

(6) 外汇管理局要求提供的其他凭证、文件。

上述单据的内容必须真实、完整、清晰、准确。

2. 办理进口付汇报审业务手续

(1) 进口企业须备齐上述单据,一并交外汇管理局进口核销业务人员初审。

(2) 初审人员对于未通过审核的单据,应在向企业报审人员明确不能报审的原因后退还进口企业。

(3) 初审结束后,经办人员签字并转交其他业务人员复核。

(4) 复核人员对于未通过审核的单据,应在向企业报审人员明确不能报审的原因后退还进口企业。

(5) 复核无误,则复核员签字并将企业报审的全部单据及IC卡留存并留下企业名称、联系电话、联系人。

(6) 外汇局将留存的报关单及企业IC卡通过报关单检查系统检验报关单的真伪。如无误,则将IC卡退进口单位,并在到货报审表和报关单上加盖"已报审"章;如报关单通不过检查,则将有关材料及情况转检查部门。

(二) 进口付汇备案手续

进口付汇备案是外汇管理局依据有关法规要求企业在办理规定监督范围内付汇或开立信用证前向外汇管理局核销部门登记,外汇管理局凭以跟踪核销的事前备案业务。

1. 需办理备案手续的情况

(1) 开立90天以上(不含90天)的远期信用证;

(2) 信用证开立日期距最迟装运日期超过90天(不含90天);

(3) 办理90天以上(不含90天)承兑交单的承兑业务;

(4) 提单签发日期距付汇日期超过90天(不含90天)的付汇交单业务;

(5) 付汇日期距预计到货日期超过90天的预付货款;

(6) 超过合同总额的15%且超过等值10万美元的预付货款;

(7) 报关单签发日期距付汇日期超过90天(不含90天)的货到汇款业务;

(8) 境外工程使用物资采购的付款、开证业务;

(9) 转口贸易的付款、开证业务;

(10) 不在名录内企业付汇、开证业务;

(11) "受外汇管理局真实性审核进口单位名单"内企业的付汇、开证业务;

(12) 经外汇管理局了解认为确系特殊情况,有必要重点跟踪的付汇业务。

企业在办理上述备案业务前,须对应报审已签发的预计到货日期在上月1日前的备案表的到货情况;否则,不予办理。

2. 进口单位在办理备案业务时,需提供下列单证

(1) 进口付汇备案申请函。申请函中应包含申请备案原因及备案内容;

(2) 进口合同正本及主要条款复印件;

(3) 开证申请书。如备案原因为远期信用证,则该开证申请书上应有银行加盖的业务章;

(4) 进口付汇备案表;

(5) 托收方式下,还需提供进口付汇通知单及复印件;

(6) 汇付方式下,还需提供电汇申请书;

(7) 如备案原因为货到汇款或信用证展期,还需提供进口货物报关单正本、复印件及IC 卡;

(8) 如备案原因为境外工程使用物资或转口贸易,则还需提供结汇水单/收账通知单或转口所得的信用证;

(9) 如备案原因为 90 天以上到货或超过 15% 且超过等值 10 万美元的预付货款,则还需提供预付款保函;

(10) 特殊备案情况下,外汇管理局要求提供的其他凭证、文件。

上述单据的内容必须真实、完整、清晰、准确。

3. 办理进口付汇备案手续的程序

(1) 进口企业应提前三个工作日将有关单据交外汇管理局核销业务人员初审;

(2) 初审无误,审核人员将单据报送主管领导审批;

(3) 业务人员应于企业备案当日或次日("受外汇管理局真实性审核进口单位名单"内企业除外),将通过初审的单据报送主管领导审批;主管领导在次日或第三日("受外汇管理局真实性审核进口单位名单"内企业除外),将审批结果退审核人员;对于审批未通过的备案,审核人员须及时向企业讲明原因。

(4) 审批通过后,由审核人员通知企业(或由企业主动查询)备案结果,并将加盖"进口付汇核销专用章"的备案表及所附单证退还企业;同时,将备案表第四联及有关单证复印件一并留存、输机。

## 二、进口付汇核销流程

① 进口企业按规定如实填写核销单一式三联,属于货到付款的还应填写有关进口货物报关单编号和报关币种金额,将核销单连同其他付汇单证一并送指定银行审核。

② 外汇指定银行在办理付汇手续后,应将核销单第一联按货到付款和其他结算方式分类,分别装订成册并按周向进口企业所在地外汇管理局报送;将第二联退进口企业,将第三联与其他付汇单证一并留存 5 年备查。

③ 外汇指定银行对凭备案表付汇的,应将备案表第一联与核销单第三联一并留存备查;将第二联与核销单第二联退进口企业留存;将第三联与核销单第一联报送本银行所在地外汇管理局。

④ 进口企业应按月将核销表及所附核销单证报外汇管理局审查;应当在有关货物进口清关后一个月内向外汇管理局办理核销报审手续。在办理核销报审时,对已到货的,进口企业应将进口货物报关单正本等核销单证附在相应核销单后(凭备案表付汇的还应将备案表

附在有关核销单后），并如实填写"贸易进口付汇到货核销表"；对未到货的，填写"贸易进口付汇未到货核销表"。

⑤ 外汇管理局审查进口单位报送的核销表及所附单证后，应当在核销表及所附的各张报关单上加盖"已报审"章，留存核销表第一联，将第二联与所附单证退进口企业。进口企业应将核销表及所附单证保存5年备查。

⑥ 外汇指定银行应当于每月5日前向外汇管理局报送"贸易进口付汇统计月报表"。

# 本章小结

基本内容小结

进口合同签订以后，作为买方，既要按合同规定支付货款和收取货物，也要督促卖方按合同规定履行交货义务。买方在履行合同时，要做好进口许可证的申领、开立与修改信用证、安排运输、办理保险、审单付汇、清关报检、进口付汇核销等工作。

本章的重点与难点

修改信用证、审单付汇。

## 【练习题】

### 一、填空题

1. 进口企业在向外订货前，应填报_____，连同有关证件向发证部门申请进口许可证。

2. 按我国《海关法》规定，进口货物的申报期限为自运输工具进境之日起_____日内，超过该期限未向海关申报的，海关按日征收进口货物_____价格的_____的滞报金。

3. 办理进口付汇备案手续时，进口企业应提前_____工作日将有关单据交外汇管理局核销业务人员初审。

4. 进口商申请开立信用证，应向开证银行交付_____，支付_____。

### 二、判断题

1. 凡国家限制进口的商品，都必须事先申领进口许可证。                （    ）
2. 从国外进口图书资料时，必须申领进口许可证。                    （    ）
3. 进口货物的通关模式为"先报关，后报检"。                       （    ）
4. 国家强制性产品认证标志一般简称为"3C"标志。                   （    ）
5. 进口动植物产品，只能在进口口岸进行检疫处理。                   （    ）
6. 进口货物自运输工具进境之日起超过2个月未向海关申报的，除有特殊原因外，由海关将货物提取变卖。                                         （    ）
7. 在以公路运输进口时，我国实行境外预申报的办法。                 （    ）
8. 办理进口付汇核销时，进口企业须提交进口付汇备案表。             （    ）

### 三、简答题

1. 进口人申请开立信用证时需注意哪些问题？
2. 法定检验范围内的进口商品检验工作中应注意哪些问题？

### 四、案例分析题

1. 某公司从国外进口一批二手机械设备，合同规定：卖方保证设备在拆卸前均在正常运转，能满足买方正常生产的要求，否则更换或退货，买方须在货到目的地后14天内提出更换或退货要求。货到后经检验发现，这些设备在拆运前均已停止使用，且许多设备坏损、缺失，但此时早已超过合同规定的索赔期限，因而无法向卖方索赔。

问：我们应从本案中吸取什么教训？

2. RL公司从德国进口1万吨拉丝盘条，合同规定材质为美国标准SAE1008，远期信用证支付，见票后180天付款，以SGS验货报告为付款依据，以目的港的进出口商品检验检疫局的检验证书为索赔依据，如有争议，在香港仲裁。卖方交单后，RL公司虽发现了一些不符点，但考虑到对方为国际著名企业，货物质量应无问题，故尽管市价已下跌很多，还是接受了单据。但货到后，发现货物外观及包装极差，缺少180余件，短重140余吨，材质虽与合同规定相符，但有"耳子、飞边"等缺陷。因而，RL公司向卖方提出索赔，但卖方一直置之不理。RL公司遂向香港国际仲裁中心提出仲裁申请，但因合同中未规定仲裁机构名称而被拒绝。最后，RL公司向当地法院提出诉讼申请，并要求法院签发止付令。法院在审核了有关文件后，向开证行发出了止付令。卖方不得已与RL公司协商，同意退货50％，其余货物每公吨降价69美元。

问：我们应从本案中吸取哪些教训？

# 第十三章

# 索赔与理赔

【学习目的】

了解索赔的对象及索赔的程序;理解索赔的依据和理赔时应注意的问题;掌握索赔的时效,尤其是向不同运输方式下的承运人索赔的时效。

【能力要求】

熟悉索赔与理赔的基本业务程序,能在实践中处理相关业务问题。

在进出口合同的履行过程中,难免会有一方甚至双方当事人违约的情况出现,从而引起索赔和理赔。为了避免在索赔与理赔中出现失误,更好地做好索赔与理赔工作,我们应了解相关的问题。

## 第一节 索 赔

### 一、确定索赔对象

索赔时,首先要弄清事实,明确责任归属,然后才能向有关责任方提出索赔要求。

（一）卖方

(1) 货物的品质、规格等与合同规定不符。

(2) 货物数量或重量不足。

(3) 包装不良或不符合同。

(4) 未按合同规定交货的时间交货或不交货。

（二）承运人

(1) 短卸、误卸。

(2) 货物在运输途中遗失。

(3) 延迟交货。

(4) 由于承运人配载不当、积载不良或野蛮装卸导致货物损毁。

(5) 船舶不适航、不适货等导致货物损毁。

（三）保险公司

货物在运输途中因承保责任范围内的风险导致的损失。

## 二、索赔时效

索赔必须在相应的期限内提出方能有效，过期索赔，有关责任方可以拒绝赔偿。因此，要注意不同情况下的有关索赔时效的规定。

（一）向卖方索赔

(1) 如合同中规定了索赔期限，则买方应在合同规定的期限内向卖方提出索赔要求。

(2) 如合同中没有规定索赔期限，但规定了卖方承担品质保证的期限，则该期限将被认为是索赔的有效期限。

(3) 如合同中既没有规定索赔期限，又没有规定品质保证期限，则按《联合国国际货物买卖合同公约》的规定，买方应在发现或理应发现不符情况后一段合理时间内通知卖方，否则就丧失索赔权利。但无论如何，不超过买方收到货物之日起2年。

（二）向承运人索赔

1. 海运

按《海牙规则》的有关规定，如发现货物损坏或灭失，货方应在提货之日起3天内向承运人发出书面通知。如提货时双方已对货物进行了联合检验，则货方可无须发出上述通知。向承运人提起诉讼的时效为货物交付之日起算1年之内。

2. 空运

按《华沙公约》的规定，如货物在运输途中遭受损害，收货人必须在收货后7天内向承运人发出书面通知。如承运人延迟交货，应在货到后14天内提出索赔要求。诉讼时效为从货物到达之日或应到之日或运输终止之日起算2年之内。

3. 铁路运输

按《国际货协》的有关规定，货方根据运输合同向铁路提出的赔偿要求，以及铁路对货方关于运送费用、罚款和赔偿损失的要求，可在9个月内提出；货物运到逾期的赔偿要求，应在2个月内提出。上述期限按如下方法计算：

(1) 关于货物部分灭失、重量不足、毁损、腐坏或由于其他原因降低质量，以及运到逾期的请求，自货物交付收货人之日起算；

(2) 关于货物全部灭失的赔偿请求，自货物运到期限期满后30天起算；

(3) 关于补充支付运费、杂费、罚款的赔偿请求，或关于退还这项款额的赔偿请求。或关于因运价规程适用不当以及费用计算错误所发生的订正清算的赔偿请求，自付款之日起算。如未付款，从货物交付之日起算；

(4) 关于支付变卖货物的余款的请求，自变卖货物之日起算；

(5) 关于其他一切赔偿请求和要求，自查明提出赔偿请求依据的情况之日起算。

4. 国际多式联运

按《联合国国际多式联运公约》的有关规定，如货物灭失或损坏，收货人应在交货后6天内向多式联运经营人提出索赔。如双方当事人在交货时进行了联合检验，无须再发索赔通知。对于延迟交货，收货人应在交货后60天内向多式联运经营人发出书面索赔通知。诉讼时效为2年，自货物交付之日起算，如货物未交付，则自货物应当交付的最后一日的次日起算。如货物交付之日起6个月内没有提出书面索赔通知，以说明索赔性质和主要事项，则诉讼在此期限届满后失去效力。

（三）向保险公司索赔

中国人民保险公司的保险单规定，被保险人发现保险货物受损后，应立即通知当地的理赔、检验代理人进行检验，最迟不超过保险责任终止之日起 10 天。索赔时效为 2 年，从被保险货物在最后卸载港全部卸离海船后起算。

### 三、索赔依据

索赔时应提供充分的证据，如证据不足，对方可以拒绝赔偿。常见的索赔证书有公证报告、检验证书、破损证明、提单、发票、装箱单、重量单、买卖合同及往来函电等。另外，根据索赔对象的不同，还有可能需提供其他的证明文件，此处就不一一赘述。

## 第二节 理 赔

在理赔时，要本着实事求是的精神，做到既保证双方的正当权益，又不影响双方的贸易关系。一般而言，理赔时应注意以下几个方面的问题：

① 要仔细审核对方提出的索赔依据的合法性、有效性和完整性。如对方未能提供适当的、充分的依据，或在索赔依据上弄虚作假，我们应拒绝赔偿。

② 要认真做好调查研究，查清致损原因，分清责任归属。属于我方责任、该赔的不无理拒绝，不该赔的坚决以理拒赔。

③ 要合理确定损失程度、金额和赔付办法。

## 本 章 小 结

基本内容小结

索赔和理赔是很重要的工作，直接关系到进出口企业的切身经济利益。企业在对外索赔时，要根据实际情况确定索赔对象，准备好索赔依据，在索赔时效内提出索赔。另外，也要注意做好理赔工作。

本章的重点与难点

向承运人和保险公司索赔的时效。

## 【练习题】

### 一、填空题

1. 按《海牙规则》的有关规定，如发现货物损坏或灭失，货方应在提货之日起_____天内向承运人发出书面通知。

2. 按《华沙公约》的规定，如货物在运输途中遭受损害，收货人必须在_____内向承运人发出书面通知。

3. 按《联合国国际多式联运公约》的有关规定,如货物灭失或损坏,收货人应在_____内向多式联运经营人提出索赔。

4. 中国人民保险公司规定,被保险人发现保险货物受损后,应最迟不超过_____通知当地的理赔、检验代理人进行检验。

## 二、判断题

1. 买方收货后,如发现货物与合同规定不符,可随时向卖方提出索赔。（    ）
2. 买方向承运人提起诉讼的时效为货物交付之日起 1 年之内。（    ）
3. 铁路运输进口时,对货物运到逾期的赔偿要求,应在货物交付收货人之日起 2 个月内提出。（    ）
4. 货到目的港后,买方如发现货物短失,应向卖方提出索赔。（    ）
5. 只要是因卖方原因导致交货不符,卖方都应赔偿买方提出的一切损失。（    ）

## 三、单项选择题

1. 买方收货后发现货物规格与合同规定不符,应向（    ）索赔。
   A. 卖方　　　　　B. 承运人　　　　　C. 保险公司
2. 买方在目的港收货时发现货物短少 10 箱,应向（    ）索赔。
   A. 卖方　　　　　B. 承运人　　　　　C. 保险公司
3. 按《华沙公约》的规定,向承运人提起诉讼的时效为（    ）。
   A. 交货之日起 1 年内
   B. 到货之日起 2 年内
   C. 交货之日起 2 年内

## 四、简答题

1. 简述向空运承运人索赔的时效。
2. 进口人发现货损货差时应如何进行索赔?

## 五、案例分析题

1. 西安 A 公司委托青岛 B 公司进口一套机械设备,合同规定索赔期限为货到目的港 30 天内。当货到青岛卸船后,B 公司立即将货转运至西安交 A 公司,由于 A 公司厂房尚未建好,设备无法安装,待半年后厂房完工,设备安装好进行试车,发现设备不能很好运转,经商检机构检验证明设备是旧货,于是请 B 公司对外提出索赔,但外商置之不理。
   问:我方对此应吸取什么教训?

2. 某机械进出口公司以 CIF 条件出口机床 200 台,货到目的港后,买方发现有部分零部件生锈,要求扣价 20%。卖方提出用全新货物换回已交货物,买方不同意。后卖方得知买方已将该批货物运往他国销售,因而拒绝赔偿。
   问:卖方是否有权拒绝赔偿?

3. 某公司出口一批水果,货到验收后付款。但货到后买方发现重量短少 10%,且每个水果的重量也低于合同规定,因此拒绝提货,拒绝付款。后水果全部腐烂,进口国海关向我方收取仓储费和处理费 5 万美元。试分析该案中我方的失误之处。

# 第十四章

# 国际贸易方式

【学习目的】

了解拍卖的一般程序、互购贸易、转手贸易、抵销贸易、加工贸易;理解寄售的特点、展卖的形式、拍卖的特点、招标的方式、补偿贸易的特点和作用、期货交易的特点、电子商务及经销、代理、寄售、加工贸易、补偿贸易合同的基本内容;掌握经销和代理的种类、拍卖的出价方式、招投标业务的基本程序、补偿贸易的种类、期货交易的作用和种类。

【能力要求】

能根据交易的实际情况,灵活选择适当的贸易方式。

国际贸易方式是指国际贸易中买卖双方之间进行货物买卖所采用的具体做法。本书前面的章节介绍的是逐笔售定的方式,即交易双方就某一商品的各项条件进行磋商,然后签订合同、履行合同的做法,这是国际货物买卖中最常用的方式。

随着国际经济关系的日益密切和国际贸易的不断发展,货物进出口逐渐与技术、劳务和资本移动等结合起来,使国际贸易方式和渠道也在不断发生变化,呈现出多样化、综合化的特点。目前在国际贸易中,除传统的逐笔售定方式外,还有经销、代理、寄售、展卖、招标与投标、拍卖、商品期货交易、对销贸易、加工贸易等。灵活运用各种不同的贸易方式,对拓展进出口贸易有至关重要的意义。

## 第一节 经销和代理

### 一、经销

经销(Distribution)是指进口商(即经销商 Distributor)与国外出口商(即供货商 Supplier)达成书面协议,承担在规定的期限和地域内购销指定商品的义务。

经销方式属售定性质,供货商和经销商之间是买卖关系。经销商以自己的名义购进货物,也以自己的名义进行销售,至于商品能否售出、以什么样的价格出售、能售出多少等等,则完全由经销商自己承担。

（一）经销的种类

按经销商权限的不同,经销可分为独家经销和一般经销。

1. 独家经销(Sole Distribution)

独家经销也称包销(Exclusive Sales),是指出口人通过签订包销协议,在一定时间内,把一种或某一类出口商品在某一地区的独家经营权授予包销人。也就是说,在约定的期限和地区内,出口人只能通过包销人出售指定商品,不得向其他商人发盘成交;而包销人也不得经营其他来源的同类商品,并承担一定数额的购货义务。每一笔具体交易,则以包销协议为基础,另行订立销售合同。

2. 一般经销

一般经销也称定销,是指出口商在一定时期、一定地区内把指定商品的经营权授予经销商。经销商有义务维护出口商的利益,并应在必要时对经销商品组织技术服务,进行宣传推广。但经销商不享有专营权,出口商可在同一地区指定几个经销商。

（二）经销协议

经销协议是供货商和经销商所订立的确立双方法律关系的契约,其内容的繁简可根据商品的特点、经销地区的情况及双方当事人的意图而定,一般包括以下内容:

1. 经销商品的范围

出口企业经营商品种类繁多,即使同一类或同一种商品,其中也有不同牌号与规格,因此,在包销协议中,双方当事人必须规定经销商品的范围,并与供货商的经营意图和经销商的经营能力及资信状况相适应。

2. 经销地区

指经销人行使经营权的地理范围。范围小的可以是一个或几个城市,大的可以规定为一个甚至几个国家。其范围大小一般依经销商的规模及能力、销售网络、经销商品的性质及种类、经销地区的行政区域划分、地理和交通条件及市场的差异程度等因素。

3. 经销数量或金额

一般规定经销人在一定时期内的最低经销数量和金额,对协议双方均有同等约束力。经销人必须向出口人购买规定的数量和金额,而出口人必须保证向经销人供应指定的数额。一般还应同时规定经销人未能完成规定数额时供货人可行使的权利。

4. 作价方法

一般有两种作价方法,一种是在规定期限内一次作价,无论在此期间这种商品的国际市场行情如何,均以协议中所规定的价格为准。另一种是分批作价,即每份销售合同按当时的国际市场价格分别作价。由于国际市场价格变化莫测,为使双方尽可能减少承担的风险,分批作价的方法应用较普遍。

5. 专营权

在采用包销方式时,协议中一般需规定此项内容。专营权包括专卖权和专买权,专卖权是指出口人将指定的商品在规定的地区和期限内给予包销商独家销售的权利,出口人负有不向该区域内的客户直接售货的义务,专买权是指包销商承担向出口人购买该项商品,而不得向第三者购买的义务。需注意的是,专买权有可能触犯包销区域内的国家的法律,故在订立协议前,应先作调查研究,以免引起被动。

6. 经销期限

一般规定为一年。协议中还可规定期满后续约或终止的办法。例如:"本协议期满前一个月,如一方提出,并经双方协商同意,可以延长一年,否则,本协议自期满日止自动失效。"

7．其他规定

即对广告、宣传、市场报道和商标保护等方面的规定。

（三）采用经销方式应注意的问题

1．慎用包销方式

由于包销方式对出口商存在一定的风险,出口商应对拟出口市场作充分的调查,研究出口货物是否适于包销。

2．慎重选择经销商

要调查经销商的资信情况、开拓市场的能力、销售渠道和其以往的经营经历。

3．订好经销协议

经销协议是确定供货商和经销商之间的权利和义务的法律文件,它直接关系到一笔业务的成败,一定要认真对待。

## 二、代理

代理(Agency)是指代理人(Agent)按照委托人(Principal)的授权,代表委托人与第三人订立合同或实施其他法律行为,而由委托人直接享有由此产生的权利与承担相应的义务。在国际贸易中,代理人与委托人之间的关系属于委托买卖关系,代理人通常运用委托人的资金进行业务活动,其本身并不作为合同的一方参与交易,也一般不以自己的名义与第三者签订合同。

（一）代理的种类

1．按委托人授权的大小,代理可分为以下三种

（1）总代理(General Agency)

总代理是委托人在指定地区的全权代表,有权代表委托人从事一般商务活动和某些非商务性的事务。

（2）独家代理(Exclusive Agency, Sole Agency)

独家代理是指在指定地区和期限内单独代表委托人行事,从事代理协议中规定的有关业务的代理人。委托人不得在该地区委托其他代理人。凡是在指定地区和期限内做成该项商品的交易,除双方另有约定外,无论是由代理商做成,还是由委托人直接同进口商做成,代理商都有获取佣金的权利。

（3）一般代理(Agency)

一般代理又称佣金代理(Commission Agency),是指在同一地区和同一时期内,委托人可同时委派多个代理人代表委托人行事,代理人不享有独家专营权。委托人根据推销商品的实际金额给付代理人佣金,或者根据协议规定的办法和百分比支付佣金。如委托人直接与该地区的买主达成交易,无须向一般代理支付佣金。

2．根据代理人的职责范围,国际货物买卖中的代理可分为以下两种

（1）销售代理(Selling Agency)

销售代理是指代表国外出口商或生产商为其产品在当地的销售提供各种服务的代理。其职责范围一般为招揽顾客、收集订单、签订合同、提供售后服务等。

（2）采购代理(Purchasing Agency)

采购代理也称购货代理,是指代表国外进口商为其在当地采购商品提供服务的代理。

（二）销售代理协议

代理协议是明确协议双方即委托人与代理人之间权利和义务的法律文件，由双方当事人协商而定。其主要内容包括下列五项。

1. 代理商品和地区

协议中应明确规定代理商品的品名、规格及代理人有权开展代理业务的地区。

2. 代理人的权利和义务

这是代理协议中的核心内容，一般包括以下几个方面。

（1）代理人的权限

规定代理人是否有权代表委托人订立合同或从事其他事务，是否有专营权。

（2）最低销售额

规定代理人在规定时期内应推销商品的最低销售额，并说明按何种价格计算。

（3）委托人权益的保护

规定代理人应在代理协议有效期内，保护委托人的合法权益，无权代理与委托人商品相竞争的商品，也无权代表协议地区内的其他相竞争的公司。对于在代理区域内发生的侵犯委托人权益的不法行为，代理人有义务通知委托人，以便采取必要措施。

（4）市场调研的广告宣传

规定代理人应定期或不定期地向委托人汇报有关商品的市场情况，并在由代理人负担费用的前提下，在代理地区内进行广告宣传和促销活动。

3. 委托人的权利和义务

委托人的权利主要体现在对客户的订单有权接受，也有权拒绝，对拒绝订单的理由可以不做解释，代理人不能要求佣金。但对于代理人在授权范围内按委托人规定的条件与客户订立的合同，委托人应保证执行。

委托人有义务维护代理人的合法权益，保证按协议规定的条件向代理人支付佣金，并有义务向代理人提供推销产品所需的材料。

4. 佣金的支付

佣金是代理人为委托人提供服务所得的报酬。在代理协议中要规定代理人获得佣金的条件、佣金率、佣金的计算基础、佣金的支付时间和支付方法等作出规定。

5. 协议有效期及中止条款

按照国际贸易中的习惯做法，代理协议既可以规定固定期限，也可以不规定具体期限。固定期限长的有五年，短的一般为一年。如不规定期限，双方当事人可以在协议中规定，如其中一方不履行协议，另一方有权终止协议。

除上述内容外，关于不可抗力和仲裁等条款的规定，与经销协议和一般买卖合同的做法基本相同。

## 第二节　寄售、展卖和拍卖

一、寄售

寄售（Consignment）是一种委托他人代为销售的贸易方式。出口商（又称寄售人 Consignor)先将准备销售的商品运往国外寄售地,委托当地代销人(Consignee)按照寄售协议规定的条件代为销售后,再由代销人与货主结算货款。

寄售是一种先出口后售货的贸易方式,寄售人和代销人之间不是货物买卖关系,而是委托与受托关系,寄售协议属于行纪合同(又称信托合同)。按我国《合同法》的解释,行纪合同是指行纪人接受委托人的委托,以自己的名义为委托人从事贸易活动,委托人支付报酬的合同。行纪人的义务与代理人相似,但两者的区别在于代理人在从事授权范围内的事务时,可以用委托人的名义,也可用自己的名义;但行纪人只能用自己的名义处理行纪合同中规定的事务,且行纪人同第三方进行的法律行为,对委托人不直接发生效力。

(一)寄售的特点

与普通的出口销售相比较,寄售具有以下特点:

(1)寄售人与代销人是委托代售关系。代销人只能根据寄售人的指示代为处置货物,货物的所有权在售出之前仍属寄售人。

(2)寄售是一种先发运后销售的现货交易。

(3)寄售方式下,代销人不承担任何风险和费用,货物售出前的一切风险和费用均由寄售人承担。

(二)寄售协议

寄售协议是寄售人与代销人之间就双方的权利、义务以及业务中的有关问题签订的法律文件。其主要内容一般包括:

1. 协议性质

寄售人和代销人之间属委托代售关系,寄售商品在售出之前,所有权仍属寄售人,风险和费用由人负担。

2. 寄售商品和地区

3. 寄售商品的作价方法

对寄售商品的作价方法,通常有以下四种:

(1)规定最低限价。

(2)随行就市。

(3)出售前征得寄售人同意。

(4)规定结算价格。

4. 佣金

规定佣金的计算基础、佣金率、支付时间和支付方法等。

5. 货款的收付

货款一般在货物售出后才收回,常见的是以记账的方法,定期或不定期地进行结算,以汇付或托收方式收付。协议中应规定支付货款的方式和时间。为保证收款安全,有的在协议中加订"保证收取货款条款",有的则另行签订"保证收取货款协议",由代销人提供一定的担保。

6. 双方当事人的义务

代销商的主要义务有:代办进口清关、存仓、保险等手续、保管货物、代垫有关费用、按规定交付货款、宣传展示商品或提供售后服务、及时向寄售人作市场报告等。

寄售人的义务主要有:按质、按量、按期提供寄售商品;支付佣金及偿付代销商在寄售过程中所代垫的费用等。

(三)寄售方式的优缺点

寄售方式,代销商仅需垫付少量资金,甚至不需垫付资金,也不承担货物灭失、不能过关、市场行情下跌等风险,有利于调动那些有销售渠道、资信好但资金不足的代销商的积极性,同时寄售方式是货物先出运,便于寄售地买主就地看货成交,对买主较有吸引力,因此有利于开拓新市场,推销新产品。

但是寄售对于寄售人来说,其承担的风险较大,费用较高,资金积压时间过长,收汇较慢,不利于资金周转,如果代销商资信不好,还有可能造成货、款两空。

## 二、展卖

展卖(Fairs and Sales)是指利用展览会和博览会及其他交易会形式,对商品进行展销结合的一种贸易方式。

展卖的做法主要有两种:一种是将货物通过签约方式卖断给国外客户,双方是一种买卖关系,由客户在国外举办或参加展览会。另一种是由双方合作,展卖时货物所有权不变,展品出售的价格由货主决定,国外客户承担运输、保险、劳务及其他费用,货物售出后收取一定手续费作为补偿。展卖结束后,未售出的货物可以折价卖给合作的客户,也可运往其他地方进行另一次展卖。

(一)展卖的特点
(1)有利于宣传出口商品,扩大影响,促进成交。
(2)有利于建立和发展客户关系,扩大销售范围。
(3)有利于开展市场调研和研究工作,改进产品质量,增强商品竞争力。

(二)展卖的形式
1. 国际博览会(International Fair)

国际博览会是在一定地点定期进行的、由一国或几个国家联合主办,邀请各国商人参加交易的贸易形式。它不仅是商品交易的场所,而且是进行产品介绍、广告宣传、技术交流的场所。

国际博览会有综合性国际博览会和专业性国际博览会两种。综合性博览会允许各种商品参加展出和交易,这种博览会规模大、产品齐全、会期也较长,如世界著名的米兰、莱比锡、巴黎、里昂、布鲁塞尔、蒙特利尔等地举办的国际博览会。专业性的博览会是指仅限于某类专业性产品参加展览与交易的博览会,规模较小,会期也较短,如法兰克福国际航空博览会、纽伦堡玩具博览会、慕尼黑体育用品博览会等。

2. 国际展览会(International Exhibition)

展览会一般为不定期举行,其主要目的是宣传、展示本国的文化、艺术及工商业发展的成就。而以促进本国的出口贸易为目的举办的展览会,是展出所要推销的商品,通过宣传,扩大商品的销路,其真正目的不是展览而是推销商品。

(三)中国出口商品交易会(Chinese Export Commodities Fair)

中国出口商品交易会的举办地点在广州,所以又称为广交会(Guangzhou Trade Fair)。它是由中国各进出口公司联合举办的。首届广交会于1957年春天举办,以后每年春秋季各举办一次,迄今已有五十年历史。

中国出口交易会的作用,主要表现在以下几个方面:
(1)来会的各国客商众多,为集中成交创造了有利条件。
(2)加强了与各国客户的广泛联系,便于了解国外市场动态,开展市场调研。
(3)有利于生产和其他有关部门直接听取客户对产品的要求和反映。
(4)由于交易会采取洽商、看样成交的方式,从而有利于发现问题,及时解决。

### 三、拍卖

拍卖(Auction)是由专营拍卖业务的拍卖行接受货主的委托,在规定的时间和场所,按照一定的章程和规则,以公开叫价竞购的方法,把现货出售给出价最高的买主的一种贸易方式。

在国际贸易中,通过拍卖进行交易的商品,大多是一些品质不易标准化或不能长期保存或历史上有拍卖习惯的商品。例如,茶叶、烟草、木材、毛皮、纸张、香料、水果、艺术品等。有时海关没收的走私货物、破产企业的资产处理也采用拍卖方式。

#### (一)拍卖的特点

(1) 拍卖一般都是在拍卖中心,在拍卖行的统一组织下进行的。

(2) 拍卖具有自己独特的法律和规章。许多国家的买卖法中对拍卖业务有专门的、不同于一般货物买卖的规定。各拍卖行也都订立有自己的章程和规则,供拍卖时采用。

(3) 拍卖是一种公开竞买的现货交易。拍卖采用事先看货,当场叫价,落槌成交的做法。拍卖开始前,买主可以查看货物,拍卖开始后,买主当场出价,公开竞买,由拍卖主持人代表货主选择交易对象。成交后,买主即付款提货。

#### (二)拍卖的出价方式

1. 增价拍卖

也称英式拍卖、买主叫价拍卖,是最常用的一种拍卖方式。拍卖时,由拍卖人提出一批货物,宣布预定的最低价格,有时还规定每次加价的金额,然后由竞买者相继叫价,竞相加价,直到拍卖人认为无人再出更高的价格时,则用击槌动作表示竞买结束,将这批商品卖给最后出价最高的人。在拍卖人击槌前,竞买者可以撤销出价。如果竞买者的出价都低于拍卖人宣布的最低价格,卖方有权撤回商品,拒绝出售。

2. 减价拍卖

又称荷兰式拍卖,是由拍卖人喊出最高价格,然后逐渐减低叫价,直到有某一竞买者认为已经低到可以接受的价格,表示买进为止。这种方式常用于鲜活商品的拍卖之中。

3. 密封递价拍卖

又称招标式拍卖,是由拍卖人先公布某批商品的具体情况和拍卖条件,然后买主在规定时间内用密封信件向拍卖人提出递价,由拍卖人进行审查比较,确定最终买主。有些国家的政府或海关在处理库存物资或罚没货物时往往采用这种方式。

#### (三)拍卖的一般程序

1. 准备阶段

货主事先把商品运到拍卖人指定的仓库,由拍卖人进行挑选、整理、分类、分批编号,并与拍卖行订立委托拍卖合同。拍卖人根据货物的种类、数量、产地、拍卖时间、地点和交易条件编印拍卖目录,并刊登广告。

2. 查看货物

按照有关拍卖的法律和惯例,一经拍卖成交,卖主和拍卖行对售出商品都不负品质保证的责任。因此,欲参加拍卖的买主可以在规定时间内到指定的仓库查看货物,必要时还可以对某些商品进行抽样检验。

3. 正式拍卖

正式拍卖在预定的时间和地点进行,一般是按照目录排定的次序逐批叫价成交。成交后,随即由买主在合同上签字,并预交一部分货款作为保证金。

4. 付款提货

买主必须在规定的期限内付清货款，取得拍卖行开出的栈单（Warrant）或提货单，然后到指定的仓库提取货物。

# 第三节　国际招投标

招标和投标是一种贸易方式的两个方面。招标（Invitation to Tender）是指招标人（买方）发出招标公告或招标单，提出准备购买的商品的品种、数量和有关买卖条件，邀请卖方投标的行为。投标（Submission of Tender）是指投标人（卖方）应招标人的邀请，根据招标公告或招标单所规定的条件，在规定的投标时间内向招标人递盘的行为。

招标投标是一种竞卖方式，标的公开、竞争公开、成交迅速是它的特点。许多政府机构、市政部门和公用事业部门经常以招标方式采购物资、设备、勘探开发资源或招包工程项目，有些国家也以招标方式进口大宗货物。此外，世界银行贷款项目和国际间政府贷款项目，也通常在贷款协议中规定，运用这些贷款采购物资、设备、发包工程时，必须采用国际竞争性招标方式。

## 一、招标的方式

目前，国际上常用的招标方式主要有以下几种：

（一）国际竞争性招标（International Competitive Bidding，简称 ICB）

它是指招标人邀请几个乃至几十个投标人参加投标，通过投标人竞争，选择其中对招标人最有利的投标人达成交易。通常又有三种做法：

1. 公开招标（Open Bidding）

是指招标人在国内外主要报刊上刊登招标广告，邀请对该项目有兴趣的所有公司进行投标。政府采购物资、利用国际金融组织的贷款采购物资等，大部分采用这种招标方式。

2. 选择招标（Selected Bidding）

又称邀请招标，招标人不在报刊上刊登广告，而是根据自己具体的业务关系和情报资料，向少数客户发出招标通知。这种方式一般多用于购买技术要求比较高的专业性设备或成套设备。

3. 两段招标（Two-Stage Bidding）

即第一阶段采用公开招标方式，经过开标和初步审查评价之后，开始第二阶段的选择性招标，邀请条件优惠、实力较强的少数几家投标人进行第二次投标。

（二）谈判招标（Negotiated Bidding）

谈判招标又叫议标，它是一种非公开的、非竞争性的招标。这种招标由招标人物色几家供应商直接进行合同谈判，谈判成功，交易达成。

## 二、招投标业务的基本程序

（一）招标

1. 发布招标公告

采用公开招标和两段招标时，招标人应在相关媒体上发布招标公告。招标公告的主要内容有：招标项目名称和项目情况介绍，招标开始时间和投标截止时间，招标方式，标书发售方法，招标机构或联系机构的名称、地址等。

2. 制定招标文件

招标文件也称标书，即招标的贸易条件和技术条件。它是投标人编制投标书的依据，也是招标人与中标人订约的基础。

3. 对投标人进行资格预审

资格预审是指招标机构对申请参加投标的企业进行基本概况、信誉情况、技术水平、财务状况、经营能力等多方面的审查了解，以确定其是否有资格参加投标。

(二) 投标

1. 投标前的准备工作

主要有编制资格调查表、研究招标文件、寻找投标担保人等，其中最主要的是研究招标文件。

2. 编制投标文件

投标人如决定参加投标，则应根据招标文件的规定编制和填报投标文件。它是投标人对招标人的一项不可撤销的发盘。

3. 提供投标担保

为了防止投标人在投标后撤销投标或中标后拒不签订合同，招标人通常都要求投标人在投标时提供一定比例或金额的投标保证金，或提供银行保函或备用信用证。如投标人未能中标，招标人退回保证金。如投标人中标后拒不履约，则招标人有权没收保证金。

4. 递送投标文件

投标文件应在招标文件中规定的截止日期之前送达招标人，逾期无效。投标文件一般采用密封挂号邮寄，也可派专人送达。按惯例，投标人可在投标截止日期之前，以书面方式提出修改或撤回。撤回的投标文件在开标时不予宣读，所缴纳的保证金也不没收。

(三) 开标、评标

1. 开标

开标有公开开标和不公开开标之分。公开开标是指由招标人按照原定的时间和地点，当众开拆所有的密封投标书，并公开宣读其内容，所有参加投标的人都可派代表监视开标。不公开开标是指没有投标人参加，由招标人自行选定中标人。一般情况下，物资和劳务采购多采用公开开标，而工程承包等招标则往往采用不公开开标的方式。通常，开标只是公开标书内容或将标书内容记入正式记录，当场并不确定中标人。

2. 评标

开标后即进行评标，即招标人根据各投标书中所提出的交易条件进行综合比较，选择其中最有利者为中标人。其主要工作如下：

(1) 审核。即审核投标文件的内容是否符合招标文件的要求，计算是否正确，技术是否可行等。

(2) 评估确定。即将投标文件的各项条件进行综合评估，初步确定中标人选，一般确定若干个候选人。

(3) 资格复审。即对中标候选人的履约能力进行审核。如第一中标候选人经复审合格，即为该次招标的中标人，否则依次以第二、第三候选人替补。

如招标人认为所有投标均不理想，可宣布招标失败。招标失败的原因主要有：① 投标人太少，缺乏竞争性；② 所有报价均大大超过国际市场平均价格；③ 所有投标的内容都与要求不符。

3. 中标签约

选定中标人后,招标人以书面方式通知中标人,要求其在规定时间和地点与招标人签订合同。双方签约时,中标人应缴纳履约保证金或提供履约保函。

## 第四节 对销贸易

对销贸易(Counter Trade),又称"对等贸易"、"反向贸易"、"互抵贸易"等。它是在古老的易货贸易基础上发展起来的一种灵活的贸易方式,交易双方把进出口结合起来,各自都以自己的出口来抵偿从对方进口数额的一种贸易做法。

对等贸易主要有易货贸易、补偿贸易、互购贸易、转手贸易、抵销贸易等。

### 一、易货贸易

易货贸易(Barter Trade)有狭义和广义之分。狭义的易货贸易是纯粹的以货换货,不用货币支付,交换商品的价值相等或相近。这种方式在现代国际贸易中已很少使用。

广义的易货贸易包括以下两种做法:

(一)记账易货贸易

一方以一种出口货物交换对方出口的另一种货物,双方都将货值记账,互相抵冲,货款逐笔平衡,或在一定时期内平衡,无须使用现汇支付。

(二)对开信用证易货

指进口和出口同时成交,金额大致相等,双方都采用信用证方式支付货款,即双方都以对方为受益人,开立金额相等或基本相等的信用证,并在信用证中规定一方开出的信用证,要在收到对方开出的信用证时才生效。由于双方货款在银行相互抵消,实际上没付现汇或付很少的现汇。

易货贸易的优点表现在它能促成外汇短缺的国家和企业间的贸易往来,相互调剂余缺。但是易货贸易也有其局限性,如交换商品的局限、双方国家经济互补的局限等,从而使得易货贸易在对销贸易中所占比例不大。

### 二、补偿贸易

补偿贸易(Compensation Trade)又称产品回购,是指在信贷的基础上进行的、进口与出口相结合的贸易方式,即进口设备,然后以回销产品和劳务所得价款,分期偿还进口设备的价款及利息。

(一)补偿贸易的种类

按照用来偿付的标的的不同,补偿贸易大体上可分为三类。

1. 直接产品补偿

即双方在协议中规定,由设备供应方向设备进口方承诺购买一定数量或金额的由该设备直接生产出来的产品。这是补偿贸易最基本的做法,但是这种做法有一定的局限性,它要求生产出来的直接产品及其质量必须是对方所需要的,或者在国际市场上有销路,否则不易

为对方所接受。

2. 间接产品补偿

当所交易的设备本身不生产物质产品,或设备所生产的直接产品非对方所需或在国际市场上不好销时,可由双方根据需要和可能进行协商,用回购其他产品来代替。

3. 劳务补偿

这种做法多见于来料加工或来件装配相结合的小型补偿贸易,进口方用加工产品的工缴费来偿还进口的价款。

（二）补偿贸易的特点

(1) 补偿贸易以信贷为前提。通常表现为设备的赊销。

(2) 设备供应方必须同时回购设备进口方的产品或劳务,但并不一定要求等值。

（三）补偿贸易的作用

补偿贸易对双方的作用表现在:

1. 对设备进口方的作用

(1) 补偿贸易是一种较好的利用外资方式。

(2) 通过补偿贸易,可以引进先进的技术和设备,发展和提高本国的生产能力,加快企业的技术改造,使产品不断更新及多样化,增强出口产品的竞争力。

(3) 通过对方回购,还可在扩大出口的同时,得到一个较稳定的销售市场和销售渠道。

2. 对设备供应方的作用

对于设备供应方来说,进行补偿贸易,有利于解决进口方支付能力不足的问题,扩大出口。在当前市场竞争日益激烈的条件下,通过承诺回购义务能够加强自己的竞争地位,争取贸易伙伴,或者在回购中取得较稳定的原材料来源,或从转售产品中获得利润。

（四）进行补偿贸易应注意的问题

(1) 要引进先进适用的技术设备。

(2) 要引进环保、节能型技术设备。

(3) 尽量用制成品补偿,避免以原料性产品补偿。

(4) 补偿产品的价格应规定适当。

(5) 补偿产品的出口不能影响正常产品的出口创汇。

**案例 14-1：不得擅自改变补偿形式**

2010年,中国A公司与比利时B公司签订了一份补偿贸易合同,由B公司向A公司提供一套价值150万法国法郎的生产设备,A公司以该设备所生产的产品分三年偿还全部设备款。同时,合同中还规定了返销产品的价格及违约金条款。合同生效后,B公司按合同规定交付了设备,A公司依照合同规定用该设备生产的产品向B公司偿还了第一年的设备款。第二年,国际市场发生激烈变化,该产品价格上涨了30%。A公司认为,补偿合同中对返销产品的价格规定不合理,要求修改合同或签订补充协议,提高返销产品的价格,B公司不同意。于是,A公司将产品直接出口,并用所得外汇向B公司偿还设备款。为此,双方发生争议,B公司依合同中的仲裁条款提起仲裁,要求A公司交付产品或按合同价的130%支付设备款,并按合同规定支付5%的违约金。仲裁庭裁决A公司按130%支付第二年的设备款,支付5%的违约金,第三年继续用产品偿还设备款。

**分析**

本案中,A公司的做法显然是错误的。合同签订后,双方都应本着"重合同、守信用"的原则改选自己的义务。价格上涨是卖方须承担的商业风险之一,卖方不能以此为由擅自改变自己的合同义务。另外,在这种长期合同中,卖方需考虑到价格变动的可能性,应在合同中规定价格调整条款,以规避价格变动的风险。这也是卖方需吸取的一个教训。

### 三、互购贸易

互购贸易(Counter Purchase),是指双方互相购买对方的产品。互购贸易涉及使用两个既独立而又相互联系的合同。在这种方式下,交易双方先签订一个合同,约定由先进口国用现汇购买对方的货物,并由先出口国在此合同中承诺在一定时期内买回头货;之后双方还需签订一个合同,具体约定由先出口国用所得货款的一部分或全部从进口国购买商定的回头货。

互购贸易是最简单、最常用的对销贸易方式。它是一种现汇交易,一般不要求等值交换。这种方式对先出口方来说,无论从资金周转还是随后的谈判地位来看,都比较有利。

### 四、转手贸易

转手贸易(Switch Trade)又称三角贸易(Triangle Trade),是一种特殊的贸易方式,它是原经互会国家和许多国家签订双边贸易协定和支付(清算)协定的产物。在记账贸易条件下,转手贸易被作为用以取得硬通货的一种手段。它有两种方式:

(1) 简单转手

指拥有顺差的一方根据记账贸易将回购的货物运到国际市场转售,从而取得硬通货。它实际上是一种转口贸易。

(2) 复杂转手

指记账贸易下拥有顺差的一方,将该顺差转让给第三方,以换取所需的商品或设备,由该第三方利用该项顺差在相应的逆差国购买货物,运往其他市场销售,收回硬通货。

### 五、抵销贸易

抵销贸易(Offset)是20世纪80年代开始出现的,多见于军火和大型设备,如飞机等的交易。

抵销贸易可分为直接抵销和间接抵销。直接抵销是指先出口方承诺从进口方购买在出口给进口方的产品中所使用的零部件或与该产品有关的其他产品,有时还会对进口方生产零部件的企业进行投资和技术转让。间接抵销指出口方承诺向进口方回购与其出口商品无关的产品。

## 第五节 加工贸易

加工贸易是以加工为特征的,以商品为载体的劳务出口。在我国海关统计中的加工贸易包括进料加工和来料加工两种方式。

### 一、来料加工业务

来料加工(Processing with Customer's Materials)业务在我国也称为对外加工装配业

务,广义的来料加工业务包括来料加工和来件装配两个部分,是指由国外委托方提供原材料、零部件、元器件,由加工方按对方的要求进行加工或装配,成品交由对方处置,加工方按约定收取工缴费作为报酬。

来料加工业务中虽有原材料、零部件和成品的进出口,但因为原材料、零部件和成品的所有权始终属于委托方,加工方只提供劳务并收取约定的工缴费,所以它并不属于货物买卖的范畴,而是属于劳务贸易的范畴。

（一）来料加工业务的作用

来料加工业务对加工方有关积极的作用：

(1) 有利于充分发挥劳动力资源的优势,扩大就业,增加国家及个人的收入。

(2) 可以发挥本国的生产潜力,补充国内原材料的不足,增加外汇收入。

(3) 可以引进国外的先进技术和管理经验,有利于提高生产、技术和管理水平。

对委托方而言,来料加工业务可降低其生产成本,增强竞争力,并有利于所在国的产业结构调整。

（二）来料加工合同的主要内容

1. 对来料来件的规定

在来料加工业务中,能否按时、按质、按量交付成品,在很大程度上取决于委托方能否按规定提供原材料或零部件。因此,在合同中必须就来料、来件的质量要求、具体数量和到达时间作出明确规定,同时还应规定检验办法及来料、来件的质量、数量、到货时间不符要求的处理办法。

2. 对成品质量的规定

委托方为了保证成品的销路,对成品的质量要求比较严格,因此在磋商和签订合同时,必须从加工方的技术条件和生产水平出发,以免交付成品时发生困难。

3. 对耗料率和合格率的规定

对成品的合格率的规定既不能偏高,也不宜过低,合格率偏高,加工方难以做到,违约机会增加,合格率偏低,势必造成委托方压低加工费。同样,对耗料率(也称原材料消耗定额)的规定也应合理。双方开始可以暂定一个临时性的比率,经过一段实践后再进行调整。

4. 关于工缴费的规定

工缴费是来料加工业务中直接涉及双方当事人利益关系的核心问题。由于加工贸易从本质上看是一种劳务出口的方式,工缴费的核定应该以国际劳务价格作为基准。对于工缴费的结算方式,一般有两种规定方法:一是来料、来件与成品均不作价,在加工方交付成品后,由委托方以汇付、托收或信用证方式支付工缴费;二是对来料、来件与成品分别作价,两者之间的差额即为工缴费。如采用第二种方式,加工方应坚持先收后付的原则,一般做法是加工方开立远期信用证或以远期托收的方式对来料、来件付款,委托方以即期信用证或即期托收方式支付成品价款。

5. 对运输和保险的规定

来料加工业务涉及原料运进和成品运出两段运输,应在合同中明确规定运输、保险的责任和费用由谁承担。一般而言,由于原料和成品的所有权均属委托方,故运输的责任和费用应由委托方承担。至于保险则涉及两段运输时的货运保险和货物加工期间存仓的财产保险,原则上也应由委托方承担。但在实际业务中,加工方也可按委托方的要求代办运输、保险事宜。为适应来料加工业务发展的需要,中国人民保险公司开设了来料加工一揽子综合险,承保两段运输险和存仓财产险。

## 二、进料加工

进料加工(Processing with Imported Materials)在我国又称以进养出,是指从国外购进原材料,加工生产为成品后再销往国外。

进料加工与来料加工都是"两头在外"的贸易方式,但两者有明显区别:首先,进料加工中,原料进口和成品出口是两笔不同的交易,均发生了所有权的转移,而且原料供应者和成品购买者之间没有必然的联系。而来料加工的原料运进和成品运出均未发生所有权的转移,它们均属于一笔交易,原料供应者也是成品接受者。其次,进料加工业务中,加工方赚取的是由原料到成品的附加价值,但要承担市场销售的风险。在来料加工中,加工方不承担风险,只赚取加工费。

## 【课外阅读】

### 境外加工贸易

境外加工贸易是指我国企业在国外进行直接投资的同时,利用当地的劳动力开展加工装配业务,以带动和扩大国内设备、技术、原材料、零配件出口的一种国际经济合作方式。

开展境外加工贸易,有助于我国绕开贸易壁垒,保持和拓展东道国市场或发展向第三国出口,以缓解双边贸易不平衡的矛盾。同时,还可将我国一些相对成熟的生产技术向相对落后的国家转移,以维持产品的国际竞争力,并有利于我国的产业结构调整。

按我国现行的政策规定,准备开展境外加工贸易的企业应向有关主管部门申报。中方投资额在300万美元以下(含300万美元)的境外加工贸易项目,由投资主体所在省、自治区、直辖市及计划单列市外经贸主管部门(含新疆建设兵团外经贸局,以下简称地方主管部门)核准。中方投资额在300万美元以上的境外加工贸易项目,由地方主管部门报商务部核准。中央管理的企业及其所属企业在境外投资举办境外加工贸易项目,由中央企业总部报商务部核准。

一、境外加工贸易项目申报程序

(1)由地方主管部门负责核准的境外加工贸易项目,地方主管部门收到境外加工贸易项目的申请后,应在征得我驻外使(领)馆经商参处(室)同意后核准。

(2)须商务部核准的境外加工贸易项目,由地方主管部门或中央企业总部征得我驻外使(领)馆经商参处(室)同意后,报商务部。

(3)地方主管部门核准或上报境外加工贸易项目,应会签地方经贸主管部门。地方经贸主管部门应于5个工作日内提出会签意见。

(4)需从境内购汇和汇出外汇的境外加工贸易项目,在报地方主管部门前,应由所在地外汇分局或外汇管理部按照《国家外汇管理局关于简化境外投资外汇资金来源审查有关问题的通知》(汇发【2003】43号)的有关规定进行境外投资外汇资金来源审查。中方投资额在300万美元(含300万美元)以下项目的境外投资外汇资金来源审查,由投资主体所在地外汇分局或外汇管理部办理。中方投资额在300万美元以上的项目,由投资主体所在地外汇分局或外汇管理部初审后上报国家外汇管理局审查。

二、申报境外加工贸易项目所需文件

(1)境外加工贸易项目基本情况(特别是投资主体资质和带动产品出口的情况)。

(2) 境外加工贸易企业合同、章程。
(3) 投资主体营业执照副本。
(4) 外汇局关于境外投资外汇资金来源审查的批复。

三、境外带料加工装配企业批准证书

境外带料加工装配企业批准证书是商务部统一印制、证明境外加工贸易项目经国家对外投资主管部门最终核准的法律文件。地方主管部门在核准境外加工贸易项目后,须填写《境外加工贸易企业登记备案表》并加盖公章,连同核准文件、驻外使(领)馆经商参处(室)意见及外汇管理部门的外汇资金来源审查意见,报商务部登记备案并领取批准证书。投资主体取得批准证书后,应按规定于60天内到所在地外汇分局或外汇管理部办理境外投资外汇登记。凭批准证书和外汇资金来源审查的批复办理购汇和汇出资金手续。

# 第六节 商品期货交易

期货交易(Futures Trading)是指在期货交易所内,按一定的规章制度进行的期货合同的买卖。早期的期货交易产生于11—14世纪的欧洲,而现代期货市场则源于19世纪后期的美国,在当今世界已成为世界市场的一个不可缺少的重要组成部分。

在商品期货交易中,交易的品种基本上都是属于供求量较大、价格波动频繁的初级产品,如谷物、棉花、食糖、可可、咖啡、油料、原油、木材、活牲畜、有色金属及贵金属、金、银等。

## 一、商品期货交易的特点

(一) 交易标的主要为标准期货合同

在期货交易中,双方买卖的不是实际货物,而是标准化的期货合同。期货合同中,商品的品质、数量、包装、交货地点和方式等都已事先确定,双方需要协商的只是价格、交货期和合同份数。

(二) 有固定的交易场所和交易时间

期货交易是在期货交易所内,按交易所规定的开市时间进行交易,一般不允许进行场外交易。

(三) 交易目的大多是为取得价格差额

期货交易中,交易双方一般不是为了买卖实际货物,而是为了取得订约日与履约日之间的价格差额。任何一方都可在期货合同到期前,做一笔方向相反、交割月份和数量相等的相同合同的期货交易,即平仓(或称对冲Offset),即可解除其实际履行合同的义务。只有极少数交易才进行货物的实际交割。

(四) 由清算所统一进行结算

期货交易中,交易双方并不相互见面,合同履行无须双方直接接触,由清算所进行统一交割、对冲和结算。清算所是所有期货合同的卖方,也是所有期货合同的买方。

(五) 严格的保证金制度

交易者在进入期货市场进行期货交易时,须按交易所的规定交纳交易金额一定百分比的保证金。每天交易结束后,清算所按当日的清算价格核算盈亏,亏损者须交纳追加保证金。

## 二、商品期货交易的作用

### （一）转移价格风险

期货交易为生产经营者提供了转移价格风险的手段。生产经营者可以通过在期货市场上进行套期保值业务，将现货市场中价格波动所带来的风险转移到期货市场。这是期货交易相当重要的作用。

### （二）提供市场价格信息

期货市场上集中了大量的不同目的的交易者，所有的交易价格都是由买卖双方公平竞价来决定的，反映了交易者对一段时间内的供求关系、价格走势的综合观点。它克服了分散的产地市场价格的时空的局限性，具有持续性、公平性的特点，为现货市场提供了重要的参考信息。

### （三）提高了市场交易的效率

在期货市场上，买卖双方都能很容易地找到交易对象，使交易效率大大提高。加上投机者的广泛参与，期货市场上的交易量大为增加，提高了商品的流通性，促进了整个市场的有效性。同时，也使得买卖双方有了更大的选择余地，不必依赖于某一产地市场，从而加强了市场公开、公平竞争，促进了资源的有效利用，提高交易效率。此外，期货合同的标准化，也使交易更为便利。

### （四）提高了微观上的计划性，达到宏观调控目的

期货合同的订立，使产品供应或销售有了保障，产品价格和利润水平也得到了保证，从而可使企业经营者有计划地安排生产和经营。而由于期货市场上的价格反映了整个市场的供求平衡关系，也在宏观上引导了企业生产和经营的方向。

### （五）降低经营费用，提供较稳定的经济收益

进行期货交易不用付出全部货款，只需支付少量的保证金，从而减少企业的资金积压，降低经营成本，还可利用期货市场进行保值对冲，使企业的经营利润得到保障。

## 三、期货市场的组织体系

现代期货市场是一种具有高度系统性和严密性的规范化市场，由期货交易所、清算所、期货经纪商和期货交易主体四个部分组成。这四个部分相互联系、相互制约，形成一个完整的组织体系。

### （一）期货交易所

期货交易所(Futures Exchanges)是专供进行期货交易的交易者买卖期货合同的场所，是为进行期货交易的企业和个人而设立的经济组织。它是一种有组织的市场，是从事期货交易者依法组成的一种非营利性的会员制的团体组织。

现代期货交易是在期货交易所内进行的。目前，世界上已有各种期货交易所100多所，国际性的期货交易所有十多个，主要分布在发达国家。其中美国、英国、日本、中国香港、新加坡等地的期货交易所在国际期货市场上有着非常重要的地位。目前，交易量较大的著名交易所有：美国的芝加哥商品交易所(CBOT)、芝加哥商业交易所(CME)、纽约商品交易所(COMEX)、纽约商业交易所(NYMEX)、英国的伦敦金属交易所(LME)、日本的东京工业品交易所和谷物交易所、中国香港的期货交易所及新加坡的国际金融交易所等。

#### 1. 期货交易所的会员

大多数交易所都实行会员制。交易所的会员是在自愿申请的基础上，经交易所管理机

构审查批准接纳。取得会员资格一般有两个目的：一是取得进场交易权，既可以为自己做期货交易，也可以为他人代做；二是享受比非会员交易者更优惠的手续费，从而可以从代做交易中赚取佣金。

交易所的会员可分为两类，即普通会员和全权会员。普通会员也称一般会员，是指只能在期货交易所内从事与自身生产经营业务有关的交易活动的会员。普通会员经期货交易所批准，可指派全权代表在期货交易所内进行交易，但不能接受非会员的委托代其交易。全权会员是指既能在期货交易所内为自己从事期货交易，也能接受非会员的委托在期货交易所内进行期货交易的会员。

2. 期货交易所的职能

期货交易所既不参与期货交易，也不参与期货价格的确定，其主要职能是：

（1）为期货交易者提供有组织的交易场所，及各种方便完善的相关设施。

（2）为期货交易制定统一的交易规则和规章制度，最大限度地规范期货交易行为，使期货交易得以正常顺利地进行。

（3）监督、管理交易所内进行的交易活动，调解交易纠纷，并提供仲裁程序和仲裁机构。

（4）制定标准的期货合同。

（5）收集、整理、公布市场行情信息。

（6）保证期货合同的顺利履行。

（二）清算所

清算所(Clearing House)是负责对期货交易所内买卖的期货合同进行统一交割、对冲和结算的独立机构。

清算所是期货市场运行机制的核心。对于期货交易者来说，他们只与清算所发生关系，不需要知道真正的买主或卖主是谁。清算所既是所有期货合同的卖方，也是所有期货合同的买方。这就是清算所的"替代功能"。这一功能的实现，一是因为有着雄厚的财力支撑，二是清算所实行了一套严格的无负债的财务运行制度，即保证金制度。

保证金制度(Margin System)，也称为押金制度，指清算所规定的达成期货交易的买方或卖方，应缴纳履约保证金的制度。清算所要求每一位会员都必须在清算所开立一个保证金账户，对每一笔交易，都要按规定缴纳一定数额的保证金。为防止出现违约，非会员也要向清算所会员交纳一定的保证金。

清算所规定的保证金有初始保证金和追加保证金两种。

初始保证金(Initial Margin, Original Margin)是指期货交易者在开始建立期货交易部位(也称期货交易头寸)时要交纳的保证金。一般为交易金额的5%—10%。

追加保证金(Variation Margin, Call Margin)是指清算所规定的，在会员保证金账户金额短少时，为使保证金金额维持在初始保证金水平，而要求补交的保证金。为防止出现负债情况，清算所采取逐日盯市的原则，用每日的清算价格对会员的净交易部位核算盈亏。当发生亏损，保证金账户金额下降时，清算所便要求会员交纳追加保证金。如在第二天开市前尚未交纳，则清算所有权在开市后进行强制性的平仓或对冲，亏损部分由会员已交纳的保证金来弥补。

保证金制度的实行，杜绝了违约的可能，使期货交易机制更加完善，期货市场的整个运行机制更具有凝聚力，从而吸引更多的人来参与期货交易。

（三）期货佣金商

期货佣金商(Futures Commission Merchant, FCM)也称经纪商或佣金行，是介于交易所与期货交易者之间的中间人,是代表金融、商业机构或一般公众进行期货交易的公司或个人组织,其目的就是从代理交易中收取佣金。

交易所的所有会员都是期货佣金商,但期货佣金商不一定都是会员。期货佣金商的主要业务包括:

(1) 按客户的指令买进或卖出期货合同。
(2) 作为客户进行期货交易的代理人,负责处理客户的保证金。
(3) 记录客户的盈亏,并代理进行货物的实际交割。
(4) 向客户提供期货交易的决策信息及咨询服务。

(四) 期货交易的主体

期货交易的主体即期货交易的参加者,无论是企业还是个人,只要他们愿意按交易规则进行交易,期货交易所均一视同仁。按其参与期货交易的目的,可分为套期保值者和投机者两大类。

1. 套期保值者(Hedger)

套期保值者是指那些将期货市场当作转移价格风险的场所,利用期货合同作为将来在现货市场上买卖商品的临时替代物,对其现在买进(或已拥有或将拥有)准备以后出售的商品或对将来要买进的商品的价格进行保险的企业或个人。套期保值者一般是实际商品的生产者、加工者和经营者。

2. 投机者(Speculator)

投机者是指那些试图正确预测商品价格的未来走势,甘愿用自己的资金去冒险,不断买进卖出期货合同,以期从价格波动中获取利润的企业或个人。对于期货投机者来说,实际商品本身并不重要,重要的是商品价格走势是否与自己的预测一致。投机者对于期货市场的发展来说是十分重要的,数量过多,会加剧市场动荡;数量过少,则使交易沉闷。

### 四、期货交易的种类

在期货交易中,根据交易者的目的不同,可以分为两类不同性质的交易:投机和套期保值。

(一) 投机

投机(Speculation)是指利用期货市场价格的变化,以牟利为目的而买卖期货合同的行为。在期货市场上,这种交易者称为投机者(Speculator)。

投机有两种基本做法,即买空和卖空。买空(Long)也称多头,指投机者预测期货价格将上涨,而在价格上涨之前买进期货合同,然后在价格达到一定水平时平仓了结。卖空(Short)也称空头,指投机者预测期货价格将下跌,而在价格下降之前卖出期货合同,然后在价格达到一定水平时平仓了结。

期货投机作为期货市场不可缺少的一种交易行为,对期货市场的有效运行乃至整个市场的有效运行都起着重要的作用。

(1) 分散了期货市场的风险,促进了市场的流动性。
(2) 期货投机行为有助于各地及全球市场一体化的形成。
(3) 期货投机行为有助于平抑价格波动,提高市场的稳定性。
(4) 期货投机推动市场合理价格的形成。
(5) 期货投机促使信息在更大范围内迅速流动,有利于市场稳步发展。

## 【操作技巧】

### 期货投机者应遵循的原则及应具备的素质

一、应遵循的原则
(1) 掌握期货市场知识。
(2) 充分了解期货合同。
(3) 选择热门商品进行投机。
(4) 确定获利目标和最大亏损限度。
(5) 确定投入风险资金的额度。
(6) 确定止损点。

二、应具备的素质
(1) 能绝对自我控制。
(2) 保持健康的心理状态。
(3) 善于忍耐。
(4) 当机立断。
(5) 切忌三心二意。

（二）套期保值

套期保值又称海琴(Hedging)，是将期货交易与现货交易结合起来进行的一种市场行为。它是指在卖出或买进现货的同时，在商品期货交易所买进或卖出同等数量的期货的一种做法。由于同一种商品的现货市场价格和期货市场价格的变动趋势是一致的，跌时俱跌，涨时皆涨，因此，在现货市场上如受损失，则在期货市场上就可盈利，两者相抵，从而达到转移价格风险的目的。

套期保值者在期货市场上的做法有两种：卖期保值和买期保值。

1. 卖期保值

卖期保值(Selling Hedge)是指套期保值者根据现货交易情况，先在期货市场上卖出期货合同，然后再买进进行平仓的做法。

例如，某公司在 9 月上旬以每蒲式耳 3.82 美元的价格收购了 5 万蒲式耳的玉米，估计需一段时间之后才能售出。为防止在待售期间玉米价格下跌而受损，该公司在芝加哥商品交易所出售 10 个合同的玉米期货，价格为每蒲式耳 3.87 美元，交割月份为 12 月。其后，玉米价格果然下降。10 月底，该公司将 5 万蒲式耳玉米售出，每蒲式耳售价 3.72 美元，即每蒲式耳损失了 0.10 美元。但与此同时，芝加哥商品交易所的玉米价格也下降了，该公司又购进 10 个 12 月份的玉米期货合同进行平仓，价格为每蒲式耳 3.77 美元，即每蒲式耳盈利 0.10 美元。这样，期货市场上的盈利正好弥补了现货市场上的亏损。

一般来说，卖期保值者通常有下列类型：
(1) 担心将来在现货市场上卖出商品时价格下跌的生产商、加工商和出口商；
(2) 手头有现货，不愿或不能马上售出的储运商、经销商。

2. 买期保值

买期保值(Buying Hedge)是指套期保值者根据现货交易情况，先在期货市场上买进期货合同，然后再卖出进行平仓的做法。

例如，某公司与一面粉加工厂签订了一份销售合同，出售 10 万蒲式耳的小麦，每蒲式耳

4.25 美元,12 月交货。为履行合同,该公司须在 12 月交货前买进小麦现货,但又担心到时小麦价格上涨,因而在期货市场上买进小麦期货合同,价格为每蒲式耳 4.20 美元。到 11 月底,该公司收购小麦现货的价格已涨到每蒲式耳 4.37 美元。与此同时,小麦期货价格也涨到每蒲式耳 4.32 美元。于是该公司在期货市场上平仓。在现货市场上,该公司每蒲式耳亏损 0.12 美元,但在期货市场上,每蒲式耳盈利 0.12 美元,抵消了现货市场上的损失。

一般来说,买期保值者通常有下列类型:
(1) 将要买进商品的进口商;
(2) 已订立了卖出现货商品的远期合同,但还未购进现货商品的卖方;
(3) 需采购原材料的生产商。

**【操作技巧】**

### 套期保值的四大基本原则

1. 交易方向相反原则

即在现货市场上买进商品的同时或前后,在期货市场上卖出期货合同,或在现货市场上卖出商品的同时或前后,在期货市场上买进期货合同。

2. 商品种类相同原则

即期货交易的商品必须和现货交易的商品种类相同。如无相同商品的期货,则选择与现货商品在价格走势上互相影响且大致相同的相关商品。

3. 商品数量相等原则

即期货合同上所载的商品的数量必须与现货交易的商品数量相等。如数量无法相等,可采用加权套期保值的技巧。

4. 月份相同或相近原则

即期货合同的交割月份最好与现货商品的交货时间相同或相近。

## 第七节 电 子 商 务

电子商务(Electronic Commerce,简称 EC)作为一个完整的概念出现于 20 世纪 90 年代初。20 世纪 80 年代末,发达国家 EDI(Electronic Data Interchange,简称 EDI 即电子数据交换)的应用已形成规模,引发了全球范围的"无纸贸易"热潮,同时,EDI 的大范围应用促进了与商务过程有关的各种信息技术在商业、制造业、基础工业及服务业的广泛运用,并从单一技术使用发展到相互补充、相互连接的整体应用,实现了商务运作全过程的电子化,这就是电子商务。

对电子商务的概念,目前还没有一个完整统一的定义。在国际商务的实践中,人们对电子商务的理解有广义和狭义两个方面。

狭义的电子商务,是指互联网上在线销售式的电子商务。从这个意义上来讲,电子商务意味着通过互联网络所从事的在线产品和劳务的交易活动。交易内容既可以是有形的产品和劳务,如汽车、书籍、日用消费品、在线医疗咨询、远程教学等;也可以是一些无形产品,如

新闻、音像产品、数据库、软件及其他类型的知识产品。

广义的电子商务,即以整个市场为基础的电子商务。在这里,电子商务泛指一切与数字化处理有关的商务活动,因此它不仅仅只是通过网络进行的商品或劳务的交易,还涉及传统市场的方方面面。除了在网络上寻求消费者,企业还通过计算机网络与供应商、财会人员、结算服务机构、政府机构等建立业务联系。另外,它还包括企业内部商务活动,如生产、管理、财务以及企业间的商务活动。它不仅仅是硬件和软件的结合,更是把买方、卖方、生产厂家和合作伙伴在国际互联网(Internet)、企业内部网(Intranet)和企业外部网(Extranet)上利用Internet技术与现有系统结合起来。这样,电子商务使得整个商务活动,包括从产品生产、产品促销、交易磋商、合同订立、产品分拨、货款结算、售后服务等产生了重大的变化。因此,互联网商务并不是电子商务的全部,将内联网与互联网连接,将内部信息处理与外部信息处理一致化,才是真正意义上的电子商务。

总之,电子商务是指一种以互联网为基础,以交易双方为主体,以银行电子支付和结算为手段,以客户数据为依托的商业模式。

# 本 章 小 结

基本内容小结

本书前面章节介绍的是国际贸易中最常用的"逐笔售定"的做法。但除此之外,国际贸易中还存在多种不同的贸易方式。本章主要介绍了经销、代理、寄售、展卖、招标投标、拍卖、对销贸易、加工贸易、期货交易、电子商务等贸易方式。

本章的重点与难点

补偿贸易、进料加工、期货交易。

## 【练习题】

### 一、名词解释

包销、代理、拍卖、套期保值、补偿贸易

### 二、填空题

1. 期货市场由_____、_____、_____、_____四个部分组成。
2. 按委托人授权的大小,代理可分为_____、_____以及_____三种。
3. 包销与代理的主要区别在于包销业务中双方的关系是_____,而代理业务中双方的关系是_____。
4. 寄售商品的作价方法通常有以下四种:_____、_____、_____、_____。
5. 拍卖的出价方式有:_____、_____、_____。
6. 国际竞争性招标的做法有:_____、_____、_____,开标的方式分为_____和_____。
7. 对销贸易主要有_____、_____、_____、_____、_____、

8. 补偿贸易按照用来偿付的标的不同,可分为_____、_____、_____三类。
9. 在期货交易中,根据交易者的目的不同,可以分为_____、_____。

### 三、判断题

1. 代理业务中,双方当事人之间的关系是买卖关系。（　）
2. 在独家代理的情况下,委托人不能与代理地区的客户直接进行交易。（　）
3. 招标是买主之间的竞争,拍卖是卖主之间的竞争。（　）
4. 任何有意做期货交易的人都可以进入商品交易所进行交易。（　）
5. 寄售商品在出售前,一切风险由代销人承担。（　）
6. 进料加工与来料加工均为一进一出的两笔交易。（　）
7. 在代理业务中,代理商不垫资金、不担风险、不负盈亏。（　）
8. 在寄售业务中,寄售人与代销人之间是买卖关系。（　）
9. 招标是邀请发盘,而投标是不可撤销的发盘。（　）
10. 来料加工与进料加工均属"两头在外"的交易。（　）
11. 期货交易是纸合同的买卖。（　）
12. 套期保值与投机最大的区别是：前者是为了转移价格风险,后者是为了争取投机利润。（　）
13. 招标人在评标时,如认为不能选定中标人,可宣布招标失败而拒绝全部投标。（　）

### 四、单项选择题

1. 招标人为防止投标中标后不签合同,往往要求投标人在投标时提交(　　)。
  A. 标单　　　　　　B. 投标文件　　　　　C. 投标保证金
2. 补偿贸易(　　)。
  A. 是一种利用外资的形式
  B. 不是利用外资的形式
  C. 有时是利用外资的形式,有时不是利用外资的形式
3. 在一般代理情况下,当委托人与代理地区的客户直接成交时,(　　)。
  A. 必须向代理商支付佣金
  B. 无须向代理商支付佣金
  C. 须将正常佣金的一半付给代理商
4. 在补偿贸易中,对设备引进方而言,最有利的补偿方式是(　　)。
  A. 用劳务补偿
  B. 用间接产品补偿
  C. 用直接产品补偿
5. 密封递价拍卖又称为(　　)拍卖。
  A. 增价　　　　　　B. 减价　　　　　　　C. 招标式
6. 在寄售业务中,货物的所有权在寄售地出售前属于(　　)。
  A. 代理人　　　　　B. 代销人　　　　　　C. 寄售人

7. 对外加工装配业务的承接方赚取的是(    )。
   A. 商业利润　　　　　B. 工缴费　　　　　C. 佣金
8. 在期货市场上进行的"空头"交易是指(    )。
   A. 预计行情看涨,先买进期货合同的行为
   B. 预计行情看跌,先抛出期货合同的行为
   C. 为转移风险,进行买期保值的行为
   D. 为转移风险,进行卖期保值的行为

## 五、简答题

1. 拍卖的叫价方法有哪些?
2. 寄售商品的作价方法通常有哪些?
3. 来料加工与进料加工有何不同?

# 附 录 一

## 2010 国际贸易术语解释通则
### (2011 年 1 月 1 日实施)

### 前　言

全球化经济赋予商业以空前宽广的途径通往世界各地市场。货物被大量地销往更多的国家,种类也更加丰富。然而随着全球贸易数额的增加与贸易复杂性的提高,因销售合同起草不恰当引致误解与高代价争端的可能性也提高了。

Incoterms 这一用于国内与国际贸易的国际商会规则使得全球贸易行为更便捷。在销售合同中引用 Incoterms 2010 的术语可清晰界定各方义务并降低法律纠纷的风险。

自 1936 年国际商会制定出 Incoterms 以来,这项在全球范围内被普遍接受的合同标准经常更新,以保持与国际贸易发展步调一致。Incoterms 2010 考虑到了全球范围内免税区的扩展,商业交往中电子通信运用的增多,货物运输中安保问题关注度的提高以及运输实践中的许多变化。Incoterms 2010 更新并加强了"交货"的术语,将术语的总数从 13 降到 11,并将每一术语表述得更加简洁明确。Incoterms 2010 同时也是第一个使得所有解释对买方与卖方呈现中立的 Incoterms 版本。

国际商会商法和实践委员会成员来自世界各地和所有贸易领域,该委员会宽泛的专业技能确保了 Incoterms 2010 与各地的商贸需要照应。

国际商会向以 Fabio Bortolotti(意大利)为主席的商法和实践委员会的成员表示谢意,向由 Charles Debattista(副组长,英国),Christoph Martin Radtke(副组长,法国),Jens Bredow(德国),Johnny Herre(瑞典),David Lwee(英国),Lauri Railas(芬兰),Frank Reynold(美国),Miroslav Subert(捷克)组成的起草小组致谢,并且向对 11 条规则的表述给予帮助的 Asko Raty(芬兰)致谢。

### 引　言

Incoterms 阐释了一系列在货物销售商业(商事)合同实践中使用的三字母系列贸易术语。Incoterms 主要描述货物从卖方到买方运输过程中涉及的义务、费用和风险的划分。

如何运用 Incoterms 2010

1. 将 Incoterms 2010 订入到销售合同中

如果要使 Incoterms 2010 在合同中适用,应该在合同中,通过如"所选择的 Incoterms 术语(含指定地点)适用 Incoterms 2010"这类文字来明确表示。

2. 选择适当的 Incoterms 术语

所选的 Incoterms 术语须与货物、使用的运输方式相称,最重要的是与合同双方是否有意添加额外义务相称,例如将安排运输或保险的义务加之于买方或卖方。每个贸易术语的异导言中都包含对做出此项决定非常有帮助的信息。不论是哪一项 Incoterms 术语被选用，双方应该意识到对合同的解释会受到所用港口或地方特有的惯例影响。

3. 尽可能精准地描述地点或港口名称

只有当事双方选定特定的一个地点或港口时，所选术语才能发挥作用。且地点或港口名称越精准，Incoterms 的效用就越能发挥到极致。以下精准详述就是一个很好的例子：

FCA 38 Cours Albert 1er，法国巴黎，Incoterms 2010

在 Incoterms 下，EXW 工厂交货（指定交货地）、FCA 货交承运人（指定交货地）、DAT 运输终端交货（指定目的地）、DAP 目的地交货（指定目的地）、DDP 完税后交货（指定目的地）、FAS 船边交货（指定装运港）、FOB 船上交货（指定装运港）这些术语的指定地点为交货地点，同时风险也从卖方转移至买方。Incoterms 下 CPT 运费付至（指定目的地）、CIP 运费、保险费付至（指定目的地）、CFR 成本加运费（指定目的港）、CIF 成本加运费、保险费（指定目的港）这些术语的指定地点与交货地点不同。在这些 Incoterms 术语下，所指地点为运费付至地。为避免疑问和争议，对指定地点或目的地可通过作进一步阐述使之成为一个精确的地点。

4. 谨记 Incoterms 并没有给当事人提供一份完整的销售合同

Incoterms 的确阐述了卖方向买方交货时，应由销售合同中的哪方当事人承担办理运输和保险的义务，以及双方的费用负担。然而，Incoterms 并没有任何关于付款价格或付款方式的规定，或是货物所有权的转移，违约的后果等。这些问题通常是通过销售合同的明示条款或适用的法律条文来解决。当事人需要注意的是，当地强制适用的法律有可能优先于销售合同的内容，包括所选择的 Incoterms 术语。

**Incoterms 2010 的主要特点**

1. 两个新的贸易术语——DAT 与 DAP，取代了 Incoterms 2000 中的 DAF、DES、DEQ 和 DDU 术语。

国际贸易术语的数量从 13 个减至 11 个，这是因为 DAT（运输终端交货）和 DAP（目的地交货）这两个可以不顾商定的运输方式的新术语取代了 Incoterms 2000 中的 DAF、DES、DEQ 和 DDU 术语。

在这两个新术语下，交货在指定目的地进行：在 DAT 术语下，买方处置运达目的地并卸载的货物（这与以前的 DEQ 规定的相同）；在 DAP 术语下，同样是指买方处置，但需做好卸货的准备（这与以前的 DAF、DES 和 DDU 规定的相同）。

新的术语使 Incoterms2000 中的 DES 和 DEQ 变得多余。DAT 术语下的指定目的地可以是指港口，并且 DAT 可完全适用于 Incoterms2000 中 DEQ 所适用的情形。同样的，DAP 术语下的到达的"运输工具"可以是指船舶，指定目的地可以是指港口，因此，DAP 可完全适用于 Incoterms2000 中 DES 所适用的情形。与其前任术语相同，新术语也是"到货交付式"的由卖方承担所有费用，即卖方承担全部费用（除了与进口清算有关的费用）以及货物运至指定目的地前所包含的全部风险。

2. Incoterms 2010 的 11 个术语的分类

Incoterms 2010 的 11 个术语分为显然不同的两类：适用于任一或多种运输方式的术语为 EWX（工厂交货）、FCA（货交承运人）、CPT（运费付至）、CIP（运费及保险费付至）、DAT（运输终端交货）、DAP（目的地交货）、DDP（完税后交货）；只适用与海运及内河运输的术语为 FAS（装运港船边交货）、FOB（装运港船上交货）、CFR（成本加运费）、CIF（成本加保险费、运费)。

第一类所包含的七个 Incoterms 2010 术语——EWX、FCA、CPT、CIP、DAT、DAP 和 DDP,可以适用于特定的运输方式,亦可适用于一种或同时适用于多种运输方式,甚至可适用于非海洋运输的情形。需要注意,如果运输中一个部分使用过船只也可以适用此类术语。

在第二类术语中,交货点和把货物送达买方的地点都是港口,所以只适用于"海运和内河运输"。FAS、FOB、CFR 和 CIF 都属于这一类。最后的三个术语,删除了以越过船舷为交货标准而代之以将货物装运上船。这更贴切地反映了现代商业实际且避免了风险在臆想垂线上来回摇摆这一颇为陈旧的观念。

3. 国内贸易与国际贸易的规定

Incoterms 的术语在传统意义被用于存在跨境运输的国际销售合同中,此种交易需要将货物进行跨越国境的运输。然而,在世界许多地区,如欧盟这样的贸易集团已经使得不同国家间的过关手续变得不那么重要。因此,Incoterms 2010 通过这一副标题正式认可该通则既可以适用于国内的也可以适用于国际的销售合同。所以,Incoterms 2010 在一些地方明确规定,只有在适当的情形,才存在遵守进/出口手续义务。

两项发展使得国际商会相信在这个方向的改革是适时的。首先,商人们普遍在纯国内销售合同中使用 Incoterms 术语。其次,比起之前的统一商法典中关于装运和交付的条款,美国人在国内贸易中使用 Incoterms 术语的意愿增强了。

4. 导言

在 Incoterms 2010 的每个术语前面,都有一条导言。导言解释每个术语的基本内容,比如说何时使用该术语,风险何时转移,还有费用如何在买方和卖方之间分担等等。导言并不是实际的 Incoterms 2010 的术语的组成,但是它们能帮助使用者更准确、更有效地针对特定的贸易运用合适的 Incoterms 2010 的术语。

5. 电子通信

之前版本的 Incoterms 已经说明了单据可以被电子数据交换信息替代。而现在,Incoterms 2010 的 A1/B1 条赋予电子方式的通信和纸质通信相同的效力,只要缔约双方同意或存在交易惯例。这一规定使 Incoterms 2010 使用期内新的电子程序的发展更顺畅。

6. 保险范围

Incoterms 2010 是协会货物条款修订以来的第一版国际贸易术语解释通则,并对那些条款的变更做了考虑。

Incoterms 2010 把有关保险的信息义务规定在 A3/B3 条,这些条款涉及运输和保险合同。这些条款已经从 Incoterms 2000 的 A10/B10 条中的更一般的条款中被删除了。为了明确缔约方在该事项上义务,关于保险的 A3/B3 条的行文也做了变化。

7. 安全清关和所需要的信息

现如今,货物运送过程中的安全问题得到了高度的重视,要求确认货物除了本身固有性质原因外对人身和财产不造成威胁。因而,Incoterms 2010 在买方和卖方间已经分配了相应的责任,以在安全清关时获得或者提供帮助,如在各术语的 A2/B2 和 A10/B10 条款中监管链的信息。

8. 运输终端处理费用

在 CPT、CIP、CFR、CIF、DAT、DAP 和 DDP 等术语中,卖方必须安排货物到议定目的地的运输。虽然运费是由卖方支付的,但因为运费一般被卖方纳入总销售价格中,所以实际上运费是由买方支付的。运费有时候会包含港口或集装箱终端设施内处理与移动货物的费用并且承运人和运输终端运营方也可能向收货的买方收取这些费用。在这些情况下,买方会希望避免为同一服务缴费两次:一次付给卖方作为销售价格中一部分与一次单独地付给承运人或者终点站运营方。Incoterms 2010 在 A6/B6 的相关规则中明确分配这类费用,以求避免类似情形的发生。

9. 连环销售

在农矿产品销售中,相对于工业品的销售,货物经常在销售链运转过程中被频繁销售多次。这种情况发生时,在链条中间环节的卖方并不"装运"这些货物,因为这些货物已经由最开始的卖方装运了。因而,链条中间环节的卖方履行其对买方的义务,并不是通过装运货物,而是通过"取得"已经被装运的货物。为明确起见,Incoterms 2010 的规则包含了"取得已装运的货物"的义务,以将此作为 Incoterms 的相关术语中装运货物义务的替代。

**国际贸易术语的变形**

有时双方想要改动一项国际术语。Incoterms 2010 不禁止此类改动,但是这样做会有危险。为了避免任何不愉快的意外,双方都应当在合同中明确表明修改意欲达到的效果。因此,比如说,如果 Incoterms 2010 中的费用划分在合同中被改变,各方亦需要很清楚地表明他们是否改变风险从卖方转至买方的界限。

**本前言的功能地位**

本前言只是对 Incoterms 2010 各术语的使用和解释的总体信息,而并不是这些术语的组成部分。

**Incoterms 2010 中术语的使用解释**

正如在 2000 年通则中,买方与卖方的义务以对应方式呈现:A 条款下反映卖方义务;B 条款下反映买方义务。这些义务可以由卖方或买方以个人名义履行,有时抑或受制于合同或者适用法律中的个别条款的规定,由诸如承运人、转运代理人等中介组织,或者其他由卖方或者买方基于特定目的而委托的人来履行。

Incoterms 2010 正文的条文清晰明了。然而,为了帮助使用者理解,下文将对在本《通则》中通篇被运用的一些特定词语进行解释。

承运人:就 Incoterms 2010 而言,承运人是指与托运人签订运输合同的一方。

海关手续:这些是指为了遵守任何可适用的海关条例而需要满足的一些要求,包括单据、安全、信息或实物检验之义务。

交货:这个概念在贸易法和实务中有着多重含义,但在 Incoterms 2010 中,它被用于表明货物遗失损害风险何时由卖方转移到买方。

交货凭证:这个表述现在被用作 A8 条款的标题,它意指用于证明已完成交货的凭证。对众多的 Incoterms 2010 术语而言,交货凭证是指运输单据或相应的电子记录。然而,在工厂交货(EXW)、货交承运人(FCA)、装运港船边交货(FAS)、装运港船上交货(FOB)的情况下,交货凭证可能只是一个简单的收据。交货凭证也可能有其他功能,比如作为支付程序的一部分等等。

电子记录或程序:由一种或更多的电子信息组成的一系列信息,适用情况下,其在效力上与相应的纸质文件等同。

包装:此词因语境不同有不同含义。

(1) 符合销售合同中任何要求的货物包装。

(2) 适合运输的货物包装。

(3) 集装箱或其他运输工具中已包装货物的理仓。

在 Incoterms 2010 中,包装的含义包括上述第一种和第二种。然而,Incoterms 2010 并不涉及货物在集装箱中的理仓义务,因而,在相关情形下,各方应当在销售合同中做出规定。

## EXW
### (EX Works 工厂交货)

该术语可适用于任何运输方式,也可适用于多种运输方式。它适合国内贸易,而 FCA 一般则更适合国际贸易。

"工厂交货"是指当卖方在其所在地或其他指定地点(如工厂、车间或仓库等)将货物交由买方处置时,即完成交货。卖方不需将货物装上任何前来接收货物的运输工具,需要清关时,卖方也无需办理出口清关手续。

特别建议双方在指定交货地范围内尽可能明确具体交货地点,因为在货物到达交货地点之前的所有费用和风险都由卖方承担。买方则需承担自此指定交货地的约定地点(如有的话)收取货物所产生的全部费用和风险。

EXW(工厂交货)术语代表卖方最低义务,使用时需注意以下问题:

① 卖方对买方没有装货的义务,即使实际上卖方也许更方便这样做。如果卖方装货,也是由买方承担相关风险和费用。当卖方更方便装货物时,FCA 一般更合适,因为该术语要求卖方承担装货义务,以及与此相关的风险和费用。

② 以 EXW 为基础购买出口产品的买方需要注意,卖方只有在买方要求时,才有义务协助办理出口,即卖方无义务安排出口通关。因此,在买方不能直接或间接地办理出口清关手续时,不建议使用该术语。

③ 买方仅有限度地承担向卖方提供货物出口相关信息的责任。但是,卖方则可能出于缴税或申报等目的,需要这方面的信息。

**买卖双方义务**

| A 卖方义务 | B 买方义务 |
| --- | --- |
| A1 卖方一般义务 | B1 买方一般义务 |
| 卖方必须提供符合买卖合同约定的货物和商业发票,以及合同可能要求的其他与合同相符的证据。A1-A10 中所指的任何单证在双方约定或符合惯例的情况下,可以是同等作用的电子记录或程序。 | 买方必须按照买卖合同约定支付价款。B1-B10 中所指的任何单证在双方约定或符合惯例的情况下,可以是同等作用的电子记录或程序。 |
| A2 许可证、授权、安检通关和其他手续 | B2 许可证、授权、安检通关和其他手续 |
| 如适用时,经买方要求,并承担风险和费用,卖方必须协助买方取得出口许可或出口相关货物所需的其他官方授权。<br>如适用时,经买方要求,并承担风险和费用,卖方必须提供其所掌握的该项货物安检通关所需的任何信息。 | 如适用时,应由买方自负风险和费用,取得进出口许可或其他官方授权,办理相关货物的海关手续。 |
| A3 运输合同与保险合同 | B3 运输合同与保险合同 |

续表

| | |
|---|---|
| (1) 运输合同<br>卖方对买方无订立运输合同的义务。<br>(2) 保险合同<br>卖方对买方无订立保险合同的义务。但应买方要求并由其承担风险和费用(如有的话),卖方必须向买方提供后者取得保险所需的信息。 | (1) 运输合同<br>买方对卖方无订立运输合同的义务。<br>(2) 保险合同<br>买方对卖方无订立保险合同的义务。 |
| A4 交货 | B4 收取货物 |
| 卖方必须在指定的交付地点或该地点内的约定点(如有的话),以将未置于任何接收货物的运输工具上的货物交由买方处置的方式交货。<br>若在指定交货地没有约定点,且有几个点可供使用时,卖方可选择最适合于其目的的点。卖方必须在约定日期或期限内交货。 | 当卖方行为与 A4、A7 相符时,买方必须收取货物。 |
| A5 风险转移 | B5 风险转移 |
| 除按照 B5 的灭失或损坏情况外,卖方承担按照 A4 完成交货前货物灭失或损坏的一切风险。 | 买方承担按照 A4 交货时起货物灭失或损坏的一切风险。<br>如果买方未能按照 B7 给予卖方通知,则买方必须从约定的交货日期或交货期限届满之日起,承担货物灭失或损坏的一切风险,但以该项货物已清楚地确定为合同项下之货物者为限。 |
| A6 费用划分 | B6 费用划分 |
| 卖方必须支付按照 A4 完成交货前与货物相关的一切分页,但按照 B6 应由买方支付的费用除外。 | 买方必须支付<br>(1) 自按照 A4 交货时起与货物相关的一切费用;<br>(2) 由于其未收取已处于可由其处置状态货物或未按照 B7 发出相关通知而产生的,但以该项货物已清楚地确定为合同项下之货物者为限;<br>(3) 如使用时,货物出口应交纳的一切关税、税款和其他费用及办理海关手续的费用;及<br>(4) 对卖方按照 A2 提供协助时产生的一切花销和费用的补偿。 |
| A7 通知买方 | B7 通知卖方 |
| 卖方必须给予买方其收取货物所需的任何通知。 | 当有权决定在约定期限内的时间和/或在指定地点内的接收点时,买方必须向卖方发出充分的通知。 |
| A8 交货凭证 | B8 交货证据 |
| 卖方对买方无义务。 | 买方必须向卖方提供其已收取货物的相关凭证。 |
| A9 查对—包装—标记 | B9 货物检验 |
| 卖方必须支付为了按照 A4 进行交货,所需要进行的查对费(如查对质量、丈量、过磅、点数的费用)。<br>除非在特定贸易中,某类货物的销售通常不需包装,卖方必须自付费用包装货物。<br>除非买方在签订合同前已通知卖方特殊包装要求,卖方可以适合该货物运输的方式对货物进行包装。包装应作适当标记。 | 买方必须支付任何强制性装船前检验费用,包括出口国有关机构强制进行的检验费用。 |

| A10 协助提供信息及相关费用 | B10 协助提供信息及相关费用 |
|---|---|
| 如适用时,应买方要求并由其承担风险和费用,卖方必须及时向买方提供或协助其取得相关货物出口和/或进口、和/或将货物运输到最终目的地所需要的任何文件和信息,包括安全相关信息。 | 买方必须及时告知卖方任何安全信息要求,以便卖方遵守 A10 的规定。<br>买方必须偿付卖方按照 A10 向买方提供或协助其取得文件和信息时所发生的所有花销和费用。 |

## FCA
### (Free Carrier 货交承运人)

该术语可适用于任何运输方式,也可适用于多种运输方式。

"货交承运人"是指卖方在卖方所在地或其他指定地点将货物交给买方指定的承运人或其他人。由于风险在交货地点转移至买方,特别建议双方尽可能清楚地写明指定交货地内的交付点。

如果双方希望在卖方所在地交货,则应当将卖方所在地址明确为指定交货地。如果双方希望在其他地点交货,则必须确定不同的特定交货地点。

如适用时,FCA 要求卖方办理货物出口清关手续。但卖方无义务办理进口清关,支付任何进口税或办理任何进口海关手续。

**买卖双方义务**

| A 卖方义务 | B 买方义务 |
|---|---|
| A1 卖方一般义务 | B1 买方一般义务 |
| 卖方必须提供符合买卖合同约定的货物和商业发票,以及合同可能要求的其他与合同相符的证据。A1-A10 中所指的任何单证在双方约定或符合惯例的情况下,可以是同等作用的电子记录或程序。 | 买方必须按照买卖合同约定支付价款。B1-B10 中所指的任何单证在双方约定或符合惯例的情况下,可以是同等作用的电子记录或程序。 |
| A2 许可证、授权、安检通关和其他手续 | B2 许可证、授权、安检通关和其他手续 |
| 如适用时,卖方必须自负风险和费用,取得所有的出口许可或其他官方授权,办理货物出口所需的一切海关手续。 | 如适用时,应由买方自负风险和费用,取得所有进口许可或其他官方授权,办理货物进口和从他国过境运输所需的一切海关手续。 |
| A3 运输合同与保险合同 | B3 运输合同与保险合同 |
| (1) 运输合同<br>卖方对买方无订立运输合同的义务。但若买方要求,或依商业实践,且买方未适时做出相反指示,卖方可以按照通常条件签订运输合同,由买方负担风险和费用。<br>在以上两种情形下,卖方都可以拒绝签订运输合同,如予拒绝,卖方应立即通知买方。<br>(2) 保险合同<br>卖方对买方无订立保险合同的义务。但应买方要求并由其承担风险和费用(如有的话),卖方必须向买方提供后者取得保险所需信息。 | (1) 运输合同<br>除了卖方按照 A3(1) 订立了运输合同情形外,买方必须自付费用订立自指定的交货地点起运货物的运输合同。<br>(2) 保险合同<br>买方对卖方无订立保险合同的义务。 |
| A4 交货 | B4 收取货物 |

续表

| | |
|---|---|
| 卖方必须在约定的交货日期或期限内,在指定地点或指定地点的约定点(如有约定),将货物交付给买方指定的承运人或其他人。<br>以下情况,完成交货:<br>(1) 若指定的地点是卖方所在地,则当货物被装上买方提供的运输工具时;<br>(2) 在任何其他情况下,则当货物虽处于卖方的运输工具上,但已准备好卸载,并已交由承运人或买方指定的其他人处置时。<br>如果买方未按照 B7 d)明确指定交货地点内特定的交付点,且有数个交付点可供使用时,卖方则有权选择最合适其目的的交货点。<br>除非买方另行通知,卖方可采取符合货物数量和/或性质需要的方式将货物交付运输。 | 当货物按照 A4 交付时,买方必须收取。 |
| A5　风险转移 | B5　风险转移 |
| 除按照 B5 灭失或损坏情况外,卖方承担按照 A4 完成交货前货物灭失或损坏的一切风险。 | 买方承担自按照 A4 交货时起货物灭失或损坏的一切风险。<br>如果<br>(1) 买方未按照 B7 规定通知 A4 项下的指定承运人或其他人,或发出通知;或<br>(2) 按照 A4 指定的承运人或其他人未在约定的时间接管货物;则买方承担货物灭失或损坏的一切风险:①自约定日期起,若无约定日期的,则②自卖方在约定期限内按照 A7 通知的日期起;或若没有通知日期的,则③自任何约定交货期限届满之日起。但以该项货物以清楚地确定为合同项下之货物者为限。 |
| A6　费用划分 | B6　费用划分 |
| (1) 按照 A4 完成交货前与货物相关的一切费用,但按照 B6 应由买方支付的费用除外;及<br>(2) 如适用时,货物出口所需海关手续费用,出口应交纳的一切关税、税款和其他费用。 | 买方必须支付<br>(1) 自按照 A4 规定交货时起与货物有关的一切费用,如适用时,A6(2) 中出口所需的海关手续费用,及出口应交纳的一切关税、税款和其他费用除外;<br>(2) 由于以下原因之一发生的任何额外的费用:<br>① 买方未能指定 A4 项下承运人或其他人,或<br>② 买方指定的 A4 项下承运人或其他人未接管货物,或<br>③ 买方未能按照 B7 给予卖方相应的通知,<br>但以该项货物已清楚地确定为合同项下之货物者为限;及<br>(3) 如适用时,货物进口应交纳的一切关税、税款和其他费用,及办理进口海关手续的费用和从他国过境运输的费用。 |
| A7　通知买方 | B7　通知卖方 |

| | 续表 |
|---|---|
| 由买方承担风险和费用,卖方必须就其已经按照A4交货或买方指定的承运人或其他人未在约定时间内收取货物的情况给予买方充分的通知。 | 买方必须通知卖方以下内容:<br>(1)按照A4所指定的承运人或其他人的姓名,以便卖方有足够时间按照该条款交货;<br>(2)如适用时,在约定的交付期限内所选择的由指定的承运人或其他人收取货物的时间;<br>(3)指定人使用的运输方式;及<br>(4)指定地点内的交货点。 |
| A8 交货凭证 | B8 交货证明 |
| 卖方必须自付费用向买方提供已按照A4交货的通常单据。应买方要求并由其承担风险和费用,卖方必须协助买方取得运输凭证。 | 买方必须接受按照A8提供的交货凭证。 |
| A9 查对—包装—标记 | B9 货物检验 |
| 卖方必须支付为了按照A4进行交货,所需进行的查对费用(如查对货物质量、丈量、过磅、点数的费用),以及出口国有关机构强制进行的装运前检验所产生的费用。<br>除非在特定的贸易中,某类货物的销售通常不需包装,卖方必须自付费用包装货物。<br>除非买方在签订合同前已通知卖方特殊包装要求,卖方可以适合给货物运输的方式对货物进行包装。包装应做适当标记。 | 买方必须支付任何强制性装运前检验费用,但出口国有关机构强制进行的检验除外。 |
| A10 协助提供信息及相关费用 | B10 协助提供信息及相关费用 |
| 如适用时,应买方要求并由其承担风险和费用,卖方必须及时向买方提供或协助其取得相关货物进口和/或将货物运输到最终目的地所需要的任何文件和信息,包括安全相关信息。<br>卖方必须偿付买方按照B10提供或协助取得文件和信息是所发生的所有花销和费用。 | 买方必须及时告知卖方任何安全信息要求,以便卖方遵守A10的规定。<br>买方必须偿付卖方按照A10向买方提供或协助其取得文件和信息时所发生的所有花销和费用。<br>如适用时,应卖方要求并由其承担风险和费用,买方必须及时向卖方提供或协助其取得货物运输和出口及从他国过境运输所需要的任何文件和信息,包括安全相关信息。 |

## CPT
### (Carriage Paid To 运费付至)

该术语可适用于任何运输方式,也可适用于多种运输方式。

"运费付至"是指卖方将货物在双方约定地点(如果双方已经约定了地点)交给卖方指定的承运人或其他人。卖方必须签订运输合同并支付将货物运至指定目的地所需费用。

在使用CPT、CIP、CFR或CIF术语时,当卖方将货物交付给承运人时,而不是当货物到达目的地时,及完成交货。

由于风险转移和费用转移的地点不同,该术语有两个关键点。特别建议双方尽可能确切地在合同中明确交货地点(风险在这里转移至买方),以及指定的目的地(卖方必须签订运输合同运到该目的地)。如果运输到约定目的地涉及多个承运人,且双方不能就交货点达成一致时,可以推定:当卖方在某个完全由其选择、且买方不能控制的点将货物交付给第一承运人时,风险转移至买方。如双方希望风险晚些转移的话(例如在某海港或机场转移),则需要在其买卖合同中订明。

由于卖方需承担将货物运至目的地具体地点的费用,特别建议双方尽可能确切地在指定目的地内明确该点。建议卖方取得完全符合该选择的运输合同。如果卖方按照运输合同在指定的目的地卸货发生了费用,除非双方另有约定,卖方无权向买方要求偿付。

如适用时,CPT 要求卖方办理货物的出口清关手续。但是卖方无义务办理进口清关,支付任何进口税或办理进口相关的任何海关手续。

**买卖方双方义务**

| A 卖方义务 | B 买方义务 |
| --- | --- |
| A1 卖方一般义务 | B1 买方一般义务 |
| 卖方必须提供符合买卖合同约定的货物和商业发票,以及合同可能要求的其他与合同相符的证据。A1—A10 中所指的任何单证在双方约定或符合惯例的情况下,可以是同等作用的电子记录或程序。 | 买方必须按照买卖合同约定支付价款。B1—B10 中所指的任何单证在双方约定或符合惯例的情况下,可以是同等作用的电子记录或程序。 |
| A2 许可证、授权、安检通关和其他手续 | B2 许可证、授权、安检通关和其他手续 |
| 如适用时,卖方必须自负风险和费用,取得所有的出口许可或其他官方授权,办理货物出口和交货前从他国过境运输所需的一切海关手续。 | 如适用时,应由买方自负风险和费用,取得所有的进口许可或其他官方授权,办理货物进口和从他国过境运输所需要的一切海关手续。 |
| A3 运输合同与保险合同 | B3 运输合同与保险合同 |
| (1) 运输合同<br>卖方必须签订或取得运输合同,将货物自交货地内的约定交货点(如有的话)运送至指定目的地或该目的地的交付点(如有约定)。<br>必须按照通常条件订立合同,由卖方支付费用,经由通常航线和习惯方式运送货物。<br>如果双方没有约定特别的点或该点不能由惯例确定,卖方则可选择最适合其目的的交货点和指定目的地内的交货点。<br>(2) 保险合同<br>卖方对买方无订立保险合同的义务。但应买方要求并由其承担风险和费用(如有的话),卖方必须向买方提供后者取得保险所需的信息。 | (1) 运输合同<br>买方对卖方无订立运输合同的义务。<br>(2) 保险合同<br>买方对卖方无订立保险合同的义务。但应卖方要求,买方必须向卖方提供其取得保险所需信息。 |
| A4 交货 | B4 收取货物 |
| 卖方必须在约定日期或期限内,以将货物交给按照 A3 签订的合同承运人方式交货。 | 当货物按照 A4 交付时,买方必须收取,并在指定目的地自承运人收取货物。 |
| A5 风险转移 | B5 风险转移 |
| 除按照 B5 的灭失或损坏情况外,卖方承担按照 A4 完成交货前货物灭失或损坏的一切风险。 | 买方承担按照 A4 交付时起货物灭失或损坏的一切风险。<br>如买方未能按照 B7 规定给予卖方通知,则买方必须从约定的交货日期或交货期限届满之日起,承担货物灭失或损坏的一切风险,但以该货物已清楚地确定为合同项下之货物者为限。 |
| A6 费用划分 | B6 费用划分 |

续表

| 卖方必须支付<br>(1) 按照 A4 完成交货前与货物相关的一切费用，但按照 B6 应由买方支付的费用除外；<br>(2) 按照 A3（1）所发生的运费和其他一切费用，包括根据运输合同规定应由卖方支付的装货费和在目的地的卸货费；及<br>(3) 如适用时，货物出口所需海关手续费用，出口应交纳的一切关税、税款和其他费用，以及按照运输合同规定，由卖方支付的货物从他国过境运输的费用。 | 在不与 A3（1）冲突的情况下，买方必须支付<br>(1) 自按照 A4 交货时起，与货物相关的一切费用，如适用时，按照 A6（3）为出口所需的海关手续费用，及出口应交纳的一切关税、税款和其他费用除外；<br>(2) 货物在运输途中直至到达约定目的地位置的一切费用，按照运输合同该费用应由卖方支付的除外；<br>(3) 卸货费，除非根据运输合同该项费用应由卖方支付；<br>(4) 如买方未按照 B7 发出通知，则自约定发货之日或约定发货期限届满之日起，所发生的一切额外费用，但以该货物已清楚地确定为合同项下之货物者为限；及<br>(5) 如适用时，货物进口应交纳的一切关税、税款和其他费用，及办理进口海关手续的费用和从他国过境运输费用，除非该费用已包括在运输合同中。 |
|---|---|
| A7 通知买方 | B7 通知卖方 |
| 卖方必须向买方发出已按照 A4 交货的通知。<br>卖方必须向买方发出任何所需通知，以便买方采取收取货物通常所需要的措施。 | 当有权决定发送时间和/或指定目的地或目的地内收取货物的点时，买方必须向卖方发出充分的通知。 |
| A8 交货凭证 | B8 交货证明 |
| 依惯例或应买方要求，卖方必须承担费用，向买方提供其按照 A3 订立的运输合同通常的运输凭证。<br>此项运输凭证必须载明合同中的货物，且其签发日期应在约定运输期限内。如已约定或依惯例，此项凭证也必须能使买方在指定目的地向承运人索取货物，并能使买方在货物运输途中以向下家买方转让或通知承运人方式出售货物。<br>当此类运输凭证以可转让形式签发、且有数份正本时，则必须将整套正本凭证提交给买方。 | 如果凭证与合同相符的话，买方则必须接受按照 A8 提供的运输凭证。 |
| A9 查对—包装—标记 | B9 货物检验 |
| 卖方必须支付为了按照 A4 进行交货，所需要进行的查对费用（如查对质量、丈量、过磅、点数的费用），以及出口国有关机构强制进行的装运前检验所发生的费用。<br>除非在特定贸易中，某类货物的销售通常不需要包装，卖方必须自付费用包装货物。除非买方在签订合同通知卖方特殊包装要求，卖方可以适合该货物运输的方式对货物进行包装。包装应做适当标记。 | 买方必须支付任何强制性装运前检验费用，但出口国有关机构强制进行的检验除外。 |
| A10 协助提供信息及相关费用 | B10 协助提供信息及相关费用 |
| 如适用时，应买方要求并由其承担风险和费用，卖方必须及时向买方提供或协助其取得相关货物进口和/或将货物运输到最终目的地所需要的任何文件和信息，包括安全相关信息。<br>卖方必须偿付买方按照 B10 提供或协助取得文件和信息时所发生的所有花销和费用。 | 买方必须及时告知卖方任何安全信息要求，以便卖方遵守 A10 的规定。<br>如适用时，应卖方要求并由其承担风险和费用，买方必须及时向卖方提供或协助其取得货物运输和出口及从他国过境运输所需要的任何文件和信息，包括安全相关信息。 |

## CIP

### (Carriage and Insurance Paid To 运费和保险费付至)

该术语可适用于各种运输方式,也可适用于多种运输方式。

"运费和保险费付至"是指卖方将货物在双方约定地点(如双方已经约定了地点)交给其指定的承运人或其他人。卖方必须签订运输合同并支付将货物运至指定目的地的所需费用。

卖方还必须为买方在运输途中货物的灭失或损坏风险签订保险合同。买方应注意到,CIP只要求卖方投保最低险别。如果买方需要更多保险保护的话,则需与卖方明确就此达成协议,或者自行做出额外的保险安排。

在使用CPT、CIP、CFR或CIF术语时,当卖方将货物交付给承运人时,而不是当货物到达目的地时,即完成交货。

由于风险转移和费用转移的地点不同,该术语有两个关键点。特别建议双方尽可能确切地在合同中明确交货地点(风险在这里转移至买方),以及指定目的地(卖方必须签订运输合同运到该目的地)。如果运输到约定目的地涉及多个承运人,且双方不能就特定的交货地点达成一致,可以推定:当卖方在某个完全由其选择、且买方不能控制的点将货物交付给第一承运人时,风险转移至买方。如双方希望风险晚些转移的话(例如在某海港或机场转移),则需要在其买卖合同中订明。

由于卖方需承担将货物运至目的地具体地点的费用,特别建议双方尽可能确切地在指定目的地内明确该点。建议卖方取得完全符合该选择的运输合同。如果卖方按照运输合同在指定的目的地内卸货发生了费用,除非双方另有约定,卖方无权向买方要求偿付。

如适用时,CIP要求卖方办理货物的出口清关手续。但是卖方无义务办理进口清关,支付任何进口税或办理进口相关的任何海关手续。

### 买卖双方义务

| A 卖方义务 | B 买方义务 |
| --- | --- |
| A1 卖方一般义务 | B1 买方一般义务 |
| 卖方必须提供符合买卖合同约定的货物和商业发票,以及合同可能要求的其他与合同相符的证据。A1—A10中所指的任何单证在双方约定或符合惯例的情况下,可以是同等作用的电子记录或程序。 | 买方必须按照买卖合同约定支付价款。B1—B10中所指的任何单证在双方约定或符合惯例的情况下,可以是同等作用的电子记录或程序。 |
| A2 许可证、授权、安检通关和其他手续 | B2 许可证、授权、安检通关和其他手续 |
| 如适用时,卖方必须自负风险和费用,取得所有的出口许可或其他官方授权,办理货物出口和交货前从他国过境运输所需的一切海关手续。 | 如适用时,应由买方自负风险和费用,取得所有的进口许可或其他官方授权,办理货物进口和从他国过境运输所需的一切海关手续。 |
| A3 运输合同和保险合同 | B3 运输合同和保险合同 |

续表

| | |
|---|---|
| （1）运输合同<br>卖方必须签订或取得运输合同，将货物自交货地内的约定交货点（如有的话）运送至指定目的地或该目的地的交付点（如有约定）。<br>必须按照通常条件订立合同，由卖方支付费用，经由通常航线和习惯方式运送货物。<br>如果双方没有约定特别的点或该点不能由惯例确定，卖方则可选择最适合其目的的交货点和指定目的地内的交货点。<br>（2）保险合同<br>卖方必须自付费用取得货物保险。该保险需至少符合《协会货物保险条款》(Institute Cargo Clauses, LMA/IUA)"条款（C）(Clauses C)或类似条款的最低险别。<br>保险合同应与信誉良好的承保人或保险公司订立。应使买方或其他对货物有可保利益者有权直接向保险公司索赔。<br>当买方要求且能够提供卖方所需的信息时，卖方应办理任何附加险别，由买方承担费用，如果能够办理，诸如办理《协会货物保险条款》(Institute Cargo Clauses, LMA/IUA)"条款（A）或（B）"(Clauses A or B)或类似条款的险别，也可同时或单独办理《协会战争险条款》(Institute War Clauses)和/或《协会罢工险条款》(Institute Strikes Clauses, LMA/IUA)或其他类似条款的险别。<br>保险最低金额是合同规定价格另加 10%（即 110%），并采用合同货币。<br>保险期间为货物自 A4 和 A5 规定的交货点起，至少到指定目的地止。<br>卖方应向买方提供保单或其他保险证据。此外，应买方要求并由买方承担风险和费用（如有的话），卖方必须向买方提供后者取得附加险所需信息。 | （1）运输合同<br>买方对卖方无订立运输合同的义务。<br>（2）保险合同<br>买方对卖方无订立保险合同的义务。但应卖方要求，买方必须向卖方提供后者应买方按照 A3 b)要求其购买附加险所需信息。 |
| A4 交货 | B4 收取货物 |
| 卖方必须在约定日期或期限内，以将货物交给按照 A3 签订的合同承运人方式交货。 | 当货物按照 A4 交付时，买方必须收取，并在指定目的地自承运人收取货物。 |
| A5 风险转移 | B5 风险转移 |
| 除按照 B5 的灭失或损坏情况外，卖方承担按照 A4 完成交货前货物灭失或损坏的一切风险。 | 买方必须承担按照 A4 交货时起货物灭失或损坏的一切风险。<br>如买方未按照 B7 通知卖方，则自约定的交货日期或交货期限届满之日起，买方承担货物灭失或损坏的一切风险，但以该货物已经清楚地确定为合同项下之货物者为限。 |
| A6 费用划分 | B6 费用划分 |

续表

| 卖方必须支付 | 在不与A3（1）冲突的情况下，买方必须支付 |
|---|---|
| （1）按照A4完成交货前与货物相关的一切费用，但按照B6应由买方支付的费用除外；<br>（2）按照A3（1）所发生的运费和其他一切费用，包括根据运输合同规定由卖方支付的装货费和在目的地的卸货费；<br>（3）根据A3（2）发生的保险费用；及<br>（4）如适用时，货物出口所需海关手续费用，出口应交纳的一切关税、税款和其他费用，以及按照运输合同规定，由卖方支付的货物从他国过境运输的费用。 | （1）自按照A4交货时起，与货物相关的一切费用，如使用时，按照A6（4）为出口所需的海关手续费用，及出口应交纳的一切关税、税款和其他费用除外；<br>（2）货物在运输途中直至到达约定目的地为止的一切费用，按照运输合同该费用应由卖方支付的除外；<br>（3）卸货费，除非根据运输合同该项费用应由卖方支付；<br>（4）如买方为按照B7发出通知，则自约定发货之日或约定发货期限届满之日起，所发生的一切额外费用，但以该货物已清楚地确定为合同项下之货物者为限；<br>（5）如适用时，货物进口应交纳的一切关税、税款和其他费用，及办理进口海关手续对策费用和从他国过境运输费用，除非该项费用已包括在运输合同中；及<br>（6）应买方要求，按照A3和B3取得附加险别所发生的费用。 |
| A7 通知买方 | B7 通知卖方 |
| 卖方必须向买方发出已按照A4交货通知。<br>卖方必须向买方发出所需通知，以便买方采取收取货物通常所需要的措施。 | 当有权决定发货时间和/或指定目的地或目的地内收取货物的点时，买方必须向卖方发出充分通知。 |
| A8 交货凭证 | B8 交货证明 |
| 依惯例或应买方要求，卖方必须承担费用，向买方提供按照A3订立的运输合同通常的运输凭证。此项运输凭证必须载明合同中的货物，且其签发日期应在约定运输期限内。如已约定或依惯例，此项凭证也必须能使买方在指定目的地内向承运人索取货物，并能使买方在货物运输途中以向下家买方转让或通知承运人方式出售货物。当此类运输凭证以可转让形式签发、且有数份正本时，则必须将整套正本凭证提交给买方。 | 如果凭证和合同相符的话，买方必须接受按照A8提供的运输凭证。 |
| A9 查对—包装—标记 | B9 货物检验 |
| 卖方必须支付为了按照A4进行交货，所需要进行的查对费用（如查对质量、丈量、过磅、点数的费用），以及出口国有关机构强制进行的装运前检验所发生的费用。<br>除非在特定贸易中，某类货物的销售通常不需包装，卖方必须自付费用包装货物。<br>除非买方在签订合同前已通知卖方特殊包装要求，卖方可以适合该货物运输的方式对货物进行包装。包装应做适当标记。 | 买方必须支付任何强制性装船前检验费用，但出口国有关机构强制进行的检验除外。 |
| A10 协助提供信息及相关费用 | B10 协助提供信息及相关费用 |
| 如适用时，应买方要求并由其承担风险和费用，卖方必须及时向买方提供或协助其取得相关货物进口和/或将货物运送到最终目的地所需要的任何文件和信息，包括 安全相关信息。<br>卖方必须偿付买方按照B10提供或协助取得文件和信息时发生的所有花销和费用。 | 买方必须及时告知卖方任何安全信息，以便卖方遵守A10的规定。<br>买方必须偿付卖方按照A10向买方提供或协助其取得文件和信息时发生的所有花费和费用。<br>如适用时，应卖方要求并由其承担风险和费用，买方必须及时向卖方提供或协助其取得货物运输和出口及从他国过境运输所需要的任何文件和信息。包括安全相关信息。 |

## DAT
### (Delivered At Terminal 运输终端交货)

该术语可适用于任何运输方式,也可适用于多种运输方式。

"运输终端交货"是指当卖方在指定港口或目的地的指定运输终端将货物从抵达的载货运输工具上卸下,交由买方处置时,即为交货。

"运输终端"意味着任何地点,而不论该地点是否有遮盖,例如码头、仓库、集装箱堆积场或公路、铁路、空运货站。卖方承担将货物送至指定港口或目的地的运输终端并将其卸下的一切风险。

由于卖方承担在特地地点交货前的风险,特别建议双方尽可能确切地约定运输终端,或如果可能的话,在约定港口或目的地的运输终端内的特定的点。

建议卖方取得完全符合该选择的运输合同。

此外,如果双方希望由卖方承担由运输终端至另一地点间运送和受理货物的风险和费用,则应当使用 DAP 或 DDP 术语。

如适用时,DAT 要求卖方办理出口清关手续。但卖方无义务办理进口清关、支付任何进口税或办理任何进口海关手续。

**买卖双方义务**

| A 卖方义务 | B 买方义务 |
| --- | --- |
| A1 卖方一般义务 | B1 买方一般义务 |
| 卖方必须提供符合买卖合同约定的货物和商业发票,以及合同可能要求的其他与合同相符的证据。A1—A10 中所指的任何单证在双方约定或符合惯例的情况下,可以是同等作用的电子记录或程序。 | 买方必须按照买卖合同约定支付价款。B1—B10 中所指的任何单证在双方约定或符合惯例的情况下,可以是同等作用的电子记录或程序。 |
| A2 许可证、授权、安检通关和其他手续 | B2 许可证、授权、安检通关和其他手续 |
| 如适用时,卖方必须自负风险和费用,取得所有的出口许可和其他官方授权,办理货物出口和交货前从他国过境运输所需的一切海关手续。 | 如适用时,买方必须自负风险和费用,取得所有进口许可或其他官方授权,办理货物进口的一切海关手续。 |
| A3 运输合同与保险合同 | B3 运输合同与保险合同 |
| (1) 运输合同<br>卖方必须自付费用签订运输合同,将货物运至约定港口或目的地的指定运输终端。<br>如未约定特定的运输终端或该终端不能由惯例确定,卖方则可在约定港口或目的地,选择最适合其目的的运输终端。<br>(2) 保险合同<br>卖方对买方无订立保险合同的义务。但应买方要求并由其承担风险和费用(如有的话),卖方必须向买方提供后者取得保险所需信息。 | (1) 运输合同<br>买方对卖方无订立运输合同的义务。<br>(2) 保险合同<br>买方对卖方无订立保险合同的义务。但应卖方要求,买方必须向卖方提供取得保险所需信息。 |
| A4 交货 | B4 收取货物 |
| 卖方必须在约定日期或期限内,以在 A3 a)指定港口或目的地运输终端,将货物从抵达的运输工具上卸下,并交由买方处置的方式交货。 | 当货物按照 A4 交付时,买方必须收取。 |

续表

| A5 风险转移 | B5 风险转移 |
|---|---|
| 除按照 B5 的灭失或损坏情况外,卖方承担按照 A4 完成交货前货物灭失或损坏的一切风险。 | 买方承担按照 A4 交货时货物灭失或损坏的一切风险。<br>如果<br>(1) 买方未按照 B2 履行义务,则承担因此造成的货物灭失或损坏的一切风险;或<br>(2) 买方未按照 B7 通知卖方,则自约定的交货日期或交货期限届满之日起,买方承担货物灭失或损坏的一切风险。<br>但以该货物已清楚地确定为合同项下之货物者为限。 |
| A6 费用划分 | B6 费用划分 |
| 卖方必须支付<br>(1) A3 (1) 发生的费用,以及按照 A4 交货前与货物相关的一切费用,但按照 B6 应由买方支付的费用除外;及<br>(2) 如适用时,在按照 A4 交货前发生的、货物出口所需海关手续费用,出口应交纳的一切关税、税款和其他费用,以及货物从他国过境运输的费用。 | 买方必须支付<br>(1) 自按照 A4 完成交货之时起,与货物相关的一切费用;<br>(2) 买方未按照 B2 履行其义务或未按照 B7 发出通知导致卖方发生的任何额外费用,但以该货物已清楚地确定为合同项下之货物者为限;及<br>(3) 如适用时,办理进口海关手续的费用,以及进口需交纳的所有关税、税款和其他费用。 |
| A7 通知买方 | B7 通知卖方 |
| 卖方必须向买方发出所需通知,以便买方采取收取货物通常所需要的措施。 | 当有权决定在约定期间内的具体时间和/或指定运输终端内的收取货物的点时,买方必须向卖方发出充分的通知。 |
| A8 交货凭证 | B8 交货证明 |
| 卖方必须自付费用,向买方提供凭证,以确保买方能够按照 A4/B4 收取货物。 | 买方必须接受按照 A8 提供的交货凭证。 |
| A9 查对—包装—标记 | B9 货物检验 |
| 卖方必须支付为了按照 A4 进行交货,所需要进行的查对费用(如查对质量、丈量、过磅、点数的费用),以及出口国有关机构强制进行的装运前检验所发生的费用。<br>除非在特定贸易中,某类货物的销售通常不需包装,卖方必须自付费用包装货物。<br>除非买方在签订合同前已通知卖方特殊包装要求,卖方可以适合该货物包装的方式对货物进行包装。包装应作适当标记。 | 买方必须支付任何强制性装船前检验费用,但出口国有关机构强制进行的检验除外。 |
| A10 协助提供信息及相关费用 | B10 协助提供信息及相关费用 |
| 如适用时,应买方要求并由其承担风险和费用,卖方必须及时向买方提供或协助其取得相关货物进口和/或将货物运输到最终目的地所需要的任何文件和信息,包括安全相关信息。<br>卖方必须偿付买方按照 B10 提供或协助取得文件和信息时所发生的所有花销和费用。 | 买方必须及时告知卖方任何安全信息要求,以便卖方符合 A10 的规定。<br>买方必须偿付卖方按照 A10 向卖方提供或协助其取得文件和信息时所发生的所有花销和费用。<br>如适用时,应卖方要求并由其承担风险和费用,买方必须及时向卖方提供或协助其取得货物运输和出口及从他国过境运输所需要的任何文件和信息,包括安全相关信息。 |

# DAP
## （Delivered At Place 目的地交货）

该术语可适用于任何运输方式，也可适用于多种运输方式。

"目的地交货"是指当卖方在指定目的地将仍处于抵达的运输工具之上，且已作好卸载准备的货物交由买方处置时，即为交货。卖方承担将货物运送到指定地点的一切风险。

由于卖方承担在特定地点交货前的风险，特别建议双方尽可能清楚地约定指定目的地内的交货点。建议卖方取得完全符合该选择的运输合同。如果卖方按照运输合同在目的地发生了卸货费用，除非双方另有约定，卖方无权向买方要求偿付。

如适用时，DAP 要求卖方办理出口清关手续。但是卖方无义务办理进口清关、支付任何进口税或办理任何进口海关手续。如果双方希望卖方办理进口清关、支付所有进口关税，并办理所有进口海关手续，则应当使用 DDP 术语。

**买卖双方义务**

| A 卖方义务 | B 买方义务 |
| --- | --- |
| A1 卖方一般义务 | B1 买方一般义务 |
| 卖方必须提供符合买卖合同约定的货物和商业发票，以及合同可能要求的其他与合同相符的证据。A1—A10 中所指的任何单证在双方约定或符合惯例的情况下，可以是同等作用的电子记录或程序。 | 买方必须按照合同约定支付价款。B1—B10 中所指的任何单证在双方约定或符合惯例的情况下，可以是同等作用的电子记录或程序。 |
| A2 许可证、授权、安检通关和其他手续 | B2 许可证、授权、安检通关和其他手续 |
| 如适用时，卖方必须自负风险和费用，取得所有的出口许可和其他官方授权，办理货物出口和交货前从他国过境运输所需的一切海关手续。 | 如使用时，买方必须自负风险和费用，取得所有进口许可或其他官方授权，办理货物进口的一切海关手续。 |
| A3 运输合同与保险合同 | B3 运输合同与保险合同 |
| （1）运输合同<br>卖方必须自付费用签订运输合同，将货物运至指定目的地或指定地内的约定的点（如有的话）。如未约定特定的点或该点不能由惯例确定，卖方则可在指定目的地内选择最适合其目的的交货点。<br>（2）保险合同<br>卖方对买方无订立保险合同的义务。但应买方要求并由其承担风险和费用（如有的话），卖方必须向买方提供后者取得保险所需的信息。 | （1）运输合同<br>买方对卖方无订立运输合同的义务。<br>（2）保险合同<br>买方对卖方无订立保险合同的义务。但应卖方要求，买方必须向卖方提供取得保险所需信息。 |
| A4 交货 | B4 收取货物 |
| 卖方必须在约定日期或期限内，在约定的地点（如有的话）或指定目的地，以将仍处于抵达的运输工具之上、且已做好卸载准备的货物交由买方处置的方式交货。 | 当货物按照 A4 交付时，买方必须收取。 |
| A5 风险转移 | B5 风险转移 |

| | |
|---|---|
| 除按照 B5 的灭失或损坏情况外,卖方承担按照 A4 完成交货前货物灭失或损坏的一切风险。 | 买方承担按照 A4 交货时起货物灭失或损坏的一切风险。<br>如果<br>(1) 买方未按照 B2 履行义务,则承担因此造成的货物灭失或损坏的一切风险;或<br>(2) 买方未按照 B7 通知卖方,则自约定的交货日期或交货期限届满之日起,买方承担货物灭失或损坏的一切风险。<br>但以该货物已清楚地确定为合同项下之货物者为限。 |
| A6 费用划分 | B6 费用划分 |
| 卖方必须支付<br>(1) 因 A3 a)发生的费用,以及按照 A4 交货前与货物相关的一切分页,但按照 B6 应由买方支付的费用除外;<br>(2) 运输合同中规定的应由卖方支付的在目的地卸货的任何费用;及<br>(3) 如适用时,在按照 A4 交货前发生的货物出口所需海关手续费用、出口应交纳的一切关税、税款和其他费用,以及货物从他国过境运输的费用。 | 买方必须支付<br>(1) 自按照 A4 交货时起与货物相关的一切费用;<br>(2) 在指定目的地从到达的运输工具上,为收取货物所必须支付的一切卸货费用,但运输合同规定该费用由卖方承担者除外;<br>(3) 买方未按照 B2 履行义务或未按照 B7 发出通知导致卖方发生的任何额外费用,但以该货物已清楚地确定为合同项下之货物者为限;及<br>(4) 如适用时,办理进口海关手续的费用,以及进口需交纳的所有关税、税款和其他费用。 |
| A7 通知买方 | B7 通知卖方 |
| 卖方必须向买方发出所需通知,以便买方采取收取货物通常所需要的措施。 | 当有权决定在约定期间内的具体时间和/或指定目的地内的收取货物的点时,买方必须向卖方发出充分的通知。 |
| A8 交货凭证 | B8 交货证明 |
| 卖方必须自付费用,向买方提供凭证,以确保买方能够按照 A4/B4 收取货物。 | 买方必须接受按照 A8 提供的交货凭证。 |
| A9 查对—包装—标记 | B9 货物检验 |
| 卖方必须支付为了按照 A4 进行交货,所需要进行的查对费用(如查对质量、丈量、过磅、点数的费用),以及出口国有关机构强制进行的装运前检验所发生的费用。<br>除非在特定贸易中,某类货物的销售通常不需包装,卖方必须自付费用包装货物。<br>除非买方在签订合同前已通知卖方特殊包装要求,卖方可以适合该货物运输的方式对货物进行包装。包装应作适当标记。 | 买方必须支付任何强制性装船前检验费用,但出口国有关机构强制进行的检验除外。 |
| A10 协助提供信息及相关费用 | B10 协助提供信息及相关费用 |
| 如适用时,应买方要求并由其承担风险和费用,卖方必须及时向买方提供或协助其取得相关货物进口和/或将货物运输到最终目的地所需要的任何文件和信息,包括安全相关信息。<br>卖方必须偿付买方按照 B10 提供或协助取得文件和信息时发生的所有花销和费用。 | 买方必须及时告知卖方任何安全信息要求,以便卖方遵守 A10 的规定。<br>买方必须偿付卖方按照 A10 向买方提供或协助其取得文件和信息时发生的所有花销和费用。<br>如适用时,应卖方要求并由其承担风险和费用,买方必须及时提供或协助其取得货物运输和出口及从他国过境运输所需要的任何文件和信息,包括安全相关信息。 |

## DDP
### （Delivered Duty Paid 完税后交货）

该术语可适用于任何运输方式，也可适用于多种运输方式。

"完税后交货"是指当卖方在指定目的地将仍处于抵达的运输工具上，但已完成进口清关，且已作好卸载准备的货物交由买方处置时，即为交货。卖方承担将货物运至目的地的一切风险和费用，并且有义务完成货物出口和进口清关，支付所有出口和进口的关税和办理所有海关手续。

DDP 代表卖方的最大责任。

由于卖方承担在特定地点交货前的风险和费用，特别建议双方尽可能清楚地约定在指定目的地内的交货点。建议卖方取得完全符合该选择的运输合同。如果按照运输合同卖方在目的地发生了卸货费用，除非双方另有约定，卖方无权向买方索要。

如卖方不能直接或间接地完成进口清关，则特别建议双方不使用 DDP。

如双方希望买方承担所有进口清关的风险和费用，则应使用 DAP 术语。

除非买卖合同中另行明确规定，任何增值税或其他应付的进口税款由卖方承担。

**买卖双方义务**

| A 卖方义务 | B 买方义务 |
|---|---|
| A1 卖方一般义务 | B1 买方一般义务 |
| 卖方必须提供符合买卖合同约定的货物和商业发票，以及合同可能要求的其他与合同相符的证据。A1—A10 中所指的任何单证在双方约定或符合惯例的情况下，可以是同等作用的电子记录或程序。 | 买方必须按照买卖合同约定支付价款。B1—B10 中所指的任何单证在双方约定或符合惯例的情况下，可以是同等作用的电子记录或程序。 |
| A2 许可证、授权、安检通关和其他手续 | B2 许可证、授权、安检通关和其他手续 |
| 如适用于，卖方必须自负风险和费用，取得所有的进口许可和其他官方授权，办理货物出口、从他国过境运输和进口所需的一切海关手续。 | 如适用时，应卖方要求并由其承担风险和费用，买方必须协助卖方取得货物进口所需所有进口许可或其他官方授权。 |
| A3 运输合同与保险合同 | B3 运输合同与保险合同 |
| （1）运输合同<br>卖方必须自付费用签订运输合同，将货物运至指定目的地或指定目的地内的约定的点（如有约定）。如未约定特定的交付点或该交付点不能由惯例定，卖方则可在指定目的地内选择最适合其目的的交货点。<br>（2）保险合同<br>卖方对买方无订立保险合同的义务。但应买方要求并由其承担风险和费用（如有的话），卖方必须向买方提供后者取得保险所需的信息。 | （1）运输合同<br>买方对卖方无订立运输合同的义务。<br>（2）保险合同<br>买方对卖方无订立保险合同的义务。但应卖方要求，买方必须向卖方提供取得保险所需信息。 |
| A4 交货 | B4 收取货物 |
| 卖方必须在约定日期或期限内，在约定的地点（如有的话）或指定目的地，以将仍处于抵达的运输工具上、且已做好卸载准备的货物交由买方处置的方式交货。 | 当货物按照 A4 交付时，买方必须收取。 |

续表

| A5 风险转移 | B5 风险转移 |
|---|---|
| 除按照 B5 的灭失或损坏情况外,卖方承担按照 A4 完成交货前货物灭失或损坏的一切风险。 | 买方承担按照 A4 交货时起货物灭失或损坏的一切风险。<br>如果<br>(1) 买方未按照 B2 履行义务,则承担因此造成的货物灭失或损坏的一切风险;或<br>(2) 买方未按照 B7 通知卖方,则自约定的货物日期或交货期限届满之日起,买方承担货物灭失或损坏的一切风险。<br>但以该货物已清楚地确定为合同项下之货物者为限。 |
| A6 费用划分 | B6 费用划分 |
| (1) 除 A3(1)发生的费用,以及按照 A4 交货前与货物相关的一切费用,但按照 B6 应由买方支付的费用除外;<br>(2) 运输合同中规定的应由卖方支付的在目的地卸货的任何费用;及<br>(3) 如适用时,在按照 A4 交货前发生的,货物进出口所需海关手续费用,出口和进口应交纳的一切关税、税款和其他费用,以及货物从他国过境运输的费用。 | 买方必须支付<br>(1) 自按照 A4 交货时起与货物相关的一切费用;<br>(2) 在指定目的地从到达的运输工具上,为收取货物所必须支付的一切卸货费用,但运输合同规定该费用由卖方承担者除外;及<br>(3) 买方未按照 B2 履行义务或未按照 B7 发出通知导致卖方产生的任何额外费用,但以该货物已清楚地确定为合同项下之货物者为限。 |
| A7 通知买方 | B7 通知卖方 |
| 卖方必须向买方发出所需通知,以便买方采取收取货物通常所需要的措施。 | 当有权决定在约定期间内的具体时间和/或指定目的地内收取货物的点时,买方必须向卖方发出充分的通知。 |
| A8 交货凭证 | B8 交货证明 |
| 卖方必须自付费用,向买方提供凭证,以确保买方能够按照 A4/B4 收取货物。 | 买方必须接受按照 A8 提供的交货凭证。 |
| A9 查对—包装—标记 | B9 货物检验 |
| 卖方必须支付为了按照 A4 进行交货,所需要进行的查对费用(如查对质量、丈量、过磅、点数的费用),以及进出口国有关机构强制进行的装运前检验所发生的费用。 | 买方对卖方不承担义务支付任何进出口国有关机构装运前强制进行的检验费用。 |
| A10 协助提供信息及相关费用 | B10 协助提供信息及相关费用 |
| 如适用时,应买方要求并由其承担风险和费用,卖方必须及时向买方提供或协助其取得自指定目的地将货物运输到最终目的地所需要的任何文件和信息,包括安全相关信息。<br>卖方必须偿付买方按照 B10 提供或协助取得文件和信息时所发生的所有花销和费用。 | 买方必须及时告知卖方任何安全信息要求,以便卖方遵守 A10 的规定。<br>买方必须偿付卖方按照 A10 向买方提供或协助其取得文件和信息时产生的所有花销和费用。<br>如适用时,应卖方要求并由其承担风险和费用,买方必须及时向卖方提供或协助其取得货物运输、进出口以及从他国过境运输所需要的任何文件和信息,包括安全相关信息。 |

## FAS
### (Free Alongside Ship 装运港船边交货)

该术语仅用于海运或内河水运。

"装运港船边交货"是指当卖方在指定的装运港将货物交到买方指定的船边(例如,置于码头或驳船上)时,即为交货。货物灭失或损坏的风险在货物交到船边时发生转移,同时买方承担自那时起的一切费用。

由于卖方承担在特定地点交货前的风险和费用,而且这些费用和相关作业费可能因各港口惯例不同而变化,特别建议双方尽可能清楚地约定指定装运港内的装货点。

卖方应将货物运至船边或取得已经这样交运的货物。此处使用的"取得"一词适用于商品贸易中常见的交易链中的多层销售(链式销售)。

当货物装在集装箱里时,卖方通常将货物在集装箱码头移交给承运人,而非交到船边。这是,FAS 术语不适合,而应当使用 FCA 术语。

如适用时,FAS 要求卖方办理出口清关手续。但卖方无义务办理进口清关、支付任何进口税或办理任何进口海关手续。

**买卖双方义务**

| A 卖方义务 | B 买方义务 |
| --- | --- |
| A1 卖方一般义务 | B1 买方一般义务 |
| 卖方必须提供符合买卖合同约定的货物和商业发票,以及合同可能要求的其他与合同相符的证据。A1—A10 中所指的任何单证在双方约定或符合惯例的情况下,可以是同等作用的电子记录或程序。 | 买方必须按照合同约定支付价款。B1—B10 中所指的任何单证在双方约定或符合惯例的情况下,可以是同等作用的电子记录或程序。 |
| A2 许可证、授权、安检通关和其他手续 | B2 许可证、授权、安检通关和其他手续 |
| 如适用时,卖方必须自负风险和费用,取得所有的出口许可或其他官方授权,办理货物出口所需的一切海关手续。 | 如适用时,应由买方自负风险和费用,取得所有进口许可或其他官方授权,办理货物进口和从他国过境运输所需的一切海关手续。 |
| A3 运输合同与保险合同 | B3 运输合同与保险合同 |
| (1) 运输合同<br>卖方对买方无订立运输合同的义务。<br>但若买方要求,或是依商业实践,且买方未适时做出相反指示,卖方可以按照通常条件签订运输合同,由买方负担风险和费用。<br>在以上两种情形下,卖方都可拒绝签订运输合同,如予拒绝,卖方应立即通知买方。<br>(2) 保险合同<br>卖方对买方无订立保险合同的义务。<br>但应买方要求并由其承担风险和费用(如有的话),卖方必须向买方提供后者取得保险所需信息。 | (1) 运输合同<br>除了卖方按照 A3a)签订运输合同情形外,买方必须自付费用签订自指定的装运港起运货物的运输合同。<br>(2) 保险合同<br>买方对卖方无订立保险合同的义务。 |
| A4 交货 | B4 收取货物 |

续表

| | |
|---|---|
| 卖方必须在买方指定的装运港内的装船点（如有的话），以将货物置于买方指定的船舶旁边，或以取得已经在船边交付的货物的方式交货。<br>在其中任何情形下，卖方都必须在约定日期或期限内，按照该港的习惯方式交货。<br>如果买方没有指定特定的装货地点，卖方则可在指定装运港选择最适合其目的的装货点。<br>如果双方已同意交货应当在一段时间内进行，买方则在该期限内选择日期。 | 当货物按照 A4 交付时,买方必须收取。 |
| A5 风险转移 | B5 风险转移 |
| 除按照 B5 的灭失损坏情况外,卖方承担按照 A4 完成交货前货物灭失或损坏的一切风险。 | 买方承担按照 A4 交货时起货物灭失或损坏的一切风险。<br>如果<br>(1) 买方未按照 B7 发出通知；或<br>(2) 买方指定的船舶未准时到达，或未收取货物，或早于 B7 通知的时间停止装货；<br>则买方自约定交货日期或约定期限届满之日起承担所有货物灭失或损坏的一切风险，但以该货物已清楚地确定为合同项下之货物者为限。 |
| A6 费用划分 | B6 费用划分 |
| 卖方必须支付<br>(1) 按照 A4 交货前与货物相关的一切费用,但按照 B6 应由买方支付的费用除外；及<br>(2) 如适用时,货物出口所需海关手续费用,以及出口应交纳的一切关税、税款和其他费用。 | 买方必须支付<br>(1) 自按照 A4 交货之时起与货物相关的一切费用,如适用时,A6b)中为出口所需的海关手续费用,及出口应交纳的一切关税、税款和其他费用除外；<br>(2) 由于以下原因之一发生的任何额外费用：<br>① 买方未能按照 B7 发出相应的通知,或<br>② 买方指定的船舶未准时到达,未能收取货物或早于 B7 通知的时间停止装货,但以该货物已清楚地确定为合同项下之货物者为限；及<br>(3) 如适用时,货物进口应交纳的一切关税、税款和其他费用,及办理进口货物海关手续的费用和从他国过境运输费用。 |
| A7 通知买方 | B7 通知卖方 |
| 由买方承担风险和费用,卖方必须就其已经按照 A4 交货或船舶未在约定时间内收取货物给予买方充分的通知。 | 买方必须就船舶名称、装船点和其在约定期间内选择的交货时间（如需要时）向卖方发出充分的通知。 |
| A8 交货凭证 | B8 交货证明 |
| 卖方必须自付费用向买方提供已按照 A4 交货的通常证据。<br>除非上述证据是运输凭证,否则,应买方要求并由其承担风险和费用,卖方必须协助买方取得运输凭证。 | 买方必须接受按照 A8 提供的交货凭证。 |
| A9 查对—包装—标记 | B9 货物检验 |

续表

| | |
|---|---|
| 卖方必须支付为了按照 A4 进行交货,所需要进行的查对费用(如查对质量、丈量、过磅、点数的费用),以及出口国有关机构强制进行的装运前检验所发生的费用。<br>除非在特定贸易中,某类货物的销售通常不需要包装,卖方必须自付费用包装货物。<br>除非买方在签订合同前已通知卖方特殊包装要求,卖方可以适合该货物运输的方式对货物进行包装。包装应作适当标记。 | 买方必须支付任何强制性装船前检验费用,但出口国有关机构强制进行的检验费用除外。 |
| A10 协助提供信息及相关费用 | B10 协助提供信息及相关费用 |
| 如适用时,应买方要求并由其承担风险和费用,卖方必须及时向买方提供或协助其取得相关货物进口和/或将货物运输到最终目的地所需要的任何文件和信息,包括安全相关信息。<br>卖方必须偿付买方按照 B10 提供或协助取得文件和信息时所发生的所有花销和费用。 | 买方必须及时告知卖方任何安全信息要求,以便卖方遵守 A10 的规定。<br>买方必须偿付卖方按照 A10 向买方提供或协助其取得文件和信息时发生的所有花销和费用。<br>如适用时,应卖方要求并由其承担风险和费用,买方必须及时向卖方提供或协助其取得货物运输和出口及他国过境运输所需要的任何文件和信息,包括安全相关信息。 |

## FOB

(Free On Board 装运港船上交货)

该术语仅用于海运或内河水运。

"装运港船上交货"是指卖方以在指定装运港将货物装上买方指定的船舶或通过取得已交付至船上货物的方式交货。货物灭失或损坏的风险在货物交到船上时转移,同时买方承担自那时起的一切费用。

卖方应将货物在船上交付或者取得已在船上交付的货物。此处使用的"取得"一词适用于商品贸易中常见的交易链中的多层销售(链式销售)。

FOB 可能不适合于货物在上船前已经交给承运人的情况,例如用集装箱运输的货物通常是在集装箱码头交货。在此类情况下,应当使用 FCA 术语。

如适用时,FOB 要求卖方出口清关。但卖方无义务办理进口清关、支付任何进口税或办理任何进口海关手续。

### 买卖双方义务

| A 卖方义务 | B 买方义务 |
|---|---|
| A1 卖方一般义务 | B1 买方一般义务 |
| 卖方必须提供符合买卖合同约定的货物和商业发票,以及合同可能要求的其他与合同相符的证据。A1—A10 中所指的任何单证在双方约定或符合惯例的情况下,可以是同等作用的电子记录或程序。 | 买方必须按照买卖合同约定支付价款。B1—B10 中所指的任何单证在双方约定或符合惯例的情况下,可以是同等作用的电子记录或程序。 |
| A2 许可证、授权、安检通关和其他手续 | B2 许可证、授权、安检通关和其他手续 |
| 如适用时,卖方必须自负风险和费用,取得所有的出口许可或其他官方授权,办理货物出口所需的一切海关手续。 | 如适用时,应由买方自负风险和费用,取得所有进口许可或其他官方授权,办理货物进口和从他国过境运输所需的一切海关手续。 |

续表

| A3 运输合同与保险合同 | B3 运输合同与保险合同 |
|---|---|
| (1) 运输合同<br>卖方对买方无订立运输合同的义务。<br>但若买方要求,或依商业实践,且买方未适时做出相反指示,卖方可以按照通常条件签订运输合同,由买方负担风险和费用。<br>在以上两种情形下,卖方都可以拒绝签订运输合同,如予拒绝,卖方应立即通知买方。<br>(2) 保险合同<br>卖方对买方无订立保险合同的义务。但应买方要求并由其承担风险和费用(如有的话),卖方必须向买方提供后者取得保险所需的信息。 | (1) 运输合同<br>除了卖方按照 A3a)订立了运输合同情形外,买方必须自付费用订立自指定的地点起运货物的运输合同。<br>(2) 保险合同<br>买方对卖方无订立保险合同的义务。 |
| A4 交货 | B4 收取货物 |
| 卖方必须在指定的装运港内的装船点(如有的话),以将货物置于买方指定的船舶之上的方式,或以取得已在船上交付的货物的方式交货。<br>在其中任何情形下,卖方都必须在约定日期或期限内,按照该港的习惯方式交货。<br>如果买方没有指定特定的装货点,卖方则可在指定装运港选择最适合其目的的装货点。 | 当货物按照 A4 交付时,买方必须收取。 |
| A5 风险转移 | B5 风险转移 |
| 除按照 B5 的灭失或损坏情况外,卖方承担按照 A4 完成交货前货物灭失或损坏的一切风险。 | 买方承担按照 A4 交货时起货物灭失或损坏的一切风险。<br>如果<br>(1) 买方未按照 B7 通知指定的船舶名称;或<br>(2) 买方指定的船舶未准时到达导致卖方未能按 A4 履行义务,或该船舶不能够装载该货物,或早于 B7 通知的时间停止装货;<br>买方则按下列情况承担货物灭失或损坏的一切风险:<br>① 自约定之日起,或如没有约定日期的,<br>② 自卖方在约定期限内按照 A7 通知的日期起,或如没有通知日期的,<br>③ 自任何约定交货期限届满之日起。<br>但以该货物清楚地确定为合同项下之货物者为限。 |
| A6 费用划分 | B6 费用划分 |
| 卖方必须支付<br>(1) 按照 A4 完成交货前与货物相关的一切费用,但按照 B6 应由买方支付的费用除外;及<br>(2) 如适用时,货物出口所需海关手续费用,以及出口应交纳的一切关税、税款和其他费用。 | 买方必须支付<br>(1) 自按照 A4 交货之时起与货物相关的一切费用,如使用时,按照 A6 b)出口所需海关手续的费用,及出口应交纳的一切关税、税款和其他费用除外;<br>(2) 由于以下原因之一发生的任何额外费用:<br>① 买方未能按照 B7 给予卖方相应的通知,或<br>② 买方指定的船舶未准时到达,不能装载货物或早于 B7 通知的时间停止装货,<br>但以该货物已清楚地确定为合同项下之货物者为限;及<br>(3) 如适用时,货物进口应交纳的一切关税、税款和其他费用,及办理进口海关手续的费用和从他国过境运输费用。 |

| A7 通知买方 | B7 通知卖方 |
|---|---|
| 有买方承担风险和费用,卖方必须就其已经按照A4交货或船舶未在约定时间内收取货物给予买方充分的通知。 | 买方必须就船舶名称、装船点和其他在约定期限内选择的交货时间(如需要时),向卖方发出充分的通知。 |
| A8 交货凭证 | B8 交货证明 |
| 卖方必须自付费用向买方提供已按照A4交货的通常证据。<br>除非上述证据是运输凭证,否则,应买方要求并由其承担风险和费用,卖方必须协助买方取得运输凭证。 | 买方必须接受按照A8提供的交货凭证。 |
| A9 查对—包装—标记 | B9 货物检验 |
| 卖方必须支付为了按照A4进行交货,所需要进行的查对费用(如查对质量、丈量、过磅、点数的费用),以及出口国有关机构强制进行的装运前检验所发生的费用。<br>除非在特定贸易中,某类货物的销售通常不需要包装,卖方必须自付费用包装货物。<br>除非买方在签订合同前已通知卖方特殊包装需求,卖方可以适合该货物运输的方式对货物进行包装。包装应做适当标记。 | 买方必须支付任何强制性装船前检验费用,但出口国有关机构强制进行的检验除外。 |
| A10 协助提供信息及相关费用 | B10 协助提供信息及相关费用 |
| 如适用时,应买方要求并由其承担风险和费用,卖方必须及时向买方提供或协助其取得相关货物进口和/或将货物运输到最终目的地所需要的任何文件和信息,包括安全相关信息。<br>卖方必须偿付买方按照B10提供或协助取得文件和信息时所发生的所有花销和费用。 | 买方必须及时告知卖方任何安全信息要求,以便卖方遵守A10的规定。<br>买方必须偿付卖方按照A10向买方提供或协助其取得文件和信息时所发生的所欲花销和费用。<br>如适用时,应卖方要求并由其承担风险和费用,买方必须及时向卖方提供或协助其取得货物运输和出口及从他国过境所需要的任何文件和信息,包括安全相关信息。 |

## CFR
(Cost And Freight 成本加运费)

该术语仅用于海运或内河水运。

"成本加运费"是指卖方在船上交货或以取得已经这样交付的货物方式交货。货物灭失或损坏的风险在货物交到船上时转移。卖方必须签订合同,并支付必要的成本和运费,将货物运至指定的目的港。

当使用CPT、CIP、CFR或者CIF时,卖方按照所选择术语规定的方式将货物交付给承运人时,即完成其交货义务,而不是货物到达目的地之时。

由于风险转移和费用转移的地点不同,该术语有两个关键点。虽然合同通常都会指定目的港,但不一定都会指定装运港,而这里是风险转移至买方的地方。如果装运港对买方具有特殊意义,特别建议双方在合同中尽可能准确地指定装运港。

由于卖方要承担将货物运至目的地具体地点的费用,特别建议双方应尽可能地确切地指定目的港内明确地点。建议卖方取得完全符合该选择的运输合同。如果卖方按照运输合同在目的港交付点发生了卸货费用,则除非双方事先另有约定,卖方无权向买方要求补偿该项费用。

卖方需要将货物在船上交货,或以取得已经这样交付运往目的港的货物方式交货。此外,卖方还需签订一份运输合同,或者取得一份这样的合同。此处使用的"取得"一词适用于商品贸易中常见的交易链中多层销售(链式销售)。

CFR 可能不适合于货物在上船前已经交给承运人的情况,例如用集装箱运输的货物通常是在集装箱码头交货。在此类情况下,应当使用 CPT 术语。

如适用时,CFR 要求卖方办理出口清关。但卖方无义务办理进口清关、支付任何进口税或办理任何进口海关手续。

**买卖双方义务**

| A 卖方义务 | B 买方义务 |
| --- | --- |
| A1 卖方一般义务 | B1 买方一般义务 |
| 卖方必须提供符合买卖合同约定的货物和商业发票,以及合同可能要求的其他与合同相符的证据。A1-A10 中所指的任何单证在双方约定或符合惯例的情况下,可以是同等作用的电子记录或程序。 | 买方必须按照买卖合同约定支付价款。B1-B10 中所指的任何单证在双方约定或符合惯例的情况下,可以是同等作用的电子记录或程序。 |
| A2 许可证、授权、安检通关和其他手续 | B2 许可证、授权、安检通关和其他手续 |
| 如适用时,卖方必须自负风险和费用,取得所有的出口许可或其他官方授权,办理货物出口所需的一切海关手续。 | 如适用时,应由买方自负风险和费用,取得所有的进口许可或其他官方授权,办理货物进口和从他国过境运输所需要的一切海关手续。 |
| A3 运输合同与保险合同 | B3 运输合同与保险合同 |
| (1) 运输合同<br>卖方必须签订或取得运输合同,将货物自交货地内的约定交货点(如有的话)运送至指定目的港或该目的港的交付点(如有约定)。必须按照通常条件订立合同,由卖方支付费用,经由通常航线,由通常用来运输该类商品的船舶运输。<br>(2) 保险合同<br>卖方对买方无订立保险合同的义务。但应买方要求并由其承担风险和费用(如有的话),卖方必须向买方提供后者取得保险所需信息。 | (1) 运输合同<br>买方对卖方无订立运输合同的义务。<br>(2) 保险合同<br>买方对卖方无订立保险合同的义务。但应卖方要求,买方必须向卖方提供取得保险所需信息。 |
| A4 交货 | B4 收取货物 |
| 卖方必须以将货物装上船,或者以取得已装船货物的方式交货。<br>在其中任何情况下,卖方都必须在约定日期或期限内,按照该港的习惯方式交货。 | 当货物按照 A4 交付时,买方必须收取,并在指定的目的港自承运人收取货物。 |
| A5 风险转移 | B5 风险转移 |
| 除按照 B5 的灭失或损坏情况外,卖方承担按照 A4 完成交货前货物灭失或损坏的一切风险。 | 买方承担按照 A4 交货时起货物灭失或损坏的一切风险。<br>如买方未按照 B7 通知卖方,则买方从约定的交货日期或交货期限届满之日起,承担货物灭失或损坏的一切风险,但以该货物已清楚地确定为合同项下之货物者为限。 |

续表

| A6 费用划分 | B6 费用划分 |
|---|---|
| 卖方必须支付<br>(1) 按照 A4 完成交货前与货物相关的一切费用,但按照 B6 应由买方支付的费用除外;<br>(2) 按照 A3 a)所发生的将货物装上船的运费和其他一切费用,包括将货物装上船和根据运输合同规定的由卖方支付的在约定卸载港的卸货费;及<br>(3) 如适用时,货物出口所需海关手续费用,出口应交纳的一切关税、税款和其他费用,以及按照运输合同规定,由卖方支付的货物从他国过境运输的费用。 | 在不与 A3 (1)冲突的情况下,买方必须支付<br>(1) 自按照 A4 交货时起与货物相关的一切费用,如适用时。按照 A6 (3)为出口所需的海关手续费用,及出口应交纳的一切关税、税款和其他费用除外;<br>(2) 货物在运输途中直至到达约定目的港为止的一切费用,按照运输合同该费用应由卖方支付者的除外;<br>(3) 包括驳运费和码头费在内的卸货费,除非根据运输合同该费用应由卖方支付者外;<br>(4) 如买方未按照 B7 发出通知,则自约定运输之日或约定运输期限届满之日起,所发生的一切额外费用,但以该货物已清楚地确定为合同项下之货物者为限;及<br>(5)如适用时,货物进口应交纳的一切关税、税款和其他费用,及办理进口海关手续的费用和从他国过境运输费用,除非该费用已包括在运输合同中。 |
| A7 通知买方 | B7 通知卖方 |
| 卖方必须向买方发出所需通知,以便买方采取收取货物通常所需要的措施。 | 当有权决定货物运输时间和/或指定目的港内收取货物点时,买方必须向卖方发出充分的通知。 |
| A8 交货凭证 | B8 交货证明 |
| 卖方必须自付费用,不得延迟地向买方提供到约定目的港的通常的运输凭证。<br>此运输凭证必须载明合同中的货物,且其签发日期应在约定运输期限内,并使买方能在指定目的港向承运人索取货物。<br>同时,除非另有约定,该项凭证应能使买方在货物运输途中以向下家买方转让或通知承运人的方式出售货物。<br>当此类运输凭证以可转让形式签发并有数份正本时,则必须将整套正本凭证提交给买方。 | 如果凭证与合同相符的话,买方必须接受按照 A8 提交的运输凭证。 |
| A9 查对—包装—标记 | B9 货物检验 |
| 卖方必须支付为了按照 A4 进行交货,所需要进行的查对费用(如查对质量、丈量、过磅、点数的费用),以及出口国有关机构强制进行的装运前检验所发生的费用。<br>除非在特定贸易中,某类货物的销售通常不需要包装,卖方必须自付费用包装货物。<br>除非买方在签订合同前已通知卖方特殊包装要求,卖方可以适合货物运输的方式对货物进行包装。包装应做适当标记。 | 买方必须支付任何强制性装船前检验费用,但出口国有关机构强制进行的检验除外。 |
| A10 协助提供信息及相关费用 | B10 协助提供信息及相关费用 |
| 如适用时,应买方要求并由其承担风险和费用,卖方必须及时向买方提供或协助其取得相关货物进口和/或将货物运输到最终目的地所需要的任何文件和信息,包括安全相关信息。<br>卖方必须偿付买方按照 B10 提供或协助取得文件和信息时所发生的所有花销和费用。 | 买方必须及时告知卖方任何安全信息要求,以便卖方遵守 A10 的规定。<br>买方必须偿付卖方按照 A10 向买方提供或协助其取得文件和信息时所发生的所欲花销和费用。<br>如适用时,应卖方要求并由其承担风险和费用,买方必须及时向卖方提供或协助其取得货物运输和出口及从他国过境所需要的任何文件和信息,包括安全相关信息。 |

# CIF
## (Cost Insurance and Freight 成本加保险费、运费)

该术语仅用于海运或内河水运。

"成本加保险费、运费"是指卖方在船上交货或以取得已这样交付的货物方式交货。货物灭失或损坏的风险在货物交到船上时转移。卖方必须签订合同,并交付必要的成本和运费,以将货物运至指定的目的港。

卖方还要为买方在运输途中货物的灭失或损坏风险办理保险。买方应注意到,在CIF下卖方仅需投保最低险别。如买方需要更多保险保护的话,则需与卖方明确达成协议,或者自行做出额外的保险安排。

当使用CPT,CIP,CFR或者CIF时,卖方按照所选择的术语规定的方式将货物交付给承运人时,即完成期交货义务,而不是货物到达目的地之时。

由于风险转移和费用转移的地点不同,该术语有两个关键点。虽然合同通常都会指定目的港,但不一定都会指定装运港,而这里是风险转移至买方的地方。如果装运港对买方具有特殊意义,特别建议双方在合同中尽可能准确地指定装运港。

由于卖方需承担将货物运送至目的地具体地点的费用,特别建议双方应尽可能确切地在指定目的港内明确该点。建议卖方取得完全符合该选择的运输合同。如果卖方按照运输合同在目的港发生了卸货费用,则除非双方事先另有约定,卖方无权向买方要求补偿该项费用。

卖方需要将货物在船上交货,或以取得已经这样交付运往目的港的货物方式交货。此外,卖方还需签订一份运输合同,或者取得一份这样的合同。此处使用的"取得"一词适用于商品贸易中常见的交易链中的多层销售(链式销售)。

CIF可能不适合于货物在上船前已经交给承运人的情况,例如用集装箱运输的货物通常是在集装箱码头交货。在此类情况下,应当使用CIP术语。

如适用时,CIF要求卖方办理出口清关。但卖方无义务办理进口清关、支付任何进口税或办理任何进口海关手续。

**买卖双方义务**

| A 卖方义务 | B 买方义务 |
| --- | --- |
| A1 卖方一般义务 | B1 买方一般义务 |
| 卖方必须提供符合买卖合同约定的货物和商业发票,以及合同可能要求的其他与合同相符的证据。A1—A10中所指的任何单证在双方约定或符合惯例的情况下,可以是同等作用的电子记录或程序。 | 买方必须按照买卖合同约定支付价款。B1—B10中所指的任何单证在双方约定或符合惯例的情况下,可以是同等作用的电子记录或程序。 |
| A2 许可证、授权、安检通关和其他手续 | B2 许可证、授权、安检通关和其他手续 |
| 如适用时,卖方必须自负风险和费用,取得所有的出口许可或其他官方授权,办理货物出口所需的一切海关手续。 | 如适用时,应由买方自负风险和费用,取得所有的进口许可或其他官方授权,办理货物进口和从他国过境运输所需要的一切海关手续。 |
| A3 运输合同与保险合同 | B3 运输合同和保险合同 |

续表

| | |
|---|---|
| (1) 运输合同<br>卖方必须签订或取得运输合同,将货物自交货地内的约定交货点(如有的话)运送至指定目的港或该目的港的交付点(如有约定)。<br>必须按照通常条件订立合同,由卖方支付费用,经由通常航线,由通常用来运输该类商品的船舶运输。<br>(2) 保险合同<br>卖方必须自付费用取得货物保险。该保险需至少符合《协会货物保险条款》(Institute Cargo Clauses,LMA/IUA)条款(C)(Clauses C)或类似条款的最低险别。<br>保险合同应与信誉良好的承保人或保险公司订立。应使买方或其他对货物有可保利益者有权直接向保险人索赔。<br>当买方要求且能够提供卖方所需的信息时,卖方应办理任何附加险别,由买方承担费用,如果能够办理,诸如办理《协会货物保险条款》(Institute Cargo Clauses,LMA/IUA)"条款(A)或(B)"(Clauses A or B)或类似条款的险别,也可同时或单独办理《协会战争险条款》(Institute War Clauses)和/或《协会罢工险条款》(Institute Strikes Clauses,LMA/IUA)或其他类似条款的险别。<br>保险最低金额是合同规定价格另加10%(即110%),并采用合同货币。<br>保险期间为货物自A4和A5规定的交货点起,至少到指定目的地止。<br>卖方应向买方提供保单或其他保险证据。此外,应买方要求并由买方承担风险和费用(如有的话)卖方必须向买方提供后者取得附加险所需信息。 | (1) 运输合同<br>买方对卖方无订立运输合同的义务。<br>(2) 保险合同<br>买方对卖方无订立保险合同的义务。但应卖方要求,买方必须向卖方提供后者应买方按照A3 b)要求其购买附加险所需信息。 |
| A4 交货 | B4 收取货物 |
| 卖方必须以将货物装上船,或以取得已经这样交付的货物的方式交货。<br>在其中任何情况,卖方都必须在约定日期或期限内、按照该港的习惯方式交货。 | 当货物按照A4交付时,买方必须收取,并在指定的目的港自承运人收取货物。 |
| A5 风险转移 | B5 风险转移 |
| 除按照B5的灭失或损坏情况外,卖方承担按照A4完成交货前货物灭失或损坏的一切风险。 | 买方必须承担按照A4交货时起货物灭失或损坏的一切风险。<br>如买方未按照B7通知卖方,则自约定的交货日期或交货期限届满之日起,买方承担货物灭失或损坏的一切风险,但以该货物已经清楚地确定为合同项下之货物者为限。 |
| A6 费用划分 | B6 费用划分 |

续表

| 卖方必须支付 | 在不与 A3（1）冲突的情况下，买方必须支付 |
|---|---|
| （1）按照 A4 完成交货前与货物相关的一切费用，但按照 B6 应由买方支付的费用除外；<br>（2）按照 A3（1）所发生的运费和其他一切费用，包括将货物装上船和根据运输合同规定由卖方支付的和在约定卸载港的卸货费；<br>（3）根据 A3（2）规定所发生的保险费用；及<br>（4）如适用时，货物出口所需海关手续费用，出口应交纳的一切关税、税款和其他费用，以及按照运输合同规定，由卖方支付的货物从他国过境运输的费用。 | （1）自按照 A4 交货时起，与货物相关的一切费用，如适用时，按照 A6（4）为出口所需的海关手续费用，及出口应交纳的一切关税、税款和其他费用除外；<br>（2）货物在运输途中直至到达目的港为止的一切费用，按照运输合同该费用应由卖方支付的除外；<br>（3）包括驳运费和码头费在内的卸货费，除非根据运输合同该费用应由卖方支付者外；<br>（4）如买方未按照 B7 发出通知，则自约定发货之日或约定发货期限届满之日起，所发生的一切额外费用，但以该货物已清楚地确定为合同项下之货物者为限；及<br>（5）如适用时，货物进口应交纳的一切关税、税款和其他费用，及办理进口海关手续的费用和从他国过境运输费用，除非该项费用已包括在运输合同中；及<br>（6）按照 A3（2）和 B3（2），应卖方要求办理附加险所产生的费用。 |
| A7 通知买方 | B7 通知卖方 |
| 卖方必须向买方发出所需通知，以便买方采取收取货物通常所需要的措施。 | 当有权决定发货时间和/或指定目的地或目的地内收取货物的点时，买方必须向卖方发出充分通知。 |
| A8 交货凭证 | B8 交货证明 |
| 卖方必须自付费用，不得延迟地向买方提供到约定目的港的通常的运输凭证。<br>此运输凭证必须载明合同中的货物，且其签发日期应在约定运输期限内，并使买方能在指定目的港向承运人索取货物。同时，除非另有约定，该项凭证应能使买方在货物运输途中以向下家买方转让或通知承运人的方式出售货物。<br>当此类运输凭证以可转让形式签发并有数份正本时，则必须将整套正本凭证提交给买方。 | 如果凭证与合同相符的话，买方必须接受按照 A8 提交的运输凭证。 |
| A9 查对—包装—标记 | B9 货物检验 |
| 卖方必须支付为了按照 A4 进行交货，所需要进行的查对费用（如查对质量、丈量、过磅、点数的费用），以及出口国有关机构强制进行的装运前检验所发生的费用。<br>除非在特定贸易中，某类货物的销售通常不需要包装，卖方必须自付费用包装货物。<br>除非买方在签订合同已通知卖方特殊包装要求，卖方可以适合货物运输的方式对货物进行包装。包装应做适当标记。 | 买方必须支付任何强制性装船前检验费用，但出口国有关机构强制进行的检验除外。 |
| A10 协助提供信息及相关费用 | B10 协助提供信息及相关费用 |
| 如适用时，应买方要求并由其承担风险和费用，卖方必须及时向买方提供或协助其取得相关货物进口和/或将货物运输到最终目的地所需要的任何文件和信息，包括安全相关信息。<br>卖方必须偿付买方按照 B10 提供或协助取得文件和信息时所发生的所有花销和费用。 | 买方必须及时告知卖方任何安全信息要求，以便卖方遵守 A10 的规定。<br>买方必须偿付卖方按照 A10 向买方提供或协助其取得文件和信息时所发生的所欲花销和费用。<br>如适用时，应卖方要求并由其承担风险和费用，买方必须及时向卖方提供或协助其取得货物运输和出口及从他国过境所需要的任何文件和信息，包括安全相关信息。 |

# 附 录 二

## 《跟单信用证统一惯例》(2007年修订本)
## (国际商会第600号出版物)

第一条  统一惯例的适用范围

跟单信用证统一惯例2007年修订本,即国际商会第600号出版物(简称UCP),乃一套规则,适用于所有在其文本中明确表明受本惯例约束的跟单信用证(下称信用证)(在其可适用的范围内,包括备用信用证)。除非信用证中明确修改或排除,本惯例各条文对信用证所有当事人均具有约束力。

第二条  定义

就本惯例而言:

通知行 指应开证行要求通知信用证的银行。

申请人 指要求开立信用证的一方。

银行工作日 指银行在其履行受本惯例约束的行为的地点通常开业的一天。

受益人 指接受信用证并享受其利益的一方。

相符交单 指与信用证中条款、本惯例的相关适用条款及国际标准银行实务相一致的交单。

保兑 指保兑行在开证行承诺之外做出的承付或议付相符交单的确定承诺。

保兑行 指根据开证行的授权或要求对信用证加具保兑的银行。

信用证 指一项不可撤销的安排,无论其名称或描述如何,该项安排构成开证行对相符交单予以承付的确定承诺。

承付 指:

(1) 如果信用证为即期付款信用证,则即期付款。

(2) 如果信用证为延期付款信用证,则承诺延期付款并在承诺到期日付款。

(3) 如果信用证为承兑信用证,则承兑由受益人出具的汇票并在汇票到期日付款。

开证行 指应申请人要求或代表自己开立信用证的银行。

议付 指定银行在相符交单下,在其应获得偿付的银行工作日当天或之前向受益人预付或者同意预付款项,从而购买汇票(其付款人为指定银行以外的银行)及/或单据的行为。

指定银行 指信用证可在其处兑用的银行,如信用证可在任一银行兑用,则任何银行均为指定银行。

交单 指向开证行或指定银行提交信用证项下单据的行为,或指按此方式提交的单据。

交单人 指做出交单行为的受益人、银行或其他人。

第三条　解释

就本惯例而言：

如情形适用，单数词形包含复数含义，复数词形包含单数含义。

信用证是不可撤销的，即使未如此表明。

单据签字可用手签、签样印制、穿孔签字、印戳、符号或任何其他机械或电子的证实方法为之。

诸如单据须履行法定手续、签证、证明等类似要求，可由单据上任何看似满足该要求的签字、标记、印戳或标签来满足。

一家银行在不同国家的分支机构被视为不同的银行。

用诸如"第一流的"、"著名的"、"合格的"、"独立的"、"正式的"、"有资格的"、"本地的"等词语描述单据的出单人时，允许除受益人之外的任何人出具该单据。

除非要求在单据中使用，否则诸如"迅速"、"立即"、"尽快"之类词语将不予置理。

"于或约于"或类似措辞将被理解为规定事件发生在指定日期的前后各五个日历日内之间，起讫日均包括在内。

词语"止"(to)、"至"(until)、"直至"(till)、"从"(from)及"在……之间"(between)用于确定发运日期时，包括所述日期。词语"之前"(before)及"之后"(after)不包括所述日期。

词语"从"(from)以及"之后"(after)用于确定到期日时不包括所述日期。

术语"上半月"和"下半月"应分别理解为每月1日至15日和16日至月末最后一天，包括起讫日期。

术语"月初"、"月中"和"月末"应分别理解为每月1日至10日、11日至20日和21日至月末最后一天，包括起讫日期。

第四条　信用证与合同

(1) 就性质而言，信用证与可能作为其开立基础的销售合同或其他合同，是相互独立的交易。即使信用证中含有对此类合同的任何援引，银行亦与该合同完全无关，且不受其约束。因此，银行关于承付、议付或履行信用证项下其他义务的承诺，并不受申请人与开证行之间或与受益人之间的关系而产生的任何请求或抗辩的影响。

受益人在任何情况下，不得利用银行之间或申请人与开证行之间的合同关系。

(2) 开证行应劝阻申请人试图将基础合同、形式发票等文件作为信用证组成部分的做法。

第五条　单据与货物、服务或履约行为

银行处理的是单据，而不是单据可能涉及的货物、服务或履约行为。

第六条　兑用方式、截止日及交单地点

(1) 信用证必须规定可在其处使用的银行，或者信用证是否可在任何银行使用。规定在指定银行兑用的信用证同时也可在开证行兑用。

(2) 信用证必须规定它是以即期付款、延期付款、承兑抑或议付的方式兑用。

(3) 信用证不得开成凭以申请人为付款人的汇票兑用。

(4)

① 信用证必须规定一个交单的截止日。规定的承付或者议付的截止日将被认为是交单的截止日。

② 可在其处兑用信用证的银行所在地即为交单的地点。可在任一银行兑用的信用证

其交单地点是任何银行所在的地点。除规定的交单地点外,开证行地点所在地也是交单地点。

(5) 除第二十九条 a 款的规定外,由受益人或代表受益人的交单必须在截止日当天或之前完成。

第七条　开证行的责任

(1) 只要规定的单据提交至指定银行或开证行并构成相符交单,则开证行必须承付,如果信用证为以下情形之一:

① 信用证规定由开证行即期付款、延期付款或者承兑;

② 信用证规定由指定银行即期付款但该指定银行未予付款;

③ 信用证规定由指定银行延期付款但该指定银行未承诺延期付款,或者虽已承诺延期付款但未在到期日付款;

④ 信用证规定由指定银行承兑,但该指定银行未承兑以其为付款人的汇票,或者虽已承兑了汇票但未在到期日付款;

⑤ 信用证规定由指定银行议付但该指定银行未予议付。

(2) 自信用证开立之时起,开证行即不可撤销地承担承付责任。

(3) 指定银行承付或议付相符交单并将单据转给开证行之后,开证行即承担偿付该指定银行的责任。对承兑或延期付款信用证项下相符交单金额的偿付应在到期日办理,无论指定银行是否于到期日前已经预付或者购买了单据。开证行偿付指定银行的责任独立于开证行对受益人的责任。

第八条　保兑行的责任

(1) 只要规定的单据提交至保兑行或者提交给其他任何指定银行并构成相符交单,保兑行必须:

① 承付,如果信用证为以下情形之一:

a. 信用证规定由保兑行即期付款、延期付款或者承兑;

b. 信用证规定由另一家指定银行即期付款而该指定银行未予付款;

c. 信用证规定由另一家指定银行延期付款而该指定银行未承诺延期付款,或者虽已承诺延期付款但未在到期日付款;

d. 信用证规定由另一家指定银行承兑而该指定银行未承兑以其为付款人的汇票,或者虽已承兑汇票但未在到期日付款;

e. 信用证规定由另一家指定银行议付而该被指定银行未予议付。

② 若信用证由保兑行议付,则无追索权地议付。

(2) 自对信用证加具保兑之时起,保兑行即不可撤销地承担承付或者议付的责任。

(3) 其他指定银行承付或议付相符交单并将单据转往保兑行之后,保兑行即承担偿付该指定银行的责任。对承兑或延期付款信用证项下相符交单金额的偿付应在到期日办理,无论指定银行是否于到期日前预付或者购买了单据。保兑行偿付指定银行的责任独立于保兑行对受益人的责任。

(4) 如开证行授权或要求一家银行对信用证加具保兑,而该银行不准备照办时,它必须不延误地告知开证行并仍可通知此份未加具保兑的信用证。

第九条　信用证及修改的通知

(1) 信用证及其修改可以通过通知行通知受益人。除非已对信用证加具保兑,通知行

通知信用证不承担承付或议付的责任。

(2) 通知行通知信用证或修改的行为表明它已确信信用证或修改的表面真实性,且该通知准确地反映了所收到的信用证或修改的条款。

(3) 通知行可以通过另一家银行("第二通知行")向受益人通知信用证及其修改。第二通知行通知信用证或修改的行为表明它已确信所收到的通知的表面真实性,且该通知准确地反映了所收到的信用证或修改的条款。

(4) 经由通知行或第二通知行通知信用证的银行必须经由同一银行通知其后的任何修改。

(5) 如果一家银行被要求通知信用证或修改但其决定不予通知,则必须不延误通知向其发送信用证、修改书或通知的银行。

(6) 如果一家银行被要求通知信用证或修改,但不能确定信用证、修改或通知的表面真实性,则必须不延误地告知看似从其处收到指示的银行。如果通知行或第二通知行仍决定通知信用证或修改,则必须告知受益人或第二通知行其不能确信信用证、修改或通知的表面真实性。

第十条 修改

(1) 除第 38 条另有规定外,凡未经开证行、保兑行(如有)以及受益人同意,信用证既不能修改也不能撤销。

(2) 开证行自发出信用证修改之时起,就不可撤销地受其约束。保兑行可将其保兑扩展至修改,且自通知该修改之时起,即不可撤销地受其约束。然而,保兑行可选择仅将修改通知受益人而不对其加具保兑,但必须不延误地将此情况通知开证行和受益人。

(3) 在受益人向通知修改的银行表示接受该修改之前,原信用证(或包含先前已被接受的修改的信用证)的条款对受益人仍然有效。受益人应发出接受或拒绝接受修改的通知。如受益人未提供上述通知,当交单与信用证以及尚未表示接受的修改的要求一致时,即视为受益人已作出接受修改的通知,并从此时起,该信用证被修改。

(4) 通知修改的银行应当将任何接受或拒绝的通知转告发出修改的银行。

(5) 对同一修改的内容不允许部分接受,部分接受将被视为拒绝接受修改的通知。

(6) 修改中关于"除非受益人在某一时间内拒绝接受修改,否则修改生效"的条款将被不予置理。

第十一条 电讯传递与预先通知的信用证和修改

(1) 以经证实的电讯方式发出的信用证或修改即被视为有效的信用证或修改,任何随后的邮寄证实书将被不予置理。

若电讯文件声明"详情后告"(或类似词语)或声明以邮寄证实书为有效的信用证或修改,则该电讯文件将被视为无效的信用证或修改。开证行必须随即不延误地开出有效的信用证或修改,且条款不能与电讯文件相矛盾。

(2) 只有准备开立有效信用证或修改的开证行,才可以发出关于开立信用证或修改的预先通知书。发出预先通知的开证行应不可撤销地承诺将不延误地开出有效的信用证或修改书,且条款不能与预先通知书相矛盾。

第十二条 指定

(1) 除非指定银行是保兑行,对指定银行进行承付或议付的授权并不构成其必须承付或议付的义务,指定银行明确同意并照此通知受益人的情形除外。

(2) 通过指定一家银行承兑汇票或承担延期付款责任,开证行即授权该指定银行预付或购买经其承兑的汇票或由已做出的延期付款承诺。

(3) 非保兑行的指定银行收到、审核并转递单据的行为既不使该指定银行承担承付或议付的责任,也不构成承付或议付。

第十三条　银行间的偿付安排

(1) 如果信用证规定指定银行("索偿行")向另一银行("偿付行")获取偿付时,信用证中必须同时规定该偿付是否按照信用证开立时有效的国际商会《银行间偿付规则》办理。

(2) 如果信用证中未声明是否按照国际商会《银行间偿付规则》办理,则按以下规定:

① 开证行必须给予偿付行有关偿付的授权,该授权须与信用证中关于兑用方式的规定一致。偿付授权书不应规定截止日。

② 开证行不应要求索偿行向偿付行提供与信用证条款相符的证明。

③ 如果偿付行未能按照信用证的条款在首次索偿时即行偿付,则开证行应对索偿行的利息损失以及产生的费用负责。

④ 偿付行的费用应由开证行承担。然而,如果费用系由受益人承担,则开证行有责任在信用证和偿付授权书中予以注明。如偿付行的费用系由受益人承担,则该费用应在偿付时从付给索偿行的金额中扣除。如果未发生偿付,开证行仍有义务承担偿付行的费用。

(3) 如果偿付行未能于首次索偿时即行偿付,则开证行不能解除其自身的偿付责任。

第十四条　审核单据的标准

(1) 按照指定行事的指定银行、保兑行(如有)以及开证行必须审核交单,并仅以单据为基础,以确定单据在表面上看来是否构成相符交单。

(2) 按照指定行事的指定银行、保兑行(如有)以及开证行,应各自拥有从交单次日起最多不超过五个银行工作日的时间以确定交单是否相符。该期限不因在交单日当天或之后信用证截止日或最迟交单日届至而被缩减或受到其他影响。

(3) 如果单据中若包含一份或多份按照本惯例第 19 条、20 条、21 条、22 条、23 条、24 条或 25 条出具的正本运输单据,则必须由受益人或其代表在不迟于本惯例所指的发运日之后的 21 个日历日内交单,但无论如何不得迟于信用证的截止日。

(4) 单据中内容的描述不必与信用证、该项单据本身的描述以及国际标准银行实务完全一致,但不得相矛盾。

(5) 若须规定除商业发票之外的其他单据中的货物、服务或履约行为的描述,可使用统称,但不得与信用证规定的描述相矛盾。

(6) 如果信用证要求提交运输单据、保险单据和商业发票以外的单据,但未规定该单据的出单人或单据的内容,则只要所提交单据的内容看来满足其功能需要且其他方面与十四条 d 款相符,银行将接受该单据。

(7) 银行对信用证中未要求提交的单据将不予理会。如果收到此类单据,可以退还交单人。

(8) 如果信用证中包含某项条件而未规定需提交与之相符的单据,银行将认为未列明此条件,并对此不予理会。

(9) 单据的出单日期可以早于信用证开立日期,但不得迟于信用证规定的交单日期。

(10) 当受益人和申请人的地址显示在任何规定的单据上时,不必与信用证或其他规定单据中显示的地址相同,但必须与信用证中述及的相应地址处于同一国家内。联络细节(传真、电话、电子邮箱及类似方式)如作为受益人和申请人地址的组成部分将被不予置理。然而,当申请人的地址及联络细节为第 19 条、20 条、21 条、22 条、23 条、24 条或 25 条规定的运输单据上的收货人或通知方详址的组成部分时,则必须按照信用证规定予以显示。

(11) 显示在任何单据中的货物的托运人或发货人不必是信用证的受益人。

(12) 只要运输单据能够满足本惯例第 19 条、20 条、21 条、22 条、23 条或 24 条的要求,运输单据可以由承运人、船东、船长或租船人以外的任何一方出具。

第十五条 相符交单

(1) 当开证行确定提交的单据相符时,必须予以承付。

(2) 当保兑行确定提交的单据相符时,就必须予以承付或议付并将单据转递给开证行。

(3) 当指定银行确定提交的单据相符并予以承付或议付时,必须将单据转递给保兑行或开证行。

第十六条 不符单据、放弃与通知

(1) 当按照指定行事的指定银行、保兑行(如有)或开证行确定提交的单据不符时,可以拒绝承付或议付。

(2) 当开证行确定提交的单据不符时,可以自行决定联系申请人放弃不符点。然而,这并不能延长第十四条 b 款中规定的期限。

(3) 当按照指定行事的指定银行、保兑行(如有)或开证行决定拒绝承付或议付时,必须给予交单人一份单独的拒付通知。

该通知必须声明:

① 银行拒绝承付或议付;及

② 银行凭以拒绝承付或议付的各个不符点;及

③

a. 银行留存单据等候交单人的进一步指示;或

b. 开证行留存单据直至其从申请人处接到放弃不符点的通知并同意接受该放弃,或在同意接受对不符点的放弃之前从交单人处收到进一步指示;或

c. 银行退回单据;或

d. 银行按照先前从交单人处收到的指示行事。

(4) 第十六条 c 款中要求的通知,必须在不迟于收到单据翌日起第五个银行工作日结束前,以电讯方式发出,或者,如果不可能以电讯方式通知时,则以其他快捷方式通知。

(5) 按照指定行事的指定银行、保兑行(如有)或开证行可以在发出第十六条(3)款③之 a 款或 b 款要求的通知后,于任何时间将单据退还交单人。

(6) 如果开证行或保兑行未能按照本条款的规定行事,将无权宣称单据不符。

(7) 当开证行拒绝承付或保兑行拒绝承付或议付,并已经按照本条款发出通知后,有权要求返还已偿付的款项及其利息。

第十七条 正本单据和副本

(1) 信用证中规定的各种单据必须至少提交一份正本。

(2) 除非单据本身表明其不是正本,银行将视任何单据表面上具有出单人原始签字、标记、图章或标签的单据为正本单据。

(3) 除非单据另有显示,银行将接受下列单据作为正本单据:

① 表面看来由出单人手写、打字、穿孔签字或盖章;或

② 表面看来使用出单人的原始信笺；或

③ 声明单据为正本,除非该项声明表面看来不适用于所提交的单据。

(4) 如果信用证要求提交副本单据,则提交正本单据或副本单据均可。

(5) 如果信用证使用诸如"一式两份"、"两张"、"两份"等术语要求提交多份单据,则可以提交至少一份正本,其余份数以副本来满足。但单据本身另有显示者除外。

第十八条　商业发票

(1) 商业发票：

① 必须在表面上看来系由受益人出具(第三十八条另有规定者除外)；

② 必须做成以申请人为抬头(第三十八条(g)款另有规定者除外)；

③ 必须与信用证规定的货币相同。

④ 无须签字。

(2) 按照指定行事的指定银行、保兑行(如有)或开证行可以接受金额超过信用证所允许金额的商业发票,只要该银行已承付或已议付的金额没有超过信用证所允许的金额,则该银行的决定对有关各方均具有约束力。

(3) 商业发票中货物、服务或履约行为的描述必须与信用证中规定的内容相符。

第十九条　包括至少两种不同运输方式的运输单据

(1) 包括至少两种不同运输方式的运输单据(即多式联运单据或联合运输单据),不论其称谓如何,必须在表明上看来：

① 表明承运人名称并由下列人员签署：

a. 承运人或承运人的具名代理人或代表,或

b. 船长或船长的具名代理人或代表。

承运人、船长或代理人的任何签字必须表明其承运人、船长或代理人的身份。

代理人的签字必须表明其是承运人还是船长的代理人或代表。

② 通过下述方式表明货物已在信用证规定的地点发运、接受监管或已装船：

a. 预先印就的措词,或

b. 注明货物已发运、接受监管或装载日期的图章或批注。

运输单据的出具日期将被视为发运、接受监管或装载以及装运日期。然而,如果运输单据以盖章或批注方式标明发运、接受监管或装载日期,则此日期将被视为装运日期。

③ 表明信用证中规定的发运、接受监管或装载地点以及最终目的地,即使：

a. 运输单据另外显示了不同的发运、接受监管或装载地点或最终目的地,或

b. 运输单据包含"预期"或类似限定有关船只、装货港或卸货港的词语。

④ 系仅有的一份正本运输单据,或者,如果出具了多份正本运输单据,应是运输单据中表明的全套正本份数。

⑤ 载有承运条件或表明承运条件须参阅另一来源(简式或背面空白的运输单据)者,银行对此类承运条件的内容不予审核。

⑥ 未注明运输单据受租船合约约束。

(2) 就本条款而言,转运意指货物在信用证中规定的发运、接受监管或装载地点到最终目的地的运输过程中,从某一运输工具上卸下并装载到另一运输工具上(无论是否为不同运输方式)的行为。

① 运输单据可以注明货物将被转运或可能被转运,只要同一运输单据包括运输全程。

② 即使信用证禁止转运，银行也将接受注明转运将发生或可能发生的运输单据。

第二十条　提单

（1）无论其称谓如何，提单必须表面上看来：

① 表明承运人名称并由下列人员签署：

a. 承运人或承运人的具名代理人或代表，或

b. 船长或船长的具名代理人或代表。

承运人、船长或代理人的任何签字必须分别表明其承运人、船长或代理人的身份。

代理人的签字必须显示其是承运人还是船长的代理人或代表。

② 通过下述方式表明货物已在信用证规定的装运港装载上具名船只：

a. 预先印就的措词，或

b. 注明货物已装船日期的装船批注。

提单的出具日期将被视为装运日期，除非提单包含注明装运日期的装船批注，在此情况下，装船批注中显示的日期将被视为装运日期。

如果提单包含"预期船"字样或类似有关限定船只的词语时，装上具名船只必须由注明装运日期以及实际装运船只名称的装船批注来证实。

③ 注明装运从信用证中规定的装货港至卸货港。

如果提单未注明以信用证中规定的装货港作为装货港，或包含"预期"或类似有关限定装货港的标注者，则需要以装船批注表明信用证中规定的装货港、装运日期以及船名。即使提单上已注明印就的"已装船"或"已装具名船只"措词，本规定仍然适用。

④ 系仅有的一份正本提单，或者，如果出具了多份正本，应是提单中表明的全套正本份数。

⑤ 载有承运条件或表明承运条件须参阅另一来源（简式或背面空白的提单）者，银行对此类承运条件的内容不予审核。

⑥ 未注明运输单据受租船合约约束。

（2）就本条款而言，转运意指在信用证规定的装货港到卸货港之间的海运过程中，将货物由一艘船卸下再装上另一艘船的行为。

① 只要同一提单包括运输全程，则提单可以注明货物将被转运或可能被转运。

② 即使信用证禁止转运，只要提单上表明有关货物已由集装箱、拖车或子母船运输，银行仍可接受注明将要发生或可能发生转运的提单。

（3）对于提单中包含的声明承运人保留转运权利的条款，银行将不予置理。

第二十一条　不可转让海运单

（1）无论其称谓如何，不可转让海运单必须表面上看来：

① 表明承运人名称并由下列人员签署：

a. 承运人或承运人的具名代理人或代表，或

b. 船长或船长的具名代理人或代表。

承运人、船长或代理人的任何签字必须分别表明其承运人、船长或代理的身份。

代理人的签字必须表明其是承运人还是船长的代理人或代表。

② 通过下述方式表明货物已在信用证规定的装运港装载上具名船只：

a. 预先印就的措词，或

b. 注明货物已装船日期的装船批注。

不可转让海运单的出具日期将被视为装运日期,除非不可转让海运单包含注明装运日期的装船批注,在此情况下,装船批注中显示的日期将被视为装运日期。

如果不可转让海运单包含"预期船"字样或类似有关限定船只的词语时,装上具名船只必须由注明装运日期以及实际装运船只名称的装船批注来证实。

③ 注明装运从信用证中规定的装货港至卸货港。

如果不可转让海运单未注明以信用证中规定的装货港作为装货港,或包含"预期"或类似有关限定装货港的标注者,则需要以装船批注表明信用证中规定的装货港、装运日期以及船名。即使不可转让海运单上已注明印就的"已装船"或"已装具名船只"措词,本规定仍然适用。

④ 系仅有的一份正本不可转让海运单,或者,如果出具了多份正本,应是不可转让海运单中表明的全套正本份数。

⑤ 载有承运条件或表明承运条件须参阅另一来源(简式或背面空白的海运单)者,银行对此类承运条件的内容不予审核。

⑥ 未注明运输单据受租船合约约束。

(2) 就本条款而言,转运意指在信用证规定的装货港到卸货港之间的海运过程中,将货物由一艘船卸下再装上另一艘船的行为。

① 只要同一不可转让海运单包括运输全程,则不可转让海运单可以注明货物将被转运或可能被转运。

② 即使信用证禁止转运,只要不可转让海运单上表明有关货物已由集装箱、拖车或子母船运输,银行仍可接受注明将要发生或可能发生转运的不可转让海运单。

(3) 对于不可转让海运单中包含的声明承运人保留转运权利的条款,银行将不予置理。

第二十二条 租船合约提单

(1) 无论其称谓如何,倘若提单包含有提单受租船合约约束的指示(即租船合约提单),则必须在表面上看来:

① 由下列当事方签署:

a. 船长或船长的具名代理人或代表,或

b. 船东或船东的具名代理人或代表,或

c. 租船人或租船人的具名代理人或代表。

船长、船东、租船人或代理人的任何签字必须分别表明其船长、船东、租船人或代理人的身份。

代理人的签字必须显示其是船长、船东还是租船人的代理人或代表。

代理人代理或代表船东或租船人签署提单时必须注明船东或租船人的名称。

② 通过下述方式表明货物已在信用证规定的装运港装载上具名船只:

a. 预先印就的措词,或

b. 注明货物已装船日期的装船批注。

租船合约提单的出具日期将被视为装运日期,除非租船合约提单包含注明装运日期的装船批注,在此情况下,装船批注中显示的日期将被视为装运日期。

③ 注明货物由信用证中规定的装货港运输至卸货港。卸货港可以按信用证中的规定显示为一组港口或某个地理区域。

④ 系仅有的一份正本租船合约提单,或者,如果出具了多份正本,应是租船合约提单中

显示的全套正本份数。

(2) 即使信用证要求提交租船合约,银行也将对该租船合约不予审核。

第二十三条 空运单据

(1) 无论其称谓如何,空运单据必须在表面上看来:

① 注明承运人名称并由下列当事方签署:

a. 承运人,或

b. 承运人的具名代理人或代表。

承运人或代理人的任何签字必须分别表明其承运人或代理人的身份。

代理人的签字必须显示其是承运人的代理人或代表。

② 注明货物已收妥待运。

③ 注明出具日期。这一日期将被视为装运日期,除非空运单据载有专项批注注明实际装运日期,在此种情况下,批注中显示的日期将被视为装运日期。

空运单据显示的其他任何与航班号和航班日期有关的信息不能被视为装运日期。

④ 表明信用证规定的起飞机场和目的地机场。

⑤ 系开给发货人或托运人的正本,即使信用证规定提交全套正本。

⑥ 载有承运条件或表明承运条件须参阅另一来源。银行将不审核承运条件的内容。

(2) 就本条而言,转运是指在信用证规定的起飞机场到目的地机场的运输过程中,将货物从一架飞机卸下再装上另一架飞机的行为。

① 空运单据可以注明货物将要或可能转运,只要同一空运单据涵盖全程运输。

② 即使信用证禁止转运,注明将要或可能发生转运的空运单据仍可接受。

第二十四条 公路、铁路或内河水运单据

(1) 公路、铁路或内河水运单据,无论名称如何,必须在表面上看来:

① 表明承运人名称,并且

a. 由承运人或其具名代理人签署,或者

b. 由承运人或其具名代理人以签字、印戳或批注表明货物收讫。

承运人或其具名代理人的任何签字、印戳或批注必须标明其承运人或代理人的身份。

代理人的任何签字、印戳或批注必须标明代理人系代表承运人签字或行事。

如果铁路运输单据没有指明承运人,可以接受铁路运输公司的任何签字或印戳作为承运人签署单据的证据。

② 表明货物在信用证规定地点的发运日期,或者收讫代运或待发送的日期。运输单据的出具日期将被视为发运日期,除非运输单据上盖有带日期的收货印戳,或注明了收货日期或发运日期。

③ 表明信用证规定的发运地及目的地。

④ 公路运输单据必须看似为开给发货人或托运人的正本,或没有任何标记表明单据开给何人。

⑤ 注明"第二联"的铁路运输单据将被作为正本接受。

⑥ 无论是否注明正本字样,铁路或内陆水运单据都被作为正本接受。

(2) 如运输单据上未注明出具的正本数量,提交的份数即视为全套正本。

(3) 就本条而言,转运是指在信用证规定的发运、发送或运送的地点到目的地之间的运输过程中,在同一运输方式中从一运输工具卸下再装上另一运输工具的行为。

① 只要全程运输由同一运输单据涵盖,公路、铁路或内河水运单据可以注明货物将要或可能被转运。

② 即使信用证禁止转运,注明将要或可能发生转运的公路、铁路或内河水运单据仍可接受。

第二十五条　快递收据、邮政收据或投邮证明

(1) 证明货物收讫待运的快递收据,无论名称如何,必须在表面上看来:

① 表明快递机构的名称,并在信用证规定的货物发运地点由该具名快递机构盖章或签字;并且

② 表明取件或收件的日期或类似词语。该日期将被视为发运日期。

(2) 如果要求显示快递费用付讫或预付,快递机构出具的表明快递费由收货人以外的一方支付的运输单据可以满足该项要求。

(3) 证明货物收讫待运的邮政收据或投邮证明,无论名称如何,必须看似在信用证规定的货物发运地点盖章或签署并注明日期。该日期将被视为发运日期。

第二十六条　"货装舱面"、"托运人装载和计数"、"内容据托运人报称"及运费之外的费用

(1) 运输单据不得表明货物装于或将装于舱面。声明货物可能被装于舱面的运输单据条款可以接受。

(2) 载有诸如"托运人装载和计数"或"内容据托运人报称"条款的运输单据可以接受。

(3) 运输单据上可以以印戳或其他方式提及运费之外的费用。

第二十七条　清洁运输单据

银行只接受清洁运输单据。清洁运输单据指未载有明确宣称货物或包装有缺陷的条款或批注的运输单据。"清洁"一词并不需要在运输单据上出现,即使信用证要求运输单据为"清洁已装船"的。

第二十八条　保险单据及保险范围

(1) 保险单据,例如保险单或预约保险项下的保险证明书或者声明书,必须看似由保险公司或承保人或其代理人或代表出具并签署。

代理人或代表的签字必须标明其系代表保险公司或承保人签字。

(2) 如果保险单据表明其以多份正本出具,所有正本均须提交。

(3) 暂保单将不被接受。

(4) 可以接受保险单代替预约保险项下的保险证明书或声明书。

(5) 保险单据日期不得晚于发运日期,除非保险单据表明保险责任不迟于发运日生效。

① 保险单据必须表明投保金额并以与信用证相同的货币表示。

② 信用证对于投保金额为货物价值、发票金额或类似金额的某一比例的要求,将被视为对最低保额的要求。

如果信用证对投保金额未作规定,投保金额须至少为货物的 CIF 或 CIP 价格的 110%。

如果从单据中不能确定 CIF 或者 CIP 价格,投保金额必须基于要求承付或议付的金额,或者基于发票上显示的货物总值来计算,两者之中取金额较高者。

③ 保险单据须标明保险期限至少从信用证规定的货物接管地或发运地开始到卸货地或最终目的地为止。

(6) 信用证应规定所需投保的险别及附加险(如有的话)。如果信用证使用诸如"通常

风险"或"惯常风险"等含义不确切的用语,则无论是否有漏保之风险,保险单据将被照样接受。

(7)当信用证规定投保"一切险"时,如保险单据载有任何"一切险"批注或条款,无论是否有"一切险"标题,均将被接受,即使其声明任何风险除外。

(8)保险单据可以援引任何除外责任条款。

(9)保险单据可以注明受免赔率或免赔额(减除额)约束。

第二十九条　截止日或最迟交单日的顺延

(1)如果信用证的截止日或最迟交单日适逢接受交单的银行非因第三十六条所述原因而歇业,则截止日或最迟交单日,视者适用,将顺延至其重新开业的第一个银行工作日。

(2)如果在顺延后的第一个银行工作日交单,指定银行必须在其致开证行或保兑行的函电中声明交单是在根据第二十九条 a 款顺延的期限内提交的。

(3)最迟发运日不因第二十九条 a 款规定的原因而顺延。

第三十条　信用证金额、数量与单价的增减幅度

(1)"约"或"大约"用于信用证金额或信用证规定的数量或单价时,应解释为允许有关金额或数量或单价有不超过10%的增减幅度。

(2)在支取金额不超过信用证金额的条件下,货物数量允许有5%的增减幅度,但信用证规定货物数量以包装单位或件数计数时除外。

(3)即使信用证不允许分批装运,或当第三十条 b 款不适用时,如果信用证规定了货物数量,而该数量已全部发运,且如果信用证规定了单价,而该单价又未降低,允许支取的金额有5%的减幅。若信用证规定有特定的增减幅度或使用第三十条 a 款提到的用语限定数量,则该减幅不适用。

第三十一条　部分支款或部分装运

(1)允许部分支款或部分装运。

(2)一次提交的数套运输单据显示以同一运输工具并经由同一次航程运输,即使运输单据上载有不同的装运日期或不同的装运港、接管地或发送地点,只要是同一目的地,将不视为部分装运。如果有多套运输单据,则其中最晚的一个装运日将被视为装运日期。

如果一次提交的一套或数套运输单据表明在同一种运输方式下经由多个运输工具运输,即使运输工具在同一天出发运往同一目的地,仍将被视为部分装运。

(3)如果一次提交的多份快递收据、邮政收据或投邮证明看似由同一快递或邮政机构在同一地点和日期加盖印戳或签字并且表明同一目的地,将不视为部分装运。

第三十二条　分期支款或分期装运

如信用证规定在指定的时间内分期支款或分期装运,则任何一期未按信用证规定期限支取或装运时,信用证对该期及以后各期均告失效。

第三十三条　交单时间

银行在其营业时间外无接受交单的义务。

第三十四条　关于单据有效性的免责

银行对任何单据的形式、充分性、准确性、内容真实性、虚假性或法律效力,或对单据中规定或添加的一般或特殊条件,概不负责;银行对任何单据所代表的货物、服务或其他履约行为的描述、数量、重量、品质、状况、包装、交付、价值或其存在与否,或对发货人、承运人、货运代理人、收货人、货物的保险人或其他任何人的诚信与否、行为或疏忽、清偿能力、履约能

力或资信状况,也概不负责。

第三十五条　关于信息传递和翻译的免责

当信息、信件或单据按照信用证的要求传输或发送时,或当信用证未作指示,银行自行选择传送服务时,银行对信息传输或信件或单据的递送过程中发生的延误、中途遗失、残缺或其他错误产生的后果,概不负责。

如果指定银行确定交单相符并将单据发往开证行或保兑行,即使单据在指定银行送往开证行或保兑行的途中,或保兑行送往开证行的途中丢失,无论指定银行是否已经承付或议付,开证行或保兑行必须承付或议付,或偿付指定银行。

银行对专门术语的翻译或解释上的错误,不负责任,并可不加翻译地传送信用证条款。

第三十六条　不可抗力

银行对由于天灾、暴动、骚乱、叛乱、战争、恐怖主义行为或任何罢工、停工或其无法控制的任何其他原因导致的营业中断的后果,概不负责。

银行恢复营业时,对于在营业中断期间已逾期的信用证,不再进行承付或议付。

第三十七条　关于被指示方行为的免责

(1) 为了执行申请人的指示,银行利用其他银行的服务,其费用和风险由申请人承担。

(2) 即使银行自行选择了其他银行,如果发出的指示未被执行,开证行或通知行对此亦不负责。

(3) 指示另一银行提供服务的银行有责任负担被指示方因执行指示而发生的任何佣金、手续费、成本或开支("费用")。

如果信用证规定费用由受益人负担,而该费用未能收取或从信用证款项中扣除,开证行依然承担支付此费用的责任。

信用证或其修改不应规定向受益人的通知以通知行或第二通知行收到其费用为条件。

(4) 外国法律和惯例加诸于银行的一切义务和责任,申请人应受其约束,并就此对银行负补偿之责。

第三十八条　可转让信用证

(1) 银行无办理转让信用证的义务,除非该银行明确同意其转让范围和转让方式。

(2) 就本条而言:

可转让信用证意指特别注明"可转让"字样的信用证。根据受益人("第一受益人")的请求,可转让信用证可以被全部或部分地转让给其他受益人("第二受益人")兑用。

转让银行意指办理信用证转让的指定银行,或者,当信用证规定可在任何银行兑用时,转让银行是指由开证行特别授权并办理信用证转让的银行。开证行也可担任转让银行。

已转让信用证意指经转让银行办理转让后可供第二受益人兑用的信用证。

(3) 除非转让时另有约定,所有因办理转让而产生的费用(诸如佣金、手续费、成本或开支)必须由第一受益人支付。

(4) 倘若信用证允许部分支款或部分装运,信用证可以被部分地转让给一个以上的第二受益人。

第二受益人不得要求将信用证转让给随后的其他受益人。第一受益人不属此列。

(5) 任何有关转让的要求必须指明是否允许以及在何种条件下可以将修改通知给第二受益人。已转让信用证必须明确指明这些条件。

(6) 如果信用证被转让给一个以上的第二受益人,其中一个或多个第二受益人拒绝接受某个信用证修改并不影响其他第二受益人接受该修改。对于接受修改的第二受益人而言,信用证已做相应的修改;对于拒绝接受修改的第二受益人而言,该信用证仍未被修改。

(7) 已转让信用证必须准确转载原证的条款及条件,包括保兑(如有),但下列项目除外:

  a. 信用证金额,

  b. 信用证规定的任何单价,

  c. 截止日,

  d. 交单期限,或

  e. 最迟装运日期或规定的装运期限。

以上任何一项或全部均可减少或缩短。

保险加成比例可以增加,以满足原信用证或本惯例规定的保险金额。

可以用第一受益人的名称替换原信用证中申请人的名称。

如果原信用证特别要求开证申请人名称应在除发票以外的任何单据中出现时,则已转让信用证必须反映出该项要求。

(8) 第一受益人有权以自己的发票和汇票(如有)替换第二受益人的发票和汇票,其金额不得超过原信用证的金额。经过替换后,第一受益人可在原信用证项下支取自己发票与第二受益人发票之间的差额(如有)。

(9) 如果第一受益人应当提交其自己的发票和汇票(如有),但却未能在收到第一次要求时照办;或第一受益人提交的发票导致了第二受益人的交单中本不存在的不符点,而其未能在收到第一次要求时予以修正,则转让银行有权将其从第二受益人处收到的单据向开证行提交,并不再对第一受益人负责。

(10) 在要求转让时,第一受益人可以要求在信用证转让后的兑用地点,在原信用证的截止日之前(包括截止日)向第二受益人予以承付或议付。本条款并不损害第一受益人在第三十八条 h 款下的权利。

(11) 第二受益人或其代表必须将单据提交给转让银行。

第三十九条　款项让渡

信用证未表明可转让,并不影响受益人根据所适用的法律规定,将其在该信用证项下有权或可能有权获得的款项让渡与他人的权利。本条款所涉及的仅是款项的让渡,而不是信用证项下履约权利的让渡。

# 参考文献

1. 黎孝先.国际贸易实务(第三版)[M].北京:对外经济贸易大学出版社,2000.
2. 吴百福.进出口贸易实务教程(第四版)[M].上海:上海人民出版社,2003.
3. 缪东玲.国际贸易理论与实务(第二版)[M].北京:北京大学出版社,2011.
4. 刘静华.国际货物贸易实务[M].北京:对外经济贸易大学出版社,2005.
5. 韩常青.新编进出口贸易实务[M].北京:电子工业出版社,2005.
6. 刘德标.国际贸易实务篇[M].北京:中国人民大学出版社,2005.
7. 王斌义,顾永才.出口贸易操作20步[M].北京:首都经济贸易大学出版社,2006.
8. 郭建军.国际货物贸易实务教程[M].北京:科学出版社,2005.
9. 王正华,杨杰.国际贸易实务操作教程(第二版)[M].北京:中国经济出版社,2011.
10. 中国国际货运代理协会.国际海上货运代理理论与实务[M].北京:中国对外经济贸易出版社,2003.
11. 中国国际货运代理协会.国际航空货运代理理论与实务[M].北京:中国对外经济贸易出版社,2003.
12. 费名瑜.电子商务概论[M].北京:高等教育出版社,2002.
13. 姚新超.国际贸易保险[M].北京:对外经济贸易大学出版社,2003.
14. 袁永友,柏望生.国际贸易实务案例评析[M].武汉:湖北人民出版社,1999.
15. 姚新超.国际贸易运输(第二版)[M].北京:对外经济贸易大学出版社,2003.
16. 严思忆.国际结算[M].北京:中国对外经济贸易出版社,2002.
17. 王斌义.外销员业务操作指引[M].北京:对外经济贸易大学出版社,2003.
18. 罗农.进出口贸易实训及案例分析[M].北京:中国人民大学出版社,2005.
19. 舒彤.电子商务概论[M].长沙:湖南大学出版社,2003.
20. 卢进勇,杜奇华.国际经济合作[M].北京:对外经济贸易大学出版社,2000.
21. http://www.pocib.com/baike/

本教材配有教学课件,如有老师需要,请加QQ群(279806670)或发电子邮件至zyjy@pup.cn索取,也可致电北京大学出版社:010-62765126。